Alfred Kuß

Marketing-Einführung

W0058707

Alfred Kuß

Marketing-Einführung

Grundlagen, Überblick, Beispiele

GABLER

LBS / QP 600 K 97 + 3

Professor Dr. Alfred Kuß lehrt Betriebswirtschaftslehre, insbesondere Marketing, an der Freien Universität Berlin.

Ergänzende Informationen und zusätzliches Material zum Buch sind unter WWW.LS-KUSS.DE verfügbar.

Die Deutsche Bibliothek – CIP-Einheitsaufnahme
Ein Titeldatensatz für diese Publikation ist bei
Der Deutschen Bibliothek erhältlich.

2001 A 2055 b

Hochschule Wismar
Fachhochschule für Technik, Wirtschaft
und Gestaltung
Hochschulbibliothek

Ausgesondert
aus den Beständen
der HS-Bibliothek
Wismar

LBS - B4

1. Auflage Juni 2001

Alle Rechte vorbehalten
© Betriebswirtschaftlicher Verlag Dr. Th. Gabler GmbH, Wiesbaden 2001

Lektorat: Barbara Roschar / Jutta Hinrichsen

Der Gabler Verlag ist ein Unternehmen der Fachverlagsgruppe BertelsmannSpringer.

www.gabler.de

Das Werk einschließlich aller seiner Teile ist urheberrechtlich geschützt. Jede Verwertung außerhalb der engen Grenzen des Urheberrechtsgesetzes ist ohne Zustimmung des Verlages unzulässig und strafbar. Das gilt insbesondere für Vervielfältigungen, Übersetzungen, Mikroverfilmungen und die Einspeicherung und Verarbeitung in elektronischen Systemen.

Die Wiedergabe von Gebrauchsnamen, Handelsnamen, Warenbezeichnungen usw. in diesem Werk berechtigt auch ohne besondere Kennzeichnung nicht zu der Annahme, dass solche Namen im Sinne der Warenzeichen- und Markenschutz-Gesetzgebung als frei zu betrachten wären und daher von jedermann benutzt werden dürften.

Gedruckt auf säurefreiem und chlorfrei gebleichtem Papier.

Umschlaggestaltung: Ulrike Weigel, www.CorporateDesignGroup.de
Druck und buchbinderische Verarbeitung: Präzis-Druck GmbH, Karlsruhe

Printed in Germany

ISBN: 3-409-11791-1

Vorwort

Methoden, theoretische Ansätze und Anwendungsbereiche des Marketing sind in den letzten Jahren und Jahrzehnten stetig angewachsen und damit auch Inhalt und Umfang der entsprechenden Literatur. So haben einige der führenden Lehrbücher inzwischen einen Umfang im Bereich von 1000 Seiten erreicht. Damit wird es immer schwieriger, sich einen Überblick über die Grundzüge des Marketing zu verschaffen. Diesem Zweck dient das vorliegende Lehrbuch. Hier ist bewusst darauf verzichtet worden, möglichst viele Details aus den verschiedenen Teilgebieten des Marketing kurz anzureißen. Vielmehr wird versucht, die wesentlichsten Konzepte, Methoden und Anwendungen leicht verständlich und anwendungsorientiert darzustellen. Es ist also eine Konzentration auf die zentralen Fragestellungen des Marketing vorgenommen worden, diese werden aber hinreichend ausführlich behandelt. So ist auch der Untertitel des Buches – „Grundlagen, Überblick, Beispiele" – zu verstehen.

An wen richtet sich dieses Buch? Die breiteste Zielgruppe dürften Studierende in betriebswirtschaftlichen Studiengängen unterschiedlicher Hochschulen sein, die sich im Rahmen des Grundstudiums oder der Allgemeinen Betriebswirtschaftslehre die Grundzüge des Marketing erarbeiten. Studierende, die für ihr Studium und ihren Berufsweg andere Schwerpunkte wählen, sollten ohne allzuviel Ballast die notwendigen Grundkenntnisse erwerben können. Studierende mit Schwerpunkt Marketing sollten eine Basis erhalten, die ihnen den Zugang zu spezielleren Fragestellungen des Fachgebiets erleichtert.

Daneben richtet sich das Buch auch an Praktiker. In den Bereichen Technik, Finanzdienstleistungen, öffentlicher Dienst etc. findet man im Zuge der zunehmenden Marktorientierung immer mehr Fachleute, die in ihre Tätigkeit Aspekte des Marketing einbeziehen müssen. Ihnen soll das Buch den notwendigen Überblick verschaffen, ohne sie mit Details zu überschütten.

Das Buch ist so konzipiert, dass es eine Lehrveranstaltung über ein Semester begleiten kann. Es umfasst zehn Kapitel, von denen einige etwas umfangreicher geraten sind. Das entspricht etwa 12 bis 14 Sitzungen einer Lehrveranstaltung. Weiterhin sind in den Text „Kästen" eingestreut, in denen ausführlichere Anwendungsbeispiele und Zitate führender Autoren enthalten sind. Diese sollen den Inhalt des Buches anreichern und illustrieren. Auch im laufenden Text wird eine Vielzahl von Beispielen angesprochen. Im Sinne einer geschlechtsneutralen Darstellung wird – wie es international üblich ist – zwischen weiblichen und männlichen Bezeichnungen („die Konsumentin", „der Verkäufer") gewechselt.

Bei der Erarbeitung des Buches haben mir Prof. Dr. Günther Haedrich, Prof. Dr. Michael Kleinaltenkamp, Dr. Pakize Schuchert-Güler, Martin Eisend M.A. und Dipl.-Kfm. Holger Lütters mit zahlreichen Hinweisen und kritischen Anmerkungen geholfen. Besonders stark beeinflusst wurde das Buch durch die jahrelange freundschaftliche Zusammenarbeit mit Prof. Dr. Torsten Tomczak. Frau Monika Stuhlmann hat mit bewährter Umsicht und Tatkraft die in meiner gefürchteten Handschrift verfassten Manuskripte in einen lesbaren Text verwandelt. Jens Werthwein erstellte mit Sorgfalt und Sachverstand die Graphiken. Holger Lütters hat wieder souverän und einsatzfreudig aus all dem eine Druckvorlage gemacht.

Sicher sind Fehler und Unklarheiten verblieben, die ich natürlich allein verantworte. Für entsprechende Hinweise und Kritik bin ich dankbar.

Alfred Kuß

Inhaltsverzeichnis

1. Grundbegriffe des Marketing

1.1 Der Absatz als Teilbereich der Betriebswirtschaftslehre

Typischerweise wird der **Betrieb** als eine Wirtschaftseinheit charakterisiert, bei der mit einer gewissen Kontinuität unter Orientierung am ökonomischen Prinzip planmäßig durch Kombination von Produktionsfaktoren eine Leistungserstellung stattfindet, die über die Deckung des Eigenbedarfs hinausgeht. Wenn der Betrieb unter marktwirtschaftlichen Bedingungen operiert, wenn er also im Hinblick auf seine Geschäftsbeziehungen und die Festlegung seiner Geschäftspolitik weitgehend autonom ist, sich im Eigentum der Eigenkapitalgeber befindet und unter Wahrung des finanziellen Gleichgewichts bestrebt ist, kurz- oder mittelfristig Gewinne zu erzielen, dann spricht man von einer **Unternehmung** bzw. einem Unternehmen (vgl. Bitz 1989). Das vorliegende Buch bezieht sich weitestgehend auf marktwirtschaftliche Verhältnisse und hat deswegen das absatzpolitische Handeln von Unternehmungen zum Gegenstand. Wenn gelegentlich der Begriff "Betrieb" verwendet wird, so ist er hier synonym zum Begriff "Unternehmen" zu verstehen.

In der Betriebswirtschaftslehre hat sich die Gliederung des Gesamtgebiets nach

> **Funktionen**

und/oder nach

> **Institutionen (Branchen)**

etabliert.

In Abb. 1.1 sind einige wichtige Funktionsbereiche von Unternehmen symbolisch dargestellt. Im Mittelpunkt steht dabei der Prozess von Erstellung und Absatz der betrieblichen Leistungen (Produkte im weiteren Sinne, einschließlich Dienstleistungen). Dieser wird hier in Anlehnung an Porter (1992a, S. 59 ff.) dargestellt. Die Grundidee einer solchen "**Wertkette**" besteht darin, den gesamten Prozess der Wertschöpfung in einem Unternehmen mit seinen "primären" und "unterstützenden" Aktivitäten zu betrachten und zu analysieren. Als **primäre Aktivitäten** gelten Erstellung und Vertrieb einschl. Service von Leistungen (Sachgüter, Dienstleistungen), **unterstützende Aktivitäten** ermöglichen die primären Aktivitäten insofern, ob sie die Voraussetzungen für die primären Aktivitäten durch Bereitstellung von Inputs, Know-how, Infrastruktur etc. schaffen. In Anlehnung an Porter (1992a, S. 66 ff.) werden die folgenden primären Aktivitäten unterschieden:

Eingangslogistik
Eingang, Lagerung und Bereitstellung von Material/Bauteilen

Operationen
Leistungserstellung (Produktion) einschließlich Montage, Qualitätskontrolle, Verpakkung etc.

Verkauf und Verkaufsvorbereitung
Werbung, persönlicher Verkauf, Erstellung von Angeboten etc.

Ausgangslogistik
Lieferung der Produkte an Kunden einschließlich Transport, Lagerhaltung, Auftragsabwicklung etc.

Kundendienst
Unterstützung beim Einsatz der verkauften Produkte (z.B. Anwenderschulung, Wartung)

Als unterstützende Aktivitäten werden genannt:

Beschaffung
Einkaufsaktivitäten, die nicht nur die Bereitstellung von Material und Bauteilen (→ Eingangslogistik) betreffen, sondern die Inputs für alle primären Aktivitäten (z.B. Ausstattung der verschiedenen Bereiche, Dienstleistungen)

Technologieentwicklung
Entwicklung des Wissens, das für die Aufgabenerfüllung in den verschiedenen Bereichen notwendig ist (z.B. Produktentwicklung, Marktforschung)

Personalwirtschaft
Sicherung und Entwicklung der personellen Voraussetzungen für die verschiedenen Aktivitäten des Unternehmens (z.B. Personalauswahl, Weiterbildung, Personalplanung)

Unternehmensinfrastruktur
Tätigkeiten im Unternehmen, die nicht einzelnen Aktivitäten zuzuordnen sind, sondern sich vor allem auf die Führung des Unternehmens insgesamt beziehen (z.B. Geschäftsführung, Rechnungswesen)

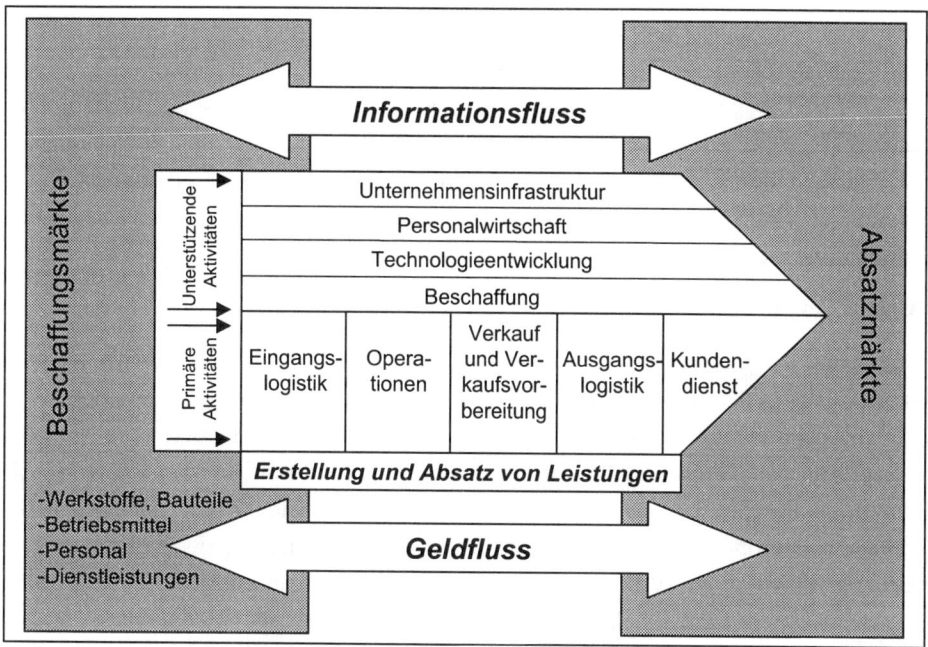

Abbildung 1.1:   Funktionsbereiche und Marktbeziehungen von Unternehmen

Die einzelnen Funktionsbereiche von Unternehmen sind natürlich u.a. durch vielfältige **Informationsbeziehungen** verknüpft, von denen hier nur ein zweiseitiger Informationsfluss, der parallel zur Leistungserstellung und -verwertung läuft, dargestellt ist. Dieser verbindet die verschiedenen Bereiche innerhalb des Unternehmens, beispielsweise wenn es darum geht, auf der Basis der Absatzplanung die entsprechenden Produktions- und Beschaffungsmengen zu disponieren. Hinsichtlich des Absatzmarktes wird von seiten des Unternehmens versucht, einerseits potenzielle Abnehmer durch Informationen zu beeinflussen und andererseits Informationen über Abnehmerwünsche etc. zu gewinnen. Auf der Beschaffungsseite findet man diesen Informationsfluss gewissermaßen mit umgekehrtem Vorzeichen wieder: Das Unternehmen wird von den Anbietern durch Informationen (z.B. Vertreterbesuche) beeinflusst und versucht selbst, Informationen über Angebote von Zulieferern zu sammeln.

Der Inhalt der wissenschaftlichen Beschäftigung mit dem **Funktionsbereich Absatz** im Unternehmen lässt sich relativ leicht aus dem allgemeinen Ziel betriebswirtschaftlicher Forschung ableiten. Zum einen will man absatzwirtschaftliche Vorgänge (z.B. Wirkungen von Werbung) **erklären und verstehen** sowie gegebenenfalls prognostizieren. Zum anderen will man auf dieser Basis **Hilfsmittel** (z.B. Werbetests) **entwickeln**, die verbesserte, möglicherweise sogar optimale Entscheidungen erlauben. Es zeigt sich hier schon, dass der Begriff "Absatz" zumindest für den Gebrauch in diesem Buch erheblich weiter zu fassen ist, als man es tun würde, wenn man unter Absatz nur die Mengen verkaufter Güter oder Dienstleistungen verstünde. Der Funktionsbereich Absatz umfasst also nicht nur die reine Verkaufstätigkeit, die den Zweck hat, die vom Unternehmen erstellten Leistungen zu verwerten und entsprechende Erlöse zu erzielen, sondern auch mannigfaltige vorbereitende Tätigkeiten zur günstigen Gestaltung und Entwicklung der Beziehungen des Unternehmens zu den potenziellen Abnehmern einschließlich der Sammlung von Informationen über die Absatzmärkte. Mit dem so verstandenen Funktionsbereich Absatz beschäftigt sich das vorliegende Buch.

Abgrenzung des Funktionsbereiches Absatz

Angesichts der großen Vielfalt von Aktionsmöglichkeiten im Absatzbereich (Gestaltungsmöglichkeiten von Werbung oder Verpackungen, unterschiedliche Vertriebswege etc. und die zahlreichen sich daraus ergebenden Kombinationsmöglichkeiten) und der Komplexität von Marktverhältnissen (z.B. psychologische Einflüsse bei Kaufentscheidungen, politische Rahmenbedingungen beim internationalen Absatz) überrascht es nicht, dass die Literatur zum Absatz (beziehungsweise Marketing, siehe Abschnitt 1.2) ebenfalls durch große Vielfalt und großen Umfang gekennzeichnet ist. Hier steht zumindest derjenige, der sich wissenschaftlich mit dem Absatz beschäftigt, vor einem Zwiespalt: Einerseits muss man Gesichtspunkte, die außerhalb des traditionellen Arbeitsbereichs der Betriebswirtschaftlehre liegen, in die Untersuchungen einbeziehen, um im oben genannten Sinne absatzwirtschaftliche Vorgänge erklären und entscheidungsverbessernde Hilfsmittel entwickeln zu können. Andererseits versucht man natürlich, die Grenzen des eigenen Fachs und insbesondere die Grenzen der eigenen Kompetenz nicht zu weit zu überschreiten. Gerade über den Aspekt, inwieweit die aktuelle Forschung im Absatzbereich noch der Betriebswirtschaftslehre zuzurechnen ist, hat es vor einigen Jahren eine teilweise heftig geführte Diskussion gegeben. Die kritische Leserin wird bemerkt haben, dass auch die oben angegebene Charakterisierung des Funktionsbereiches Absatz nicht ganz trennscharf ist. Danach könnte man z.B. Faktoren, die das repräsentative Auftreten eines Verkäufers ausmachen (gediegene Bekleidung, Körperpflege etc.), das ja für den Verkaufserfolg wichtig sein kann, als absatzwirtschaftliches Problem identifizieren und zum Gegenstand entsprechender (betriebswirtschaftlicher ??) Untersuchungen machen. Eine wesentlich restriktivere Definition des Absatzbereiches als die derzeit übliche hätte aber zur Folge, dass man sich vom Problemverständnis der Praxis entfernen und von der internationalen Forschung abkoppeln würde.

Den in Abb. 1.1 dargestellten Funktionsbereichen des Unternehmens und seiner Marktbeziehungen lassen sich schon einige Hinweise auf Teilfunktionen bzw. **Instrumente des Absatzes** entnehmen. Der zweiseitige Informationsstrom bezieht sich u.a. auf die Informationssammlung in Märkten (**Marktforschung**) und auf die Beeinflussung potenzieller Kunden durch Kommunikationspolitik (Werbung, Öffentlichkeitsarbeit etc). Die Gestaltung von Produkten nach den Erfordernissen des Marktes (**Produktpolitik**) und die Methoden, die Produkte an die Kunden zu vertreiben (**Vertriebspolitik**), betreffen den Kernbereich der Leistungserstellung und -verwertung. Der vierte große Instrumentalbereich des Absatzes, die **Preispolitik**, hat in leicht nachvollziehbarer Weise direkte Auswirkungen auf den in das Unternehmen zurückfließenden Geldstrom.

Eingangs dieses Abschnitts war neben der funktionsorientierten auch die **institutions-orientierte Gliederung** der Betriebswirtschaftslehre erwähnt worden. Zu den seit langem und bis heute fest verankerten Teilgebieten der Betriebswirtschaftslehre nach dem letztgenannten Gliederungsprinzip gehören u.a.:

- **die Industriebetriebslehre,**
- **die Bankbetriebslehre,**
- **die Verkehrsbetriebslehre und**
- **die Handelsbetriebslehre.**

Die absatzwirtschaftliche Forschung war traditionell mit der **Handelsbetriebslehre** eng verflochten. Heute ist die Beschäftigung mit der Handelsbetriebslehre deutlich zurück-gegangen. Im Rahmen von Forschung und Lehre zum Absatz/Marketing findet aber nach wie vor eine wissenschaftliche Beschäftigung mit Handelsbetrieben statt, nicht zuletzt wegen der großen Bedeutung des Handels bei der Vermarktung von Konsumgü-tern.

1.2 Zum Inhalt des modernen Marketingbegriffs

1.2.1 Von der "Leistungsverwertung" zum "Marketing als Führungsphilosophie"

Die Entwicklung von der traditionellen Absatzwirtschaft zum heute auch international gängigen Marketingbegriff soll zunächst anhand und als Resultat der Entwicklung der Marktverhältnisse skizziert werden. Dabei wird das, was man heute gemeinhin unter Marketing versteht, in absichtlich etwas redundanter Weise näher beleuchtet, um die darin enthaltene Grundidee möglichst deutlich zu machen.

Man kann - natürlich in vereinfachender Weise - bestimmte Phasen der Entwicklung des Absatzbereiches identifizieren. Am Anfang stehen Perioden, in denen die Anbieter von Gütern wegen großer Nachfrage und knappen Angebots eine starke Position hatten (**Verkäufermärkte**). Hier ist an die beginnende industrielle Massenproduktion ab Ende des 19. Jahrhunderts und die Nachkriegszeiten in Deutschland zu denken. Auch die Situation auf einigen Märkten in osteuropäischen Ländern bis etwa 1990 bietet dafür

Beispiele. Unter den damaligen Bedingungen lag der Schwerpunkt unternehmerischen Handelns hauptsächlich bei der Entwicklung (Rationalisierung) der Produktion und der Beschaffung, weniger beim Absatz, der ja unter jenen Marktverhältnissen kaum Schwierigkeiten bereitete. Man spricht deshalb hier auch von einer Phase der **Produktionsorientierung**. Also unternahm man in der Praxis relativ wenig Anstrengungen im Hinblick auf die Beziehungen des Unternehmens zu den potenziellen Abnehmern. Auch die wissenschaftliche Beschäftigung mit absatzwirtschaftlichen Fragestellungen konzentrierte sich eher auf Probleme der Verteilung von Gütern als auf die Entwicklung von Instrumenten für eine umfassende Absatzpolitik (vgl. dazu auch Meffert 2000, S. 4 ff.).

Fast am Ende der Entwicklung des Absatzbereichs steht eine Situation, die mit dem Stichwort "**Käufermarkt**" gekennzeichnet wird: Käufer mit einem großen Anteil frei verfügbaren Einkommens stehen einem sehr großen und vielfältigen Güterangebot gegenüber, aus dem sie mit relativ hohem Freiheitsgrad auswählen können. Der Anbieter ist also in einer schwächeren Position, weil er im Wettbewerb mit zahlreichen anderen Unternehmen sich an die Wünsche von Käufern, die nicht mehr nur die Befriedigung elementarer Bedürfnisse im Sinn haben, anpassen und diese zu beeinflussen versuchen muss. In der Bundesrepublik Deutschland hat es vor allem seit den 60er und 70er Jahren eine solche Situation gegeben (auf die aktuelle etwas veränderte Situation wird im Abschnitt 1.2.3 eingegangen). Allerdings findet man vereinzelt - oftmals zeitlich begrenzt - immer noch Situationen, in denen Knappheit des Angebots herrscht. Als Beispiele seien Märkte für innovative technische Produkte, bei denen nicht sofort ausreichende Produktionskapazitäten verfügbar sind (elektronische Bauteile), und der Rohöl-Markt genannt.

Wöhe/Döring (2000, S. 481) kennzeichnen die wesentlichen Unterschiede zwischen Käufer- und Verkäufermarkt durch einige Merkmale, die in Abbildung 1.2 wiedergegeben sind. Darin wird auch deutlich, worin der jeweilige Engpasssektor besteht, der dann auch die Fokussierung der Anstrengungen von Unternehmen bestimmt.

Merkmale	Verkäufermarkt	Käufermarkt
Wirtschaftliches Entwicklungsstadium	Knappheitswirtschaft	Überflussgesellschaft
Verhältnis Angebot zu Nachfrage	Nachfrage > Angebot (Nachfrageüberhang) Nachfrager aktiver als Anbieter	Angebot > Nachfrage (Angebotsüberhang) Anbieter aktiver als Nachfrager
Engpassbereich der Unternehmung	Beschaffung und/ oder Produktion	Absatz
Primäre Anstrengungen der Unternehmung	Rationelle Erweiterung der Beschaffungs- und Produktionskapazität	Weckung von Nachfrage und Schaffung von Präferenzen für eigenes Angebot

Abbildung 1.2:   Merkmale Verkäufer- und Käufermarkt
Quelle: nach Wöhe/Döring 2000, S. 481

Viele Unternehmen haben in einer Lage, in der der Absatz zum **Engpasssektor** wurde, die Konsequenz gezogen, ihre gesamten Aktivitäten an den Erfordernissen des Absatzmarktes auszurichten. Man spricht bei einer solchen Politik, auf die noch genauer einzugehen sein wird, von der **Marketing-Orientierung** eines Unternehmens. Damit ist ein gleichberechtigtes Nebeneinander von Anpassung an Marktbedingungen und aktiver Beeinflussung der Marktbedingungen gemeint, wie es in Abb. 1.3 schematisch dargestellt wird.

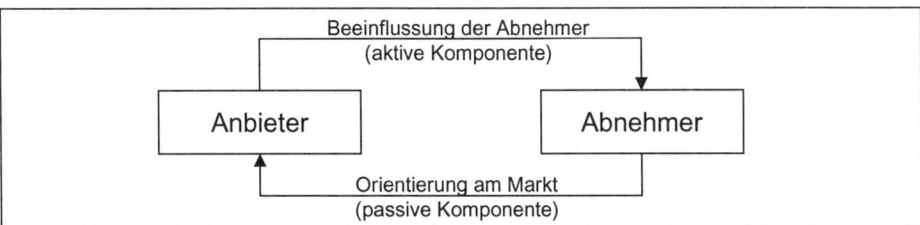

Abbildung 1.3:   Anpassung an Marktbedingungen und Beeinflussung von
                   Marktbedingungen

Die Marketingorientierung wird von vielen Vertretern der Marketingpraxis und -wissenschaft auch mit der (etwas großspurigen) Bezeichnung "Marketing als Führungsphilosophie" versehen. Im Mittelpunkt steht jedenfalls die Ausrichtung des gesamten Unternehmens - einschließlich der Festlegung des Leistungsprogramm - am Absatzmarkt.

*Der Aspekt, dass die **Entscheidungen über die anzubietenden Leistungen** (Produkte) maßgeblich von marktorientierten Überlegungen bestimmt werden, ist schon sehr frühzeitig und klar von GENERAL ELECTRIC im Jahre 1952 artikuliert worden (zitiert nach Kinnear/Bernhardt 1986, S. 14): "Das Marketingkonzept stellt die Verantwortlichen für das Marketing an den Anfang und nicht an das Ende des Produktionsprozesses und integriert Marketing in alle Bereiche des Geschäfts. Deshalb legt das Marketing mit seinen Untersuchungen und Berichten für den Entwicklungsingenieur, die Designabteilung und die Produktion fest, was der Kunde bei einem bestimmten Produkt wünscht, welchen Preis er dafür zahlen will und wo und wann der Bedarf entsteht. Marketing bestimmt die Produktplanung, die Produktionsplanung und die Lagerhaltung genauso wie den Verkauf, den Vertrieb und den Service des Produktes. "*

Die Darstellung der bisher skizzierten Positionen wäre unvollständig, wenn nicht noch eine Phase erläutert wird, die zwischen der Produktions- und der Marketingorientierung einzuordnen ist, die Phase der **Verkaufsorientierung**. Dahinter steht die Vorstellung, dass sich in vielen (Verkäufer-) Märkten im Laufe der Zeit durch Sättigungserscheinungen und Substitutionskonkurrenz die Position der Anbieter abschwächt und deshalb

besondere Anstrengungen zur Förderung des Absatzes (z.B. verstärkter Außendienstein-
satz, Werbung) notwendig werden. Die Festlegung des Leistungsprogramms ist hier
noch nicht direkter Ausfluss absatzwirtschaftlicher Überlegungen, es wird vielmehr
versucht, ein gegebenes Angebot möglichst günstig zu "vermarkten". Abb. 1.4 illustriert
die verschiedenartigen Ansätze.

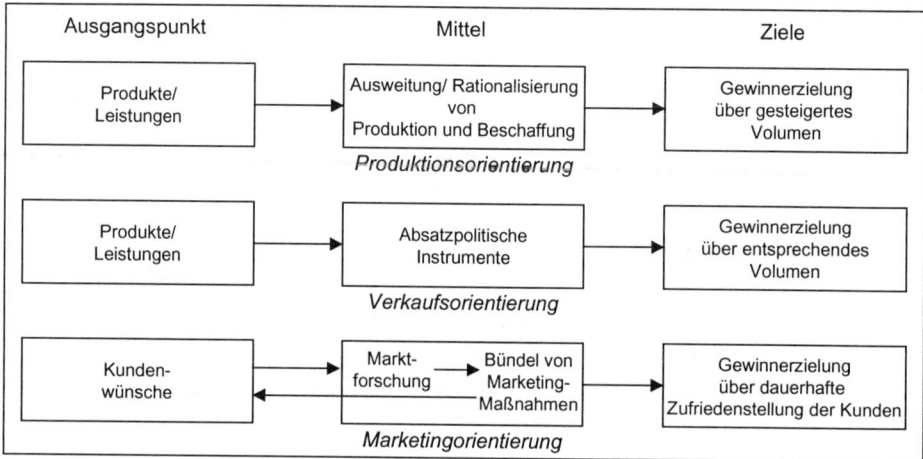

Abbildung 1.4:   Verschiedene Unternehmensorientierungen

Schlagzeilenartig vereinfacht könnten die erläuterten Entwicklungstendenzen folgendermaßen charakterisiert werden:

Produktionsorientierung (Verkäufermarkt)

"Produzieren, soviel man kann"

Verkaufsorientierung (Sättigungstendenz, Substitutionskonkurrenz)

"Versuchen abzusetzen , was man produziert hat"

Marketingorientierung (Käufermarkt)

"Produzieren, was man absetzen kann"

Theodore Levitt (1986, S. 153) zum Unterschied zwischen Verkauf und Marketing:

*"Der Unterschied zwischen **Marketing und Verkauf** ist mehr als ein sprachlicher.
Verkaufen ist auf die Bedürfnisse des Verkäufers ausgerichtet, Marketing auf die
Bedürfnisse des Käufers. Verkaufen ist bestimmt durch die Notwendigkeit des Ver-
käufers, sein Produkt in Geld zu verwandeln, Marketing durch die Idee, Kundenwün-
sche zu befriedigen mit Hilfe des Produkts und der Dinge, die mit dessen Entwicklung,
Lieferung und Konsum zu tun haben."*

Allerdings bedarf es in diesem Zusammenhang noch einiger erläuternder Bemerkungen:

-   Die einzelnen Entwicklungsphasen der Unternehmensorientierung lassen sich historisch weder genau datieren noch ganz exakt voneinander abgrenzen.

-   Die dargestellten Entwicklungsphasen waren bisher hauptsächlich in den Industriegesellschaften zu beobachten.

-   Die dargestellte Entwicklung verläuft sicher nicht unabhängig von branchen- oder firmenspezifischen Merkmalen. Während einige Unternehmen beispielsweise aufgrund marktspezifischer Besonderheiten schon marketingorientiert handeln müssen, kann für andere noch (oder wieder) eine Produktionsorientierung zweckmäßig sein. In der Praxis ist zu beobachten, dass bei Markenartikelherstellern in Konsumgütermärkten die Marketingorientierung am schnellsten fortgeschritten ist.

-   Die Stichworte Produktions-, Verkaufs- und Marketingorientierung bedeuten natürlich nicht, dass die jeweils anderen Unternehmensfunktionen unwichtig sind. Sie kennzeichnen lediglich bestimmte Schwerpunkte (→ Engpässe).

Robert Keith, früherer Vize-Präsident des amerikanischen Lebensmittelkonzerns Pillsbury Co. (Backwaren), hat schon frühzeitig in einem Aufsatz (Keith 1960) für sein Unternehmen die typischen Denkweisen in den verschiedenen Entwicklungsphasen charakterisiert:

Produktionsorientierung
"Wir sind qualifizierte Mehl-Hersteller. Gesegnet mit Lieferungen des besten nordamerikanischen Weizens, kostengünstiger Energie aus Wasserkraft und hervorragenden Maschinen stellen wir Mehl bester Qualität her. Unsere grundlegende Aufgabe ist es, hochwertiges Mehl zu mahlen, und natürlich (und fast nebenbei) müssen wir Verkäufer einstellen, um es zu verkaufen, ebenso wie wir Buchhalter für unser Rechnungswesen einstellen." (Keith 1960, S. 36)

Verkaufsorientierung
"Wir sind ein Mehl-Produzent, der einige Produkte für Konsumenten herstellt. Wir brauchen eine erstklassige Verkaufsorganisation, die alle Produkte, die wir herstellen, zu günstigen Preisen los wird. Wir müssen den Außendienst durch Konsumentenwerbung und Marktinformation unterstützen. Wir wollen, dass unsere Verkäufer und unsere Zwischenhändler alle Hilfsmittel haben, die sie brauchen, um den Output unserer Fabriken an den Verbraucher zu bringen." (Keith 1960, S. 36)

Marketingorientierung
"Wir mussten wirklich in unserem Unternehmen eine neue Management-Funktion aufbauen, die alle anderen Funktionsbereiche von der Beschaffung bis zur Produktion, zur Werbung und zum Verkauf steuert. Diese Funktion war das Marketing. Unsere Lösung bestand darin, die gegenwärtige Marketing-Abteilung aufzubauen.

> *Diese Abteilung entwickelte die Kriterien, die wir benötigen, um zu entscheiden, welche Produkte wir anbieten. Und diese Kriterien waren und sind nicht mehr und nicht weniger als die Kriterien der Konsumenten selbst. ... Die Aufgabe des Unternehmens bestand nicht mehr darin, Mehl zu mahlen oder verschiedenartige Produkte herzustellen, sondern darin, gegenwärtige und potenzielle Bedürfnisse und Wünsche unserer Kunden zu befrieden.*
>
> *Wenn wir unsere neue Philosophie im letzten Jahrzehnt so einfach wie möglich formulieren sollten, so würde das heißen: Wir stellen Produkte für Konsumenten her und verkaufen sie." (Keith 1960, S. 37)*

An das Ende dieses Abschnitts wird eine Übersicht mit verschiedenen Definitionen des modernen Marketingbegriffs gestellt. Damit sollen der zentrale Inhalt dieses Begriffs von doch etwas unterschiedlichen Positionen aus beleuchtet und verschiedene relevante Aspekte angesprochen werden. Die Übersicht dient also nicht dazu, die "ideale" Marketingdefinition zum Aussuchen anzubieten, sondern dazu, verschiedene Facetten des Marketingbegriffs darzustellen. Interessant sind dabei nicht zuletzt die beiden Definitionen der American Marketing Association von 1960 und 1985. Während die Definition von 1960 noch deutlich an die Phase der Verkaufsorientierung anknüpft, weist die neuere Definition schon über die in diesem Abschnitt diskutierte Sichtweise hinaus (vgl. dazu Abschnitt 1.2.4).

Definitionen des Marketingbegriffs

American Marketing Association 1960:

> "Marketing ist die Durchführung von Unternehmensaktivitäten, die den Strom von Gütern und Dienstleistungen vom Hersteller zum Konsumenten oder Nutzer leiten."

American Marketing Association 1985:

> "Marketing ist der Prozess der Planung und Durchführung der Entwicklung, Preisgestaltung, Verkaufsunterstützung und des Vertriebs von Ideen, Gütern und Dienstleistungen im Rahmen von Austauschbeziehungen, die individuellen und organisationalen Zielen gerecht werden."

Backhaus (1999, S. 8):

> "... Marketing (hat) die Aufgabe, die Funktionen eines Unternehmens auf die (Absatz-) Markterfordernisse auszurichten, um auf diese Weise im Wahrnehmungsfeld der Nachfrager besser als die relevanten Konkurrenzangebote beurteilt zu werden, - mit anderen Worten, um über komparative Konkurrenzvorteile (KVVs) zu verfügen."

Drucker (1954, S. 38):

> "Marketing ist so grundlegend, dass es nicht als separate Funktion betrachtet werden kann. Es geht um die gesamte Unternehmenstätigkeit betrachtet aus der Perspektive ihres Endergebnisses d.h. aus der Sicht des Kunden. Zuständigkeit und Verantwortung für Marketing muss deshalb alle Bereiche des Unternehmens durchdringen."

Kotler/Bliemel (1999, S. 8):

> "Marketing ist ein Prozess im Wirtschafts- und Sozialgefüge, durch den Einzelpersonen und Gruppen ihre Bedürfnisse und Wünsche befriedigen, indem sie Produkte und andere Dinge von Wert erzeugen, anbieten und miteinander austauschen."

Meffert (2000, S. 8):

> "Marketing ist die bewusst marktorientierte Führung des gesamten Unternehmens oder marktorientiertes Entscheidungsverhalten in der Unternehmung." "In der klassischen Interpretation bedeutet Marketing die Planung, Koordination und Kontrolle alle auf die aktuellen und potenziellen Märkte ausgerichteten Unternehmensaktivitäten. Durch eine dauerhafte Befriedigung der Kundenbedürfnisse sollen die Unternehmensziele verwirklicht werden."

1.2.2   Merkmale des Marketing

Wenn man die Realisierung des Marketing in verschiedenen Branchen, Situationen, Ländern etc. betrachtet, so sind immer wieder einige ganz typische Merkmale zu finden. Diese sollen im Folgenden skizziert werden, um eine Vertiefung und Abrundung des Verständnisses der Grundideen des Marketing zu erreichen. Abbildung 1.5 gibt einen ersten Überblick über die acht im vorliegenden Abschnitt zu erläuternden Merkmale.

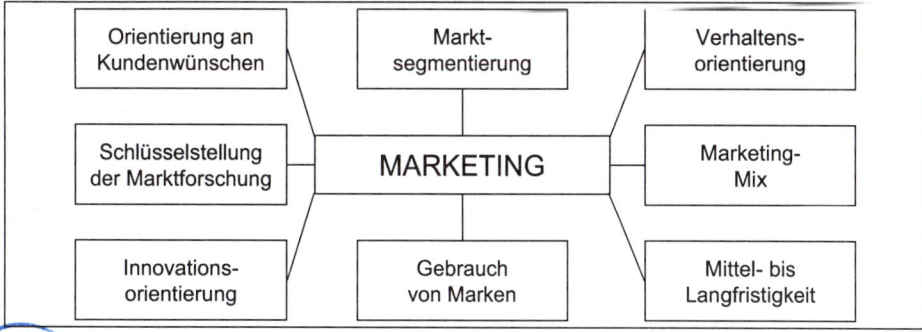

Abbildung 1.5:   Merkmale des Marketing

Bibliothek

Von zentraler Bedeutung für das Marketing ist natürlich die **Identifizierung von Kundenwünschen**. Damit ist hier ein tiefgehendes Verständnis der Bedürfnisse potenzieller Käufer gemeint, das sich in vielen Fällen dadurch ausdrückt, dass die angebotenen bzw. anzubietenden Produkte im Hinblick auf ihre Eignung, Probleme der Kunden zu lösen, betrachtet werden. So besteht das Bedürfnis der Kunden von Computerherstellern eben nicht darin, Geräte zu kaufen, die numerische Operationen konkurrenzlos schnell ausführen können, sondern z.B. darin, die Effizienz von Arbeits- und Kommunikationsprozessen zu steigern. Das entsprechende Angebot wäre hier also nicht ein im technischen Sinne besonders leistungsfähiger Rechner, sondern ein komplettes Leistungspaket (Hardware, Software, Service, Schulungen etc.), das der Aufgabenstellung des Kunden gerecht wird. Der Markterfolg einzelner Computerhersteller, die in ähnlicher Weise operieren, illustriert die Bedeutung dieses Gesichtspunkts.

---

*Theodore Levitt (Harvard Business School), einer der einflussreichsten Autoren im Bereich Marketing, fasst die Idee der **Identifizierung von Kundenwünschen** knapp und anschaulich zusammen (Levitt 1986, 127 f.):*

"Durch die Aussage, dass die Leute keine Sachen, sondern Problemlösungen kaufen, gelingt der Marketing-Idee ein Schritt vom Offensichtlichen zum Bedeutungsvollen. Die 'Bedeutung' liegt in der einbegriffenen Empfehlung, was zu tun ist - in diesem Fall herauszufinden, welche Probleme die Leute zu lösen versuchen. Das wird repräsentiert durch Charles Revsons berühmte Unterscheidung bezüglich des Geschäfts der Revlon, Inc.: 'In der Fabrik stellen wir Kosmetika her. Im Laden verkaufen wir Hoffnung.' Das wird auch charakterisiert durch Leo Mc Ginneras berühmte Klarstellung, warum die Leute Viertel-Zoll-Bohrer kaufen: 'Sie wollen keine Viertel-Zoll-Bohrer. Sie wollen Viertel-Zoll-Löcher.'"

Bisher war meist etwas undifferenziert vom Absatzmarkt die Rede. Wenn man aber in hochentwickelten Industriegesellschaften die verschiedenen Märkte betrachtet, so findet man nur noch selten homogene Bedürfnisse. Typisch ist eher eine mehr oder weniger große Anzahl von Abnehmergruppen mit unterschiedlichen Wünschen. Zum Beispiel findet man nicht "den Automobilkäufer", sondern verschiedenste Arten von Autokäufern, die vielleicht hauptsächlich auf Sportlichkeit oder Wirtschaftlichkeit oder Sicherheit Wert legen. Ebenso gibt es - um ein Beispiel aus dem Business-to-Business-Bereich zu nennen - im LKW-Markt keine einheitlichen Abnehmerbedürfnisse. Vielmehr ist dieser Bereich durch große Heterogenität der Anforderungen an Größe, Lang- oder Kurzstreckeneignung, Spezialausstattung etc. der Leistungen gekennzeichnet. Die für das Marketing ganz grundlegende Orientierung am Markt kann also in der Regel nicht undifferenziert erfolgen. Meist ist es notwendig, die potenziellen Abnehmerinnen in Gruppen einzuteilen, die einerseits im Hinblick auf relevante Merkmale möglichst homogen und andererseits für ein wirtschaftliches Agieren in diesen Teilmärkten hinreichend groß sind. Diese Aufteilung in Kundengruppen soll es erlauben, sich an deren spezifische Bedürfnisse - möglichst in Abgrenzung zur Konkurrenz - weitgehend anzupassen und "maßgeschneiderte" Beeinflussungsstrategien zu entwickeln. Die hier skizzierte, für das Marketing charakteristische Sicht- und Handlungsweise bezeichnet man als **Marktsegmentierung**. Auf diesen wichtigen Gesichtspunkt wird im Kapitel 5 dieses Buches noch näher eingegangen.

*Ein sehr bekanntes historisches Beispiel zur Bedeutung der **Marktsegmentierung** bietet der US-Automobilmarkt. In den 20er Jahren gelang es General Motors, den Konkurrenten Ford weit hinter sich zu lassen und die Marktführerschaft zu übernehmen, weil für unterschiedlichste Preisklassen, Verwendungszwecke und Bevölkerungsgruppen ("for every purse, purpose and personality") entsprechende Autos angeboten wurden. Dagegen blieb Ford zu lange beim Angebot standardisierter Massenprodukte mit wenig Varianten. Dieses Vorgehen lässt sich durch einen berühmten Ausspruch von Henry Ford illustrieren: "Wir bieten dem Kunden jede Farbe an, vorausgesetzt es ist schwarz." (vgl. Kotler 1999, S. 26)*

Der mit der Marktsegmentierung verbundene Aspekt der Ausrichtung auf bestimmte Kundengruppen leitet über zur **Verhaltensorientierung** des Marketing. Zur Bildung dieser Gruppen (Segmente) reicht häufig die Verwendung ökonomischer Merkmale (Einkommen von Konsumenten, Umsatz von Unternehmen etc.) nicht aus. Bei Konsumenten liegt es auf der Hand, dass bei vielen Kaufentscheidungen ökonomische, psychologische und soziologische Faktoren zusammenwirken. Wenn man beispielsweise Segmente im Markt für Oberbekleidung bilden will, so darf man wohl neben der Kaufkraft von Konsumenten deren Geschlecht, Alter, Prestigebewusstsein, soziale Beziehungen etc. nicht außer Acht lassen. Auch im Business-to-Business-Marketing (siehe Kapitel 2) sind heute verhaltenswissenschaftliche Erkenntnisse unentbehrlich. Man denke nur an die Untersuchung von Kaufentscheidungsprozessen bei komplexen Anlagen, wo Einflüsse zahlreicher beteiligter Personen mit unterschiedlicher Vorbildung, unterschiedlichem Informationsverhalten etc. sowie deren Interaktionen berücksichtigt werden müssen. Derartige Fragestellungen haben dazu geführt, dass im Marketingbereich verhaltenswissenschaftliche Erkenntnisse als unentbehrlich gelten.

*Zwei Beispiele mögen die **Relevanz verhaltenswissenschaftlicher Erkenntnisse** illustrieren. Rossiter/Percy (1997, S. 356) berichten über eine Studie zum Einfluss der Platzierung von Produkten in Supermarkt-Regalen auf die Absatzmenge dieser Produkte. Es zeigt sich - wie in vielen entsprechenden Untersuchungen -, dass die Höhe des Regelfachs, in dem ein Artikel angeboten wird, starke Wirkung auf die Verkaufsmenge hat. In der genannten Studie ergab sich ein Verkaufsrückgang von etwa 80 Prozent, wenn ein Produkt von einem Fach in Augenhöhe in das unterste Fach in Fußbodennähe umplatziert wurde, und das bei völlig unveränderten Merkmalen wie Preis, Qualität, Verpackung!*

*Dichtl (1994, S. 60) berichtet über Absatzprobleme des US-Autoherstellers Chrysler bei einem neuen Modell, die zunächst auf zu geringes Beschleunigungsvermögen dieses Autos zurückgeführt wurden. In Wirklichkeit ging es aber nicht um das Beschleunigungsvermögen, sondern um die **Wahrnehmung** des Beschleunigungsvermögens durch die Kunden. Nachdem man eine zusätzliche Feder eingebaut hatte, ließ sich das Gaspedal nicht mehr so leicht durchtreten und die Leute empfanden die Durchzugskraft ihrer Autos als besser.*

Beide Beispiele zeigen, dass Käuferverhalten eben nicht nur ökonomisch bestimmt und rational begründbar ist.

Alle bisher dargestellten Aspekte der Orientierung am Markt setzen ein umfassendes und leistungsfähiges System der Sammlung und Aufbereitung von Marktinformationen voraus. Das hat einen Grund darin, dass in vielen Märkten kaum noch direkte Kontakte und Informationsaustausch zwischen den Kunden und den Managern der Anbieterunternehmen bestehen. Während ein Handwerksmeister oftmals noch unmittelbar vom Kunden erfährt, was dieser will, hat der Verkaufsleiter eines international tätigen Konsumgüterherstellers natürlich keine entsprechende Möglichkeit und ist auf entsprechende Daten und Berichte angewiesen. In der Regel geht eine kontinuierliche Marktbeobachtung (Marktwachstum, Marktanteile etc.) mit sporadischen, gezielten Untersuchungen (Käufertypologien, Werbewirkungstests etc.) einher. Dafür steht inzwischen ein recht umfassendes methodisches Instrumentarium zur Verfügung (siehe Kapitel 3). In vielen Unternehmen wird ein großer Teil der Informationsaktivitäten von einer Marktforschungsabteilung durchgeführt oder an externe Marktforschungsinstitute vergeben. Hier sei noch hervorgehoben, dass die Marktforschung nicht nur die Voraussetzungen für die Anpassung des Unternehmens an die Marktbedingungen schafft. Ihr kommt auch eine zentrale Aufgabe bei der Suche nach Möglichkeiten für die Beeinflussung der Marktbedingungen (z.B. durch Werbung) und deren Tests zu. Insofern kann man von einer **Schlüsselstellung der Marktforschung** für viele Bereiche des Marketing sprechen.

*Zikmund (1997, S .3) kennzeichnet die zentrale **Aufgabe der Marktforschung**:*

"Die Marktforschung umfasst ein breites Spektrum von Aufgaben. Im Wesentlichen befriedigt sie den Informationsbedarf des Managers hinsichtlich des Marktes. Der Manager eines Lebensmittelherstellers könnte fragen: Wird eine Packungsänderung unser Markenimage verbessern? Ein Konkurrent könnte fragen: Wie kann ich die Entwicklung meiner Verkaufszahlen und der Abverkäufe im Handel verfolgen? Ein Marketing-Manager in der Werkzeugmaschinen-Branche könnte fragen: An wen verliere ich Umsatz? Von wem gewinne ich Umsatz hinzu? Für alle diese Marketing-Fragestellungen ebenso wie für andere, die die meisten Marketing-Entscheidungen betreffen, benötigt man Informationen darüber, wie Kunden, Zwischenhändler und Konkurrenten auf Marketing-Entscheidungen reagieren werden. Die Marktforschung ist eines der wichtigsten Hilfsmittel zur Beantwortung derartiger Fragen, da sie den Kunden ... mit dem Anbieter durch Informationen verbindet."

Hinsichtlich der Marketingaktivitäten vieler Unternehmen fällt auf, dass meist mehrere Einzelmaßnahmen zugleich eingesetzt werden. Beispielsweise ist im Rahmen der Verkaufsförderung (siehe Kapitel 8) oftmals eine befristete Preissenkung (Sonderpreis) mit besonderen Platzierungen im Handel und Werbemaßnahmen (Anzeigen, Handzettel) verbunden. Die Einführung eines neuen Produkts wird häufig durch Werbung und eine Fokussierung der Außendienstanstrengungen begleitet. Diese Beispiele entsprechen der in der Wissenschaft und Praxis fest etablierten Erkenntnis, dass es im Marketing wesentlich auf das Zusammenwirken von einzelnen Maßnahmen/Instrumenten ankommt. Dementsprechend ist hier die Koordination von Einzelaktivitäten ein maßgeblicher Erfolgsfaktor. Die Kombination aufeinander abgestimmter Marketing-Maßnahmen für ein bestimmtes Produkt und einen bestimmten Markt bezeichnet man als **Marketing-Mix**.

*Die Bedeutung des **Marketing-Mix**-Gedankens, der die Beachtung des Zusammenspiels verschiedener Maßnahmen beinhaltet, wird schnell deutlich, wenn man sich folgende Beispiele vor Augen führt: Man denke nur an die Erfolgschancen eines neuen qualitativ hochwertigen Produkts des täglichen Bedarfs, das stark beworben und preiswert angeboten wird, bei dem aber der Außendienst nicht rechtzeitig für die Bevorratung des Handels gesorgt hat oder an die Erfolgschancen einer technisch und preislich der Konkurrenz überlegenen Werkzeugmaschine, bei der kein angemessener Service gewährleistet werden kann.*

Ein weiteres Merkmal des Marketing ist seine **Innovationsorientierung**. Die Ausrichtung des Leistungsprogramms der Unternehmung an den sich mehr oder weniger schnell ändernden Kundenwünschen hat eben die Konsequenz, dass entsprechend häufig neue Produkte eingeführt oder neue (Teil-) Märkte bearbeitet werden müssen. Hinzu kommt, dass **Innovationen** bei Produkten, Produktausstattungen, Werbung etc. ein wichtiges Mittel sind, um sich von Wettbewerbern abzuheben und Aufmerksamkeit bei potenziellen Abnehmern zu erregen.

Urban/Hauser (1993, S. 4) zur Bedeutung der **Produktinnovation***:*

"Eine grundlegende Erkenntnis der Marketingtheorie besteht darin, dass ein Produkt einen Produktlebenszyklus von Einführung, Wachstum, Reife und letztlich Rückgang durchläuft. In der Reife- oder Rückgangsphase ist es geboten, dass ein Unternehmen aktiv daran arbeitet, (1) die Produktlinie auszuweiten und den Lebenszyklus zu verlängern, (2) das Produkt weiter zu entwickeln, um seine Überlegenheit aufrecht zu erhalten oder (3) ein neues Produkt zu entwickeln, um den Umsatz zu sichern. Wenn keine neuen Produkte entwickelt werden, gehen Umsätze und Gewinne zurück, sobald der Wettbewerb schärfer wird, Technologie und Märkte sich verändern oder Innovationen anderer Unternehmen die bisherigen Produkte überflüssig machen. Ein Unternehmen kann es sich nicht leisten, Innovationen zu vernachlässigen, wenn es wachsen und gedeihen will."

Ein Teil der Marketinginstrumente ist nur einsetzbar, wenn Produkte für die Kunden **identifizierbar** sind (z.B. durch Marken). Das gilt wohl vor allem für den kommunikationspolitischen Bereich, der von der Verbindung bestimmter Emotionen mit Produkten durch Werbung bis zu nüchterner Vermittlung technischer Daten reicht. Ohne eine Zuordnung dieser Botschaften zu Produkten mit Hilfe von Marken- oder Firmennamen stoßen derartige Bemühungen ins Leere. Oftmals ist es ein wesentliches Ziel der Marketing-Maßnahmen, ein Produkt erst bekanntzumachen und dann auch noch zu profilieren. In der Praxis spricht man dabei auch (etwas überschwänglich) vom "Aufbau von Produktpersönlichkeiten". Der Markenartikelbereich des Konsumgütersektors bietet die meisten und deutlichsten Beispiele für diesen Aspekt.

Während bis in die 70er Jahre der Schwerpunkt des Angebots von Markenprodukten bei Gütern des täglichen Bedarfs (Lebensmittel, Körperpflege- und Reinigungsprodukte, Zigaretten etc.) und einigen technischen Konsumgütern (Autos, Unterhaltungselektronik etc.) lag, hat sich dieses seither auch in anderen Bereichen ausgeweitet. Als Beispiele seien hier Bekleidung (z.B. Lacoste, Boss, Levi's), Dienstleistungen (z.B. McDonald's, Hilton, AVIS, TUI) und diverse weitere eher technisch geprägte Produkte (z.B. Intel, Microsoft, Compaq, Yello-Strom, Nokia-Handys) genannt. Kennzeichnend für Markenprodukte sind neben der Markierung (durch Name, Logo, Farbe etc.) ihre breite Erhältlichkeit, gleichbleibende Qualität sowie ein vor allem durch Kommunikation (Werbung, Öffentlichkeitsarbeit etc.) erreichtes Image. Dadurch sollen sich Markenprodukte von anderen abheben und Käufer anziehen bzw. binden.

Zwei Zitate mögen die **Bedeutung von Marken** *illustrieren:*
Stephen King (J.W. Thompson): "Ein Produkt ist etwas, was in einer Fabrik hergestellt wird; eine Marke ist etwas, was von einem Konsumenten gekauft wird. Ein Produkt kann von einem Konkurrenten nachgemacht werden; eine Marke ist einzigartig. Ein Produkt kann schnell unmodern sein; eine Marke ist zeitlos."
Russel Halin (CEO, Sunkist Growers): "Eine Orange ... ist eine Orange ... ist eine Orange. Außer natürlich, diese Orange ist von Sunkist, ein Name, der 80 % der Konsumenten bekannt ist und dem sie vertrauen."

Am Ende dieses Abschnitts soll als letztes Merkmal der eher **mittel- bis langfristige Planungshorizont** des Marketing erwähnt werden. Im Gegensatz zur Phase der Verkaufsorientierung, in der oft die kurzfristige Absatzsteigerung durch Außendienstanstrengungen, Preissenkungen etc. im Vordergrund stand, bedarf es bei der Marketingorientierung eines Unternehmens längerer Zeiträume für die Planung und Realisierung von Maßnahmen. Am Anfang steht ja die sorgfältige Analyse der Absatzmärkte, darauf aufbauend folgt z.B. die Entwicklung geeigneter Produkte und dann vielleicht die Markteinführung. Zwischen der Idee für ein neues Produkt und seiner erfolgreichen Durchsetzung am Markt können manchmal Jahre liegen. Typisches Ziel des Marketing ist also eher die dauerhafte Sicherung oder Erschließung von Absatzmärkten durch mittel- und längerfristige Maßnahmen (Produktentwicklung, Aufbau einer Vertriebsorganisation, Werbung etc.) als z.B. die kurzfristige Umsatzsteigerung.

---

*Als Beispiel für die eher **mittel- bis langfristige Orientierung des Marketing** sei hier die Einführung der A-Klasse von Mercedes-Benz genannt. Man hatte dort das Ziel, ein zusätzliches Marktsegment jüngerer, weniger auf Repräsentation bedachter Kunden zu erschließen und diese an die Marke Mercedes-Benz heranzuführen. Dazu wurde nach entsprechenden Marktstudien ein neuartiges kompaktes Auto, eben die A-Klasse, entwickelt. Die Markteinführung wurde durch Öffentlichkeitsarbeit etwa zwei Jahre vorbereitet. Der gesamte Prozess von der ersten Entscheidung bis zur Einführung des neuen Autos hat mehrere Jahre gedauert.*

1.2.3   Strategisches Marketing

Im Abschnitt 1.2.1 ist schon angedeutet worden, dass der bisher charakterisierte Marketingbegriff nicht ganz der aktuellen Entwicklung im Absatzbereich entspricht. Etwa seit Mitte der 70er Jahre kann man in einer wachsenden Zahl insbesondere größerer Unternehmen eine Orientierung beobachten, die durch den Begriff "strategisches Marketing" gekennzeichnet wird. Diese etwas neuere Tendenz soll hier kurz skizziert werden. Im Zusammenhang der Marketingplanung (Kapitel 5) wird darauf näher eingegangen.

Ebenso wie die drei Phasen der Entwicklung von der Leistungsverwertung zum Marketing als Reaktionen der Unternehmen auf grundlegende Veränderungen der Absatzmärkte zu interpretieren sind, so ist auch das strategische Marketing vor dem Hintergrund wesentlichen **Wandels der Marktbedingungen** entstanden. Einige der dafür ausschlaggebenden Einflussfaktoren sollen im Folgenden genannt werden:

-    Verwischung der (bisherigen) Grenzen zwischen Märkten (z.B. bei den Märkten für Computer, Fernsehen und Kommunikationstechnik)

- Schneller technischer Fortschritt (z.B. bei der Informations- und Kommunikations-
technologie)

- Internationalisierung und damit verbundene Intensivierung des Wettbewerbs (z.B.
durch freien Wettbewerb innerhalb der Europäischen Union)

- Deregulierung verschiedener Märkte (z.B. Telekommunikation, Strom, Post) und
daraus resultierende Zunahme des Wettbewerbs

- Überangebot in zahlreichen Märkten

- Ressourcenverknappung und Rücksichtnahme auf Umweltprobleme

- Neue Marktchancen durch Veränderungen des Lebensstils von Konsumenten (→
Freizeitmarkt), demographische Verschiebungen (→ Markt für Wohnungen und
Pflege alter Menschen), technische Neuerungen (→ neue Kommunikationstechni-
ken) und wachsendes Umweltbewusstsein (→ Umweltschutztechnologie)

Bei derartig veränderten ökonomischen und gesellschaftlichen Bedingungen erscheint
das in den vorherigen Abschnitten dargestellte Marketingkonzept als zu eng und zu
kurzsichtig angelegt. Die Orientierung am gegebenen Absatzmarkt reicht nicht mehr
aus; **langfristige Entwicklungen der Rahmenbedingungen** der Unternehmenstätigkeit
(Politik, Technik, Wettbewerb etc.) müssen viel stärker in die Planung einbezogen
werden. Während man traditionell im Marketing häufig versuchte, in allen bearbeiteten
Märkten die eigene Position zu verbessern, sind unter schwierigeren Bedingungen die
Unternehmen gezwungen, ihre Ressourcen (Finanzen, Know-how, Außendienstkapazität
etc.) konzentriert einzusetzen. **Konzentration der Ressourcen** bedeutet aber auch, dass
man Stagnation oder rückläufige Entwicklungen bei einzelnen Märkten bewusst in Kauf
nimmt, um Erfolg in attraktiveren Märkten zu haben.

---

*Ein Beispiel für den Aspekt der **Konzentration von Ressourcen** bietet die Douglas
Holding AG (Hagen). Dieses Unternehmen, das im sog. "erlebnisorientierten Einzelhandel" sehr erfolgreich ist, entstand aus einem Jahrzehnte alten Filialunternehmen
des Lebensmittel-Einzelhandels. Da man sich vom erlebnisorientierten Handel
(attraktive Produktpräsentation und bester Service bei geringer Preisempfindlichkeit
der Kunden z.B. in Parfümerien) dauerhafte Wettbewerbsvorteile versprach, konzentrierte man sich darauf und gab den angestammten Lebensmittelhandel völlig auf.*

Zu den entscheidenden Aspekten des Marketing gehört, dass das Leistungsprogramm
des Unternehmens Gegenstand absatzmarktorientierter Planung wird. Das kann sich
beispielsweise so äußern, dass ein Automobilhersteller festlegen und laufend überprüfen
muss, auf welche Marktsegmente (Kleinwagen, Mittelklasse, Luxusautos etc.) seine
Modellpalette ausgerichtet sein soll. Selten wird die Frage anstehen, ob er überhaupt
weiterhin in der Automobilbranche tätig sein will. Dagegen gehört die naturgemäß sehr

langfristig angelegte Grundsatzentscheidung über die **Art der Unternehmenstätigkeit** zum Kern der strategischen Planung.

---

*Diverse Beispiele zeigen, dass viele Unternehmen offenbar eine gezielte, langfristig angelegte Politik hinsichtlich der **Art ihrer Unternehmenstätigkeit** betreiben. So war die Daimler-Benz AG bzw. DaimlerChrysler AG traditionell Automobilhersteller, wandelte sich unter Edzard Reuter zum integrierten Technologiekonzern (mit Luftfahrtindustrie, Elektronik, Maschinenbau etc.) und konzentrierte sich unter Jürgen Schrempp wieder stärker auf den Bereich "Mobilität" (Automobile, Luftfahrt, Bahn). Ein geradezu klassisches Beispiel bietet Mannesmann: Ein Jahrzehnte altes Unternehmen der Stahl- und Röhrenbranche trat in den 80er Jahren in den völlig andersartigen Markt der Telekommunikation neu ein. Innerhalb weniger Jahre wurde dieser Markt zu dem für Mannesmann weitaus wichtigsten und attraktivsten Geschäftsbereich.*

Für das strategische Marketing sind in diesem Zusammenhang drei Fragen grundlegend:

- Auf welchen Märkten bleibt oder wird ein Unternehmen tätig? (**Wo bzw. wohin?**)
  (z.B. Eintritt in neue Märkte, Aufgabe bisheriger Tätigkeitsbereiche)

- Welches ist die Grundausrichtung der Marketingstrategie? (**Wie?**)
  (z.B. Preisvorteile oder überlegene Produktqualität)

- Zu welcher Zeit wird ein Unternehmen in den verschiedenen Märkten tätig?
  (**Wann?**)
  (z.B. früher oder später Markteintritt)

Die Art der Entscheidungen, die im strategischen Marketing zu treffen sind, impliziert schon, dass diese typischerweise auf **lange Zeiträume** (oftmals 5-10 Jahre) ausgerichtet sind und auf einer hohen Ebene der Unternehmensführung (häufig auf der Geschäftsleitungsebene) getroffen werden. Beachtlich ist noch die mit dem Stichwort "Konzentration der Firmenressourcen" verbundene enge **Verzahnung** des Marketing **mit anderen Unternehmensfunktionen**, insbesondere der Finanzierung.

Die im Herbst 2000 in Deutschland durchgeführte Versteigerung von UMTS-Frequenzen für das Angebot wesentlich erweiterter Mobilfunk-Dienste ist in diesem Zusammenhang ein charakteristisches Beispiel. Hier mussten von Unternehmen wie Deutsche Telekom oder Mannesmann/Vodafone Milliarden-Angebote finanziert werden, um den Eintritt in einen zukünftigen Markt zu ermöglichen.

Als **typisch für das strategische Marketing** sind also vorstehend folgende Merkmale hervorgehoben worden:

- Konzentration der Unternehmensaktivitäten auf besonders erfolgversprechende Märkte

- Bewusste Auswahl gegenwärtiger und zukünftiger Märkte und entsprechende Festlegung von Strategien

- Langfristige Ausrichtung

- Einsatz unterschiedlicher Unternehmensressourcen (Finanzen, FuE etc.) im Hinblick auf die Gewinnung von Wettbewerbsvorteilen

Letztlich laufen diese Gesichtspunkte darauf hinaus, dass sich die Unternehmen bei erschwerten Wettbewerbsverhältnissen mit allen ihren Möglichkeiten auf Absatzmärkte und Tätigkeiten konzentrieren, bei denen sie dauerhaft Vorteile gegenüber Konkurrenten gewinnen und behaupten können.

---

*Benkenstein (1997, S. 18 f.) fasst den zentralen Aspekt des **strategischen Marketing** zusammen:*

"Strategisches Marketing zeichnet sich ... vor allem dadurch aus, dass Wettbewerbs-vorteile entwickelt und identifiziert sowie die marktgerichteten Verhaltensrichtlinien auf diese Wettbewerbsvorteile ausgerichtet werden. Die Definition des zu erreichen-den Wettbewerbsvorteils ist deshalb als das zentrale Element einer strategischen Marketingplanung anzusehen. ... Nur wenn es gelingt, diesen Wettbewerbsvorteil zu definieren, kann das Marketing-Instrumentarium auf diesen Vorteil ausgerichtet und die Ressourcenallokation entsprechend gesteuert werden. Strategisches Marketing bedeutet somit nichts anderes als die Suche und Untersuchung dauerhafter Wettbe-werbsvorteile..."

1.2.4   Erweiterungen des Marketingbegriffs

Bisher und auch im Fortgang des vorliegenden Buches wird Marketing auf die **Absatz-märkte (kommerzieller) Unternehmen** bezogen. Davon ausgehend sind Erweiterun-gen des Marketingbegriffs in mindestens zwei Richtungen nicht nur denkbar, sondern auch in der Realität beobachtbar:

- Marketing kann sich auch auf **andere Märkte** als die Absatzmärkte beziehen (z.B. auf Personal- oder Beschaffungsmärkte).

- Marketing kann auch von **Organisationen** betrieben werden, bei denen es sich **nicht um (gewinnorientierte) Unternehmen** handelt (z.B. Verbände, Städte).

In Abbildung 1.6 sind die damit umrissenen Möglichkeiten dargestellt. Die Intensität der Schraffierung der einzelnen Felder kennzeichnet die Ausbreitung der verschiedenen Spielarten des Marketing in der Praxis.

Ausrichtung des Marketing auf: / Art der Organisation	Unternehmen	Sonstige
Absatzmärkte	1 (Business-Marketing)	5 (Non-Business-Marketing)
Personalmärkte	2	6
Beschaffungsmärkte	3	7
Kapitalmärkte	4	8

Abbildung 1.6: Erweiterungen des Marketingbegriffs und ihre Bedeutung

Durch Feld 1 wird das **Absatzmarketing von Unternehmen** symbolisiert. Die intensive Schraffierung kennzeichnet dessen herausgehobene Bedeutung. Deutlich weniger entwickelt sind Theorie und Praxis sowohl des Personal-, Beschaffungs- und Finanzmarketing von Unternehmen als auch des Absatzmarketing von Organisationen, die keine Unternehmen sind. Personal-, Beschaffungs- und Finanzmarketing der letzteren Art von Organisationen sind zwar denkbar und vielleicht erstrebenswert, spielen aber bisher kaum eine Rolle.

Zum Absatzmarketing ist man gekommen, weil die Absatzmärkte sich in vielen Branchen zum Engpasssektor entwickelt haben. Dieser Gedanke ist übertragen worden auf andere Marktbeziehungen von Unternehmen, also auf Beschaffungs-, Personal- und Kapitalmärkte. Wenn die Engpässe in diesen Bereichen liegen, sollte sich das Unternehmen daher an die entsprechenden Marktverhältnisse anpassen bzw. versuchen, diese systematisch zu beeinflussen.

Als Beispiel für **Personalmarketing** seien die intensiven Bemühungen amerikanischer Großunternehmen erwähnt, durch vielfältige Kontakte zu Hochschulen (Firmenpräsentationen, Fallstudien, Spenden etc.) deren qualifizierte Absolventen als Nachwuchs zu gewinnen. Die Orientierung an den Beschaffungs-, Personal- und Kapitalmärkten hat aber wohl nicht die gleiche Bedeutung gewonnen wie das Absatzmarketing. Deswegen ist in diesen Bereichen das entsprechende Marketing-Instrumentarium auch nicht so weit entwickelt worden wie das für das Absatzmarketing der Fall ist.

Die durch Feld 1 gekennzeichneten Marketing-Aktivitäten, auch als **Business-Marketing** oder als kommerzielles Marketing bezeichnet, werden oft nach Merkmalen der angebotenen Leistung oder des Marktareals unterschieden in:

- Sachgüter- und Dienstleistungsmarketing,

- Konsumgüter- und Business-to-Business-Marketing (Absatz nicht an Konsumenten, sondern an andere Unternehmen) sowie

- nationales und internationales Marketing.

Auf einige damit verbundene Gesichtspunkte wird im Kapitel 2 des vorliegenden Buches näher eingegangen. Bei den (Absatz-)Marketing-Aktivitäten von "Nicht-Unternehmen" (Feld 5) spricht man auch vom **Non-Business-Marketing** bzw. vom **nichtkommerziellen Marketing**. Die systematische Marktorientierung des Leistungs-angebots (z.B. eines Theaters oder einer Universität) wird oftmals als **Non-Profit-Marketing** bezeichnet. Eine zweite Art des Non-Business-Marketing stellt das **Sozio-Marketing** dar, wobei es vornehmlich um die Unterstützung von Ideen (z.B. politischer Art) und die Beeinflussung von (nicht kommerziellen) Verhaltensweisen (z.B. Vermin-derung des Tabakkonsums) geht. Die Leserin möge sich nicht durch die mangelnde logische Konsistenz der skizzierten Begriffe (z.B. Unterordnung des Non-Profit-Marketing unter das Non-Business-Marketing) irritieren lassen. Der Autor hat versucht, sich nach Möglichkeit an die in der Literatur gebräuchliche Terminologie anzupassen. In Abbildung 1.7 sind die verschiedenen Spielarten des Absatzmarketing zusammenfas-send dargestellt. Anschließend wird auf einige der Erweiterungen des Marketingbegrif-fes eingegangen.

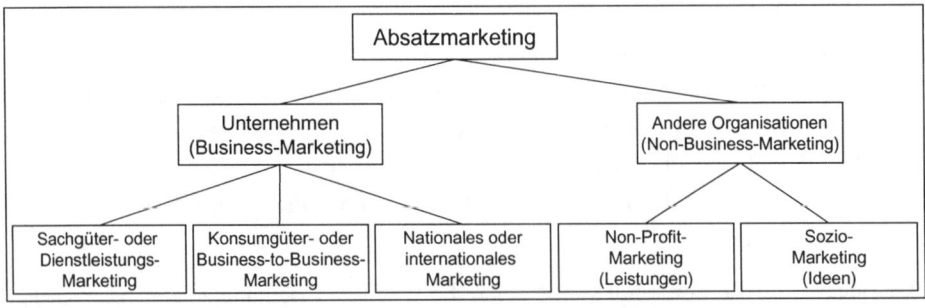

Abbildung 1.7:   Verschiedene Arten des Absatzmarketing

Bei der Betrachtung des angewandten Instrumentariums besteht eine weitgehende Analogie zwischen dem Absatzmarketing von Unternehmen und dem **Non-Profit-Marketing**. Hier geht es hauptsächlich um die Übertragung des Marketing-Ansatzes auf Betriebe, die keine Unternehmen im Sinne der eingangs dieses Buches (Abschnitt 1.1) genannten Definition sind. Beispiele für solche Betriebe sind Museen, Theater, Univer-sitäten oder Behörden. Hier werden sehr unterschiedliche Leistungen erbracht, für die man Nachfrager (z.B. Besucher) sucht.

> *Gerade bei einigen deutschen Museen konnte man in den letzten Jahren einen durchaus professionellen Einsatz des Marketing-Instrumentariums beobachten, beginnend bei attraktiv präsentierten Ausstellungen (dem "Produkt" der Museen) über eine differenzierte Preispolitik (Ermäßigungen, Dauerkarten etc.) bis zu umfassenden Kommunikationsmaßnahmen (Werbung, Öffentlichkeitsarbeit, Kataloge). Der entsprechende Markterfolg zeigte sich in hohen Besucherzahlen und der Bildung von Fördervereinen.*
>
> *Ein aktuelles Beispiel für eine marktorientierte - d.h. in diesem Fall an den Interessen potenzieller Besucher orientierte - Gestaltung des Leistungsangebots bietet das Rundfunk-Sinfonieorchester Berlin (RSB) mit "Rush Hour Concerts". In der Werbung des RSB wird zunächst das Problem berufstätiger Konzertbesucher, die etwas außerhalb der Innenstadt wohnen, beschrieben: "Arbeit geschafft. Klassische Musik würde mir jetzt gut tun. Heute spielen sie in der Philharmonie Prokofjews "Romeo und Julia", eines meiner Lieblingsstücke. Hingehen? Eigentlich hasse ich diese endlosen Tage: Nicht vor Mitternacht im Bett und morgens früh raus. Und was mach ich solange? Im Stau nach Hause und dann sofort wieder zurück in die Stadt? Oder gleich hier bleiben und noch irgendwas erledigen?... Warum fangen Konzerte bloß immer so spät an?"*
>
> *Auf solche Besucher ausgerichtet hat das RSB ein spezielles Angebot entwickelt: "Für Sie fangen unsere Konzerte am 30. November 2000 und ... bereits um 18.00 Uhr an. Verlieren Sie keine Zeit, lassen Sie die anderen im Stau stehen und bummeln Sie direkt nach der Arbeit in die Philharmonie. Dort erwarten Sie außer schöner Musik ein Imbiss und Getränke. Und ob Sie um 20.00 Uhr entspannt nach Hause fahren oder noch ganz andere Dinge unternehmen wollen, eines ist sicher: der Feierabend hat wunderbar begonnen und einige Stunden Freizeit haben Sie noch vor sich."*

Die andere Variante des Non-Business-Marketing wird meist als **Sozio-Marketing** bezeichnet. Hier geht es nicht mehr darum, die Nachfrage nach Leistungen (wie kulturelle Angebote) zu fördern, sondern um die Förderung von Ideen (z.B. Umweltschutz, Toleranz gegenüber Ausländern) und die Beeinflussung von entsprechenden Verhaltensweisen (z.B. Anti-Raucher-Kampagnen, Bevorzugung umweltfreundlicher Pfandflaschen). Beim Sozio-Marketing steht also die Anwendung der für das Marketing allgemeingültigen Konzepte (z.B. Marktsegmentierung, Positionierung), Methoden (z.B. Marktforschung) und Instrumente (Produkt-, Preis-, Kommunikations- und Vertriebspolitik) auf die vorstehend genannten Ziele (Förderung von Ideen und Verhaltensweisen) im Mittelpunkt.

> *Ein allseits bekanntes Beispiel für die praktische Umsetzung des **Sozio-Marketing** ist die AIDS-Kampagne. Hier findet man Maßnahmen der Öffentlichkeitsarbeit unter Einschaltung der Medien sowie Werbung in Form von Anzeigen, Plakaten und Werbespots für den Schutz vor der Infektion mit AIDS ("Gib AIDS keine Chance"). Ähnliches gilt für die Anti-Rauschgift-Kampagne "Keine Macht den Drogen".*

Kotler (1972) skizziert eine dreistufige Entwicklung der theoretischen Marketing-Konzepte, an deren (vorläufigem) Ende das "allgemeine Marketing-Konzept" (**Generic Concept of Marketing**") steht. Im ersten Schritt konzentrierten sich die Betrachtungen auf den Kauf und Verkauf ökonomischer Güter. Es folgte die Ausweitung des Marketing-Ansatzes auf unterschiedlichste (nicht nur kommerzielle) Organisationen als Anbieter von Leistungen für verschiedene Arten von "Kunden" (→ Non-Business-Marketing). Kotlers allgemeines Marketing-Konzept sagt im Kern aus, dass sich Marketing mit der Entstehung, Förderung und Bewertung von Transaktionen beschäftigt, wobei unter einer Transaktion der Austausch von Werten zwischen zwei Parteien verstanden wird. Auf dieses für das Marketing zentrale Konzept des Austauschs wird in Abschnitt 2.3 noch genauer eingegangen.

---

*Kotler/Bliemel (1999, S 12) illustrieren das **allgemeine Konzept des Austauschs von Werten**:*

"Im Grunde will der 'Vermarkter' ... aktiv auf den Austauschprozess einwirken; er will einer anderen Person eine bestimmte Verhaltensreaktion entlocken. Das Wirtschaftsunternehmen wünscht sich eine Reaktion namens 'Kauf', ein Politiker, der für ein Amt kandidiert, will eine Reaktion, die sich 'Wählerstimme' nennt, eine Kirche will 'Schäfchen um sich sammeln' und eine bestimmte Interessengruppe oder Bürgerinitiative will die 'Akzeptanz einer Idee'. Zur Vermarktung gehört alles, das dem Ziel dient, eine Zielgruppe zu einer gewünschten Reaktion im Hinblick auf ein bestimmtes Objekt zu bewegen."

Literaturempfehlungen zum 1. Kapitel

BELZ, CHRISTIAN (1998): Akzente im innovativen Marketing, St. Gallen/Wien.

BRUHN, MANFRED (1999): Marketing, 4. Aufl., Wiesbaden.

DICHTL, ERWIN (1994): Strategische Optionen im Marketing, 3. Aufl., München.

FRITZ, WOLFGANG / V.D. OELSNITZ, DIETRICH: Marketing, 2. Aufl., Stuttgart.

KOTLER, PHILIP (1999): Kotler on Marketing, New York.

KOTLER, PHILIP / BLIEMEL, FRIEDHELM (1999), Marketing-Management, 9. Aufl., Stuttgart.

MEFFERT, HERIBERT (2000): Marketing, 9. Aufl., Wiesbaden.

NIESCHLAG, ROBERT / DICHTL, ERWIN / HÖRSCHGEN, HANS (1994): Marketing, 17. Aufl., Berlin.

OLBRICH, RAINER (2001): Marketing, Berlin u.a.O.

2. Unternehmung und Absatzmarkt

2.1 Wesen und Arten von Absatzmärkten

2.1.1 Charakterisierung von Märkten

Mit dem Begriff "**Markt**" werden verschiedenartige Vorstellungen verbunden. Die einfachste und konkreteste bezieht sich auf eine **räumlich** (und oft auch zeitlich) **fixierte** Institution, deren Aufgabe darin besteht, bestimmte Austauschvorgänge zu ermöglichen und zu organisieren. Ein bekanntes einfaches Beispiel dafür ist der Viktualienmarkt in München. Die Markt-Institution, an der Wertpapiere gehandelt werden, bezeichnet man in Deutschland als Börse. In der Regel wird der Begriff "Markt" aber viel weiter gefasst, weil nur noch ein sehr kleiner Teil der Austauschprozesse in einer modernen Wirtschaft über derartige Institutionen abgewickelt wird.

In der ökonomischen Theorie dominiert ein wesentlich abstrakteres Vorstellungsbild von Märkten. Man meint damit das **Aufeinandertreffen** von **Angebot und Nachfrage** und die sich dabei ergebenden **Austauschprozesse** (siehe Abschnitt 2.3), die typischerweise unter Bedingungen des Wettbewerbs von Anbietern und/oder Nachfragern stattfinden. Dazu ist kein persönlicher Kontakt zwischen Anbietern und Kunden mehr nötig; Informationen über Produkteigenschaften, Preise, Lieferbedingungen etc. reichen für eine Markttransaktion aus, z.B. für den Kauf eines Produkts, das vielleicht erst später bezahlt und geliefert wird. Das Unternehmen amazon.com, das Bücher über das Internet vertreibt, bietet ein Beispiel für einen Austausch, bei dem Kontakt, Bezahlung und Auslieferung nur über elektronische Medien bzw. durch eingeschaltete Logistik-Unternehmen erfolgt. Märkte in diesem abstrakteren Sinne haben in einer markt(!)-wirtschaftlichen Ordnung die bedeutsame Funktion, ökonomische **Entscheidungen** und **Verhaltensweisen** einer Vielzahl von Wirtschaftssubjekten (Konsumenten, Haushalte, Unternehmen etc.) zu **koordinieren**. Mit Hilfe von funktionierenden Märkten gelingt es (meist), die Menge der hergestellten und angebotenen Güter der verschiedensten Art auf den jeweils vorhandenen Bedarf abzustimmen und das Ausmaß der beim Erwerb der Güter zu erbringenden Gegenleistungen (in der Regel Geldbeträge, die als "Preis" bezeichnet werden) der Knappheit der Güter entsprechend zu gestalten. Angesichts der hohen und weiter wachsenden Arbeitsteiligkeit von modernen Volkswirtschaften ist die Bedeutung von Märkten für die entsprechenden Austauschprozesse leicht einsichtig.

Bei absatzwirtschaftlich ausgerichteten Betriebswirten findet man meist einen auch vom vorstehend skizzierten etwas abweichenden Marktbegriff. Hier steht der Markt als der Bereich (z.B. die Kundengruppe oder die Region), der **als Abnehmer der im Unternehmen erzeugten Leistungen** in Frage kommt, im Vordergrund des Interesses. In einer Definition von Kotler/Bliemel (1999, S. 14) ist diese Betrachtungsweise klar formuliert:

"Ein Markt besteht aus allen potenziellen Kunden mit einem bestimmten Bedürfnis oder Wunsch, die willens oder fähig sind, durch einen Austauschprozess das Bedürfnis oder den Wunsch zu befriedigen."

Wenn man allerdings versucht, den zuletzt genannten Marktbegriff zu konkretisieren, dann ist das nicht immer ganz leicht. Wie kennzeichnet man den "Bereich, der als Abnehmer der im Unternehmen erzeugten Leistungen in Frage kommt"? Wie grenzt man die "potenziellen Kunden mit einem bestimmten Bedürfnis ..." (Kotler/Bliemel 1999, S. 14) von anderen Menschen, Unternehmen etc. ab? Was ist eigentlich mit einem "bestimmten Bedürfnis" gemeint? Beispielsweise das Bedürfnis, Durst zu löschen, oder das Bedürfnis, ein Bier zu trinken, oder das Bedürfnis, ein wohlschmeckendes alkoholhaltiges Getränk zu genießen? Wegen derartiger Probleme müssen später noch einige Überlegungen zur Definition und Abgrenzung von Absatzmärkten angestellt werden (siehe dazu Kapitel 5, vgl. Dazu auch Meffert 2000, S. 36 ff.).

> *Das Problem der* **Kennzeichnung von Absatzmärkten** *sei an Hand zweier Beispiele illustriert. Recht überschaubar sind die Verhältnisse bei einem örtlichen Lebensmittelhändler: Hier kommen in einem bestimmten Umkreis um den Geschäftsstandort wohl alle Haushalte, evtl. noch einige Kindertagesstätten etc., als Kunden in Frage. Deutlich weniger übersichtlich sind die Verhältnisse bei einer z.B. in Hamburg ansässigen Unternehmensberatung. Wer sind hier die potenziellen Kunden? Alle Unternehmen? Alle Unternehmen im Raum Hamburg? Alle Unternehmen einer bestimmten Größenordnung in Deutschland? Alle Unternehmen einer bestimmten Branche?*

2.1.2   Konsumgüter- und Business-to-Business-Märkte

Die Entwicklung des Marketing hat sich bis heute stärker in Konsumgüter- als in Business-to-Business-Märkten vollzogen. Wenn man vom Marketing spricht, denkt man noch immer eher an Beispiele aus dem Konsumgüter-Bereich. Die schwächere Ausprägung des **Business-to-Business-Marketing** hängt wohl auch damit zusammen, dass diese Märkte stark durch die angebotene Technik bzw. durch Techniker bestimmt werden.

In Anlehnung an Engelhardt (1995, Sp. 1056 f.) und Kleinaltenkamp (2000, S. 173 f.) soll hier folgende Definition verwendet werden: Das Business-to-Business-Marketing dient dem Absatz von Sachgütern, Dienstleistungen und Rechten, die von Organisationen (Unternehmen, Behörden etc.) beschafft werden, um andere Leistungen zu erbringen, die über den mittelbaren oder unmittelbaren Weiterverkauf an Endverbraucher hinausgehen. Für das Business-to-Business-Marketing werden gelegentlich auch die Abkürzungen B-to-B- oder B2B-Marketing verwendet, wobei oftmals - aber nicht im vorliegenden Lehrbuch - damit eine Ausrichtung auf Transaktionen über das Internet verbunden wird.

Diese Definition bezieht sich also nicht nur auf Investitionsgüter im engeren Sinne (Anlagegüter wie z.B. Maschinen), sondern schließt die Vermarktung von Beratungsleistungen, Bauteilen, Lizenzen etc. ein und erfasst damit alle Bereiche, die durch organisationale Kaufentscheidungen (siehe Abschnitt 4.3) gekennzeichnet sind. Lediglich der Konsumgüter-Handel, bei dem ja auch organisationale Beschaffungsprozesse stattfinden, ist ausgeschlossen, da dort die Marktverhältnisse durch die besondere Konsumnähe dieses Wirtschaftszweiges mit den hier gemeinten Märkten schlecht vergleichbar sind. Beachtenswert ist noch die Einschließung der Beschaffung durch Organe der öffentlichen Verwaltung. Wegen der Ähnlichkeit der Beschaffungsprozesse von privaten und öffentlichen Nachfragern wird der gelegentlich vorgeschlagenen Einteilung in private und öffentliche Märkte hier nicht gefolgt.

Vergleichsweise leicht ist das **Konsumgüter-Marketing** zu definieren: Das Konsumgüter-Marketing dient dem mittelbaren oder unmittelbaren Absatz von Sachgütern, Dienstleistungen und Rechten an private Haushalte bzw. Konsumenten.

Bei dieser Definition sind sowohl die Marketing-Aktivitäten von Herstellern gegenüber dem Handel, der den Vertrieb an die Endverbraucher vornehmen soll, als auch die Marketing-Aktivitäten des Handels gegenüber den Verbrauchern (Handels-Marketing) eingeschlossen. Auch im Hinblick auf das, was abgesetzt werden soll, ist die Definition recht umfassend: Es kann sich beispielsweise um Kühlschränke (Sachgüter), Urlaubsreisen (Dienstleitungen) oder Mietwohnungen (Nutzungsrecht) handeln.

Die durch die angegebenen Definitionen umrissene Abgrenzung von Konsumgüter-Marketing und Business-to-Business-Marketing ist zweckmäßig, weil sich die Marktverhältnisse in beiden Bereichen wesentlich unterscheiden, woraus sich wieder deutliche Unterschiede bei der Art der einzusetzenden Marketing-Maßnahmen ergeben. Die Charakteristika beider Arten von Märkten sollen im Folgenden kurz dargestellt werden.

Dabei sind natürlich bestimmte Vereinfachungen bzw. Verallgemeinerungen unvermeidlich.

Konsumgüter-Märkte haben häufig (nicht immer) folgende Merkmale:

- **Originärer Bedarf**

  Die Nachfrage resultiert direkt aus dem Bedarf der Verbraucher. Bedarfsänderungen können unmittelbar und kurzfristig wirksam werden.

- **Große Zahl von potenziellen Nachfragern**

  Abgesehen von Spezialfällen (z.B. Markt für Hochsee-Rennyachten) hat man es im Konsumgüter-Bereich typischerweise mit zahlreichen (potenziellen) Kunden zu tun. Deren Zahl kann von wenigen Tausend (High-End-Stereo-Anlagen) bis zu vielen Millionen (Zigaretten) reichen. Entsprechend sind die Marketinginstrumente ausgerichtet. Beispielsweise erfolgt die Kommunikation weniger auf persönlichem Wege als über Massenmedien.

- **Große Zahl kleiner Einzelkäufe**

  Im Konsumgüter-Bereich gibt es auch bei häufig wiederholt auftretendem Bedarf kaum längerfristige Lieferverträge (Beispiel einer Ausnahme: Zeitungs-Abonnements). Bei einer großen Zahl von Käufern kommt es deshalb im Zeitablauf zu einer großen Zahl einzelner Käufe. Eine Konsequenz daraus ist der Vertrieb über den Groß- und Einzelhandel, wodurch die breite Verfügbarkeit des Produkts erreicht wird.

- **Anonymität des Marktes**

  Auf Konsumgüter-Märkten sind direkte Kontakte zwischen Herstellern und Konsumenten eher die Ausnahme. Derartige Ausnahmen sind z.B. die Beziehungen zwischen einem Handwerker und dem Bauherrn beim Eigenheimbau oder Reklamationen des Käufers eines Elektrogerätes beim Hersteller. Ansonsten laufen viele Beziehungen über den Handel.

- **Relativ geringer Informationsstand bei potenziellen Nachfragern**

  Bei den meisten Kaufentscheidungen von Konsumenten ist deren Informiertheit über den Markt relativ gering. Auch Spontankäufe, denen kaum eine Informationsaufnahme und -verarbeitung vorausgeht, sind in diesem Bereich nicht selten. Dementsprechend wird bei verschiedenen Maßnahmen des Konsumgüter-Marketing auch von einem geringen Informationsbedürfnis der Käufer ausgegangen. Man denke nur an den oftmals sehr geringen Informationsgehalt von Fernsehwerbung. Allerdings gibt es auch Kaufentscheidungen, bei denen sich die Konsumentinnen vorher sehr sorgfältig informieren, beispielsweise wenn die Entscheidung mit hohem wahrgenommenen Risiko verbunden ist (z.B. Kauf eines Eigenheims) oder wenn der zu kaufende Gegenstand einem ausgeprägten Freizeitinteresse dient (z.B. Kauf eines Satzes Golfschläger).

---

*Zigaretten als Beispiel für ein **Konsumgut***

- *Originärer Bedarf: Kauf von Zigaretten dient ausschließlich dem eigenen (Sucht-) Bedürfnis*
- *Große Zahl von Nachfragern: Mehrere Millionen Raucher in Deutschland*
- *Große Zahl kleiner Einzelkäufe: Die meisten Raucher kaufen mehrmals wöchentlich Zigaretten an den verschiedensten Stellen (Automaten, Gaststätten, Einzelhandel)*
- *Anonymität des Marktes: Es gibt keine direkten Kundenkontakte der Zigarettenhersteller. Die indirekten Beziehungen laufen über Großhandel, Einzelhandel, Importeure etc.*
- *Geringer Informationsstand der Nachfrager: Zigarettenkäufe laufen typischerweise gewohnheitsmäßig ab, indem immer wieder die angestammte Marke gekauft wird.*

Bei **B-to-B-Märkten** (im oben definierten Sinne) findet man dagegen meist folgende Merkmale:

- **Abgeleiteter Bedarf**

  Die Nachfrage im jeweiligen Markt resultiert aus der Nachfrage in konsumnäheren Märkten. Beispielsweise wird die Nachfrage nach bestimmten Stahlblechen maßgeblich vom Automobil-Absatz beeinflusst.

- **Relativ kleine Zahl potenzieller Nachfrager**

  In einzelnen Märkten (z.B. Kraftwerke, Zulieferteile für den Automobilbau) ist die Zahl potenzieller Käufer in der Bundesrepublik äußerst gering, in anderen kann sie ähnlich unüberschaubar sein wie im Konsumgüterbereich (z.B. Büromaterial). Tendenziell ist aber die Anzahl potenzieller Nachfrager auf B-to-B-Märkten geringer. Das erklärt auch die größere Bedeutung des persönlichen Verkaufs auf diesen Märkten.

- **Feste Geschäftsbeziehungen**

  In Business-to-Business-Märkten findet man häufig längerfristig angelegte Geschäftsbeziehungen. Beispiele dafür sind Lieferverträge, die für einen bestimmten Zeitraum geschlossen und dann häufig verlängert werden.

- **Direkte Marktkontakte**

  Wegen der relativ geringen Zahl von Nachfragern und der großen Bedeutung einzelner Geschäftsbeziehungen spielen direkte Marktkontakte im B-to-B-Marketing eine große Rolle. Diese ermöglichen es dem Anbieter auch, auf spezielle Wünsche einzelner Kunden einzugehen.

- **Fundierte und formalisierte Kaufentscheidungen**

  Ein großer Teil organisationaler Kaufentscheidungen wird unter Beteiligung ein-
  schlägig spezialisierter Fachleute durchgeführt. Häufig existieren auch festgelegte
  Regeln (Entscheidungskriterien, Zuständigkeiten etc.) für den Ablauf dieser Prozesse. Ausschreibungen, schriftliche Angebote, detaillierte Verträge etc. sind Ausfluss
  solcher stark formalisierter Kaufentscheidungsprozesse.

- **Mehr-Personen-Entscheidungen**

  Bei organisationaler Beschaffung spielen Mehr-Personen-Entscheidungen (Gremi-
  en-Entscheidungen) eine weitaus größere Rolle als im Konsumgüter-Bereich. Die
  an einer Kaufentscheidung beteiligten Personen können im Hinblick auf fachliche
  Ausrichtung (technisch, kaufmännisch), hierarchische Einordnung (vom Sachbear-
  beiter bis zum Top-Manager) und persönliche Merkmale (z.B. Alter, Ausbildung)
  sehr heterogen sein.

- **Lang dauernde Kaufentscheidungsprozesse**

  Vor allem wegen der Beteiligung mehrerer Personen, der mit Kaufentscheidungen
  oftmals verbundenen Lösung technischer Probleme und der vielfachen Interaktionen (Verhandlungen) zwischen Anbietern und Nachfragern dauern organisationale
  Kaufentscheidungsprozesse meist länger als die von Konsumenten bzw. Haushalten.

---

*Hochgeschwindigkeits-Eisenbahnzüge als Beispiel für ein **B-to-B-Geschäft**:*

- *Abgeleiteter Bedarf: Die Nachfrage nach Zügen hängt ab von der erwarteten Nachfrage im Personenverkehr.*
- *Kleine Zahl potenzieller Nachfrager: In Deutschland nur die Deutsche Bahn, evtl. kommen noch einige ausländische Bahngesellschaften hinzu.*
- *Feste Geschäftsbeziehungen: Zwischen dem ICE-Konsortium (Adtranz, Siemens u.a.) und der Deutschen Bahn besteht eine langfristige Zusammenarbeit bei Bau und Lieferung des ICE und der Nachfolgemodelle*
- *Direkte Marktkontakte: ICE-Konsortium und Deutsche Bahn benötigen natürlich keinen Zwischenhändler*
- *Fundierte und formalisierte Kaufentscheidungen: Auf Seiten der Deutschen Bahn sind spezialisierte Fachleute (Ingenieure) für den Kauf von ICE-Zügen verant- wortlich und orientieren sich dabei an vorgegebenen Kriterien (Kosten, Kapazi- tät, Geschwindigkeit etc.)*
- *Mehr-Personen-Entscheidungen: Die Einführung des ICE war eine Entscheidung mit großer Tragweite, an der diverse Abteilungen einschließlich der Geschäfts- leitung beteiligt waren.*
- *Lang dauernde Kaufentscheidungen: Die Entscheidung zugunsten des ICE zog sich von den ersten Überlegungen bis zum Abschluss der entsprechenden Verträ- ge über mehrere Jahre hin.*

Hinsichtlich der Auswirkungen der skizzierten Merkmale von Konsumgüter- und B-to-B-Märkten auf das Marketing-Instrumentarium in beiden Bereichen hat diese Unterscheidung erhebliche Bedeutung für Wissenschaft und Praxis.

2.1.3   Sachgüter- und Dienstleistungs-Märkte

Wegen der seit den 70er Jahren deutlich zunehmenden Bedeutung des Dienstleistungs-Bereichs findet auch das Dienstleistungs-Marketing stärkere Beachtung. In weit entwickelten Volkswirtschaften kann man beobachten, dass der Dienstleistungs-Sektor im Hinblick auf seine Anteile an der Bruttowertschöpfung und an der Beschäftigungs-zahl eine dominierende Stellung hat und offenbar weiter wächst (vgl. Meffert/Bruhn 2000, S. 8 ff.). Im vorliegenden Abschnitt sollen zunächst einige Besonderheiten von Dienstleistungen im Vergleich zu Sachgütern herausgearbeitet werden. Anschließend werden einige Überlegungen zur Notwendigkeit eines separaten Dienstleistungs-Marketing angestellt.

Bei **Sachgütern** handelt es sich fast immer um materielle, gewissermaßen "greifbare" Ergebnisse (Ausnahme: elektrischer Strom) des betrieblichen Leistungserstellungspro-zesses. Eine unübersehbare Vielfalt von Beispielen - vom Streichholz bis zur Fabrik-halle - ist jedem bekannt. **Dienstleistungen** sind dagegen immaterielle, gewissermaßen "nicht greifbare", Ergebnisse der Leistungserstellung eines Betriebes. Auch hier ist die Vielfalt der Beispiele - vom Haarschnitt bis zur Unternehmensberatung - überwältigend. Allerdings ist diese Unterscheidung auch insofern problematisch, als auf vielen Märkten heute **Leistungspakete** angeboten werden, bei denen zu einem Sachgut eine Dienstleis-tung gehört oder eine Dienstleistung nur erbracht werden kann, wenn bestimmte Sachgüter vorhanden sind. In Abb. 2.1 sind die sich somit ergebenden vier Möglichkei-ten des betrieblichen Leistungsangebots dargestellt.

Hauptangebot	begleitendes Angebot	Leistungspaket	Beispiele
Sachgut	--	reines Sachgut	Waschmittel, Zigaretten
Sachgut	Dienstleistung	Sachgut mit Service	Automobile, Verkehrsflugzeuge
Dienstleistung	Sachgut	Dienstleistung mit Sachgut	Autoreparatur, Mobilfunk
Dienstleistung	--	reine Dienstleistung	Haarschnitt, juristische Bera-tung

Abbildung 2.1:   Unterschiedliche Leistungsangebote/-pakete

In der wissenschaftlichen Literatur (vgl. Engelhardt/Kleinaltenkamp/Reckenfelder-bäumer 1993; Kleinaltenkamp 1998; Meffert/Bruhn 2000, S. 22 ff.) werden verschiedene Ansätze zur Definition und Abgrenzung von Dienstleistungen diskutiert, die aber alle nicht zu trennscharfen Ergebnissen führen. Wenn man in eher praxisorientierter Sichtweise Sachgüter und Dienstleistungen vergleicht, so fallen einige **deutliche Unterschiede** ins Auge:

Im Gegensatz zu den meisten Sachgütern sind Dienstleistungen in der Regel **nicht lagerfähig**. Dienstleistungen werden also zum Zeitpunkt der Leistungserstellung konsumiert, während bei Sachgütern fast immer einige Zeit zwischen der Herstellung und dem Verbrauch/Gebrauch liegt.

Vielfach muss beim Prozess der Erbringung einer Dienstleistung der **Kunde integriert** werden. So kann die Leistung einer Luftverkehrsgesellschaft eben nur mit Fluggästen und die ärztliche Behandlung nicht ohne Patienten erfolgen.

Aus der mangelnden Lagerfähigkeit und der Integration des Kunden (s.o.) bei Dienstleistungen ergibt sich, dass die bei Sachgütern bedeutenden **Handelsstufen** zwischen Hersteller und Konsument hier eine **geringere Rolle** spielen. Man findet allerdings Unternehmen - wie z.B. Reisebüros oder Theaterkassen - in denen gewissermaßen Anrechte zur späteren Inanspruchnahme von Dienstleistungen verkauft werden.

Im Zeitalter der industriellen Massenproduktion sind viele Sachgüter sehr weitgehend standardisiert. Dagegen sind Dienstleistungen oft viel stärker **individualisiert** (z.B. ärztliche Beratung, Entwurf eines Hauses).

In Dienstleistungsmärkten werden typischerweise **keine fertigen Produkte** angeboten. Vielmehr wird "die Bereitschaft und Fähigkeit zur Erbringung einer Leistung" (Kleinaltenkamp 1998, S. 37) erst nach der Kaufentscheidung des Kunden tatsächlich wirksam.

Für fast jedes vorstehend genannte Abgrenzungskriterium lassen sich Gegenbeispiele finden. So gibt es beispielsweise auch Dienstleistungen, die sehr weitgehend standardisiert sind (u.a. bei McDonald's). Deswegen wird in der Literatur (vgl. Engelhardt/Kleinaltenkamp/Reckenfelderbäumer 1993; Kleinaltenkamp 1998) vorgeschlagen, auf die traditionelle Abgrenzung von Sachgütern und Dienstleistungen ganz zu verzichten. Statt dessen wird vorgeschlagen, zwei wichtige im Zusammenhang der Kennzeichnung von Dienstleistungen verwendete Merkmale für eine neuartige Typologie von Leistungen heranzuziehen: Das Ausmaß der **Immaterialität des Leistungsergebnisses** sowie das Ausmaß der **Integration des Kunden** in den Prozess der Leistungserstellung. Der erste dieser beiden Aspekte ist schon erläutert worden. Beim zweiten Aspekt geht es um die Unterscheidung zwischen autonomen und integrativen Leistungserstellungsprozessen. Autonome Prozesse finden weitgehend unabhängig vom Kunden statt (z.B. Produktion von Konfektionsbekleidung oder Standard-Bauteilen) während bei integrativen Prozessen der Kunde einbezogen werden muss (z.B. Haarschnitt, maßgeschneiderter Anzug). Es ergibt sich die in Abbildung 2.2 dargestellte Leistungstypologie, in die auch entsprechende Beispiele eingetragen sind.

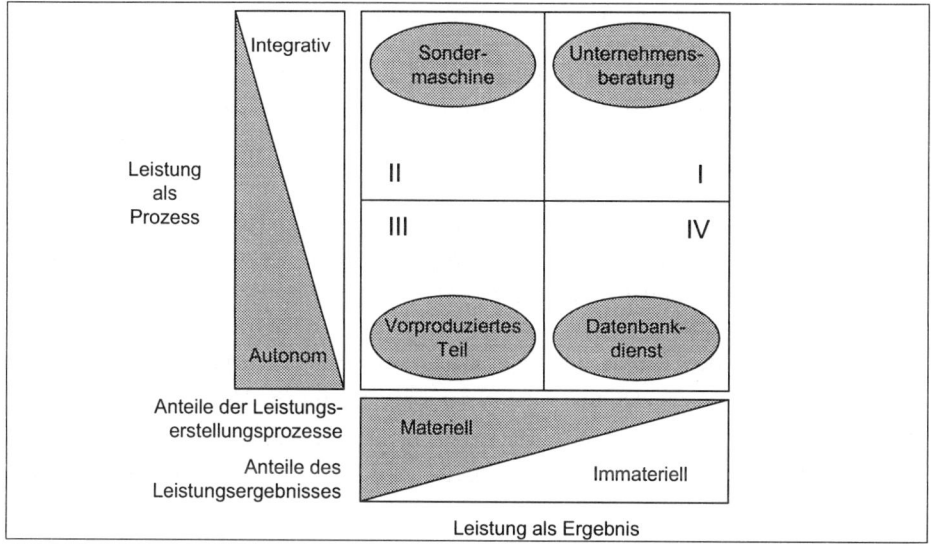

Abbildung 2.2:   Leistungstypologie nach Engelhardt/Kleinaltenkamp/Reckenfelderbäumer 1993

Quelle: Kleinaltenkamp 1998, S. 41

Auch die Betrachtung des bei Sachgütern und Dienstleistungen angewandten Marketing-Instrumentariums lässt wenig grundlegende Abweichungen erkennen. In immer mehr Dienstleistungs-Bereichen kann man beobachten, dass dort inzwischen Marketingstrategien realisiert werden, wie sie seit längerem aus dem Markenartikel-Bereich bekannt sind (z.B. Schnellrestaurants, Reiseveranstalter). Allerdings haben bei Dienstleistungen **Marken**, die auf ein Anbieter-Unternehmen bezogen sind, größere Bedeutung als Produkt-Marken, weil eben typischerweise ein Leistungsversprechen verkauft wird, das durch das betreffende Unternehmen eingelöst werden soll. So findet man allseits bekannte Markennamen wie Deutsche Bank, Allianz oder Lufthansa,, aber kaum entsprechend bekannte Marken für deren einzelne Leistungen (z.B. die Angebote an Investmentfonds, Lebensversicherungen). Letztlich sei noch darauf verwiesen, dass im vorigen Abschnitt bei der Betrachtung des Konsumgüter- und des B-to-B-Marketing schon Sachgüter, Dienstleistungen und Rechte zusammengefasst wurden. In der Praxis hat sich für die angebotene Leistung, unabhängig davon, ob es sich um ein einfaches Sachgut, eine Dienstleistung, ein Recht oder eine Kombination davon handelt, der Begriff "**Produkt**" eingebürgert. Der Transport von Personen von Frankfurt nach New

York ist also das Produkt der Fluggesellschaft, das Textverarbeitungsprogramm ist das Produkt des Software-Anbieters.

---

*Die mit der **Abgrenzung von Sachgütern und Dienstleistungen** verbundenen Probleme mögen durch zwei Beispiele illustriert werden:*

- *Ein Gast bestellt in einem Lokal ein Steak "well done". Darauf hin greift der Koch zu Pfanne und Zutaten und bereitet das Steak dementsprechend zu, das dann serviert wird. Ist eine Dienstleistung erbracht worden oder ist ein Sachgut hergestellt worden?*

- *Ein Unternehmen im Anlagenbau erstellt ein neues Kraftwerk unter Verwendung von Aggregaten verschiedener Hersteller. Wird eine Dienstleistung (Planung, Montage) erbracht oder ein Sachgut (Kraftwerk) produziert?*

Wenn man also bedenkt, dass die Abgrenzung von Sachgütern und Dienstleistungen schwierig ist, dass Sachgüter und Dienstleistungen häufig im Verbund auftreten und dass sich das Marketing in beiden Bereichen nicht grundlegend unterscheidet, dann dürfte eine Unterscheidung zwischen Sachgüter- und Dienstleistungs-Marketing für das vorliegende einführende Lehrbuch verzichtbar sein.

2.2 Kennzeichnung von Marktgrößen und Marktanteilen

Für zahlreiche Marketing-Entscheidungen, z.B. bezüglich des Eintritts in neue Märkte oder des Einsatzes von Ressourcen, haben folgende Fragen - unabhängig von der jeweiligen Branche zentrale Bedeutung:

Wie **groß** ist der Markt?

Wie **entwickelt** sich der Markt in der Zukunft?

Wie **stark** ist die Position eines Unternehmens in dem betreffenden Markt?

Im Hinblick auf die Beantwortung dieser Fragen werden üblicherweise einige Kennzahlen verwendet, die im vorliegenden Abschnitt kurz erläutert seien.

Die gängige Kennzahl für die Größe eines Marktes ist das **Marktvolumen**. Dieses ist definiert als der Absatz einer Produktart (bzw. einer Branche) in einer Periode, gemessen **mengenmäßig** (Anzahl, Gewicht etc.) oder **wertmäßig**, in einem Absatzgebiet. So könnte man beispielsweise das Volumen des deutschen Automobilmarktes in „Neuwagen pro Jahr" oder das Volumen des Weltmarktes für Öl in „Tonnen pro Monat" ausdrücken.

Schwieriger messbar ist das **Marktpotenzial**, gelegentlich in mengenmäßiger Betrachtung auch als Absatzpotenzial und in wertmäßiger Betrachtung auch als Umsatzpotenzial bezeichnet. Hier geht es um die maximal erreichbare Absatzmenge bzw. den maximal erzielbaren Umsatz, wenn alle potenziellen Kunden (Haushalte und Unternehmen) im Rahmen der vorhandenen Kaufkraft - aber ansonsten unbehindert (z.B. durch mangelnde Information über das betreffende Produkt oder durch mangelnde Verfügbarkeit des Produkts) - ihren Bedarf decken würden. Das Marktpotenzial kennzeichnet also die Aufnahmefähigkeit eines Marktes, die allerdings nur selten vollständig ausgeschöpft wird. Das Marktvolumen ist deswegen kleiner als das entsprechende Marktpotenzial.

Die (positive) Entwicklung des Marktvolumens im Zeitablauf bezeichnet man als **Marktwachstum** (negativ: Marktschrumpfung), das auch wieder mengen- und wertmäßig definiert und gemessen sein kann. Marktwachstum kann vor allem dadurch entstehen, dass ein gegebenes Marktpotenzial von den Anbietern zunehmend ausgeschöpft wird. Neben dem Marktvolumen gilt das Marktwachstum als besonders wichtiges Kriterium für die Beurteilung der Attraktivität eines Marktes. Das liegt hauptsächlich an den folgenden Gründen:

Unternehmen, die in einem stark wachsenden Markt tätig sind, können **von diesem Wachstum profitieren**; sie wachsen, sofern sie ihre Marktposition zumindest halten, gewissermaßen mit dem Markt. Allerdings sind dazu auch entsprechende Investitionen in dem betreffenden Geschäftsbereich notwendig.

In stark wachsenden Märkten ist der **Preisdruck** von Seiten der Abnehmer und Wettbewerber oft **geringer**, da der Wettbewerb nicht - wie für stagnierende Märkte typisch - hauptstächlich durch Preiskämpfe ausgetragen wird.

In Abbildung 2.3 sind die Zusammenhänge von Marktpotenzial, Marktvolumen, Marktwachstum und Absatzvolumen der einzelnen Anbieter graphisch dargestellt. Hier ist (vereinfachend) angenommen worden, dass das Marktpotenzial über mehrere Perioden konstant bleibt.

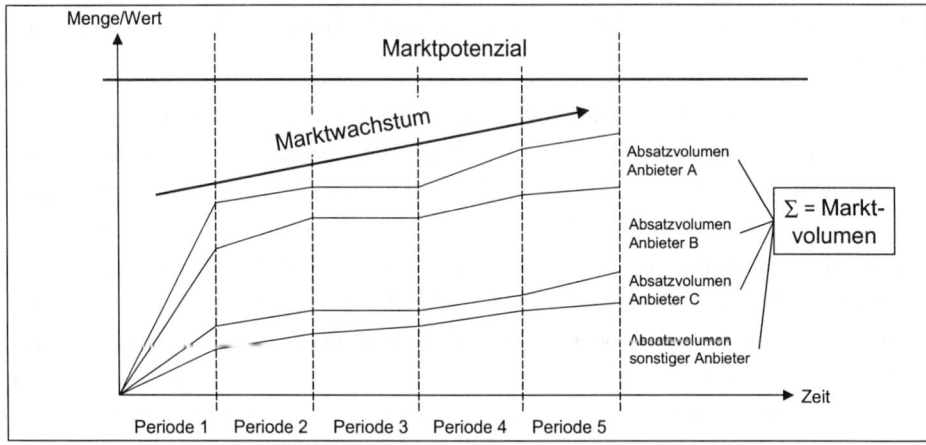

Abbildung 2.3:   Marktpotenzial, Marktvolumen und Marktwachstum im
                   Zeitablauf

Die wohl wichtigste Maßgröße für die Position (Stärke) eines Unternehmens in einem
Markt ist der **Marktanteil**, auch dieser **mengen- oder wertmäßig** gemessen. Er wird
bestimmt durch die Relation

$$\text{Marktanteil in \%} = \frac{\text{Absatzvolumen des Unternehmens x 100}}{\text{Marktvolumen}}$$

Der Marktanteil ist zu einer besonders gängigen Maßgröße für den Markterfolg von
Unternehmen geworden, weil er

-    durch unternehmensinterne Daten, Informationen über die Branchenentwicklung
     und laufende Erhebungen bei Endabnehmern bzw. im Handel (sog. Panels) mit
     gängigen Methoden gemessen werden kann,

-    den Erfolg der eigenen Marketing-Aktivitäten in Relation zur Entwicklung des
     Gesamtmarktes und des Erfolges von Konkurrenten widerspiegelt und

-    der eigene Markterfolg nicht durch inflationäre Entwicklungen überlagert (bzw.
     "geschönt") wird.

Abbildung 2.4 zeigt die Beziehungen von Marktanteilen, Marktvolumen und Marktpotenzial. In der Regel sind die verschiedenen Unternehmen bestrebt, ihre Marktanteile auf
Kosten von Wettbewerbern zu vergrößern und auch das Marktpotenzial zunehmend
auszuschöpfen.

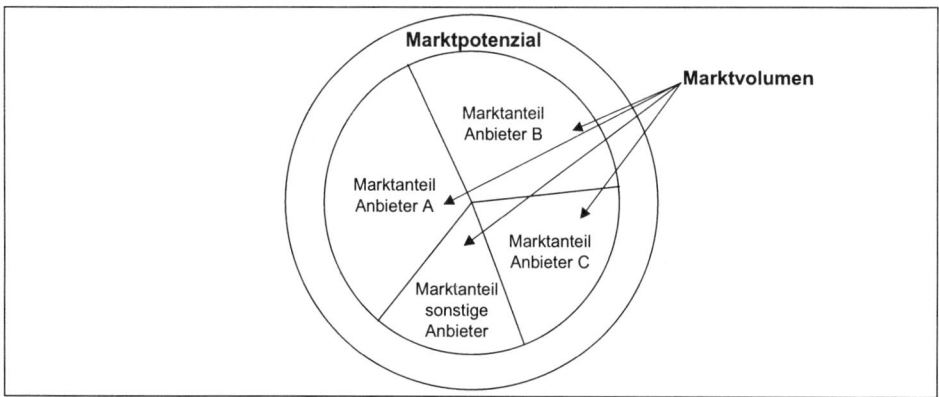

Abbildung 2.4:   Marktpotenzial, Marktvolumen und Marktanteile

Die **Messung von Marktanteilen** in der oben angedeuteten Weise erscheint zunächst als sehr einfach. In der Praxis können aber nicht gering zu schätzende Definitions- und Abgrenzungsprobleme auftreten. Dies sei am Beispiel eines Automobilherstellers illustriert.

Definition und Abgrenzung des Produkts

Wird der Marktanteil des Unternehmens insgesamt (mit allen Produktlinien) gemessen oder der Marktanteil verschiedener Marken des Unternehmens (z.B. VW, Audi, Seat, Skoda) oder der Marktanteil einzelner Produkte (z.B. Passat, Variant)?

Definition und Abgrenzung des Marktes

Wird der Marktanteil auf dem (Welt-) Gesamtmarkt für Automobile bezogen oder auf spezielle Teilmärkte (z.B. den Markt für sportliche Limousinen oder den europäischen Automobilmarkt)?

Festlegung des Bezugszeitraums

Bei sehr kurzen Beobachtungsperioden können sich zufällige und saisonale Schwankungen zu stark auswirken, bei sehr langen Beobachtungsperioden des Marktanteils kann es passieren, dass systematische Veränderungen erst zu spät wahrgenommen werden.

Am Beispiel des Telekommunikationsmarktes lassen sich einige Probleme der **Bestimmung von Marktpotenzial, Marktvolumen und Marktanteil** *verdeutlichen:*

- *Marktpotenzial: Wie groß ist das Marktpotenzial für Handys? Alle Einwohner eines Landes? Alle Personen zwischen 10 und 90 Jahren? Wie hängt das Marktpotenzial von Preisen für Handys ab?*

- *Marktvolumen: Wie misst man hier das Marktvolumen? Zahl der Teilnehmer/Anschlüsse? Zahl der Gesprächsminuten? Summe der Zahlungen pro Monat?*

- *Marktanteil: Welches ist die Bezugsgröße? Markt für Telekommunikation oder Mobilfunk-Markt? Deutscher Markt oder europäischer Markt? Soll ein Unternehmen wie die Deutsche Telekom AG alle Aktivitäten (Festnetz, Mobilfunk) zusammenfassen oder getrennt betrachten?*

Im Zusammenhang mit der zunehmenden Wettbewerbsorientierung der Entwicklung von Marketingstrategien hat eine weitere Maßgröße, der **relative Marktanteil**, zunehmend Beachtung gefunden. Wie der Name schon andeutet, geht es dabei um einen Marktanteil, der in Beziehung gesetzt wird zu einem anderen Marktanteil. Üblich sind die Relationen des Marktanteils eines Unternehmens zum Anteil des größten Anbieters (**Marktführers**) in dem Markt oder zur Summe der Marktanteile der drei größten Anbieter. Diese Art von Maßzahlen ist besonders geeignet, die Stärke (Macht) eines Anbieters im Vergleich zu Wettbewerbern in einem Markt widerzuspiegeln. Tabelle 2.1 illustriert die Berechnungsweise und die Aussagekraft des relativen Marktanteils.

Absolute Marktanteile	Fall 1	Fall 2
Eigenes Produkt	20 %	20 %
Wettbewerber A	27 %	12 %
Wettbewerber B	27 %	10 %
Wettbewerber C	26 %	8 %
Relativer Marktanteil des eigenen Produkts		
Basierend auf den drei größten Wettbewerbern	20 % / 80 % = 0,25	20 % / 30 % = 0,67
Basierend auf dem größten Wettbewerber	20 % / 27 % = 0,74	20% / 12 % = 1,67

Tabelle 2.1:   Vergleich von absolutem und relativem Marktanteil bei zwei Produkten

Quelle: nach Wind/Mahajan 1981, S. 33

2.3 Austausch und Wettbewerbsvorteile in Märkten

2.3.1   Wesen und Zweck von Austauschprozessen

Im ersten Kapitel dieses Buches ist im Zusammenhang mit der Marketing-Definition der American Marketing Association (siehe Abschnitt 1.2.1) und mit den Überlegungen zu einem allgemeinen Marketing-Konzept (siehe Abschnitt 1.2.4) schon die zentrale Bedeutung von Austauschprozessen für das Marketing angedeutet worden. Jetzt sollen derartige Prozesse näher gekennzeichnet und Gründe für ihre Entstehung dargestellt werden. Im folgenden Abschnitt schließen sich daran anknüpfend Überlegungen zu der Frage an, wie sich ein Anbieter Vorteile im Wettbewerb mit anderen Anbietern verschaffen kann, die dazu führen, dass mehr Kunden seine Leistungen in Anspruch nehmen und gegen Geld tauschen oder dass er beim Austausch seiner Leistungen höhere Gegenleistungen (Preise) erzielen kann.

Die Bedeutung für Austauschbeziehungen für eine **arbeitsteilige Wirtschaft** ist offenkundig. Je stärker die Spezialisierung der Produktion bei Haushalten und Unternehmen fortschreitet, desto bedeutender wird der Austausch zwischen derartigen Wirtschaftseinheiten. Das wird sofort deutlich, wenn man einen bäuerlichen Haushalt in früheren Zeiten, in dem zu einem großen Teil Nahrungsmittel aus eigenem Anbau verwendet wurden, Mahlzeiten selbst zubereitet wurden, Bautätigkeiten und Reparaturen selbst ausgeführt wurden etc., mit einem großstädtischen Haushalt in unserer Zeit vergleicht, in dem weitgehend vorgefertigte Lebensmittel verwendet werden, Dienstleistungen von Reinigungsunternehmen, Gaststätten usw. in Anspruch genommen werden und nur noch in seltenen Ausnahmefällen Güter im Haushalt erzeugt werden. Alderson (1965, S. 84) hat in allgemeiner Form die Bedingungen dafür formuliert, dass ein **Austausch** stattfindet. Man geht davon aus, dass ein Gut oder Geldbetrag x Element einer Menge von Gütern und Geldeinheiten **A** und y Element einer Menge von Gütern und Geldeinheiten **B** ist. Ein Austausch zwischen x und y kann stattfinden, wenn folgende Bedingungen erfüllt sind:

- x unterscheidet sich von y (sonst wäre ein Austausch ja sinnlos)

- der von seinem Eigentümer wahrgenommene **Wert der Menge A** steigt dadurch, dass das Element x durch das Element y ersetzt wird.

- der von seinem Eigentümer wahrgenommene **Wert der Menge B** steigt dadurch, dass das Element y durch das Element x ersetzt wird.

In formaler Darstellung kann man diesen Sachverhalt ausdrücken durch

- $x \neq y$

- Wert $(A - x + y) >$ Wert (A)

- Wert $(B + x - y) >$ Wert (B)

Abbildung 2.5 illustriert einen solchen Austauschvorgang.

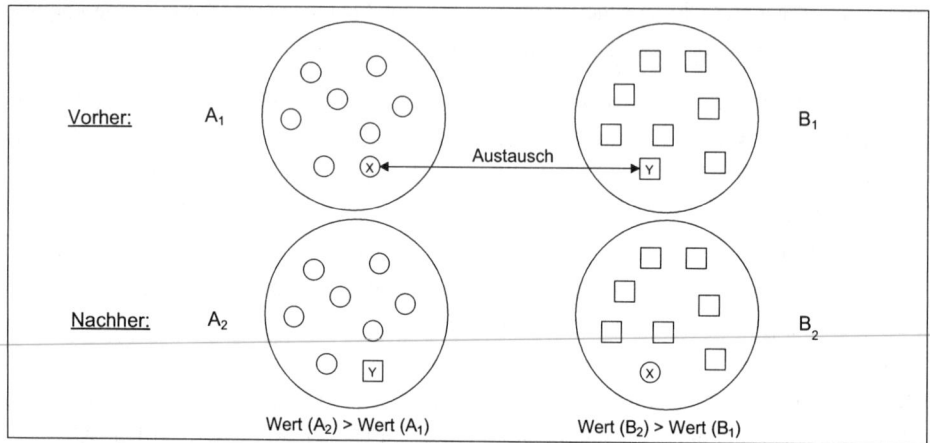

Abbildung 2.5:   Wertzuwachs als Grund für Austauschbeziehungen

*Zwei kleine Beispiele mögen die von Alderson (1965) formulierte **Grundidee eines Austauschs** illustrieren:*

***Erstes Beispiel**: Ein Bauträger, zu dessen Vermögen fertiggestellte (und verkäufliche) Wohnungen gehören, strebt üblicherweise an, diese Wohnungen gegen (angemessene) Geldbeträge zu tauschen, da er diese Geldbeträge verwenden kann, um neue Wohnungen zu bauen, deren Herstellkosten unter den erzielbaren Preisen liegen und erneut einen vorteilhaften Austausch ermöglichen. Andererseits verzichtet der Käufer einer solchen Wohnung auf einen Teil seines (Geld-)Vermögens bzw. seines künftigen Einkommens, weil ihm der Besitz und Gebrauch der Wohnung mehr Nutzen stiftet als der Besitz des entsprechenden Geldbetrages bzw. als andere Verwendungsmöglichkeiten dieses Betrages.*

***Zweites Beispiel**: Ein Liebhaber klassischer Musik geht in ein CD-Geschäft und erwirbt dort für DM 29,90 eine CD mit einer Aufnahme von Beethovens Streichquartett op. 132. Er ist danach um DM 29,90 ärmer, aber in stärkerem Maße dadurch bereichert, diese Musik jederzeit hören zu können. Sein Nutzen ist um mehr als DM 29,90 angewachsen. Der CD-Händler hat DM 29,90 eingenommen und kann die gleiche CD für vielleicht DM 19,-- nachbestellen und hätte einen Nutzenzuwachs von DM 10,90 erzielt. Beide sind durch den Austausch reicher geworden.*

Alderson (1965, S. 84) führt auch aus, unter welchen Bedingungen ein Austausch **optimal** genannt wird: "Wenn man den Austausch vom Standpunkt eines der Entscheider aus betrachtet, können wir sagen, dass ein Austausch optimal ist, wenn er diesen gegenüber allen verfügbaren Alternativen bevorzugt. ... Es wird angenommen, dass in einer konkreten Situation, die die Möglichkeit zum Austausch bietet, die Anzahl von Alternativen für beide Seiten realistischerweise nicht unendlich groß ist, sondern begrenzt auf wenige." Wenn man reale Austauschsituationen betrachtet, muss man den bisherigen Überlegungen den Aspekt hinzufügen, dass der für beide Seiten erzielbare **Nutzenzuwachs** jeweils eine gewisse (nicht allgemein bestimmbare) Größenordnung erreichen muss, damit der Austausch attraktiv wird. Jeder Austausch ist mit bestimmten Anstrengungen (z.B. Informationssuche) und Kosten (z.B. Transportkosten) verbunden, die durch den erreichbaren Nutzenzuwachs übertroffen werden müssen. Wenn die Beteiligten sich zu einem Austausch entschließen und die entsprechenden Verpflichtungen eingehen (einen Vertrag abschließen), dann spricht man von einer **Transaktion**. Dabei werden **Verfügungsrechte** (Rechte zur Nutzung, Veränderung und Veräußerung des Gegenstandes des Austauschs und Eigentumsrecht an einem entstehenden Ertrag) übertragen, also z.B. das Verfügungsrecht über ein Auto gegen das Verfügungsrecht über einen entsprechenden Geldbetrag (vgl. Plinke 2000, S. 8 und 43 f.).

---

*Aus einem Interview, das der Vorstandsvorsitzende der Deutschen Entertainment AG (Veranstalter von Konzerten, Musicals u.ä.) Peter Schwenkow dem Tagesspiegel (S. 21) am 1.3.2000 gab, lässt sich eine anschauliche Formulierung für einen mit einem **Austausch verbundenen Nutzenzuwachs** entnehmen:*

"Ich will nicht missionieren, sondern ich will dafür sorgen, dass jemand, der mir 100 Mark gibt, nach Hause geht und sagt: Prima, das war aber 130 Mark wert."

Kotler (1972, S. 49 f.) hat im Zusammenhang mit der Entwicklung seines "**Generic Concept of Marketing**" (siehe Abschnitt 1.2.4) an die allgemeinen Prinzipien von Austauschvorgängen anknüpfend **elementare Grundsätze (Axiome) des Marketing** formuliert:

- Marketing findet zwischen **zwei oder mehr sozialen Einheiten** statt, die jeweils aus Menschen bestehen. Beispiele für solche Einheiten sind Einzelpersonen, Haushalte, Unternehmen, Organisationen oder Nationen (Axiom 1).

- Mindestens eine der sozialen Einheiten ("Anbieter") **strebt eine Reaktion** bei mindestens einer anderen Einheit ("Markt") an. Diese Reaktion kann z.B. der Kauf eines Produkts, die Teilnahme an einer Veranstaltung, die Wahl einer bestimmten Partei, aber auch die Vermeidung eines bestimmten Verhaltens (z.B. Konsum von Zigaretten, undifferenzierte Entsorgung von Abfällen, Energieverschwendung etc.) sein. Die Reaktion kann kurz- oder langfristig erfolgen und hat für den Anbieter einen Wert (Axiom 2).

- Die **Reaktionswahrscheinlichkeiten** des Marktes sind **nicht festgelegt** ($0 < p < 1$). Andernfalls wären Marketing-Aktivitäten sinn- bzw. aussichtslos. Die Reaktionswahrscheinlichkeiten des Marktes werden von Intensität und Qualität der Marketing-Aktivitäten beeinflusst (Axiom 3).

- Durch das Marketing wird versucht, die vom Anbieter gewünschten Reaktionen zu erwirken mittels der **Schaffung** von Werten und deren Angebot auf Märkten. Die Reaktionen hängen ab von der (subjektiven) Wahrnehmung dieser Werte auch im Vergleich zu Werten, die von anderen Anbietern offeriert werden. Die **Reaktionen** des Marktes **erfolgen freiwillig**, sonst bräuchte man kein Marketing (Axiom 4).

Hier ein Zitat von Kotler (1972, S. 53) zur Verdeutlichung seines Ansatzes:

"Marketing ist eine bestimmte Art, das Problem zu betrachten, eine erwünschte Reaktion bei einer Zielgruppe herbeizuführen. Es geht im wesentlichen darum, die für einen Austausch relevanten Werte zu identifizieren und das Marketing-Programm auf diesen Werte-Austausch aufzubauen. Deswegen analysiert man bei einer Anti-Zigaretten-Kampagne, was die Zielpersonen eigentlich aufgeben sollen und welche Anreize geboten werden können. Der Anbieter berücksichtigt, dass mit jeder Handlung einer Person Opportunitätskosten verbunden sind. Der marketingorientierte Anbieter versucht Wege zu finden, um die Wahrnehmung des Wertes, den eine Person beim Austausch erhält, im Vergleich zu dem, was sie aufgeben muss, zu steigern, wenn sie sich freiwillig in dieser Weise verhält. Der Anbieter ist Spezialist für das Verständnis menschlicher Wünsche und Werte und weiß, was es für jemanden bedeutet zu handeln."

Durch die bisherigen Überlegungen sind zwar Wesen und Merkmale von Austauschvorgängen im Rahmen des Marketing umrissen worden, **Zustandekommen und Ablauf** solcher Vorgänge blieben aber noch unklar, obwohl beides für das Verständnis und die Gestaltung der Austauschvorgänge bedeutsam ist. In dieser Richtung hat Richard Bagozzi die theoretischen Ansätze von Alderson und Kotler weitergeführt und präzisiert. In einem der ersten Artikel (1975, S. 32) einer Serie von Veröffentlichungen hat er die in seiner Perspektive zentralen Fragestellungen der Marketing-Theorie formuliert:

- "Warum gehen Menschen und Organisationen Austauschbeziehungen ein?"

- "Wie entsteht ein Austausch, wie wird er durchgeführt oder vermieden?"

Von daher war es naheliegend, einen Austausch nicht mehr als eine mehr oder weniger isolierte Entscheidung, sondern eher als einen **sozialen Prozess** zu betrachten. Bagozzi (1979; 1986) hat dazu dann später eine Konzeptualisierung der Determinanten von Austauschprozessen entwickelt, die zum Abschluss des vorliegenden Abschnitts skizziert sei. Bagozzi unterscheidet drei Komponenten des Austauschs selbst:

- **Ergebnisse des Austauschs**

Im Sinne des allgemeinen Marketing-Konzepts ("Generic Concept of Marketing") von Kotler (1972) können die Ergebnisse von Austauschprozessen recht unterschiedlich sein. Besonders gängig im kommerziellen Marketing sind natürlich materielle Ergebnisse (Autos, Zigaretten, Brötchen usw.) und Dienstleistungen (Haarschnitt, Taxifahrt usw.). Ebenso möglich - wenn auch vielleicht nicht so alltäglich - sind u.a. soziale Anerkennung (z.B. bei freiwilligem Einsatz für das Rote Kreuz) oder Erlebnisse (z.B. intellektuelle und emotionale Stimulierung durch Besuch einer Opern-Aufführung). Für einen organisationalen Abnehmer können beispielsweise neue Wachstumsmöglichkeiten das Ergebnis des Erwerbs einer Lizenz sein.

- **Erfahrungen der am Austausch Beteiligten**
  Erfahrungen sind hier psychologische Zustände (affektiv und kognitiv) als Resultat des Austauschvorganges, beispielsweise die Freude an sozialen Kontakten zu anderen Personen während des Austauschvorganges.

- **Verhaltensweisen während des Austauschprozesses**
  Die dritte Komponente sind die Verhaltensweisen der am Austausch beteiligten Anbieter und Nachfrager. Hier gibt es eine Vielzahl höchst unterschiedlicher Verhaltensweisen. Beispiele sind Anfragen und Forderungen, Informationssammlung oder Konflikte vor und während der Austauschvorgänge.

Aus diesen drei Komponenten lassen sich schon Ansatzpunkte für das Verständnis und die Beeinflussung von Austauschvorgängen ableiten. So kann man zur Beeinflussung des Austauschs bei der Attraktivität von dessen Ergebnis oder beim Ablauf des Austauschprozesses ansetzen. Die skizzierten drei Komponenten sind in Abbildung 2.6 dargestellt.

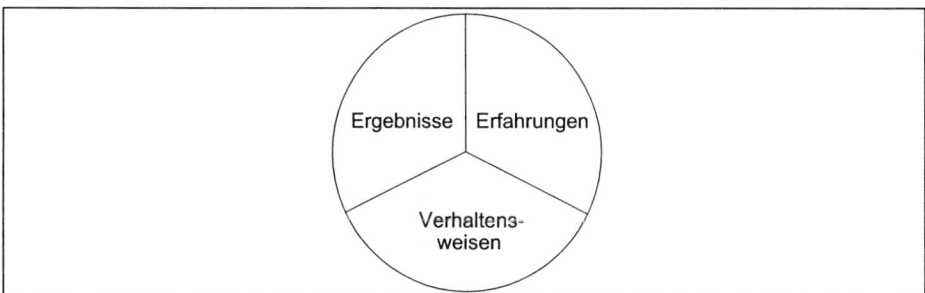

Abbildung 2.6:   Komponenten von Austauschvorgängen
Quelle: nach Bagozzi 1979; 1986

Nun finden Austauschvorgänge nicht "im luftleeren Raum" statt. Persönliche Merkmale der Beteiligten, situative Faktoren, außenstehende Personen und Organisationen etc. spielen eine Rolle. Bagozzi (1979; 1986, S. 92 ff.) unterscheidet die folgenden Determinanten:

- **Einfluss-/Machtausübung zwischen den beteiligten Personen und Organisationen**

  Bagozzi nennt in diesem Zusammenhang Bedrohungen und Warnungen ("Wenn wir nicht ihr Hauptlieferant bleiben, reduzieren wir den Service") oder Ankündigung von Vorteilen und Versprechungen ("Wenn Sie mindestens 1000 Einheiten bestellen, bekommen Sie 5 % Rabatt").

- **Merkmale der beteiligten Personen und Organisationen**

  Die Bedeutung persönlicher Merkmale lässt sich schon daran erkennen, dass Austauschvorgänge dadurch zustande kommen, dass die Beteiligten damit ihren Nutzen vergrößern wollen, was wiederum mit den individuellen Bedürfnissen engstens verknüpft ist. Daneben spielen die Aspekte wie wechselseitiges Vertrauen, Ansehen, Motive etc. eine Rolle.

- **Einfluss Dritter**

  Personen oder Organisationen, die nicht direkt am Austauschprozess beteiligt sind - hier "Dritte" genannt -, können z.B. dadurch Einfluss haben, dass sie als alternative - möglicherweise attraktivere - Austausch-Partner zur Verfügung stehen. Dieser Gedanke wird weitergeführt mit dem sog. **"strategischen Dreieck"**, das im folgenden Abschnitt 2.3.2 vorgestellt wird. Dabei geht es um die Frage, für welche Austauschbeziehungen sich ein potenzieller Kunde bei der Abwägung zwischen verschiedenen Angeboten entscheidet. Weiterhin können Dritte die Anspruchsniveaus der Beteiligten beeinflussen. So haben Umweltschutzorganisationen und Medien in Deutschland das Anspruchsniveau von Konsumenten beim Kauf vieler Produkte deutlich verändert.

- **Situative Faktoren**

  Im Gegensatz zum Einfluss Dritter sind situative Faktoren nicht auf den jeweiligen Austauschprozess bezogen, sondern stehen für dessen allgemeine Rahmenbedingungen. Situative Faktoren sind sehr vielfältig und heterogen. Als Beispiele seien Zeitdruck und physische Umgebung beim Austausch genannt.

In Abbildung 2.7 sind die Determinanten von Austauschprozessen zusammenfassend dargestellt.

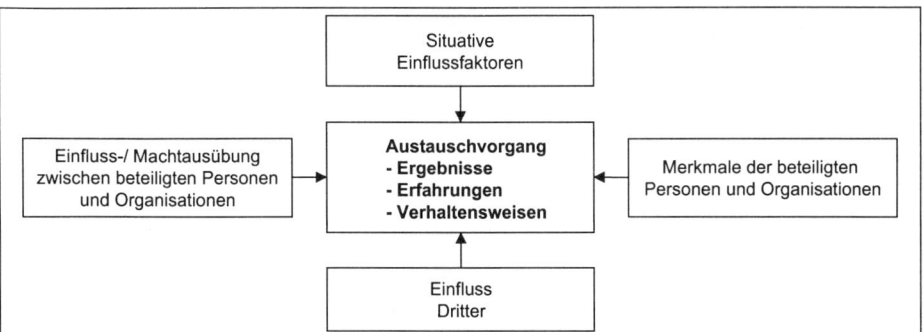

Abbildung 2.7:   Determinanten von Austauschprozessen
                  (in Anlehnung an Bagozzi 1986; S. 92)

Bisher sind nur Austauschvorgänge mit zwei Beteiligten betrachtet worden. Natürlich lassen sich die Grundideen auch auf **komplexere Austauschvorgänge** mit mehreren Beteiligten übertragen. Dies sei durch das in Abbildung 2.8 dargestellte Beispiel der Beziehungen zwischen einem Anbieter eines Konsumgutes, einem Zeitschriftenverlag und Konsumenten illustriert.

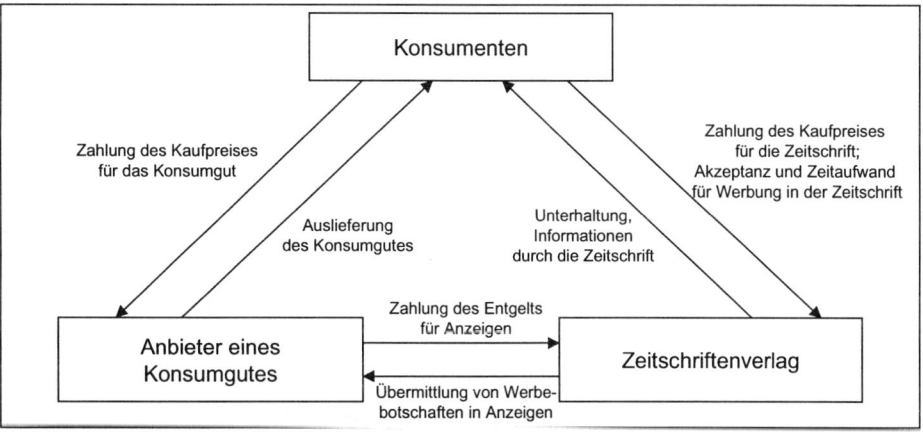

Abbildung 2.8:   Beispiel eines Austauschvorganges mit drei Beteiligten

In dem einfachen Beispiel erkennt man leicht den vertrauten Austausch zwischen Anbieter und Konsument ("Ware gegen Geld"). Der Konsument ist hier bei seiner Entscheidung durch Werbung beeinflusst worden, die in einer Zeitschrift enthalten war. Durch den Kauf der Zeitschrift erhält er Information und Unterhaltung, muss dafür aber einen Kaufpreis zahlen und die darin enthaltene Werbung in Kauf nehmen. Der Zeitschriftenverlag wiederum erhält Zahlungen von dem Konsumgüterhersteller und übernimmt dafür die Aufgabe, Werbebotschaften an Konsumenten zu transportieren.

Meist haben die Erlöse aus dem Verkauf einer Zeitschrift und dem Verkauf von Anzeigenraum ähnliches Gewicht.

Die Überlegungen in diesem Abschnitt haben gezeigt, dass **Austauschbeziehungen** für das Marketing grundlegende Bedeutung haben. Der führende Marketing-Theoretiker Shelby Hunt (1983, S. 13) hat das auf klassische Weise formuliert: "Die ... Diskussion hat zum Ergebnis, dass die Marketing-Wissenschaft derjenige Teil der Verhaltenswissenschaft ist, der sich um die Erklärung von Austauschbeziehungen bemüht." Weiterhin ist der für einen Austausch typische Unterschied zwischen Nutzenzuwachs auf der einen Seite und Gegenleistungen (Kosten, Mühe etc.) auf der anderen Seite erläutert worden. Wenn hier eine positive Differenz vorliegt, spricht man von einem **Wertzuwachs** (vgl. Czepiel 1992, S. 35 ff.; Plinke 2000, S. 11 ff.). Die Erzielung eines Wertzuwachses ist der wesentliche Grund, einen Austausch anzustreben und zu realisieren. Auf die grundlegenden Optionen des kommerziellen Absatzmarketing, Austauschprozesse (also hier den Absatz von Produkten) zu fördern, wird im folgenden Abschnitt 2.3.2 eingegangen. Letztlich sind in der Sichtweise von Bagozzi Einflussfaktoren bei Austauschprozessen überblicksartig dargestellt worden. Deren Verständnis dient dazu, über die Gestaltung von Leistung und Gegenleistung hinaus den Austausch zu beeinflussen. Einige entsprechende Gesichtspunkte werden im Kapitel 4 ("Grundzüge des Käuferverhaltens") wieder aufgegriffen.

2.3.2   Gewinnung von Wettbewerbsvorteilen

Im Abschnitt 1.2.1 sind verschiedene Marktsituationen mit der grundlegenden Unterscheidung von "Verkäufermarkt" und "Käufermarkt" skizziert worden. Was bedeutet diese Unterscheidung nun im Hinblick auf Austauschbeziehungen? Der **Verkäufermarkt** ist durch knappes Angebot und starke Nachfrage gekennzeichnet. Das heißt hier: Es gibt mehr Personen oder Organisationen, die im Hinblick auf eine bestimmte Produktart einen Austausch "Produkt gegen Geld" treffen wollen, als Einheiten dieses Produkts verfügbar sind. Die Ergebnisse sind aus Zeiten schlechterer Versorgung oder aus einigen osteuropäischen Ländern bis etwa 1990 hinlänglich bekannt: Es bilden sich Schlangen vor Geschäften; es gibt Wartelisten; Kunden bieten höhere Preise; Kunden versuchen, den angestrebten Austauschprozess durch gute Kontakte zu Verkäufern zu fördern.

> *Zwei Beispiele mögen die **Austauschsituation bei knappem Angebot** illustrieren:*
>
> *Im Herbst 2000 wurde ein berühmtes Picasso-Gemälde aus der "blauen Periode" für etwa 100 Mio. Dollar versteigert. Einem knappen - weil einzigartigen - Angebot standen mehrere Interessenten gegenüber. Diese hatten nur die Möglichkeit, ihre Preis-Angebote zu erhöhen, damit sie vom Anbieter für den Austausch gegenüber anderen Interessenten bevorzugt wurden.*
>
> *In der DDR wurden einige besonders knappe Produkte als sog. "Bückware" verkauft. Das bedeutet, dass diese Produkte in den Geschäften nicht offen angeboten, sondern unter dem Ladentisch gelagert wurden. Die Verkäufer mussten sich also bücken, wenn sie ausgewählten Kunden das Produkt aushändigten und verkauften. Die Kunden mussten ihre Chancen bei solch einem Austausch erhöhen, in dem sie gute persönliche Kontakte zu den Verkäufern nutzten oder aufbauten.*

Nun ist heute eher der **Käufermarkt** für die entwickelten Ländern typisch (mit einigen Ausnahmen, siehe Abschnitt 1.2.1). Das bedeutet, der Anbieter muss sich bemühen, einen Austausch mit den potenziellen Kunden in Gang zu bringen und zu fördern. Die starke Position der Kunden rührt daher, dass ihnen in Zeiten der Überflussgesellschaft viele unterschiedliche Angebote gemacht werden, aus denen sie frei auswählen können. Naheliegend ist also die Verhaltensweise von Kunden, aus diesen Angeboten für einen Austausch das auszuwählen, bei dem der **Wertzuwachs** als Differenz zwischen Nutzen und Kosten **besonders groß** ist. Die beiden grundsätzlichen Möglichkeiten dabei sind in Abbildung 2.9 dargestellt.

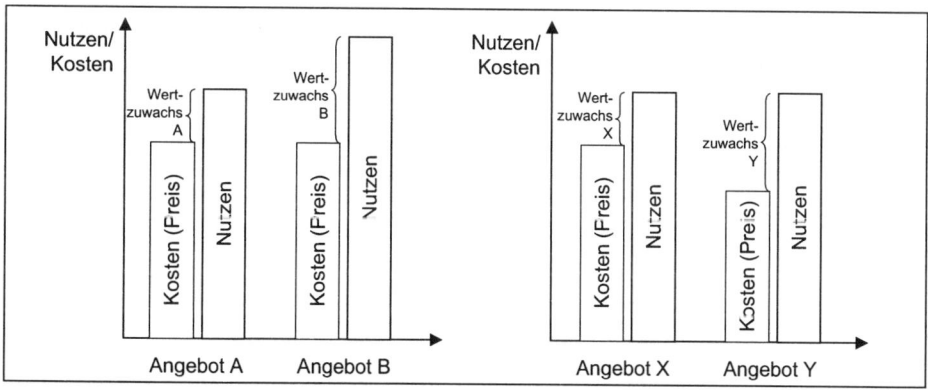

Abbildung 2.9:   Wertzuwachs bei unterschiedlichen Differenzen von Kosten und Nutzen verschiedener Angebote

In linken Teil der Abbildung 2.9 sieht man das Beispiel zweier Produkte, die zum gleichen Preis angeboten werden. Angesichts der Nutzenunterschiede (z.B. durch längere Lebensdauer oder besseres Design) fällt dem Kunden die Wahl nicht schwer. Im rechten Teil der Abbildung ist das Beispiel zweier in der Wahrnehmung des Kunden gleichwertiger (→ gleicher Nutzen) Produkte dargestellt. Gleichwertige Produkte sind

gewissermaßen austauschbar und der Preis wird zum wesentlichen Unterscheidungs-
merkmal. Auch hier hat es der Kunde leicht, sich für das Produkt zu entscheiden, das
ihm den größten Wertzuwachs bringt.

---

*Ein Beispiel zum **unterschiedlichen Nutzen** bei (annähernd) gleichem Preis:*

*Im Automobilmarkt werden in der sog. "Golf-Klasse" diverse Autos verschiedener
Hersteller angeboten. Viele davon unterscheiden sich beim Preis nur wenig. Wenn ein
Kunde das Design eines Autos wesentlich attraktiver oder die betreffende Marke
wesentlich prestigeträchtiger findet, dann hat er bei annähernd gleichem Preis einen
deutlich größeren Nutzen.*

*Ein Beispiel zu **unterschiedlichem Preis** bei annähernd gleichem Nutzen:*

*Viele Menschen können keinen Nutzenunterschied bei 60 W-Glühlampen unterschied-
licher Anbieter (Osram, Philips u.a.) entdecken. Die Folge ist, dass auch ein geringer
Preis-Unterschied beim Einkauf (also beim Austausch) ausschlaggebend sein kann.*

Wie stellt sich die Situation nun aus der Sicht des kommerziellen **Anbieters** dar? Dieser
hat typischerweise zwei Ziele, die oft - mit unterschiedlicher Gewichtung - gleichzeitig
verfolgt werden: Es geht ihm um eine möglichst **große Zahl von Austauschvorgängen**
(Verkäufe) und um eine möglichst **große Profitabilität** (Erlös - Kosten) bei den
Verkäufen. Der Anbieter muss also möglichst viele Kunden veranlassen, sein Produkt
als das mit dem höheren Wertzuwachs anzusehen. Da der Kunde die Auswahl aus einer
Vielzahl von Konkurrenzangeboten hat, muss sich der Anbieter in dessen Rolle verset-
zen und analysieren, wie dieser die verschiedenen Angebote wahrnimmt. Genau diese
Sichtweise wird durch das sog. "**strategische Dreieck**" (auch "**Marketing-Dreieck**"
genannt) symbolisiert (siehe Abbildung 2.10).

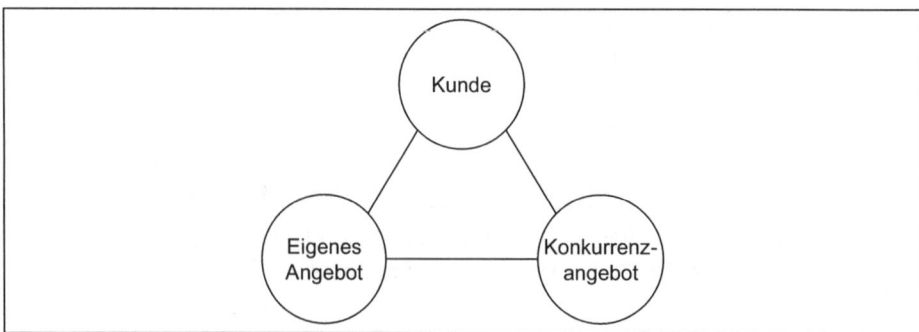

Abbildung 2.10:   Strategisches Dreieck (bzw. Marketing-Dreieck)

Der Kunde steht auf dem Markt für das von ihm zu kaufende Produkt in der Regel einer
Vielzahl von Angeboten gegenüber, die sich im Hinblick auf diverse Leistungsmerk-

male und/oder Preise mehr oder weniger voneinander unterscheiden können. Maßgeblich für die Kaufentscheidung des Kunden ist zunächst die Frage, ob er bestimmte Unterschiede überhaupt **wahrnimmt** und ob diese Unterschiede für ihn **relevant** sind. Für ein Unternehmen eröffnen sich zwei Wege, um in der Wahrnehmung potenzieller Kunden Vorteile zu gewinnen und Kaufentscheidungen zugunsten des eigenen Produkts herbeizuführen:

- Entweder muss das **Leistungsangebot** im Hinblick auf relevante Merkmale dem von Konkurrenten **überlegen** sein. Wenn dieser Produktvorteil stärker wiegt als ein möglicherweise durch höheres Preisniveau gegebener Nachteil, dann ist die **Preis-Leistungs-Relation günstiger** und ein großer Teil der Kunden kommt zu entsprechenden Kaufentscheidungen.

- Oder die geforderten **Preise** müssen deutlich **unter denen von Konkurrenten** liegen. Wenn dieser Preisvorteil nicht durch wesentliche qualitative Nachteile des Produkts kompensiert wird, dann ist ebenfalls die **Preis-Leistungs-Relation günstiger** und ein - möglicherweise anderer - großer Teil von Kunden trifft Kaufentscheidungen zugunsten dieses Produkts. Allerdings kann ein solcher Preisvorteil den Kunden dauerhaft nur geboten werden, wenn der betreffende Anbieter einen Kostenvorteil gegenüber seinen Konkurrenten hat.

In beiden genannten Fällen hat ein Angebot einen klaren Vorteil gegenüber Konkurrenzangeboten: Überlegene Produktleistung bei vergleichbarem Preisniveau oder deutlich niedrigerer Preis bei vergleichbarer Leistung. **Problematisch** ist die Situation des Anbieters, wenn er sich **weder durch Qualitäts- noch durch Preisvorteile** von Wettbewerbern unterscheiden kann: Versetzt man sich in die Situation des Kunden, dann lässt sich leicht nachvollziehen, dass bei gleichwertigem (also austauschbarem) wahrgenommenen Leistungsangebot der Preis bzw. relativ geringfügige Preisunterschiede bei Kaufentscheidungen ausschlaggebend werden. Das Ergebnis kann sein, dass ein Unternehmen bei gleichwertigem Leistungsangebot nicht unbedingt auch ein "branchenübliches Preisniveau" realisieren kann, sondern vielfach in Preiskämpfe verwickelt wird.

Backhaus/Weiber (1989, S. 2 f.) fassen die zentralen skizzierten Gedanken unter dem Stichwort **"komparativer Konkurrenzvorteil"** zusammen und erblicken in der Gewinnung von komparativen Konkurrenzvorteilen den Kern der Marketingbemühungen: "Marketing ist die Ausrichtung aller Unternehmensfunktionen am Kundennutzen mit dem Ziel, das eigene Leistungsangebot so zu gestalten, dass der Kunde es besser beurteilt als das der Konkurrenz. Es geht also um die Erzielung eines komparativen Konkurrenzvorteils (KKV). Denken in und Handeln im Hinblick auf KKVs heißt, in Relationen zu denken."

Wie kann man sich nun den Zusammenhang zwischen den beiden genannten Arten des Markterfolges (überlegenes Leistungsangebot; Preisvorteil durch Kostenvorteil) und der Wirtschaftlichkeit des Anbieterunternehmens vorstellen? Wenn man als Maßgröße der Wirtschaftlichkeit den **Return on Investment** (ROI; Gesamtkapitalrentabilität) verwendet, lassen sich die Wirkung verschiedener Einflussfaktoren an Hand des in Abbildung 2.11 wiedergegebenen Schemas darstellen.

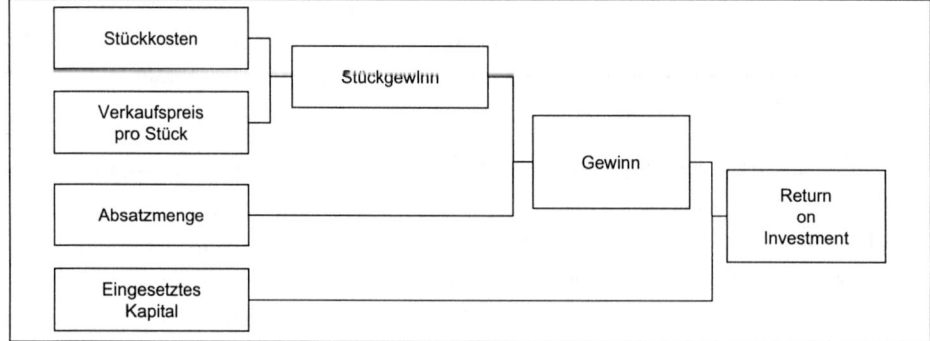

Abbildung 2.11:   Einflussfaktoren der Gesamtkapitalrentabilität

Quelle: nach Czepiel 1992; S. 38

Ein **Kostenvorteil**, der sich in vollem Umfang in einem Preisvorteil niederschlägt, lässt den Stückgewinn unverändert. Da aber durch den Preisvorteil die Absatzmenge steigt, wächst der Gewinn und damit die Kapitalrentabilität. Etwas komplizierter ist die Einschätzung der Wirkung eines **Leistungsvorteils** (höhere Qualität, besseres Image, besserer Service etc.). Dieser führt zunächst zu erhöhter Attraktivität des Angebots und zu steigender Absatzmenge. Vielleicht bietet ein großer Leistungsvorteil auch Spielraum für einen etwas höheren Verkaufspreis. Allerdings kann die Erreichung des überlegenen Angebots auch mit höheren Stückkosten (z.B. wegen teurerer Bauteile, sorgfältiger Qualitätskontrolle) verbunden sein. Der Zweck einer solchen Strategie wird aber nur erreicht, wenn Steigerungen der Absatzmenge und Spielräume für höhere Preise zusammen stärkere positive Wirkung haben als der wirtschaftlich negative Einfluss von Steigerungen der Stückkosten und der Gewinn insgesamt steigt. Beide Strategien sollen bei gleichbleibendem Kapitaleinsatz durch **steigenden Gewinn** zu höherer Kapitalrentabilität führen.

Sowohl bei der Möglichkeit, vergleichbare Leistungen wie Konkurrenten zu deutlich niedrigeren Kosten zu erstellen, als auch bei der Möglichkeit, deutlich bessere Leistungen als Konkurrenten zu vergleichbaren Kosten zu erbringen, spricht man von (nach Möglichkeit dauerhaften) **Wettbewerbsvorteilen**. Die Abbildung 2.12 soll illustrieren, wie sich derartige Wettbewerbsvorteile im Zeitablauf auf die Position eines Anbieters im Markt auswirken.

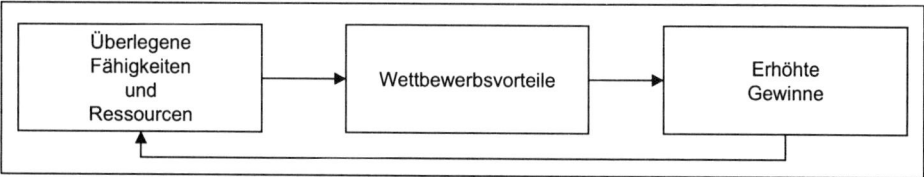

Abbildung 2.12:   Wirkung von Wettbewerbsvorteilen im Zeitablauf
                  (vgl. Day 1984, S. 26)

Wettbewerbsvorteile resultieren aus der Überlegenheit von **Fähigkeiten** und/oder **Ressourcen** eines Unternehmens. Als Beispiele seien hier effiziente Produktionsverfahren, Marktorientierung und Kreativität von Forschung und Entwicklung, Größenvorteile in Beschaffung, Produktion und Logistik, gutes Produkt-Image, hoher Bekanntheitsgrad und gut ausgebautes Vertriebssystem genannt. Wettbewerbsvorteile wirken sich - wie bereits skizziert - durch größeres Absatzvolumen und/oder höhere Stückgewinne positiv auf den Gewinn des Unternehmens aus. Dadurch entsteht wieder Spielraum, um wenigstens einen Teil dieser Gewinne in den weiteren Ausbau von Ressourcen und Fähigkeiten zu investieren, z.B. in Form der Entwicklung neuer Produkte, des Ausbaus des Vertriebssystems oder der weiteren Effizienzsteigerung bei Produktion und Logistik. Somit entsteht im Idealfall ein Kreislauf, der fortlaufend zur Sicherung und zum Ausbau von Wettbewerbsvorteilen führt.

> *Ein Beispiel zu **Ursachen und Wirkungen von Wettbewerbsvorteilen**:*
> *Der Automobilhersteller BMW hat gegenüber vielen anderen Anbietern deutliche Vorteile hinsichtlich Design, technischer Eigenschaften und Image seiner Autos. Dadurch kann BMW bei vielleicht etwas höheren Kosten der Herstellung anspruchs-voller Automobile deutlich höhere Preise erzielen. Damit entsteht die Möglichkeit, die Entwicklung neuer technisch fortschrittlicher Modelle, einen überdurchschnittlichen Service und intensive Werbung (› Marken-Image) zu finanzieren, was wiederum zur Stabilisierung und Ausweitung der Wettbewerbsvorteile führen soll.*

Literaturempfehlungen zum 2. Kapitel

BACKHAUS, KLAUS (1999): Industriegütermarketing, 6. Aufl., München.

KLEINALTENKAMP, MICHAEL / PLINKE, WULFF (2000): Technischer Vertrieb, 2. Aufl., Berlin u.a.O.

KOTLER, PHILIP / BLIEMEL, FRIEDHELM (1999): Marketing-Management, 9. Aufl., Stuttgart.

MEFFERT, HERIBERT / BRUHN, MANFRED (2000): Dienstleistungsmarkering, 3. Aufl., Wiesbaden.

3. Marktforschung

3.1 Wesen und Bedeutung der Marktforschung

Im Abschnitt 1.2.2 dieses Buches ist bereits von der Schlusselstellung der Marktfor-schung für das Marketing gesprochen worden. Die Orientierung am Markt bzw. die Beeinflussung von Marktbedingungen setzt eben voraus, dass Anbieter Informationen über die Märkte und die Wirkungen der eigenen Beeinflussungsinstrumente sammeln und auswerten. Da in vielen Märkten kaum direkte Beziehungen zwischen Anbietern und Nachfragern bestehen, bedarf es dazu besonderer Methoden. Im vorliegenden Abschnitt 3.1 werden Wesen und Bedeutung der Marktforschung kurz charakterisiert. In Abschnitt 3.2 folgt ein Überblick über einige wichtige Methoden der Marktforschung.

Zunächst seien hier einige **Definitionen der Marktforschung** vorgestellt und kurz diskutiert, um in das Thema dieses Abschnitts einzuführen und es gleichzeitig abzugren-zen. Eine sehr pragmatisch ausgerichtete Definition stammt von Lehmann/Gupta/Steckel (1998, S. 1):

"Marktforschung ist die Sammlung, Verarbeitung und Analyse von Informationen über Gegenstände, die für das Marketing relevant sind. Sie beginnt mit der Definition des Problems und endet mit einem Bericht und Handlungsempfehlungen."

Dieser Ansatz ist in gewisser Hinsicht sehr umfassend; es ist kaum eine Tätigkeit im Bereich der kommerziellen Marktforschung denkbar, die dadurch nicht erfasst ist. Auch Tätigkeiten, die man sonst wohl kaum der Marktforschung zurechnen würde, wie z.B. die für das Marketing eines Kosmetikherstellers durchaus relevante chemische Analyse eigener und konkurrierender Produkte, werden hier mit einbezogen. Andererseits wird aber die nicht an direkter Verwertbarkeit orientierte Grundlagenforschung und die Methoden-Forschung damit nicht abgedeckt. Kritikwürdig ist auch die mangelnde Spezifikation von Methoden und Vorgehensweisen der Marktforschung. Im Laufe der Entwicklung dieses Gebiets (siehe unten) haben sich dafür bestimmte Standards herausgebildet. Dieser Gesichtspunkt klingt in einer frühen Definition der American Marketing Association AMA (1961, Hervorhebung des Verfassers) an:

"Marktforschung ist die **systematische** Sammlung, Aufzeichnung und Analyse von Daten über Probleme, die in Beziehung stehen zum Marketing von Gütern und Dienstleistungen."

Damit ist also die Verwendung mehr oder minder zufällig anfallender Informationen und die Anwendung von Methoden, die nicht den erwähnten Standards entsprechen, ausgeschlossen. Die inhaltliche Unschärfe im Hinblick auf den Gegenstand bleibt allerdings bestehen. In einer neueren Definition der American Marketing Association (1986) wird versucht, durch zwei Aufzählungen das Tätigkeitsfeld der Marktforschung genauer einzugrenzen:

"Marktforschung ist die Funktion, die den Konsumenten, Kunden und die Öffentlichkeit durch Informationen mit dem Anbieter verbindet - Informationen, die benutzt werden

-    zur Identifizierung und Definition von Marketing-Chancen und -Problemen,

-    zur Entwicklung und Modifizierung und Überprüfung von Marketing-Maßnahmen,

-    zur Überprüfung des Marketing-Erfolges und

-    zur Verbesserung des Verständnisses des Marketing-Prozesses.

Die Marktforschung **bestimmt** die zur Untersuchung dieser Gesichtspunkte notwendigen **Informationen, entwickelt** die **Methoden** zur Sammlung der Informationen, plant die **Datenerhebung** und führt diese durch, **analysiert** die **Ergebnisse** und **präsentiert** diese und die Schlussfolgerungen daraus."

Diese neuere Definition der AMA ist nach wie vor ausgerichtet auf den kommerziellen Einsatz der Marktforschung, schließt aber - zumindest ansatzweise - die Grundlagenforschung ("Verbesserung des Verständnisses des Marketing-Prozesses") und die Methoden-Forschung ("entwickelt die Methoden zur Sammlung der Informationen") mit ein. Von den zur Verfügung stehenden Definitionen gibt sie am ehesten das wieder, was man heute in Wissenschaft und Praxis unter Marktforschung versteht.

Die in der AMA-Definition von 1986 genannten Aufgaben der Marktforschung sollen im Folgenden durch einige Beispiele illustriert werden, um ein plastisches Bild von Zielrichtung und Vielfalt der Tätigkeit des Marktforschers zu vermitteln.

Identifizierung und Definition von Marketing-Chancen und -Problemen: Bestimmung von Marktsegmenten, Wettbewerbsanalyse, Ermittlung neuer Bedürfnisse von Konsumenten, Untersuchung potenzieller neuer Märkte, Prognose des Marktvolumens

Entwicklung, Modifizierung und Überprüfung von Marketing-Maßnahmen: Werbe-Pretests, Produkttests, Werbeerfolgskontrolle, Testmärkte

Überprüfung des Marketing-Erfolgs: Beobachtung der Marktanteils-Entwicklung, Image-Analysen

*Die inhaltliche und methodische **Spannweite der Marktforschung** kann nach Leh-mann/Gupta/Steckel (1998, S. 2) durch die folgenden vier Dimensionen charakteri-siert werden:*

1. Forschungsziel

Hinsichtlich des Forschungsziels reicht das Spektrum möglicher Studien von ganz speziellen, nur auf eine bestimmte Anwendung bezogenen Untersuchungen (z.B. Test eines Anzeigenentwurfs) bis zu Forschungsprojekten, mit denen generelle Aussagen über die Wirkungen von Marketinginstrumenten oder das Käuferverhalten (z.B. Zusammenhang zwischen wahrgenommenem Risiko und Informationsaufnahme beim Kaufentscheid) gewonnen werden sollen.

2. Formalisierungsgrad

Im Hinblick auf den Formalisierungsgrad von Marktforschungs-Untersuchungen kann man als Beispiel für eine wenig formalisierte Methode die Gruppendiskussion (ohne standardisierten Fragebogen) mit wenigen mehr oder weniger willkürlich ausge-wählten Auskunftspersonen nennen. Den Gegenpol dazu könnte eine Umfrage bei einer nach den Prinzipien der Stichprobentheorie ausgewählten großen Anzahl von Auskunftspersonen mit Hilfe geschulter Interviewer und standardisierten Fragebögen bilden.

3. Umfang gesammelter Daten

Wenn man verschiedene Marktforschungs-Studien betrachtet, so stellt man fest, dass die Datenbasis dieser Studien sehr unterschiedlich groß sein kann. So gibt es eine wichtige Untersuchung über Kaufentscheidungsprozesse von Bettman/Zins (1977), in der nur zwei Versuchspersonen beobachtet wurden. Dagegen wurden für den deut-schen Kundenmonitor 2000 (Umfrage zur Kundenzufriedenheit) über 40.000 Einzel-interviews durchgeführt.

4. Komplexität der Datenanalyse

Bei der Datenanalyse reicht das Spektrum der in Wissenschaft und Praxis üblicher-weise angewandten Methoden von einfachen Tabellen und graphischen Darstellungen über Methoden der beschreibenden und schließenden Statistik, wie sie in der statisti-schen Grundausbildung an Universitäten gelehrt werden, bis zu anspruchsvolleren multivariaten Verfahren (z.B. Faktorenanalyse, Clusteranalyse), deren Anwendung und Interpretation weitergehende statistische Kenntnisse und Erfahrungen erfordert.

Die Frage, ob **Marktforschung von Unternehmen eingesetzt** werden soll, hängt vor allem von drei Kriterien ab:

- Im Unternehmen besteht eine gewisse Unsicherheit hinsichtlich einer Marketing-Entscheidung, es muss also Informationsbedarf gegeben sein.

- Das Unternehmen muss bereit sein, aus den Schlussfolgerungen einer Untersuchung Konsequenzen für seine Entscheidungen zu ziehen.

- Der Wert der zu sammelnden Informationen soll die Kosten der Informationsbeschaffung übersteigen.

In der Praxis ist zu beobachten, dass die Marktforschung häufig schon routinemäßig in Anspruch genommen wird. Das äußert sich z.B. in längerfristig eingeplanten Marktforschungs-Budgets oder im „Abonnement" regelmäßig durchgeführter Untersuchungen spezialisierter Institute (z.B. → Panel-Daten).

Insgesamt lässt sich sagen, dass die Marktforschung ein zentraler Teilbereich des Marketing ist. Das liegt einerseits daran, dass die Ergebnisse der Marktforschung für die Marketingplanung meist unverzichtbar sind. Andererseits ist auch die inzwischen weit fortgeschrittene Entwicklung des Instrumentariums der Marktforschung ein Grund für die Akzeptanz ihrer Ergebnisse. Hier lassen sich einige **Phasen der Methodenentwicklung** unterscheiden. In Deutschland war die erste Phase (nach dem 2. Weltkrieg) durch die Übernahme und Anwendung der Stichprobentheorie gekennzeichnet. In den 50er und 60er Jahren folgten Verbesserungen des Entwurfs von Fragebögen und die Ausbreitung experimenteller Untersuchungen. Durch die starken Fortschritte der elektronischen Datenverarbeitung konnten seit den 70er Jahren wesentlich aufwendigere Verfahren der Datenanalyse eingeführt werden. Danach lag ein Schwerpunkt der methodischen Innovation bei der Entwicklung und Verbesserung von Messinstrumenten (z.B. Skalierungstechniken in Fragebögen, apparative Verfahren). In den letzten Jahren werden die neuen Möglichkeiten der Informations- und Kommunikationstechnik auch verstärkt zur Datenerhebung genutzt (z.B. Internet-Befragung).

Die verbreitete **Akzeptanz der Marktforschung** zeigt sich in der Praxis im Vorhandensein großer Marktforschungsinstitute (in der Bundesrepublik z.B. GfK-Nürnberg, Infratest, Forsa, Emnid, Nielsen) bzw. betrieblicher Marktforschungsabteilungen. An den Universitäten ist die Marktforschung ein wesentlicher Teil der Marketing-Ausbildung. Die Existenz umfangreicher Spezialliteratur einschließlich einschlägiger Zeitschriften (z.B. Journal of Marketing Research) unterstreicht ihre wissenschaftliche Bedeutung. Nach Angaben des Arbeitskreises Deutscher Markt- und Sozialforschungsinstitute lag im Jahre 1999 der Schwerpunkt des Umsatzes von Marktforschungsinstituten in den Bereichen der Konsum- und Gebrauchsgüterindustrie (55 %) sowie der Medien und Verlage (14 %). Der Marktforschungsumsatz lag 1999 bei fast 1,7 Mrd. DM.

3.2   Methoden der Marktforschung

3.2.1   Der Forschungsprozess

Im vorliegenden Abschnitt soll anhand des typischen Ablaufs einer Marktuntersuchung ein Überblick über methodische Gesichtspunkte der Marktforschung gegeben werden. Auf drei besonders umfangreiche und wichtige methodische Bereiche wird in den folgenden Abschnitten dann etwas detaillierter eingegangen.

In Abb. 3.1 sind die **Phasen einer Marktuntersuchung** dargestellt, wobei anzumerken ist, dass derartige Schemata natürlich immer einen generalisierenden und/oder vereinfachenden Charakter haben. In der Realität finden sich häufig Studien, bei denen bestimmte Schritte ausgelassen oder hinzugefügt werden. Auch die üblicherweise auftretenden Rückkopplungen bei der Anlage und Durchführung von Untersuchungen sind in Abb. 3.1 nicht berücksichtigt.

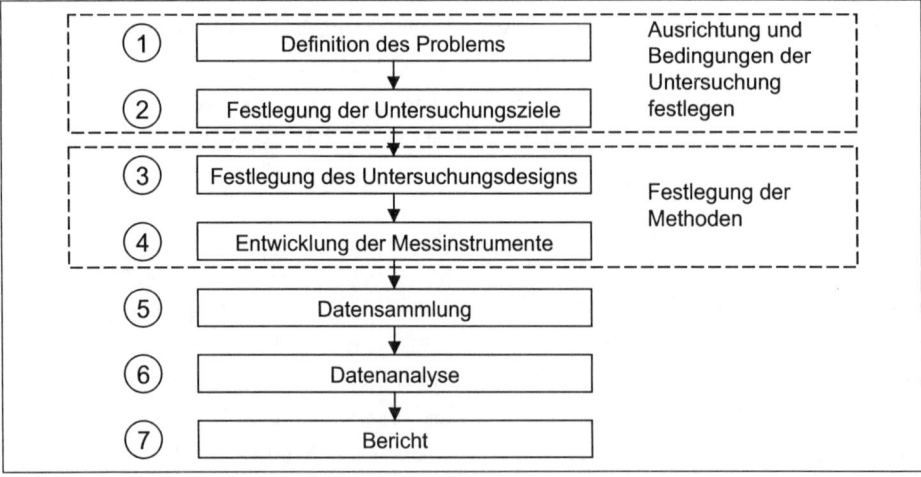

Abbildung 3.1:   Typische Phasen einer Marktforschungsuntersuchung

Das Phasenschema macht deutlich, dass die einzelnen Teile des Forschungsprozesses **aufeinander aufbauen**. Hier gilt der Grundsatz, dass eine Kette nur so stark ist, wie das schwächste ihrer Glieder. Wenn also für eine Untersuchung unzureichende Messinstrumente (z.B. ein Fragebogen mit Suggestivfragen) verwendet wurden, so lässt sich diese Schwäche durch keinerlei Verfahren anspruchsvoller Datenanalyse mehr ausgleichen. Ebenso sind Fehler bei der Datensammlung (z.B. geringe Stichprobenausschöpfung) später kaum reparabel.

(1) Definition des Problems

Der erste Schritt im Untersuchungsablauf, die Problemdefinition, ist für den Erfolg aller weiteren Bemühungen grundlegend. Eine unklare oder falsche Festlegung des Untersuchungsgegenstandes führt eben dazu, dass - unter Umständen in methodisch höchst anspruchsvoller Weise - am wahren Problem "vorbeigeforscht" wird. Bei der Problemdefinition kommt es entscheidend auf die Kommunikation zwischen Marketing-Manager und Marktforscher an. Der Manager muss die Möglichkeiten und Grenzen der Marktforschung einschätzen können; der Marktforscher muss das Entscheidungsproblem des Managers und dessen Informationsbedarf kennen. Wenn die erste Phase des Forschungsprozesses in der Literatur auch "**Problemformulierung**" genannt wird, so deutet dies an, dass hier nicht an ein mehr oder minder stillschweigendes Einverständnis zwischen Auftraggeber und Marktforscher gedacht ist, sondern an die bewusste und explizite (möglichst schriftlich festgelegte) Definition des zu untersuchenden Problems.

Ein bekanntes Beispiel für grob irreführende Marktforschung durch eine falsche Problemdefinition bietet die - grandios gescheiterte - Veränderung des Geschmacks von Coca-Cola in den USA Mitte der 80er Jahre. Angeregt durch Werbespots von Pepsi, in denen das bessere Abschneiden von Pepsi-Cola in sog. "Blindtests" (vergleichende Geschmackstests mit verdeckten Markennamen) herausgestellt wurde, veränderte man die Zusammensetzung von Coca-Cola und damit deren Geschmack. Entsprechende Blindtests ergaben dann deutlich bessere Werte für die "neue Coca-Cola". Die Markteinführung des veränderten Produkts geriet bekanntlich zum Desaster: Konsumenten protestierten, der Marktanteil von Coca-Cola sackte deutlich ab. Was war geschehen? Man hatte von Seiten der Marktforschung ausschließlich den Geschmack getestet und völlig ignoriert, dass in den USA lange verfestigte Gewohnheiten und auch emotionale Bindungen an den altvertrauten Coke-Geschmack bei vielen Menschen bestehen. Das für die Marktforschung zu definierende Problem hätte nicht darauf beschränkt werden dürfen, die Reaktionen auf eine Geschmacksänderung zu messen, sondern hätte breiter definiert werden müssen im Hinblick auf die Akzeptanz der Veränderung eines Produkts, mit dem man schon lange vertraut ist.

(vgl. Zikmund 1997, S. 107)

(2) Festlegung der Untersuchungsziele

Bei der Festlegung der Untersuchungsziele (zweiter Schritt) handelt es sich um eine Konkretisierung der Aufgabenstellung, die mit der Problemdefinition bereits umrissen ist. Aus einer allgemeinen Problemdefinition, die z.B. darin besteht, dass das eigene Produkt qualitative Nachteile gegenüber einem konkurrierenden Produkt hat, könnte man das Untersuchungsziel ableiten, die für die Kernzielgruppe wichtigsten Produkteigenschaften und die Einschätzung der beiden Produkte hinsichtlich dieser Eigenschaften zu ermitteln. Der üblicherweise begrenzte zeitliche und finanzielle Rahmen der Marktforschung macht eine relativ enge Formulierung des Untersuchungsziels notwendig. Hinzu kommt, dass es angesichts der häufig schwierig anzuwendenden und fehlerempfindlichen Untersuchungsmethoden meist besser ist, wenige wichtige Faktoren möglichst sorgfältig als eine Fülle von mehr oder minder relevanten Aspekten auf oberflächliche Weise zu untersuchen. Mit der Festlegung der Untersuchungsziele ist auch eine Entscheidung über die Art der Untersuchung verbunden. Hier werden drei Arten unterschieden:

Explorative Untersuchungen

Wie die Bezeichnung schon andeutet, geht es hier darum, Ursachen für Probleme oder Zusammenhänge zwischen Variablen **zu entdecken**. Explorative Untersuchungen stehen oft am Anfang eines größeren Projekts und dienen der Vorbereitung darauf folgender (quantifizierender) Untersuchungen. In der Regel werden sogenannte "weiche" Methoden der Datenerhebung und -analyse angewandt, (z.B. Tiefeninterviews, Gruppendiskussionen). Dementsprechend haben die Ergebnisse eher impressionistischen als definitiven Charakter. Weil man eben Probleme erst entdecken will, ist für solche Untersuchungen ein breites Spektrum einbezogener Fragestellungen typisch, wobei dann auch eine gewisse Ungenauigkeit von Methoden und Ergebnissen in Kauf genommen wird.

Deskriptive Untersuchungen

Dieser Untersuchungstyp dürfte in der Praxis am stärksten verbreitet sein. Hier geht es z.B. um Fragen wie diese: Wie groß ist ein Markt? Welche soziodemographischen Merkmale haben Intensiv-Verwender eines Produkts? Welche Zeitschriften lesen die Angehörigen der Kernzielgruppe für ein Produkt? In diesem Sinne werden also Märkte und das Verhalten von Marktteilnehmern **beschrieben**. Da von den Untersuchungsergebnissen auf eine Grundgesamtheit (= Gesamtmarkt) geschlossen werden soll, werden hier die etablierten Verfahren der Stichprobenziehung, Fragebogenkonstruktion, Inferenzstatistik etc. eingesetzt. Letztlich sollen Märkte, Zielgruppen, Verhaltensweisen etc. gekennzeichnet - also beschrieben - werden.

Kausal-Untersuchungen

Kausal-Untersuchungen sind im Hinblick auf die angewandten Methoden und die Aussagemöglichkeiten die anspruchsvollsten der vorgestellten drei Typen. Hier soll eben nicht nur festgestellt werden, wie z.B. der "typische Käufer" eines Produkts zu beschreiben wäre, sondern welches die **Gründe (Ursachen, Kausalitäten)** für ein bestimmtes Verhalten, bestimmte Präferenzen etc. sind. Dafür sind oft aufwendigere Methoden als für deskriptive Untersuchungen notwendig. Typischerweise werden experimentelle Designs für Kausal-Untersuchungen eingesetzt.

Eine im wissenschaftlichen Bereich übliche Verfahrensweise bei der Festlegung von Untersuchungszielen ist die explizite Formulierung von **Hypothesen**. Hypothesen sind (durch frühere Untersuchungen, Theorie, Erfahrungen etc.) begründete Vermutungen über die Ausprägungen einzelner Merkmale (z.B. "Das jährliche Durchschnittseinkommen von Verwendern des Produkts XY liegt bei DM 60.000,--"), über Unterschiede zwischen Gruppen oder Objekten (z.B. "Die Einstellungen gegenüber Produkt A sind günstiger als gegenüber Produkt B") oder über den Zusammenhang zwischen Variablen (z.B. "Je älter jemand ist, desto geringer ist der für Bekleidung ausgegebene Einkommensanteil").

(3) Festlegung des Untersuchungsdesigns

Auf den dritten Schritt des Forschungsprozesses, die Festlegung des Untersuchungsdesigns, wird in Abschnitt 3.2.2 etwas ausführlicher eingegangen. Allgemein geht es hier um die grundlegenden Entscheidungen über die Anlage der durchzuführenden Untersuchung (z.B. Befragung oder Beobachtung, Größe der Stichprobe). Lediglich die Unterscheidung in Primärforschung und Sekundärforschung sei hier kurz erläutert.

Von **Primärforschung** wird gesprochen, wenn Daten für den jeweiligen Untersuchungszweck neu erhoben werden. Aus dem Bereich der empirischen Sozialforschung ist dafür auch der Begriff "**Feldforschung**" übernommen worden. Bei der **Sekundärforschung** werden hingegen vorhandene Daten für den Untersuchungszweck neu aufbereitet und analysiert. Da das bis heute oft durch die Auswertung von statistischen Jahrbüchern, Verbandsstatistiken, Verkaufsberichten etc. am Schreibtisch geschieht, spricht man hier auch von "**Desk-Research**". Durch die Ausbreitung von Online-Datenbanken und Informationsangeboten im Internet erweitern sich die Möglichkeiten der Sekundärforschung beträchtlich. Wegen der damit verbundenen Zeit- und Kostenersparnis wird meist versucht, einem Forschungsziel zunächst durch Sekundärforschung gerecht zu werden. Nur wenn entsprechende Daten nicht zugänglich sind, geht man zu der deutlich aufwendigeren Primärforschung über.

---

*Der Zusammenhang der Schritte von der **Problemdefinition** bis zur Festlegung des **Untersuchungsdesigns** sei an Hand zweier kleiner Beispiele illustriert:*

Beispiel

Problemdefinition: "Unser Marktanteil sinkt. Woran liegt das?"

Untersuchungsziel: Mögliche Gründe für den sinkenden Marktanteil entdecken (→ explorative Untersuchung)

Untersuchungsdesign: Expertengespräche im Handel, Gruppendiskussionen mit Verwendern des Produkts

---

Beispiel

*Problemdefinition: "Unser Produkt hat in der Wahrnehmung vieler Kunden Quali-
tätsnachteile. Bei welchen Kunden? Wie stark wird der Qualitätsnachteil empfunden?"*

*Untersuchungsziel: Möglichst genau messen, wie die Qualitätseinschätzungen
verschiedener Kundengruppen sind, und die Ergebnisse auf den gesamten Markt
hochrechnen (→ deskriptive Untersuchung)*

*Untersuchungsdesign: Befragung einer repräsentativen Stichprobe von Kunden zur
Produktqualität*

---

(4) Entwicklung der Messinstrumente

In der vierten Phase des Forschungsprozesses werden die Messinstrumente entwickelt.
Wenn man sich beispielsweise beim Untersuchungsdesign für eine Umfrage entschieden
hat, müsste jetzt der Fragebogen mit den einzelnen Fragen entwickelt werden. Das ist
eine anspruchsvolle und schwierige Tätigkeit, auf die in Abschnitt 3.2.3 etwas näher
eingegangen wird.

(5) Datensammlung

Häufig ist die fünfte Phase des Forschungsprozesses, die Datensammlung, die kostenin-
tensivste. Wenn beispielsweise an eine mündliche Umfrage bei 2000 Auskunftspersonen
gedacht ist und berücksichtigt wird, dass ein einzelnes Interview mindestens mit Kosten
von DM 25,-- (Honorar und Spesen für Interviewer) verbunden ist, entsteht ein Eindruck
von der Größenordnung der Kosten der Datenerhebung. In der Regel wird die Datensammlung von spezialisierten Marktforschungsinstituten durchgeführt, die über einen
entsprechend geschulten großen Mitarbeiterstab verfügen.

(6) Datenanalyse

Bei der Datenanalyse kommen vor allem **statistische Methoden** zum Einsatz. Dazu
wird ein breites Methodenspektrum verwendet. Beachtlich ist in diesem Zusammenhang, dass - nicht zuletzt durch die Ausbreitung entsprechender Software - neben den
statistischen Verfahren graphische Techniken eine wachsende Bedeutung erlangt haben,
da mit deren Hilfe Sachverhalte besonders leicht und schnell verständlich wiedergegeben werden können. Hier kommen auch die schon erwähnten **multivariaten Verfahren**
(gleichzeitige Analyse einer größeren Zahl von Variablen) zum Einsatz, da sich die recht
komplexen Phänomene des Marketing meist nicht nur durch eine oder wenige Variablen
erklären lassen.

(7) Untersuchungsbericht

Den Abschluss einer Untersuchung bildet die Erstellung eines Berichts, der dem
Management präsentiert wird. Damit kommt man zur Problemdefinition sowie auf die

Untersuchungsziele zurück und versucht, die zu Beginn des Forschungsprozesses gestellten Fragen zu beantworten. Üblicherweise enthält ein Untersuchungsbericht mindestens vier Teile:

1. Kurze Zusammenfassung von Problemdefinition und Untersuchungszielen

2. Erläuterung der Untersuchungsmethode

3. Darstellung der Untersuchungsergebnisse

4. Schlussfolgerungen und Empfehlungen

Hinsichtlich der Form des Berichts soll versucht werden, einen Kompromiss zwischen Genauigkeit der Darstellung von Methoden und Ergebnissen, die häufig eine "technische Sprache" erfordert, und Verständlichkeit zu erzielen.

Nun zu den schon erwähnten etwas tiefergehenden Darstellungen einzelner Phasen des Forschungsprozesses.

3.2.2   Festlegung des Untersuchungsdesigns

Bei der Festlegung des Untersuchungsdesigns, also bei der Entscheidung über die **Anlage der Untersuchung**, mit der die jeweilige Problemstellung bearbeitet werden soll, hat der Forscher einen sehr weitgehenden Gestaltungsspielraum. Die inzwischen doch beachtlich große Methodenvielfalt der Marktforschung bietet die Voraussetzung für die angemessene Bearbeitung sehr unterschiedlicher Fragestellungen. Die Vorteile dieser Methodenvielfalt können aber nur wirksam werden, wenn der Forscher das zur Verfügung stehende Instrumentarium weitgehend beherrscht und nicht - wie gelegentlich in Wissenschaft und Praxis zu beobachten - auf eine oder wenige Methoden fixiert ist. Zum einen wird die Entscheidung über die Anlage einer Untersuchung durch die große Zahl alternativ möglicher Designs erschwert. Zum anderen hat man nur selten Situationen, in denen man ein "einzig mögliches" oder "optimales" Design zweifelsfrei identifizieren kann.

*Julian Simon (1969, S. 4; zitiert nach Churchill, 1995, S. 145) charakterisiert das Problem der **Festlegung des Untersuchungsdesigns** auf anschauliche Weise:*

"Es gibt niemals eine einzige, standardmäßige, richtige Methode zur Durchführung eines Forschungsvorhabens. Warten Sie nicht mit dem Beginn der Untersuchung bis Sie den geeigneten Ansatz gefunden haben, weil es viele Wege gibt, ein Problem anzugehen - einige gute, einige schlechte, aber wahrscheinlich mehrere gute Wege. Es gibt kein einzigartiges, perfektes Design. Die Auswahl einer Untersuchungsmethode für ein gegebenes Problem entspricht nicht der Lösung einer algebraischen Aufgabe. Sie ähnelt eher einem Rezept für Beef Stroganoff; es gibt kein bestes Rezept."

Trotz der großen Vielfalt möglicher Untersuchungsdesigns lassen sich doch bestimmte **Grundtypen** (leider nicht ganz überschneidungsfrei) identifizieren, die im Folgenden skizziert werden sollen. Anschließend werden einige Varianten der bisher wohl am stärksten verbreiteten Untersuchungsart, der Befragung, dargestellt. Am Ende des vorliegenden Abschnitts steht ein kurzer Überblick über gängige Verfahren der Stichprobenziehung, die für sehr unterschiedliche Designs gleichermaßen bedeutend sind.

Als **Grundtypen von Untersuchungsdesigns** werden hier

> (A) Qualitative Untersuchungen

> (B) Querschnitts-Untersuchungen

> (C) Längsschnitt-Untersuchungen und

> (D) Experimente

unterschieden.

(A) Qualitative Untersuchungen

Wie der Name schon andeutet, geht es bei qualitativen Untersuchungen nicht um zahlenmäßig exakte Aussagen, sondern eher darum, Arten, Zusammenhänge und Wirkungen problemrelevanter Variablen kennen zu lernen. Hinsichtlich des Untersuchungsziels handelt es sich also um **explorative Untersuchungen**; unter Bezugnahme auf die hauptsächlich angewandten Methoden, die zum großen Teil aus der Psychologie stammen, spricht man auch von "psychologischer Marktforschung".

Gängige Beispiele für qualitative Untersuchungen sind Tiefeninterviews und Gruppendiskussionen. Nach Salcher (1978, S. 44) ist ein **Tiefeninterview** "ein langes und intensives Gespräch zwischen Interviewer und Befragtem über vorgegebene Themen, das der Interviewer in weitgehend eigener Regie so zu steuern versucht, dass er möglichst alle relevanten Einstellungen und Meinungen der befragten Person zu diesen Themen erfährt, auch wenn es sich um Aspekte handelt, die der befragten Person bis zu diesem Zeitpunkt selbst nicht klar bewusst waren." Ein typischer Anwendungsbereich von Tiefeninterviews sind Untersuchungen über Kaufmotive. Unter einer **Gruppendiskussion** versteht man in der Marktforschung die gleichzeitige Befragung von mehreren Personen (ca. 6-10), denen Interaktionen ermöglicht werden, zu einem vorgegebenen Thema unter der Leitung eines Moderators (vgl. Berekoven/Eckert/Ellenrieder 1996, S. 96 f.). Man verspricht sich von dieser Art der Datenerhebung u.a. eine Überlagerung der künstlichen Interviewsituation durch eine natürliche Gesprächssituation und somit eine die Auskunftsfreudigkeit der Teilnehmer stimulierende Wirkung durch den Diskussionsprozess. Gruppendiskussionen werden in der Praxis häufig angewandt, wenn es gilt, Entscheidungskriterien der Kaufentscheidung, Bewertungen von Produkteigenschaften, Verwendungssituationen von Produkten und ähnliches zu untersuchen.

*Die Entwicklung des "Buick Regal" eines zweitürigen Coupés für sechs Personen durch die entsprechende General Motors Division zeigt die Bedeutung von **Gruppendiskussionen** für derartige Fragestellungen. Buick führte 20 Gruppendiskussionen in den gesamten USA durch, um herauszufinden, welche Eigenschaften die Kunden bei einem Auto wünschen. Die Teilnehmer äußerten, dass sie einen Wagen wollen mit voll ausgebauter Rücksitzbank, Fahrleistung/Verbrauch bei 20 Meilen pro Gallone und einer Beschleunigung von 0 auf 60 mph in höchstens 11 Sekunden.*

Basierend auf diesen Ergebnissen entwickelten die Buick-Ingenieure Modelle des Autos und des Innenraums in Originalgröße. Diese wurden weiteren Gruppen von möglichen Kunden gezeigt, welche aber nicht die übergroßen Stoßstangen und die starke Wölbung des Dachs mochten.

Quelle: www.dupree.gatech.edu

Weitere Beispiele für qualitative Untersuchungen sind die meisten Anwendungen von **Blickregistrierungsverfahren**. Dabei wird mit Hilfe einer Spezialkamera der Blickverlauf von Versuchspersonen, z.B. bei Betrachtung einer Anzeige oder einer Produktverpackung, aufgezeichnet. Auf diese Weise lässt sich feststellen, welche Teilmenge von Informationen in welcher Reihenfolge aufgenommen wurde und somit Schlüsse auf den Verlauf eines Kaufentscheidungsprozesses oder die Wahrnehmung von Werbung ziehen (vgl. z.B. Kroeber-Riel/Weinberg 1999, S. 261 ff.).

Bei allen qualitativen Untersuchungen hat man es in der Regel mit relativ **kleinen Fallzahlen** (selten mehr als 100) zu tun. Dementsprechend geht es hier nicht in erster Linie darum, zahlenmäßige Angaben über den Gesamtmarkt, die eigenen Kunden etc. zu machen. Vielmehr steht die Wiedergabe typischer oder besonders interessanter Meinungen, Motive oder Verhaltensweisen bei der Ergebnisdarstellung im Vordergrund.

(B) Querschnitts-Untersuchungen

Als Querschnitts-Untersuchungen werden Studien bezeichnet, bei denen **zu einem Zeitpunkt quantifizierende Aussagen** über eine bestimmte Grundgesamtheit (z.B. erwachsene männliche Bevölkerung, Kunden eines bestimmten Geschäfts, Verwender eines bestimmten Produkts) gemacht werden sollen. Das typische Beispiel für eine Querschnitts-Untersuchung sind die allseits bekannten **Repräsentativ-Befragungen**. Die Befragung ist nach wie vor die am stärksten verbreitete Methode zur Datenerhebung in der Marktforschung. Diese starke Verbreitung ist sicher auch auf die sehr vielfältigen Einsatzmöglichkeiten der Befragung zurückzuführen. Ihr liegt die Annahme zu Grunde, dass die Antworten einer Auskunftsperson auf entsprechende Fragen tatsächlich Aufschluss über die zu untersuchenden Meinungen, Absichten, Verhaltensweisen etc. geben. Repräsentativ-Befragungen werden heute weitestgehend in **standardisierter Form** durchgeführt, d.h. dass im Rahmen einer Untersuchung alle Auskunftspersonen mit den gleichen festgelegten Frageformulierungen in einheitlicher Reihenfolge konfrontiert werden. Meist ist auch ein großer Teil der Antwortmöglichkeiten durch entsprechende Kategorien vorgegeben. Auf mögliche Kommunikationsformen bei Befragungen (mündlich, schriftlich, telefonisch, elektronisch) wird weiter unten eingegangen.

Querschnitts-Untersuchungen mit Beobachtungen spielen in der Marktforschung eine weitaus geringere Rolle als Umfragen. Bei der **Beobachtung** wird auf die Kommunikation zwischen Marktforscher und Auskunftsperson durch Fragen und Antworten verzichtet. Vielmehr wird so verfahren, dass die interessierenden Gegebenheiten und Verhaltensweisen direkt erfasst werden. Gegenstand der Beobachtung können Eigenschaften und Verhaltensweisen von Personen (z.B. Wege und Verweilzeiten von Kunden in einem Supermarkt) oder von Personengruppen (z.B. Kaufentscheidungsprozesse von Familien) sein.

(C) Längsschnitt-Untersuchungen

Das Wesen von Längsschnitt-Untersuchungen besteht darin, dass **gleichartige Daten** (oft bei den gleichen Untersuchungseinheiten) **zu mehreren Zeitpunkten** erhoben werden. Derartige Untersuchungen sind notwendig, um dynamische Phänomene, wie z.B. den Markenwechsel von Konsumenten oder Veränderungen von Marktanteilen, zu messen. Längsschnitt-Untersuchungen in Form sogenannter Panels spielen in der Praxis der Marktforschung eine wichtige Rolle. Boehler (1985, S. 58) gibt folgende Definition an: "Ein **Panel** ist eine über einen längeren Zeitraum gleichbleibende Teilauswahl von Erhebungseinheiten, die in regelmäßigen Abständen zum gleichen Untersuchungsgegenstand befragt bzw. beobachtet wird." Ein Beispiel sind sogenannte Haushaltspanels, bei denen die teilnehmenden (möglichst repräsentativ ausgewählten) Haushalte mittels umfassender Erhebungsbögen vollständige Angaben über Art, Zeitpunkt, Marke, Preis und Ort aller Einkäufe machen sollen. Bei Einzelhandelspanels führen Mitarbeiter spezialisierter Marktforschungsinstitute regelmäßig Inventuren in ausgewählten Geschäften durch und können aus den Lagerbeständen am Anfang der Beobachtungsperiode, den Einkäufen des Einzelhändlers während der Periode und den Beständen am Ende der Periode die Absätze der einzelnen Artikel an die Endverbraucher während der Beobachtungsperiode errechnen. Die Zusammenfassung dieser Ergebnisse aus einer Stichprobe von Geschäften in einem Untersuchungsgebiet führt zu Angaben über die Entwicklung von Umsätzen, Marktanteilen etc. in dem entsprechenden (Teil-) Markt.

---

*Die führenden Anbieter von **Panel-Untersuchungen** in Deutschland sind die GfK (Gesellschaft für Konsumforschung) in Nürnberg, das größte europäische Marktforschungsunternehmen, und Nielsen (Frankfurt/M.), die deutsche Tochter des größten Marktforschungsunternehmens der Welt. Beide Unternehmen bieten diverse Handelspanels an, beispielsweise im Lebensmitteleinzelhandel mit jeweils etwa 1000* *einbezogenen Geschäften, den Nielsen-Gesundheits-Index (Apotheken, Drogerien), das Nielsen-Friseur-Panel oder das GfK-Elektropanel (Elektrofacheinzelhandel). Die GfK führt laufend große Untersuchungen mit Haushaltspanels durch. Beispiele sind ein Panel mit 14.000 Haushalten zu deren Lebensmittel- und Körperpflege-Einkäufen, ein Panel (n=17.000) zu größeren Anschaffungen (Hausrat, Elektrogeräte, Fahrzeuge etc.) und ein Autofahrer-Panel (n=2.500) für Angaben zum Tanken, Autoreparatur etc. Die Erhebung erfolgt inzwischen nicht mehr nur durch schriftliche Aufzeichnungen, sondern auch auf elektronischem Wege (Scanner). (vgl. Berekoven/Eckert/Ellenrieder 1996, S. 124 ff.)*

(D) Experimente

Ein Experiment ist dadurch charakterisiert, dass im Rahmen einer Untersuchung eine oder mehrere (sogenannte unabhängige) **Variable(n) so manipuliert** werden, **dass die Wirkungen dieser Manipulation** auf eine oder mehrere **andere** (sogenannte abhängige) **Variable gemessen** werden können. Auch hier können Datenerhebungen mit verbalen und nicht-verbalen Methoden vorgenommen werden. Ein einfaches **Befragungsexperiment** könnte beispielsweise so aussehen, dass man bei zwei jeweils repräsentativen Gruppen von Auskunftspersonen die Einstellungen zu einem Produkt erfragt, dann eine der beiden Gruppen mit Werbung für dieses Produkt konfrontiert und im dritten Schritt erneut eine Einstellungsmessung vornimmt. Deutliche (signifikante) Unterschiede der Einstellungsänderungen (abhängige Variable) bei den beiden Gruppen könnten dann auf die Wirkung der unabhängigen Variablen "Kontakt zur Werbebotschaft" zurückgeführt werden. Ein analoges Beobachtungsexperiment würde möglicherweise darin bestehen, dass nur in einem von zwei möglichst gleich strukturierten Teilmärkten eine Werbekampagne durchgeführt wird. Die zu beobachtenden Unterschiede der Marktanteilsänderungen (abhängige Variable) in den beiden Testgebieten könnten dann als Wirkung der unabhängigen Variablen "Werbung" interpretiert werden.

*Wie könnte ein Beispiel für ein einfaches **Experiment** in der Marktforschung aussehen? Man stelle sich vor, ein Unternehmen will die Wirkung (gemessen durch die Zahl sich ergebender Anfragen) unterschiedlich gestalteter Werbebriefe messen und damit feststellen, ob z.B. eine farbige Gestaltung die Ursache (→ Kausalbeziehung) für eine höhere Zahl von Kunden-Anfragen ist. Dazu könnte man insgesamt 2.000 Zielpersonen auswählen und diese nach dem Zufallsprinzip auf zwei Gruppen à 1.000 aufteilen. Durch die zufällige Aufteilung wäre weitgehend ausgeschlossen, dass Unterschiede bei der Zahl der Anfragen nicht durch die verschiedenen Werbebriefe, sondern durch systematische Unterschiede (z.B. unterschiedliche Kaufkraft) der beiden Gruppen erklärt werden können. Wenn nun die eine Gruppe einen traditionellen Werbebrief und die andere Gruppe einen farbigen Werbebrief bekommt und sich bei letzterer eine deutlich ("signifikant") höhere Zahl von Anfragen ergibt, dann kann das wohl nur an der unterschiedlichen Gestaltung der Werbebriefe liegen, da ja alle anderen Einflussfaktoren (Gruppenzusammensetzung, Untersuchungszeitpunkt etc.) konstant gehalten worden sind.*

Weiter oben ist festgestellt worden, dass repräsentativ angelegte **Befragungen** nach wie vor die **wichtigste Untersuchungsart** der Marktforschung sind. Einige Spielarten dieser Methode sollen deshalb hier kurz vorgestellt werden. Dabei wird eine gängige Unterscheidung von Befragungen, nämlich die nach der **Kommunikationsform** (mündlich bzw. persönlich, schriftlich, telefonisch und elektronisch) verwendet. Beim mündlichen Interview wird die Auskunftsperson in der Regel in ihrer Wohnung oder am Arbeitsplatz vom Interviewer aufgesucht und befragt. Eine schriftliche Befragung vollzieht sich meist so, dass der Auskunftsperson auf postalischem Wege der Fragebogen zugesandt wird, den diese dann ausfüllen und zurückschicken soll. Telefonische Befragungen haben seit den 80er Jahren stark an Bedeutung gewonnen. Bei dieser Art von Umfrage übermittelt ein Interviewer per Telefon Fragen, die er heute meist von einem Computer-Bildschirm (CATI - Computer Assisted Telephone Interviewing) abliest, an die Auskunftsperson, nimmt die Antworten auf und macht sofort die entsprechenden Eingaben am Rechner.

Seit Mitte der 90er Jahre wird auch in beachtlichem und stark wachsendem Maße die elektronische Kommunikation (e-mail, www. etc.) für Befragungen verschiedener Art genutzt, in dem man Fragebögen eben entsprechend versendet bzw. aus dem Internet abrufen lässt und auf dem gleichen Wege die Antworten erhält. In Analogie zu "CATI" spricht man hier von "CAWI" (Computer Assisted Web Interview). Nach Angaben des Arbeitskreises Deutscher Markt- und Sozialforschungsinstitute haben sich die in Deutschland 1999 durchgeführten Interviews folgendermaßen auf die verschiedenen Kommunikationsformen verteilt:

- Persönlich / mündlich   37 %

- Schriftlich   22 %

- Telefonisch   40 %

- Online   1 %

In der Marktforschungsliteratur werden diese verschiedenen Verfahren mit all ihren Stärken und Schwächen umfassend diskutiert. Im hier gegebenen Rahmen müssen einige kurze Hinweise auf besondere Vor- und Nachteile genügen.

Mündliches Interview

Vorteile: Wegen der Unterstützung durch Interviewer sind anspruchsvolle und lange Interviews, auch mit Einsatz von optischen Hilfsmitteln (z.B. Abbildung von Packungen, Anzeigen), möglich. Unterschiedliche Grundgesamtheiten können mit weitergehender Stichprobenausschöpfung untersucht werden

Nachteile: Hohe Kosten durch Honorare und Spesen für Interviewer. Eher längere Untersuchungsdauer (einige Wochen). Verzerrender Interviewer-Einfluss möglich.

Schriftliche Befragung

Vorteile: Geringe Kosten (nur Porto statt Interviewer-Honorare). Kein Interviewer-Einfluss.

Nachteile: Nur sehr begrenzter Umfang und geringe Komplexität der Befragung möglich. Hohe Stichprobenausschöpfung schwierig erreichbar. Lange Untersuchungsdauer.

Telefonische Befragung

Vorteile: Sehr kurze Untersuchungsdauer (einige Stunden bis wenige Tage). Einfache Stichprobenziehung (zufällig gewählte Telefonnummern).

Nachteile: Begrenzte Dauer und Komplexität der Befragung. Keine optischen Hilfsmittel möglich.

Online-Befragung

Vorteile: Sehr kurze Untersuchungsdauer. Geringe Kosten (kein Porto, keine Interviewer). Bei Web-Befragung umfassende Gestaltungsmöglichkeiten (einschl. bewegter Bilder und Geräuschen) des Fragebogens.

Nachteile: Angesichts der begrenzten und bei verschiedenen Bevölkerungsgruppen sehr unterschiedlichen Verbreitung der Internet-Nutzung keine repräsentativen Bevölkerungsstichproben möglich. Bei Web-Befragungen keine echte Stichprobenziehung möglich, da interessierte TeilnehmerInnen selbst entscheiden, ob sie mitmachen (Selbst-Selektion). Technisches Know-how erforderlich.

Bei fast allen Untersuchungen im Rahmen der Marktforschung hat man es mit **Stichproben** zu tun, weil Totalerhebungen aus Zeit- und Kostengründen kaum durchgeführt werden. Natürlich wird versucht, die Stichprobe der zu untersuchenden Personen, Haushalte, Abnehmerbetriebe etc. so zu ziehen, dass sich in ihr die entsprechende Grundgesamtheit möglichst exakt widerspiegelt und sich die Untersuchungsergebnisse gut auf die Gesamtbevölkerung, den Gesamtmarkt etc. übertragen lassen. In der Marktforschung dominieren dafür zwei verschiedene Vorgehensweisen, die Random- und die Quotenauswahl.

Beim **Random- bzw. Zufallsverfahren** wird - wie der Name schon sagt - die Auswahl der in die Untersuchung einzubeziehenden Elemente der Grundgesamtheit zufällig vorgenommen. Dadurch hat jedes Element der Grundgesamtheit eine **berechenbare** (bei einfachen Zufallsstichproben: die gleiche) Wahrscheinlichkeit, Element der Stichprobe zu werden. Wenn die Stichprobe hinreichend groß ist, ist es zwar immer noch möglich, dass die Merkmalsverteilungen in der Stichprobe deutlich von denen in der Grundgesamtheit abweichen; die Wahrscheinlichkeit für große Abweichungen ist aber sehr gering und wegen des dem ganzen Verfahren zu Grunde liegenden wahrscheinlichkeitstheoretischen Kalküls berechenbar.

Bei der **Quotenauswahl** werden den Interviewern die Verteilungen von wesentlichen Merkmalen in der Grundgesamtheit als "Quoten" vorgegeben. Beispielsweise könnte eine einfache Quotenanweisung so aussehen, dass jeder Interviewer 55% Frauen und 45% Männer, 40% Arbeiter und je 20% Angestellte/Beamte, Selbständige und Rentner sowie jeweils 50% über und unter 40-jährige befragen soll. Innerhalb dieser Quoten kann der Interviewer die Auskunftspersonen frei auswählen. Hier wird also der Gedanke, dass eine Stichprobe ein getreues Abbild der Grundgesamtheit liefern soll, direkt umgesetzt. Das Quotenverfahren ist in der Praxis einfacher zu realisieren als die Zufallsauswahl und zeigt auch eine gewisse empirische Bewährung, ist aber wissenschaftlich weniger fundiert als die Zufallsauswahl, weil Inferenzstatistik hier nicht anwendbar ist.

3.2.3   Entwicklung von Messinstrumenten

In den verschiedenartigen Untersuchungen der Marktforschung werden Messungen vorgenommen. Mit einer **Messung** werden den Ausprägungen der interessierenden Eigenschaften der Untersuchungsobjekte nach bestimmten Regeln Symbole (meist Zahlen, gelegentlich auch Buchstaben und Namen → Kategorienbildung) zugeordnet. Dieser Vorgang kann sich in manchen Fällen ganz einfach, beinahe trivial, vollziehen. Wenn man beispielsweise im Jahre 2001 das Alter von Auskunftspersonen messen will, so würde man einer im Jahre 1948 geborenen Person die Zahl (den "Messwert") 53 zuordnen.

Beispiele für Messungen (Zuordnung von Zahlen zu Ausprägungen von Merkmalen)	
Merkmal: **Familienstand**	
Ausprägung:	Messwert:
ledig	1
verheiratet	2
geschieden	3
verwitwet	4
Merkmal: **Einstellung zum Werbefernsehen**	
Ausprägung:	Messwert:
Vollkommene Ablehnung	1
Ablehnung	2
Weder - noch	3
Zustimmung	4
Vollkommene Zustimmung	5

Es zeigt sich übrigens, dass die in den vorstehenden Beispielen den verschiedenen Merkmalsausprägungen zugeordneten Zahlen **unterschiedliche Aussagekraft** haben. Beim ersten Beispiel (Familienstand) ist die Zuordnung von Zahlen willkürlich und dient lediglich der Bildung abgegrenzter Kategorien. Die Zahlenwerte selbst sind ohne jede Aussagekraft. Beispielsweise wäre eine Interpretation "je höher der Messwert, desto weniger ledig ist die betreffende Auskunftsperson" natürlich völlig sinnlos. Dagegen sagen im zweiten Beispiel die Messwerte schon mehr aus: Je größer der Messwert, desto positiver ist offenbar die Einstellung der Auskunftsperson zum Werbefernsehen. Mit derartigen Interpretationsmöglichkeiten von Daten werden auch die anwendbaren statistischen Analyseverfahren festgelegt. Genauere Angaben dazu finden sich in der Literatur zur Marktforschung und zur Statistik unter dem Stichwort "**Messniveau von Daten**".

Bei den meisten Problemen, mit denen man es in der Marktforschung zu tun hat, ist der entsprechende Messvorgang aber weitaus komplexer. Hier seien als Beispiele die für die Theorie und Praxis des Marketing gleichermaßen bedeutenden Begriffe Einstellung, Markentreue oder Kaufabsicht genannt (siehe Kapitel 4), bei denen es keineswegs auf der Hand liegt, wie man die Ausprägungen dieser Merkmale bei Konsumenten gemessen und quantifiziert werden. Dazu bedarf es einer sorgfältigen und häufig aufwendigen **Entwicklung geeigneter Messinstrumente**, wenn man eine Befragung plant, also des Entwurfs und der Überprüfung entsprechender Teile von Fragebögen. Die Zuordnung von Messinstrumenten zu mehr oder minder abstrakten Konzepten wird **Operationalisierung** genannt. So versteht man beispielsweise unter einer Einstellung die Neigung, hinsichtlich eines Produkts konsistent positiv oder negativ zu reagieren. Die positive Einstellung zu einer Marke würde also dazu führen, dass diese besonders häufig (vielleicht immer wieder) gekauft wird. Wie soll man aber eine solche Einstellung messen? Welche Merkmale müssen erhoben, welche konkreten Fragen müssen gestellt werden? Die Operationalisierung besteht nun darin, alle diese Einzelheiten der Messung festzulegen.

---

*Das **Operationalisierungsproblem** soll an Hand eines Beispiels nach Lehmann/Gupta/Steckel (1998, S. 45 f.) zur Messung der Präferenzen von Konsumenten gegenüber Erfrischungsgetränken illustriert werden. Diese Daten sind natürlich für das Marketing der betreffenden Firmen außerordentlich wichtig; ihre Messung bedarf aber geeigneter Techniken, da kaum ein Konsument in der Lage sein dürfte, seine Präferenzen - noch dazu in quantifizierter Weise - auf direkte Befragung hin anzugeben. Die im hier dargestellten Beispiel vorgenommene Operationalisierung besteht darin, nicht nach dem für viele Konsumenten recht abstrakten Konzept "Präferenzstärke" zu fragen, sondern an Stelle dessen die sehr viel konkretere Frage zu stellen, um wie viel denn eine präferierte gegenüber einer weniger präferierten Marke teurer sein dürfte, ohne dass man zu der letzteren überwechselt. In einem Fragebogen könnte ein solches Messinstrument etwa folgendermaßen aussehen:*

Welche Marke bevorzugen Sie?				*Wie viel mehr Geld (in DM) würden Sie ausgeben, um Ihre bevorzugte Marke zu erhalten?*
Coca Cola	*(X)*	*PepsiCola*	*( )*	*0,05*
Coca Cola	*(X)*	*Fanta*	*( )*	*0,20*
Coca Cola	*(X)*	*Sprite*	*( )*	*0,25*
Coca Cola	*( )*	*Schweppes*	*(X)*	*0,50*
PepsiCola	*(X)*	*Fanta*	*( )*	*0,20*
PepsiCola	*(X)*	*Sprite*	*( )*	*0,25*
PepsiCola	*( )*	*Schweppes*	*(X)*	*0,60*
Fanta	*(X)*	*Sprite*	*( )*	*0,10*
Fanta	*( )*	*Schweppes*	*(X)*	*0,60*
Sprite	*( )*	*Schweppes*	*(X)*	*0,70*

Die einzelnen Präferenz-Messwerte werden dann dadurch errechnet, dass die Zahlenwerte aller Vergleiche, an denen eine Marke beteiligt ist, einfach aufaddiert werden. Es ergibt sich also für

Coca Cola:	*0,05*	+	*0,20*	+	*0,25*	+	*(-0,50)*	=	*0*
PepsiCola:	*(-0,05)*	+	*0,20*	+	*0,25*	+	*(-0,60)*	=	*-0,20*
Fanta:	*(-0,20)*	+	*(-0,20)*	+	*0,10*	+	*(-0,60)*	=	*-0,90*
Sprite:	*(-0,25)*	+	*(-0,25)*	+	*(-0,10)*	+	*(-0,70)*	=	*-1,30*
Schweppes:	*0,50*	+	*0,60*	+	*0,60*	+	*0,70*	=	*2,40*

Diese Werte lassen sich so interpretieren, dass der betreffende Konsument offenbar die Marke Schweppes stark bevorzugt, Coca Cola und PepsiCola werden recht ähnlich eingestuft und Fanta und Sprite deutlich abgelehnt.

Hervorzuheben ist, dass im vorstehenden Beispiel durch die vorgenommene Operationalisierung eine relativ abstrakte Fragestellung ("Messung von Präferenzstärke") in eine konkrete Frage, die als Messinstrument benutzt wurde, übersetzt worden ist. Es stellt sich dabei die Frage, ob diese Übersetzung der ursprünglichen Fragestellung gerecht wird, ob also die erhobenen Daten (hier: Akzeptanz von Preisunterschieden) das interessierende „theoretische" Konzept (hier: Präferenzstärke) tatsächlich wiedergeben. Dieses Problem spielt unter dem Stichwort **Validität (Gültigkeit)** eine zentrale Rolle in der Methodendiskussion nicht nur in der Marktforschung. Eine (notwendige, nicht hinreichende!) Voraussetzung der Validität ist die **Reliabilität (Verlässlichkeit)** einer Messung. Unter Reliabilität versteht man die Unabhängigkeit der Ergebnisse einer Messung von einem bestimmten Messvorgang bzw. die Wiederholbarkeit eines Ergebnisses bei mehreren Messungen eines Konstrukts unter der Voraussetzung, dass sich das Konstrukt selbst nicht verändert hat.

Bedeutung und Zusammenhang von **Validität und Reliabilität** lassen sich in Anlehnung an Churchill (1979) durch eine einfache Formel illustrieren:

$$X_B = X_W + X_S + X_Z$$

mit

X_B = gemessener, beobachteter Wert

X_W = "wahrer" (normalerweise nicht bekannter) Wert des zu messenden Konstrukts

X_S = systematischer Fehler bei einer Messung (z.B. durch Frageformulierungen, die eine bestimmte Antworttendenz begünstigen)

X_Z = zufälliger Fehler bei einer Messung (z.B. durch situative, kurzfristig veränderliche Faktoren wie Hunger, Durst, Zeitdruck etc., die längerfristig konstante Meinungen, Absichten, Präferenzen etc. überlagern)

Zu Abweichungen des tatsächlichen Messwerts vom "wahren" Wert ein kleines Beispiel: Man stelle sich den (nicht ganz ungewöhnlichen) Vorgang der Messung des Körpergewichts mit Hilfe einer Waage (Messinstrument) vor. Wenn die betreffende Person ein tatsächliches Gewicht von 70 kg hat, die verwendete Waage durch schlechte Einstellung systematisch 2 kg zu wenig anzeigt und außerdem wegen einer ausgeleierten Feder etwas schwankende Anzeigen (max. 0,3 kg) hat, dann könnte sich der beobachtete Wert folgendermaßen ergeben:

$$X_B = 70 - 2 + 0,2 = 68,2$$

Wenn die gleiche Person nochmals auf die gleiche Waage steigt, kommt (wegen der ausgeleierten Feder, → mangelnde Reliabilität) vielleicht folgender Wert zustande:

$$X_B = 70 - 2 - 0,1 = 67,9$$

Eine andere Waage, die nicht systematisch zu viel oder zu wenig anzeigt, aber ebenfalls eine alte Feder mit schwankenden Ergebnissen hat, hätte vielleicht den Messwert

$$X_B = 70 + 0 + 0,15 = 70,15$$

ergeben.

Eine Messung wird als valide angesehen, wenn keine systematischen und zufälligen Fehler vorliegen. Es gilt dann:

$$X_S = 0$$

und

$$X_Z = 0$$

und deswegen

$$X_B = X_W.$$

Aus der Reliabilität einer Messung ($X_Z = 0$) muss keineswegs folgen, dass die Messung auch valide ist, da ja $X_S \neq 0$ sein kann.

Die grundlegende Bedeutung von Reliabilität und Validität für empirische Untersuchungen dürfte leicht einsehbar sein. Wenn diese Anforderungen nicht erfüllt sind, dann spiegeln die Untersuchungsergebnisse eben nicht die Realität wieder und haben deswegen keine Aussagekraft bzw. sind zur Vorbereitung und Unterstützung von Marketing-Entscheidungen unbrauchbar.

Zwei Beispiele mögen das Problem der Reliabilität und Validität von Messungen in der Marktforschung verdeutlichen.

Zur Validität:

Ein Unternehmen will regelmäßig messen, wie stark die Zufriedenheit der Kunden ausgeprägt ist und wie sich diese im Zeitablauf entwickelt, da die Kundenzufriedenheit ein wichtiger Indikator für künftige (Wiederholungs-) Käufe ist (siehe Abschnitt 4.2.2.5). Als Indikator der Kundenzufriedenheit (bzw. -unzufriedenheit) wird die Anzahl der monatlich eingehenden Beschwerden und Reklamationen verwendet. Wird dadurch tatsächlich Kundenzufriedenheit gemessen? Ist es nicht so, dass Kunden auch unzufrieden sein können, ohne dass sie sich beschweren, weil sie die Mühe scheuen oder weil die Unzufriedenheit nicht so groß ist, dass man sich artikuliert. Die Maßgröße "Beschwerdezahl" hätte also bei der Messung von Zufriedenheit bzw. Unzufriedenheit geringe Validität.

Zur Reliabilität:

In einer Untersuchung soll festgestellt werden, welche Waschmittelmarke von Konsumenten präferiert wird. Dazu wird gefragt, welches Waschmittel beim letzten Einkauf gekauft wurde. Hier ist (neben der Validität) auch die Reliabilität einer solchen Messung zweifelhaft. Es ist ja durchaus nicht ungewöhnlich, dass man auch mal von seiner "Stamm-Marke" abweicht, weil diese gerade nicht im Handel vorrätig ist oder weil eine andere Marke gerade sehr günstig im Sonderangebot erhältlich ist. Das Ergebnis einer solchen Messung von Präferenzen ist also von derartigen Zufälligkeiten abhängig und könnte bei einer Wiederholung nach einigen Wochen etwas anders aussehen, obwohl sich die Präferenzen gar nicht geändert haben. Die Reliabilität wäre hier eher gering.

Für die - in der Regel schwierige und aufwendige - Entwicklung valider Messinstrumente wird empfohlen, standardisierte - also in mehreren Untersuchungen verwendbare - Messinstrumente in einem systematischen Prozess zu entwickeln. Dabei beginnt man mit der exakten Definition des zu messenden Konstrukts, was oft schon ein Problem ist, und entwirft dann nach einschlägiger Literaturauswertung, Expertengesprächen, eigener Erfahrung etc. ein entsprechendes Messinstrument, das in mehreren aufeinanderfolgenden Tests im Hinblick auf Validität und Reliabilität überprüft und verbessert wird. Am Ende dieses Prozesses steht dann ein standardisiertes und bewährtes Verfahren zur Messung des betreffenden Konstrukts, das in verschiedenen Untersuchungen eingesetzt werden kann, in denen das entsprechende Konstrukt eine Rolle spielt.

Literaturempfehlungen zum 3. Kapitel

BEREKOVEN, LUDWIG / ECKERT, WERNER / ELLENRIEDER, PETER (1996): Marktforschung, 7. Aufl., Wiesbaden.

BÖHLER, HEYMO (1994) Marktforschung, 3. Aufl., Stuttgart.

CHURCHILL, GILBERT (1995): Marketing Research - Methodological Foundations, 6. Aufl., Fort Worth u.a.O.

HAMMANN, PETER / ERICHSON, BERND (2000): Marktforschung, 4. Aufl., Stuttgart.

HERRMANN, ANDREAS / HOMBURG, CHRISTIAN (Hrsg.) (1999): Marktforschung, Wiesbaden.

MEFFERT, HERIBERT (1992): Marketingforschung und Käuferverhalten, 2. Aufl., Wiesbaden.

SUDMAN, SEYMOUR / BLAIR, EDWARD (1998): Marketing Research, Boston u.a.O.

Unsere Business Information Services sichern Ihren Vorsprung

Wer den Markt ständig beobachtet,
kennt seine Risiken und Chancen
und kann deshalb erfolgreich agieren.

Die GfK liefert Business Information Services
für nahezu alle Märkte – weltweit.

GfK AG
Nordwestring 101
D-90319 Nürnberg
Telefon 09 11/395-43 48
www.gfk.de

4. Grundzüge des Käuferverhaltens

4.1 Überblick

Im ersten Kapitel dieses Buches ist verdeutlicht worden, dass die Ausrichtung der Aktivitäten und Angebote von Unternehmen auf Kunden und ihre - mehr oder weniger bewussten - Wünsche ein grundlegendes Kennzeichen des Marketing ist. Deswegen gibt es in Wissenschaft und Praxis intensive Anstrengungen, Käuferverhalten zu verstehen und darauf aufbauend entsprechende Beeinflussungsmöglichkeiten zu entwickeln. Im Kapitel 3 sind einige wesentliche Methoden für entsprechende Untersuchungen skizziert worden. Im vorliegenden Kapitel geht es um wesentliche Konzepte, die das Verhalten von Kunden kennzeichnen. Dabei werden - der in Abschnitt 2.1.2 vorgenommenen Unterscheidung folgend - **Konsumenten** und **organisationale Abnehmer gesondert** behandelt, da sich deren Kaufverhalten wesentlich unterscheidet.

Zunächst (Abschnitt 4.2) geht es um Kaufverhalten von Konsumenten. Im Mittelpunkt steht dabei dessen für das Marketing interessantester Teil, der **Kaufprozess** (Abschnitt 4.2.2), beginnend mit der Entstehung eines **Bedarfs** über die **Kaufentscheidung** (Auswahl eines von mehreren Produkten), die Entwicklung von **Kaufabsichten** und die tatsächliche **Durchführung des Einkaufs** bis zu den relevanten **Nachkaufprozessen**, wie Produktverwendung und Beurteilung des Kaufs (→ Zufriedenheit/Unzufriedenheit). Dieser Kaufprozess findet natürlich nicht im "luftleeren Raum" statt. Er ist vielmehr geprägt durch die Person des jeweiligen Konsumenten. Deswegen werden zunächst (Abschnitt 4.2.1) **"Individuelle Rahmenbedingungen von Kaufprozessen"** erörtert. Hier geht es um das bei den Konsumenten vorhandene (Vor-)Wissen, ihre Ziele, ihre Haltungen zu bestimmten Produkten/Marken (→ Einstellungen), die Wichtigkeit (→ Involvement), die bestimmte Produkte für Konsumenten haben, sowie um demographische und Persönlichkeits-Merkmale. Zur Abrundung wird noch ein sehr kurzer Überblick über sog. **"externe Einflussfaktoren"** gegeben (Abschnitt 4.2.3). Das sind Faktoren, die außerhalb der Person der Konsumentin liegen, aber deren Kaufverhalten - teilweise stark - beeinflussen können. Wesentlich sind hier vor allem ökonomische, soziale und situative Aspekte. Abbildung 4.1 gibt einen Überblick über Kaufprozesse von Konsumenten, die eingebettet sind in die durch die jeweilige Person gegebenen Rahmenbedingungen sowie extern beeinflusst werden.

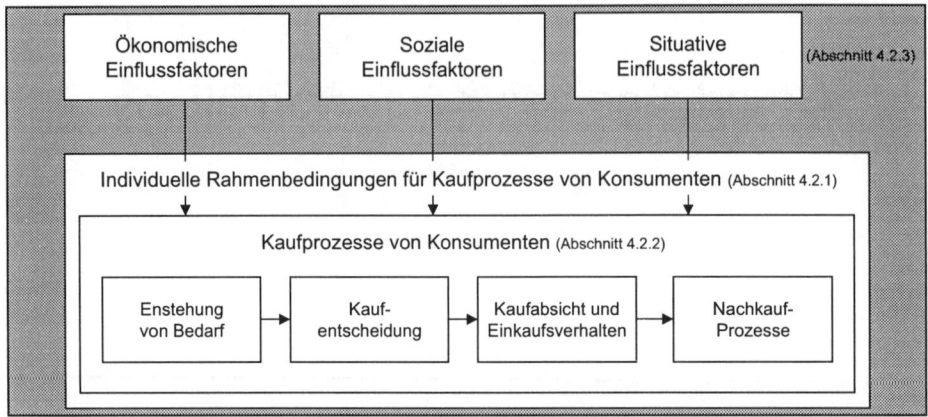

Abbildung 4.1:   Kaufprozesse im Zusammenhang von individuellen Rahmen-
                 bedingungen und externen Einflussfaktoren

Im Abschnitt 2.1.2 sind Wesen und Bedeutung von Konsumgüter- und Business-to-
Business-Marketing umrissen worden. Dementsprechend werden hier auch einige
grundlegende **Besonderheiten organisationalen Kauverhaltens** dargestellt. Dabei wird
es zunächst (Abschnitt 4.3.1) um Spezifika der Arten und Phasen entsprechender
Kaufentscheidungsprozesse gehen. Es folgt in Abschnitt 4.3.2 die Darstellung eines gut
etablierten Konzepts zum Verständnis der hier typischen Mehr-Personen-
Entscheidungen ("Buying-Center"). Abschließend (Abschnitt 4.3.3) erfolgt die Kennzeichnung der beim B-to-B-Marketing besonders häufig auftretenden längerfristigen
Geschäftsbeziehungen.

4.2   Kaufverhalten von Konsumenten

4.2.1   Individuelle Rahmenbedingungen für
           Kaufprozesse

Bevor eine Konsumentin die Auswahl eines Produkts beginnt, ist ihr Verhalten -
unabhängig von der konkret anstehenden Entscheidung - durch bestimmte **individuelle
Vorprägungen** schon wesentlich beeinflusst. Hier wird zunächst an vorhandenes
Wissen gedacht. Jeder Konsument hat bestimmtes Wissen über einzelne Produkte
(Marken) und Auswahlkriterien bei Konsumentscheidungen angesammelt, das vielleicht
weitaus später erfolgende Kaufentscheidungen beeinflussen kann. Das Wissen über
Eigenschaften von Produkten reicht für eine den individuellen Wünschen entsprechende
Kaufentscheidung nicht aus, man braucht vielmehr auch Maßstäbe, die angeben, ob

einzelne Produkteigenschaften größeres oder geringeres Gewicht haben und ob sie positiv oder negativ bewertet werden. Hier spielen u.a. individuelle **Werte** und **Bedürfnisse** eine steuernde Rolle und geben somit dem Kaufverhalten gewissermaßen die Richtung ("Will ich das?", "Gefällt mir das?"). Ein in der Konsumentenforschung sehr gängiger theoretischer Ansatz, das **Einstellungskonzept**, gilt der Verbindung von Wissen über Produkte mit dem, was die jeweilige Konsumentin für sich als positiv oder negativ ansieht. Bei **Einstellungen** geht es also darum, dass aus der Verbindung von Informationen über Merkmale eines Produkts mit der Bewertung dieser Merkmale positive oder negative Einschätzungen des Produkts und entsprechende Verhaltensweisen (z.B. Kauf oder Nicht-Kauf) resultieren.

Die Frage, wie bedeutsam einzelne Käufe hinsichtlich grundlegender Werte und Ziele von Konsumenten sind, hat zentrale Bedeutung für den Ablauf einer Kaufentscheidung, insbesondere für das Ausmaß der damit verbundenen Anstrengungen (z.B. Informationssuche, gründliche Abwägung). Man bezeichnet die **wahrgenommene Wichtigkeit** eines Kaufs bzw. das entsprechende Interesse als **"Involvement"**.

Bei den am Ende dieses Abschnitts angesprochenen Gesichtspunkten **Demographie** und **Persönlichkeit** geht es im Gegensatz zu den bis dahin erörterten ausschließlich auf die Psyche der Konsumenten bezogenen Ausgangsbedingungen des Kaufverhaltens um individuelle Merkmale, die nicht direkt auf Kaufverhalten bezogen und zum großen Teil äußerlich wahrnehmbar sind.

In den meisten Fällen anstehender Kaufentscheidungen ist also durch eigene Produkt-Erfahrungen, Werbung, Warentests, Informationen von Bekannten etc. Wissen bereits vorhanden und gespeichert, das für die anstehende Kaufentscheidung genutzt wird. In einem ganz allgemeinen Sinne wird **"Wissen"** als die Menge von Informationen bezeichnet, die im menschlichen Gedächtnis gespeichert ist und dort ("auf Abruf") zur Verfügung steht. Die Teilmenge dieses umfassendes Wissens, die im Zusammenhang mit Aspekten des Konsums relevant ist, ist das **Konsumenten-Wissen**. Dazu gehören beispielsweise Informationen über Produkteigenschaften, über die Handhabung von Produkten oder über Umweltverträglichkeit und Entsorgung von Produkten. Engel/Blackwell/Miniard (1995, S. 338 ff.) heben drei Arten von Konsumenten-Wissen hervor:

- **Produkt-Wissen**: Bekanntheit und Image von Produktkategorien und Marken, Produkteigenschaften, dazugehörige Begriffe und Einschätzungen, Preise

- **Einkaufs-Wissen**: Einkaufsquellen für Produkte, günstige Einkaufszeitpunkte (z.B. im Hinblick auf Sonderangebote)

- **Verwendungs-Wissen**: Zweck und Gebrauchsweise von Produkten

Beispiele für die unterschiedlichen Arten des **Konsumenten-Wissens**:

- *Produkt-Wissen: Ich brauche einen besonders langlebigen Kühlschrank, welche Marke kommt in Frage? Unsere neue Telefonanlage soll auch in einigen Jahren noch an die technische Entwicklung angepasst werden können, von welchem Anbieter können wir das erwarten?*

- *Einkaufs-Wissen: Ich brauche Weine für ein festliches Menu. Wo bekomme ich gute Beratung und kann die Weine probieren? Zu welcher Jahreszeit kann ich Heizöl preisgünstig bekommen?*

- *Verwendungs-Wissen: Wozu verwende ich Walnuss-Öl? Kann ich in einem Mikrowellenherd Kaffee kochen?*

Für eine (Kauf-)Entscheidung zugunsten eines bevorzugten Produkts bedarf es neben der Information über Produkteigenschaften der Maßstäbe für die Bewertung der verschiedenen Produkteigenschaften. Im Zusammenhang des Konsumentenverhaltens bedeutet das vor allem, dass durch derartige Maßstäbe die Ziele, die man mit dem Kauf eines Produkts verfolgt (z.B. "Ich möchte ein besonders schönes Auto"), bestimmt werden und dass dem der Kaufentscheidung vorangehenden Such- und Auswahlprozess eine **Richtung** gegeben wird.

Besonders allgemeine und grundlegende Ziele von Konsumenten (bzw. allgemein: von Individuen) werden als **Werte** bezeichnet. Silberer (1995, Sp. 2704) versteht in diesem Sinne unter Werten "elementare Vorstellungen bzw. Konzeptionen des Wünschenswerten". Typische Beispiele für derartige Werte sind Sicherheit, Freiheit oder soziale Anerkennung. Peter/Olson (1987, S. 117) stellen einige Kennzeichen von Werten zusammen:

- Werte haben subjektiven Charakter und sind spezifisch für jeden einzelnen Konsumenten.

- Werte sind Endpunkte von kognitiven Prozessen, d.h. sie sind nicht abhängig von übergeordneten Aspekten.

- Werte entstehen normalerweise in einem langfristigen Prozess, vor allem durch Erfahrungen und Sozialisation.

- Werte sind relativ stabil und ändern sich eher langfristig, nur in Ausnahmefällen auch kurzfristig.

- Trotz ihres eher individuellen Charakters können Werte auch geteilt werden. Insbesondere innerhalb einer Kultur findet man diesbezüglich Übereinstimmungen.

Milton Rokeach hat in einer einflussreichen Studie (1973) wichtige und verbreitete
Werte *identifiziert, von denen einige hier genannt seien:*

- *Bequemes Leben*
- *Familiäre Sicherheit*
- *Freiheit*
- *Glücklich sein*
- *Innere Harmonie*
- *Selbstachtung*
- *Soziale Anerkennung*
- *u.a.*

Obwohl sich Werte und deren Wichtigkeit von Individuum zu Individuum typischerweise deutlich unterscheiden, werden sie also doch durch das jeweilige kulturelle und gesellschaftliche Umfeld maßgeblich beeinflusst. So unterscheiden sich christlich oder mohammedanisch geprägte, europäische und nordamerikanische Gesellschaften u.a. hinsichtlich des Stellenwerts von familiären Bindungen und individueller Freiheit. Dementsprechend geht mit der (längerfristigen) Veränderung von Gesellschaften auch eine Veränderung der in diesen Gesellschaften akzeptierten und verbreiteten Werte einher. Dies ist der Hintergrund für das häufig angesprochene Phänomen des **Wertewandels**. Damit ist die langsame Verschiebung des Gewichts / der Bedeutung von Werten im Zeitablauf gemeint, die in einer Gesellschaft breite Gültigkeit haben. So wird für Deutschland allgemein eingeschätzt, dass Werte wie "Pflichterfüllung" oder "Bescheidenheit" gegenüber "Lebensgenuss" und "Selbstverwirklichung" seit den 70er Jahren an Bedeutung verloren haben. Werte gelten unabhängig von spezifischen Situationen oder Anlässen. Sie sind - wie gesagt - im Zeitablauf relativ stabil und werden gewissermaßen als Leitlinien für das jeweilige Verhalten herangezogen.

Dagegen werden **Bedürfnisse** nur bei einer Diskrepanz zwischen einem gegebenen und einem erwünschten Zustand relevant. Beispielsweise entsteht bei vielen Menschen in einer durch zu große Langeweile gekennzeichneten Situation das Bedürfnis nach Unterhaltung. Man bezeichnet als Bedürfnis "das mit dem Streben nach Beseitigung eines Mangels verbundene Gefühl" (Balderjahn 1995, Sp. 180). Es kann hierbei z.B. um ein Bedürfnis nach menschlicher Zuneigung (nicht ökonomisch) oder ein Bedürfnis nach physischer Sättigung (über entsprechende am Markt angebotene Produkte zu befriedigen, also ökonomisch) gehen. Bedürfnisse können von einer großen Vielfalt von Faktoren, die keineswegs unabhängig voneinander wirken, ausgelöst werden. Bei diesen Faktoren kann man eine Unterteilung in externe und interne vornehmen (Assael 1995, S. 83). **Interne** Auslöser von Bedürfnissen sind in der Person des betreffenden Konsumenten begründet. Besonders hervorhebenswert sind hier:

- Persönlichkeitsmerkmale (z.B. Extrovertiertheit, Materialismus),

- bisherige Konsumerfahrung,

- Lebensstil (z.B. Gesundheits- und Freizeitorientierung),

- Ausmaß bisheriger Bedürfnisbefriedigung (als Determinante verbliebener Bedürfnisse),

- Werte als allgemeine und grundlegende Ziele von Konsumenten (s.o.),

- physische Notwendigkeiten (z.B. Hunger, Durst)

Hinsichtlich **externer** Auslöser von Bedürfnissen, also Faktoren, die dem Umfeld des Konsumenten zuzurechnen sind, sind vor allem zu nennen:

- Marketing-Stimuli, also z.B. Werbung oder das Angebot von Produkten, wodurch die Entstehung entsprechender Bedürfnisse beeinflusst wird,

- andere Umwelteinflüsse, wie z.B. klimatische oder räumliche Bedingungen (Entfernung zum Arbeitsplatz, Bedürfnis nach Transportmitteln),

- gesellschaftliche Einflüsse (z.B. Sozialisation, Statussymbole in einer Gesellschaft).

Wenn sich ein Bedürfnis auf Wirtschaftsgüter richtet und wenn ein Bestreben (und die Fähigkeit) vorhanden ist, diese Wirtschaftsgüter zu erwerben, dann spricht man von einem **Bedarf** (Balderjahn 1995). Aus dem allgemeinen Bedürfnis nach Mobilität kann also, wenn dieses auf das Wirtschaftsgut Automobile ausgerichtet wird und der Wunsch besteht, Autos zu erwerben, der Bedarf an Automobilen entstehen.

Zu den seit langem etablierten und am meisten untersuchten Gegenständen der Konsumentenforschung gehört das Einstellungskonzept. Dieses hat auch breite Anwendung in der Praxis gefunden und spielt bei vielen Marketingentscheidungen eine Rolle. Martin Fishbein und Icek Ajzen, die die Einstellungsforschung nicht nur durch das hier zitierte Buch maßgeblich beeinflusst haben, definieren eine **Einstellung** als "eine erlernte Neigung, hinsichtlich eines gegebenen Objekts in einer konsistent positiven oder negativen Weise zu reagieren" (Fishbein/Ajzen 1975, S. 6). Einige Aspekte dieser Definition sollen kurz erläutert werden:

- Einstellungen sind mit einer "Neigung zu reagieren", also mit einer **Verhaltenstendenz**, verbunden. Ihre Bedeutung reicht demzufolge über den rein gedanklichen Bereich hinaus. Sie sind vielmehr (zumindest latent) verhaltenswirksam.

- Das Stichwort "**Konsistenz**" bezieht sich darauf, dass in mehreren gleichartigen Situationen auch gleich reagiert wird (z.B. Bevorzugung ökologischer Produkte bei verschiedenen Käufern) oder dass unterschiedliche Verhaltensweisen miteinander verträglich sind (z.B. Wahl verschiedener Parteien bei aufeinanderfolgenden Wahlen, und zwar jeweils derjenigen, die weibliche Kandidaten aufstellt), und vor allem darauf, dass im Zeitablauf eine relativ stabile Verhaltenstendenz bestehen bleibt.

- Einstellungen sind erlernt. Einstellungen kommen also zustande bzw. werden verändert auf der Grundlage von Erfahrungen und Informationsverarbeitung.

In der Einstellungsforschung dominiert die Vorstellung, dass typischerweise drei Komponenten zusammenwirken: die Gegenstandsbeurteilung (**kognitive Komponente**, "Denken"), die entsprechende subjektive Bewertung (**affektive Komponente**, "Fühlen"), und eine entsprechende Verhaltenstendenz (**Verhaltenskomponente**, "Handeln"). Im Zusammenhang des Käuferverhaltens heißt das, dass beim Konsumenten Wissen über Produkte und ihre Eigenschaften vorhanden ist (oder entsprechende Informationen beschafft werden) und zu Einschätzungen führt (z.B. "Auto X ist besonders sicher"). Diese Einschätzungen werden mit Werten, Bedürfnissen etc. in Verbindung gebracht (z.B. "Sicherheit ist für mich besonders wichtig") und führen dann zu der Einstellung (z.B. "Ich finde Auto X gut, weil es sicher ist und weil Sicherheit für mich wichtig ist"). Daraus resultiert dann die Tendenz, bei einem Autokauf eher die Marke X als eine andere auszuwählen. Abbildung 4.2 zeigt diese Komponenten von Einstellungen.

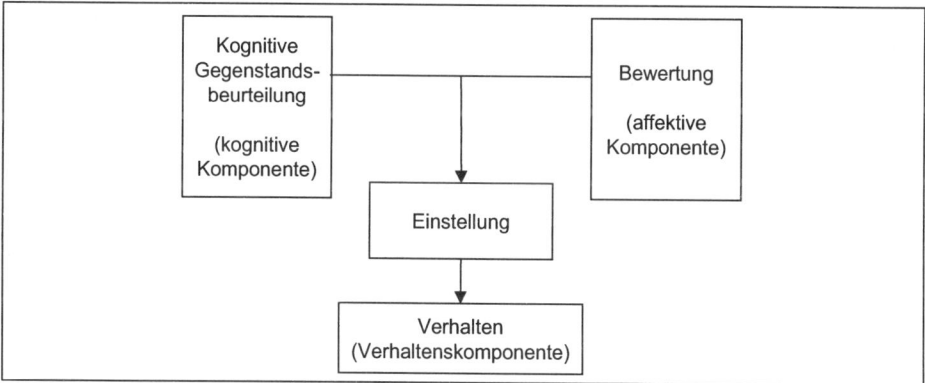

Abbildung 4.2:   Komponenten von Einstellungen

Das vorstehend skizzierte kleine Beispiel leitet zu zwei Gesichtspunkten über, die am Ende der Ausführungen zu Einstellungen kurz angesprochen werden sollen:

- **Relevanz von Einstellungen für das Marketing**

Wenn Einstellungen gewissermaßen "Vorläufer" von (Kauf-)Verhalten sind bzw. sein können, dann kann es z.B. nützlich sein, Einstellungen zu untersuchen, um **Kaufverhalten zu prognostizieren** oder **Einstellungen zwecks Veränderung von Kaufverhalten zu beeinflussen**.

- **Stärke des Zusammenhangs zwischen Einstellungen und Verhalten**

Hinsichtlich der genannten Möglichkeiten für das Marketing ist es wichtig zu wissen, inwieweit Einstellungen tatsächlich ein Indikator für künftiges Verhalten bzw. ein Ansatzpunkt zur Beeinflussung künftigen Verhaltens sein können. Untersuchungen zeigen übereinstimmend, dass ein deutlicher (signifikanter) Zusammenhang zwischen Einstellungen und zukünftigem Verhalten besteht (vgl. z.B. Wilkie 1994, S. 301 ff.). Allerdings handelt es sich nicht um einen deterministischen Zusammenhang, da bestimmte "**Störgrößen**" auftreten können. So muss sich möglicherweise eine positive Einstellung nicht unbedingt in entsprechender Markenwahl niederschlagen, weil positive Einstellungen zu mehreren Marken existieren, von denen eben nur eine gewählt wird. Weiterhin kann der Kauf eines präferierten Produkts verhindert werden, wenn dieses gerade nicht im Handel verfügbar ist. Letztlich seien noch Beschränkungen finanzieller Art erwähnt, die den Kauf eines präferierten Produkts verhindern. Z.B. dürfte es mehr Menschen mit positiver Einstellung zur Marke "Porsche" geben als potenzielle (zahlungskräftige) Käufer.

Mit der vorliegenden Einordnung von Einstellungen bei den individuellen Rahmenbedingungen für einen Kaufprozess wird davon ausgegangen, dass Einstellungen oftmals bereits gebildet sind, wenn ein Kaufprozess beginnt. Das wird sicher in vielen - wahrscheinlich sogar in den meisten - Fällen zutreffen. So haben Konsumenten eben häufig Einstellungen zu Marken wie BMW oder SONY schon lange bevor sie einen entsprechenden Kauf tätigen. Es gibt aber auch Fälle, in denen **Einstellungen erst im Zusammenhang mit der Kaufentscheidung gebildet** oder wesentlich verändert werden, insbesondere bei extensiven Kaufentscheidungen (siehe Abschnitt 4.2.2.3).

Während es bei Einstellungen vor allem um die Art der Beziehungen (positiv/negativ) von Konsumenten zu Produkten geht, steht bei der Betrachtung von **Involvement** die **Stärke der Beziehung,** z.B. zu einer Produktart, also deren **Wichtigkeit** für den Konsumenten, im Mittelpunkt des Interesses. Das noch näher zu charakterisierende Involvement hat weitreichende Auswirkungen auf den Ablauf von (Kauf-) Entscheidungsprozessen, insbesondere auf die Intensität der damit verbundenen Anstrengungen. Abbildung 4.3 illustriert diesen Unterschied.

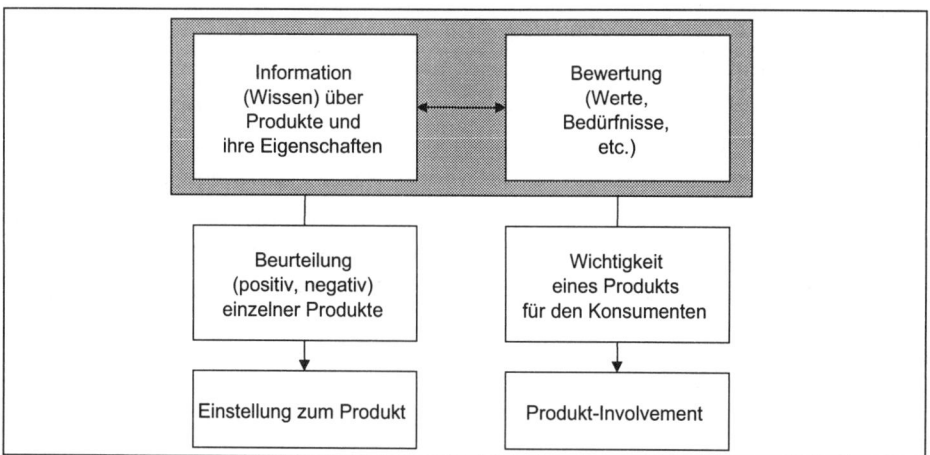

Abbildung 4.3:   Unterschiede zwischen Einstellungs- und Involvement-
                  Konzept

Das **Involvement**-Konzept wurde im Bereich der Werbeforschung eingeführt und hat
sich inzwischen zu einem der **bedeutendsten Erklärungsansätze der Konsumentenforschung** entwickelt. Ausgangspunkt war ein Aufsatz von Krugman (1965) zur
Wirkung von Fernsehwerbung. In den siebziger und achtziger Jahren sind dann Theorie
und Messmethoden weiter entwickelt worden (vgl. z.B. Zaichkowsky 1985). Nicht
zuletzt wurde eine Ausweitung von Anwendungen des Grundgedankens des Involve-
ment-Ansatzes über den Bereich der Werbeforschung hinaus vorgenommen. Dieser
Grundgedanke besteht darin, dass die Art der Informationsverarbeitung wesentlich von
der Relevanz für den Konsumenten abhängt.

Nun also zur genaueren Kennzeichnung von Involvement. In der Literatur sind vor
allem die **Definitionen** von Antil und von Zaichkowsky einflussreich gewesen. Antil
(1984, S. 204) definiert folgendermaßen: "Involvement ist der Grad wahrgenommener
persönlicher Wichtigkeit und/oder persönlichen Interesses, der durch einen Reiz (oder
Reize) in einer bestimmten Situation hervorgerufen wird." Zaichkowsky (1985, S. 342)
bezieht die Ursachen für unterschiedliches Involvement ein und definiert dieses als "die
von einer Person wahrgenommene Relevanz eines Objekts basierend auf inneren
Bedürfnissen, Werten und Interessen". Insbesondere Unterschiede des Involvements
bezüglich verschiedener Produkte bzw. Produktgruppen haben starke Beachtung
gefunden. Daneben wird das Involvement gegenüber Werbemitteln und Medien zur
Erklärung von Kommunikationswirkungen herangezogen. Beim **Produkt-Involvement**
geht es also um die wahrgenommene persönliche Relevanz eines Produkts, die durch
Bedürfnisse und Werte der betreffenden Person bestimmt ist. Bei entsprechenden
Käufen unterscheidet man (grob) High- und Low-Involvement-Käufe. **High-
Involvement-Käufe** sind also Käufe, die für den jeweiligen Konsumenten relativ große

Bedeutung haben. Diese Bedeutung kann z.B. aus dem hohen Preis, starken Beziehungen zwischen dem Produkt und dem eigenen Lebensstil (z.B. Sport-Geräte, Bekleidung) oder aus der Beachtung des Produkts durch Bezugsgruppen (Freunde, Nachbarn, Kollegen etc.) resultieren. Unter dieser Voraussetzung neigen Konsumenten eher zu besonderen Anstrengungen bei der Informationssuche und -verarbeitung vor der Kaufentscheidung. Dagegen haben **Low-Involvement-Käufe** für die Konsumentin geringe Bedeutung. Die verschiedenen Produkte erscheinen als ähnlich und das Risiko, das "falsche" Produkt zu wählen, ist gering. Besondere Anstrengungen bei der Kaufentscheidung lohnen sich also nicht (vgl. Assael 1995, S. 19f.).

Typische Beispiele für Produkte, deren Kauf meist mit **hohem Involvement** verbunden ist, sind

- Automobile
- Eigenheime
- Hobby-Artikel (z.B. Golfschläger) oder
- Urlaubsreisen.

Dagegen findet man meist **geringes Involvement**, wenn Konsumenten z.B.

- Glühlampen,
- Haushaltsreiniger,
- Mehl oder
- Dosentomaten

kaufen, wobei sich in Einzelfällen natürlich auch Abweichungen davon ergeben können. Vielfach wird Involvement auch durch **situative Faktoren** beeinflusst, das Produkt-Involvement vor allem durch die Kaufsituation und den Verwendungszweck bei dem betreffenden Produkt, das Involvement gegenüber Werbebotschaften hauptsächlich durch die Kommunikationssituation (z.B. Ablenkung beim Kontakt zur Botschaft). So zeigt Zaichkowsky (1985, S. 348), dass Konsumenten beim Kauf von Wein ein deutlich höheres Involvement erkennen lassen, wenn sie diesen für eine Dinner-Party und nicht für den eigenen (alltäglichen) Verbrauch einkaufen. Die mit einer kulinarisch gelungenen Party angesprochenen Werte (soziale Akzeptanz u.ä.) haben offenbar größeres Gewicht als der beim eigenen Konsum relevante Aspekt des individuellen Genusses.

Als letzte individuelle Rahmenbedingungen seien noch demographische Merkmale und Persönlichkeit von Konsumenten kurz charakterisiert. Zur **Demographie** gehören gewissermaßen offenkundige Merkmale von Konsumenten, wie z.B. Alter oder Geschlecht. Im Zusammenhang mit der Diskussion des Einflusses der **Persönlichkeit** auf Konsumentenverhalten werden einige psychische Variablen angesprochen, die bestimmte dauerhafte und konsistente Verhaltensmuster zur Folge haben.

Den Hintergrund für viele wesentliche Veränderungen von Marktverhältnissen, die den langfristigen Erfolg bestimmter Marken und ganzer Produktkategorien nachhaltig beeinflussen können, bildet die demographische Entwicklung. Diese bestimmt zum einen die **Größe und das Wachstum von Märkten und Marktsegmenten** (z.B. Kinderkleidung, Senioren-Reisen). Zum anderen gelten demographische Merkmale auch als **Indikatoren für spezifische Prägungen, Rollen und Verhaltensweisen.** So galt beispielsweise das Geschlecht über lange Zeit als Indikator für die Rolle, die jemand in Familie und Gesellschaft innehat. Im Hinblick auf die Relevanz bestimmter demographischer Merkmale für das Marketing stellen sich vor allem zwei Fragen:

- Kommt jemand aufgrund seines Alters, Geschlechts etc. überhaupt als Käufer in Frage?

- Beeinflussen diese Merkmale Entscheidungsverhalten und -kriterien?

Die gängigsten **demographischen Merkmale** sind
- Alter,
- Geschlecht,
- Einkommen,
- Beruf bzw. Ausbildung und
- Familienstand (einschließlich Familienzusammensetzung)

des Konsumenten. Daneben werden oftmals regionale Merkmale erfasst, z.B. der Gesichtspunkt, ob jemand in einer ländlichen Region oder in einer Großstadt wohnt.

Der Begriff **Persönlichkeit** wird nicht zuletzt in der Umgangssprache sehr häufig verwendet, ohne dass dafür immer ein klar abgegrenzter Bedeutungsinhalt festgelegt ist. Entsprechend uneinheitlich sind die im wissenschaftlichen Bereich gegebenen **Definitionen.** Immerhin besteht weitgehend Einigkeit darüber, dass sich die Persönlichkeit auf eine gewisse Konsistenz von Verhaltensweisen und Reaktionen bezieht, die über längere Lebensphasen erhalten bleibt. Der zentrale Aspekt des Begriffs Persönlichkeit besteht also in der **längerfristig stabilen Art der Reaktion** auf die Umwelt des Individuums. Diese ist begründet durch dauerhafte Merkmale der Psyche einer Person. Die spezifischen Ausprägungen einer Persönlichkeit werden maßgeblich bestimmt durch angeborene Eigenschaften, Erziehung und Sozialisation. Als Persönlichkeitsmerkmale, die sich auf Konsumentenverhalten auswirken, sind vor allem Materialismus, Risikofreude, Innovationsorientierung, Bedürfnis nach kognitiver Aktivität und Intro- bzw. Extrovertiertheit zu nennen.

4.2.2   Kaufprozesse von Konsumenten

4.2.2.1   Einführung

Im Abschnitt 4.1 ist schon angedeutet worden, dass Kaufprozesse (hier von Konsumenten) im Mittelpunkt des Interesses von Seiten des Marketing stehen, weil ein großer Teil der Marketingaktivitäten eben darauf ausgerichtet ist, diese Prozesse zugunsten des eigenen Angebots zu beeinflussen. Einige wichtige Gesichtspunkte, die den Kaufprozess bestimmen, sind im vorigen Abschnitt dargestellt worden. Abbildung 4.1 hat einen Überblick über Ablauf und Einflussfaktoren eines Kaufprozesses gegeben. Als Kaufprozess wird hier der gesamte Ablauf von der Entstehung eines bestimmten Bedarfs (z.B. Ersatz eines nicht mehr funktionsfähigen Kühlschranks) über die verschiedenen Arten von Entscheidungsprozessen mit Informationsaufnahme und -verarbeitung, die Auswahl eines Produkts (Kaufabsicht), das Einkaufsverhalten, die Nutzung und (spätere) Entsorgung des Produkts einschließlich des Zuwachses an Produkt-Erfahrungen, der beim Konsumenten entsteht, verstanden. Dementsprechend ist der vorliegende Abschnitt gegliedert. Er beginnt mit Überlegungen zur Entstehung von Bedarf und endet mit Nachkaufprozessen. Im Zusammenhang mit letzteren wird vor allem auch die für die Praxis bedeutsame Fragestellung der Entstehung von Kundenzufriedenheit und Kundenbindung beachtet.

Nun sind Kaufprozesse, einschließlich der **Kaufentscheidungsprozesse**, sehr heterogen. Der fast automatisch und schnell ablaufende Kauf eines Schokoriegels unterscheidet sich eben stark von dem sorgfältig abgewogenen und lange vorbereiteten Kauf eines Eigenheims. Deswegen müssen im vorliegenden Abschnitt auch bestimmte Typen von Kaufentscheidungen identifiziert werden, damit Aussagen über Kaufprozesse entsprechend differenziert werden können. Hier wird als **Kaufentscheidung** die Auswahl eines von mehreren vergleichbaren Angeboten von Sachgütern, Dienstleistungen, Rechten oder Vermögenswerten zum freiwilligen Austausch gegen Geld bezeichnet. Gegenüber den allgemeineren Überlegungen zu Austauschprozessen (siehe Abschnitt 2.3) wird hier also eine deutliche - für das kommerzielle Marketing zweckmäßige - Einschränkung vorgenommen.

4.2.2.2   Entstehung von Bedarf

Wie kann man sich nun den Beginn eines Kaufprozesses durch einen **Kaufanlass** bzw. die Entstehung eines Bedarfs vorstellen? Dazu wird an die im vorigen Abschnitt skizzierte Darstellung von Bedürfnissen und Bedarf angeknüpft. Solomon (1996, S. 271 f.) ordnet die für Bedürfnisse und Bedarf charakteristischen Unterschiede zwischen erwünschtem und tatsächlichem Zustand zwei verschiedenen Kategorien zu:

- **Entstehung eines Mangels**, d.h. der bisherige Zustand hat sich zum Negativen verändert und es ist ein Unterschied zwischen erwünschtem Zustand entstanden. Ein klassisches Beispiel für so entstehenden Bedarf ist der leere Tank bei einem Auto.

- **Neue Möglichkeiten**, d.h. der erwünschte ideale Zustand hat sich durch neue Produkte o.ä. verändert und damit vom tatsächlichen Zustand entfernt. Beispielsweise entsteht bei Konsumenten, die mit ihrem Fernsehgerät völlig zufrieden sind, das Bedürfnis nach einem neuen Gerät, wenn neue Technologien (z.B. Stereo, 16:9-Format) angeboten werden. Abbildung 4.4 illustriert die vorstehend genannten Möglichkeiten.

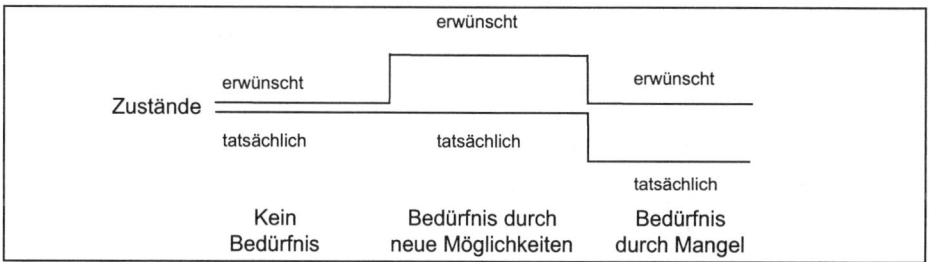

Abbildung 4.4:   Entstehung von Bedürfnissen durch Veränderung von erwünschten oder tatsächlichen Zuständen

Quelle: nach Solomon 1999, S. 273

Die typischen Kaufanlässe wie Ersatzbedarf, Unzufriedenheit mit vorhandenen Produkten, Änderungen der Rahmenbedingungen (z.B. neue Wohnung), Einfluss von Bezugsgruppen oder neuartige Angebote lassen sich den beiden vorstehend gekennzeichneten Kategorien der Bedürfnisentstehung zuordnen. Weiterhin spielt es eine Rolle, dass der Unterschied zwischen erwünschtem und tatsächlichem Zustand ein gewisses Ausmaß haben muss (oberhalb einer bestimmten "Schwelle" liegen muss) damit ein Bedürfnis überhaupt wahrgenommen wird. So führt eben - wie jeder leicht nachvollziehen kann - nicht jedes noch so geringe Hungergefühl gleich zum Streben nach Nahrung. Wenn ein ausgeprägtes Bedürfnis gegeben ist, dann wird ein Austausch (siehe Abschnitt 2.3) bzw. ein Kauf angestrebt, um dieses Bedürfnis zu befriedigen.

4.2.2.3   Kaufentscheidungen

Kaufentscheidungen laufen - wie schon angedeutet, wurde - höchst unterschiedlich ab; sie können Sekunden (Kauf von Erfrischungsgetränken) oder Wochen (Kauf eines Autos) dauern; sie können fast automatisch (morgendlicher Kauf einer Zeitung) oder nach sorgfältiger Abwägung (Buchung einer Urlaubsreise) erfolgen. Um diesen großen Unterschieden wenigstens annähernd gerecht zu werden, hat man in der Konsumentenforschung bestimmte **Grundtypen von Kaufentscheidungen** (extensiv, limitiert, habitualisiert) identifiziert, die nachstehend erläutert werden. Diese Typologie geht auf George Katona (1960) und John Howard/Jagdish Sheth (1969) zurück.

Die Art von Kaufentscheidungen, die der in der ökonomischen Theorie noch verbreiteten Vorstellung rationalen Verhaltens auf der Basis umfassender Informationen mit dem Ziel der Nutzenmaximierung am ehesten entspricht, sind die sog. **extensiven Kaufentscheidungen**. Diese treten nur recht selten, insbesondere bei neuartigen und/oder besonders wichtigen ($\rightarrow$ High Involvement, siehe Abschnitt 4.2.1) Entscheidungen auf. Es handelt sich um zum großen Teil bewusst ablaufende Entscheidungsprozesse mit umfassender Informationsverarbeitung. Allerdings werden dabei durch die Begrenzungen der menschlichen Informationsverarbeitungskapazität Schranken gesetzt. Typisch für extensive Kaufentscheidungen ist deshalb die Anwendung vereinfachender **Wahlheuristiken**. Aus der Vielzahl solcher Heuristiken (vgl. dazu Kuß/Tomczak 2000, S. 119 ff.) seien hier nur zwei typische Beispiele kurz vorgestellt.

-   Bei der **linear kompensatorischen Heuristik** werden alle zur Auswahl stehenden Alternativen einzeln hinsichtlich der relevanten Eigenschaften bewertet. Die Einzelbewertungen werden dann additiv zu einem Gesamturteil über eine Alternative verknüpft. Die Alternative, der dabei der höchste Wert zugeordnet wird, gilt als die beste und wird präferiert.

Ein Beispiel zu einer linear kompensatorischen Entscheidungsheuristik

Die Überlegungen eines Konsumenten bei der Auswahl einer Pauschalreise nach Mallorca könnten folgendermaßen ablaufen:
"Jetzt sehe ich mir mal das erste Angebot an. Die bieten ein sehr komfortables Hotel in unmittelbarer Strandnähe, dafür hat das Hotel keinen Swimmingpool. Strandnähe und Komfort sind mir sehr wichtig, einen Swimmingpool würde ich sowieso kaum benutzen. Also finde ich dieses Angebot ziemlich gut. Beim zweiten Angebot liegt das Hotel ziemlich weit vom Strand entfernt und hat nur mittleren Komfort, dafür ist aber ein Swimmingpool vorhanden. Insgesamt ist das zweite Angebot für mich wohl nicht so attraktiv wie das erste. Ich würde bei diesen beiden das erste bevorzugen, obwohl dessen Preis etwa DM 170,-- höher liegt und schaue mir jetzt noch das dritte Angebot an..."

-   Bei der **sequenziellen Elimination** geht man davon aus, dass der Konsument hinsichtlich jeder relevanten Eigenschaft bestimmte Minimal-Niveaus festlegt. Zunächst findet ein Vergleich hinsichtlich einer Eigenschaft statt, bei dem alle Alternativen, die der entsprechenden Anforderung nicht gerecht werden, aussortiert wer-

den. Die verbleibenden Alternativen werden dann bezüglich einer anderen Eigenschaft beurteilt und gegebenenfalls aussortiert usw.

Ein Beispiel zur sequenziellen Elimination

*Die Überlegungen einer Konsumentin bei der Auswahl einer Pauschalreise nach
Mallorca könnten auch folgendermaßen ablaufen:*

*"Hier werden insgesamt zehn Mallorca-Reisen angeboten. Ich sehe erst mal nach dem
Preis. Alles, was über DM 1.500,-- kostet, kommt sowieso nicht in Frage. Jetzt bleiben
also noch sechs Reisen für weniger als DM 1.500,-- übrig. Wichtig ist auch noch, dass
das Hotel einen Swimmingpool hat. Das ist nur bei zwei der verbliebenen Angebote
der Fall. Alle anderen kommen nicht in Frage und ich sehe mir diese beiden Angebote
jetzt mal genauer an."*

Durch die beiden vorstehenden Beispiele wird erkennbar, worauf sich die Unterscheidung in **kompensatorische** und **nicht-kompensatorische Heuristiken** bezieht. Im
ersten Beispiel konnte der Nachteil des höheren Preises durch bessere Eigenschaften des
Reise-Angebots ausgeglichen (kompensiert) werden. Im zweiten Beispiel konnte der
Nachteil einzelner Angebote, dass sie über DM 1.500,-- kosten, nicht kompensiert
werden, da diese sofort aus dem Entscheidungsprozess ausgeschlossen wurden.

Als **limitierte Kaufentscheidungen** werden nach Howard/Sheth (1969) die Entscheidungen bezeichnet, bei denen schon Erfahrungen aus früheren Käufen innerhalb der
gleichen Produktgruppe vorliegen, aus denen wiederum mehr oder minder festgefügte
Entscheidungskriterien resultieren. In der Kaufsituation müssen diese dann eben nicht
mehr entwickelt (höchstens modifiziert) werden, sondern lediglich eine Auswahl aus
den zur Verfügung stehenden Alternativen getroffen werden.

Habitualisiertes Kaufverhalten bzw. **Kaufgewohnheiten** entstehen vor allem durch
die Sammlung positiver Erfahrungen mit bisher schon verwendeten Produkten. Wenn
sich ein früher gekauftes Produkt bewährt hat, warum sollte man dann Informationen
über andere Produkte suchen, nachdenken, Präferenzen entwickeln? Es lässt sich sogar
vermuten, dass der Konsument nur dadurch, dass ein Großteil der Kaufentscheidungen
habitualisiert vollzogen wird, die Zeit und Energie gewinnt, um wenigstens bei besonders wichtigen oder neuartigen Käufen extensive Entscheidungsprozesse durchführen zu
können. Weiterhin spielt die **Verminderung des** mit Käufen verbundenen **Risikos**
durch wiederholten Kauf zufriedenstellender Produkte eine Rolle.

Zwei zentrale Aspekte kennzeichnen also habitualisiertes (Wiederholungs-) Kaufverhalten:

- **Wenig Informationssuche vor dem Kauf**, weil kaum noch eine Abwägung zwischen verschiedenen Produkten stattfindet, und daraus resultierende geringe Entscheidungszeit

- Vereinfachung von Kaufentscheidungen und Verminderung von Risiken durch **wiederholten Kauf "bewährter" Produkte**

Der geringe Umfang von Informationssuche und sonstigen Anstrengungen bei **habitualisierten Käufen** *wird durch die Ergebnisse einer empirischen Untersuchung von Wayne Hoyer (1984) zum Einkauf von Waschmitteln, der eben häufig habitualisiert ist, illustriert. In der Studie sind Konsumenten beim Einkauf im Supermarkt beobachtet worden. Es ergeben sich unter anderem folgende Ergebnisse beim Waschmittelkauf:*

- *Durchschnittliche Dauer des Einkaufsvorgangs: 13 Sekunden. Anzahl betrachteter Packungen (→ Vergleich): 72 % der Konsumenten betrachten nur eine Pakkung, 18 % zwei Packungen und nur der verbleibende Rest mehr als zwei Pakkungen*

- *Aufschriften am Regal (Preise etc.) wurden von 89 % der Käufer gar nicht beachtet. 8 % betrachteten immerhin eine der Aufschriften.*

Man kann sich die Entwicklung von extensiven Entscheidungen über limitierte Entscheidungen zu habituellem Verhalten als einen **Prozess** vorstellen, der durch zunehmende Erfahrung und damit verbundene Vereinfachung des Entscheidungsproblems gekennzeichnet ist. Am Anfang steht (bei "neuen" Entscheidungen) extensives Entscheidungsverhalten mit umfassenden, zum großen Teil bewusst ablaufenden Problemlösungsprozessen. Wenn schon Entscheidungskriterien entwickelt sind, dann genügt bei limitierten Entscheidungen eine geringere Informationsmenge, um eine Auswahl zu treffen. Bei stark ausgeprägtem habituellen Verhalten genügt oft die Wiedererkennung der bisher gekauften Marke für eine Kaufentscheidung.

Nicht selten tätigen Konsumenten auch sogenannte **Impulskäufe**. Die Bezeichnung deutet schon an, dass diese ganz spontan mit sehr geringer gedanklicher Kontrolle erfolgen. Auslöser dafür ist eine intensive Reizsituation, beispielsweise durch eine besondere Produktpräsentation. Rook (1987) hat in einer einflussreichen Untersuchung die Merkmale von Impulskäufen etwas konkretisiert:

- Kauf-Impulse entstehen unerwartet und schnell.

- Kauf-Impulse haben starke Wirkung in Richtung auf sofortiges (entsprechendes) Verhalten.

- Das Produkt und seine Präsentation zieht die Aufmerksamkeit des Konsumenten auf sich und bestimmt sein Verhalten.

- Der Impuls zu sofortigem Kauf überlagert Bedenken hinsichtlich möglicher negativer Konsequenzen (finanzielle Belastung, Produktmängel) des Kaufs.

*Die Charakterisierung von **Impulskäufen** lässt sich an Hand der Ergebnisse einer Untersuchung von Rook (1987) illustrieren, bei der insgesamt 133 Auskunftspersonen nach Impulskäufen befragt wurden. Einige charakteristische Antworten seien im Folgenden zitiert (Quelle: Rook 1987, S. 193 ff.):*

"Ich sah die Eiscreme und wollte sofort welche."

"Es wird fast zur Zwangsvorstellung. Ich versuche es zu bekommen. Irgendwie kann ich nicht warten."

"Die Hose schrie mir zu: Kauf mich."

"Ich stand in der Schlange an der Supermarkt-Kasse und der Schoko-Riegel starrte mich an."

"Ich habe das Gefühl, etwas zu tun, was ich nicht tun sollte. Aber ich mach' es trotzdem."

"Zum Teufel mit allen anderen Dingen. Ich will es und ich werde es bekommen."

Das wohl wichtigste durchgehende Unterscheidungskriterium für die vorstehend kurz erläuterten Typen von Kaufentscheidungen ist das Ausmaß der **gedanklichen Steuerung** dieser Entscheidungen. Dieser Gesichtspunkt wird durch Abbildung 4.5 illustriert.

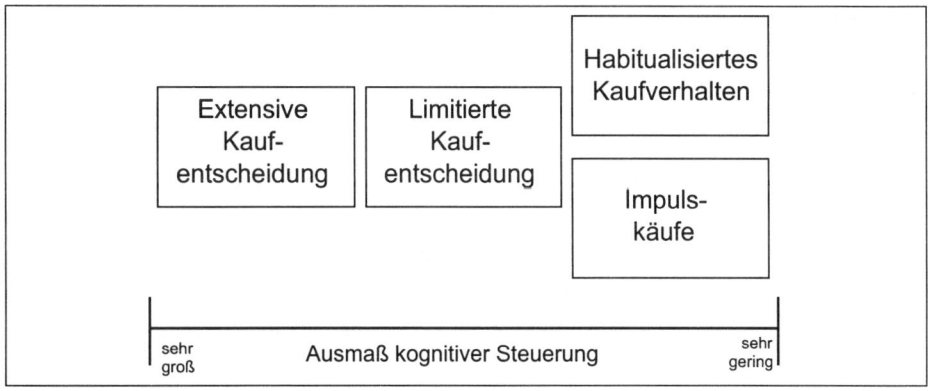

Abbildung 4.5:   Ausmaß gedanklicher Steuerung bei unterschiedlichen Typen von Kaufentscheidungen

Als letzter Gesichtspunkt im Zusammenhang mit Kaufentscheidungen sei auf eine **informationsökonomisch ausgerichtete Typologie** hingewiesen. Dieser Ansatz ist im Marketing-Bereich seit den 90er Jahren stark beachtet worden und basiert auf etwas älteren Konzepten aus der volkswirtschaftlichen Theorie. Er hat auch Implikationen für die Praxis, auf die am Ende kurz eingegangen wird. Ausgangspunkt der Überlegungen ist hier eine Unterscheidung von **Arten der Produktqualität**, die von Nelson (1970) stammt und von Darby/Karni (1973) später erweitert wurde.

Nelson (1970) hat die Unterscheidung in "Suchgüter" und "Erfahrungsgüter" eingeführt. Kennzeichnend für **Suchgüter** ist die Möglichkeit, deren Qualität vor dem Kauf zu überprüfen. Als Beispiel nennt Nelson den Kauf von Kleidungsstücken, wobei es in aller Regel mit vertretbarem Aufwand möglich ist, deren Materialqualität, Passform etc. einzuschätzen. Bei Backhaus (1992) wird diese Güterart auch als "Inspektionsgüter" bezeichnet, weil ihre Qualität vor der Kaufentscheidung inspiziert werden kann. **Erfahrungsgüter** sind dadurch charakterisiert, dass ihre Qualität vor dem Kauf nur schwer beurteilt werden kann, sondern eher durch die Erfahrung, die man bei der Verwendung des Produkts macht, oder dass es sich nicht lohnt (z.B. bei geringwertigen Produkten), vor dem Kauf hinreichende Informationen über die Produktqualität einzuholen. Nelson (1970) nennt als Beispiel dafür den Kauf von Thunfischdosen, wobei ja die Qualitätsbeurteilung vor dem Kauf wahrlich nicht einfach ist. Hier sei es üblich und ökonomisch zweckmäßig, mehrere Sorten auszuprobieren und sich danach für eine bei späteren Käufen zu präferierende zu entscheiden. Auch Urlaubsreisen sind in erster Linie Erfahrungsgüter, weil man erst nach dem Kauf (Buchung) am Urlaubsort merkt, wie gut die Qualität ist.

Darby/Karni (1973) haben der vorstehend skizzierten Unterteilung eine dritte Kategorie hinzugefügt, die **Vertrauensgüter**. Deren Hauptmerkmal ist es, dass wesentliche Elemente ihrer Qualität weder vor noch nach dem Kauf zu vertretbaren Informationskosten beurteilt werden können. Kaas (1990) nennt als Beispiel dafür "biodynamisch" angebautes Obst und Gemüse, wobei der Käufer normalerweise darauf angewiesen ist, den Angaben des Verkäufers zu vertrauen.

Typisch für real existierende Produkte dürften **Überschneidungen** der drei genannten Qualitätsarten sein. So steht beim Beispiel "biodynamisches Gemüse" wohl die Vertrauensqualität im Vordergrund, die Frische des Gemüses lässt sich aber häufig anhand seines Aussehens vor dem Kauf (Inspektionsqualität) und seines Geschmacks spätestens beim Verzehr (Erfahrungsqualität) beurteilen. Auch beim Inspektionsgut Kleidung können bestimmte Erfahrungen (Haltbarkeit, Waschbarkeit etc.) erst nach dem Kauf gemacht werden.

In einer umfassenden empirischen Untersuchung haben Weiber/Adler (1995) typische Beispiele von Produkten identifiziert, deren Kauf als Such-, Erfahrungs- oder Vertrauenskauf wahrgenommen wird. Als Beispiele seien hier genannt:

- für **Suchkäufe**: Schuhe, Lebensmittel, Fernseher

- für **Erfahrungskäufe**: Friseurbesuch, Abenteuerurlaub, Restaurantbesuch

- für **Vertrauenskäufe**: Arztbesuch, Rechtsberatung, Medikamente

Aus den Spezifika der drei Arten von Produkteigenschaften lassen sich direkt Ansatzpunkte für entsprechende Marketingstrategien ableiten (vgl. Adler 1998). Bei Suchkäu-
fen steht die **leistungsbezogene Informationssuche** im Vordergrund. Der Kunde
braucht also Möglichkeiten zum Anprobieren, zu Probefahrten, zu Kostproben etc. Bei
Erfahrungskäufen sollte man die entstehenden Unsicherheiten durch **leistungsbezogene
Informationssubstitute** (z.B. Garantien, Möglichkeiten zur Rückgabe des Produktes)
reduzieren. Hinsichtlich der Vertrauenskäufe, wenn man also die Qualität des Produkts
weder vor noch nach dem Kauf beurteilen kann, spielen **leistungsübergreifende
Informationssubstitute** (z.B. Reputation des Anbieters, Referenzen, Marke) die
wesentliche Rolle.

Der Umfang der Erörterung von Kaufentscheidungen lässt schon erkennen, dass diese
für Wissenschaft und Praxis große Bedeutung haben. Die Behandlung der verbleibenden
beiden Schritte des Kaufprozesses, Kaufabsichten/ Einkaufsverhalten und Nachkaufpro-
zesse, wird dagegen deutlich weniger Raum einnehmen.

4.2.2.4   Kaufabsichten und Einkaufsstättenwahl

Zwischen der Kaufentscheidung und der Realisierung eines entsprechenden Kaufs kann
einige Zeit vergehen. Das mag z.B. daran liegen, dass jemand sich zwar für ein bestimmtes Produkt entscheidet, aber erst einige Tage später zu Geschäften fährt, wo das
Produkt angeboten wird, oder dass nach der Auswahl eines Produkts noch die Finanzierung des Kaufs (z.B. beim Auto-Kauf) gesichert werden muss. Wenn die Entscheidung
für ein Produkt gefallen ist, aber diese Entscheidung noch nicht realisiert ist, dann
besteht bei dem betreffenden Konsumenten eine **Kaufabsicht**. Howard (1994, S. 41)
definiert eine Kaufabsicht als "geistigen Zustand, der den **Plan** eines Kunden reflektiert,
eine festgelegte Menge einer bestimmten Marke in einem festgelegten Zeitraum zu
kaufen." Dem gemäß könnte eine Kaufabsicht beispielsweise so formuliert sein:
"Morgen werde ich zwei Pakete Jacobs-Kaffee kaufen." Man kann unterschiedlicher
Meinung sein, ob für eine Kaufabsicht die Festlegung auf eine bestimmte Marke
notwendig ist. Gelegentlich kann es vorkommen, dass man sich auf eine geringe Zahl
von Marken festlegt und die letztendliche Entscheidung erst im Geschäft trifft (z.B. nach
Maßgabe verfügbarer Produkte oder anhand des Preises). Für manche Problemstellun-
gen ist die Markenwahl auch unbedeutend und es steht vielmehr die Frage im Vordergrund, ob überhaupt eine bestimmte Produktart (z.B. ein Auto) gekauft werden soll.

Bei vielen anwendungsorientierten Fragestellungen ist es wichtig zu wissen, wie stark
der **Zusammenhang** zwischen **Kaufabsichten** und **tatsächlichen Käufen** ist. Assael
(1995, S. 288 f.) gibt einen Überblick über Ergebnisse entsprechender Studien. Danach
zeigte sich, dass die Messung von Kaufabsichten nur bedingt zur Prognose von Kauf-

verhalten geeignet ist, da einerseits ein Teil von Kaufabsichten nicht realisiert wird und andererseits ein erheblicher Anteil von Käufen ohne vorherige Kaufabsicht getätigt wird. Das heißt natürlich nicht, dass **Kaufabsichten** kein brauchbarer - allerdings selbstverständlich fehlerbehafteter - **Indikator für zukünftiges individuelles Kaufverhalten** sind. Je besser die Korrespondenz zwischen der Messung der Absichten (z.B. bezogen auf eine bestimmte Marke) und dem Verhalten (z.B. Kauf dieser Marke) und je geringer der zeitliche Abstand zwischen Absichtsmessung und Verhalten ist, desto besser sind Kaufabsichten als Indikator für Kaufverhalten geeignet (vgl. Engel/Blackwell/Miniard 1995, S. 393 f.). Unabhängig davon können z.B. Veränderungen von Bedürfnissen, Veränderung der äußeren (z.B. finanziellen) Umstände oder neue Informationen über Produkte (z.B. hinsichtlich gesundheitlicher Gefährdungen) dazu führen, dass Kaufabsichten später nicht realisiert werden.

Mit der Realisierung einer Kaufabsicht ist typischerweise die **Wahl einer** entsprechenden **Einkaufsstätte** verbunden. Allerdings erlebt man schon seit Beginn der 90er Jahre einen Trend zu Formen des Einkaufs, die nicht an den Besuch von Ladengeschäften gebunden sind. So haben sich über den traditionellen Versandhandel hinaus der Verkauf per Telefon und der TV-Verkauf (Bestellung nach Präsentation von Produkten im Werbe-Fernsehen) stark entwickelt. Seit Ende der 90er Jahre zeigte sich - zumindest in einigen Branchen (z.B. bei Büchern) - ein starkes Wachstum (verbunden mit entsprechenden Zukunftserwartungen) beim Einkauf über das **Internet**.

Welches sind nun **Einflussfaktoren**, die die Einkaufstättenwahl bestimmen? Zentrale Gesichtspunkte lassen sich leicht aus der eigenen Erfahrung ableiten:

-   **Standort** und Erreichbarkeit des Geschäfts

-   **Sortiment** (Breite = Zahl der angebotenen Produktarten; Tiefe = Zahl der angebotenen Artikel pro Produktart; Schwerpunkte im Angebot)

-   **Preisniveau**

-   Angebot von persönlicher **Beratung und Service**

-   **Atmosphäre des Geschäfts**, die geprägt ist durch Gestaltungsmerkmale (z.B. Farben, Musik), die sich auf Emotionen und Eindrücke der Konsumenten beim Einkauf auswirken, ohne dass dieses immer bewusst wird (vgl. Peter/Olson 1996, S. 612 f.).

4.2.2.5   Nachkaufprozesse

Wilkie (1994, S. 531 ff.) gibt einen Überblick über Tätigkeiten und Prozesse nach dem Kauf eines Produkts. An den Kauf schließt sich bei manchen Käufen (z.B. Möbel, Haushaltsgeräte, Heizöl) der Schritt der **Lieferung** an. Vielfach erfolgt eine **Einlage-**

rung im Haushalt bis zum Ge- /Verbrauch (z.B. bei Lebensmitteln verschiedener Art, Ersatz-Glühlampen). Bei zahlreichen Produkten geht dem Konsum eine gewisse **Vorbereitung** voraus. So müssen Nahrungsmittel zubereitet oder elektrische Geräte installiert werden. Wenn ein Produkt nicht mehr verwendbar ist oder durch ein neues ersetzt wird, folgt die **Entsorgung**. Gängige Formen der Entsorgung sind Wegwerfen, Recycling oder der Weiterverkauf (z.B. eines gebrauchten Autos). Probleme der Entsorgung von Produkten wurden über lange Zeit wenig beachtet, haben aber im Zusammenhang mit ökologischen Fragestellungen stark an Bedeutung gewonnen. Zwischen Inbetriebnahme eines Produkts und seiner Entsorgung können noch (z.B. bei Autos) weitere konsumrelevante Faktoren wie **Wartung**, **Reparaturen** und **Kosten des Gebrauchs** (für Energie etc.) eine Rolle spielen. Abbildung 4.6 zeigt den Zusammenhang der angesprochenen Gesichtspunkte.

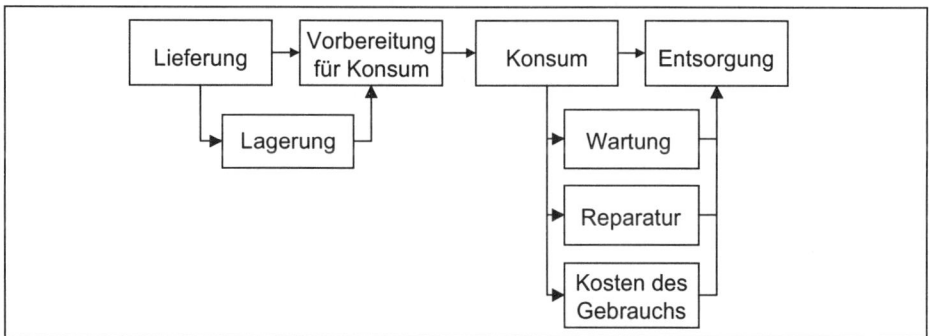

Abbildung 4.6:   Tätigkeiten und Prozesse zwischen Kauf und Entsorgung
                  eines Produkts im Überblick

Quelle: nach Wilkie 1994, S. 531

Bei den Nachkaufprozessen hat in der jüngeren Vergangenheit - nicht zuletzt in der Praxis - der Aspekt der **Kundenzufriedenheit** besonderes Interesse gefunden. Woran liegt das? An einer philanthropischen Haltung von Unternehmen? Wohl eher an konkreteren wirtschaftlichen Interessen, die mit Kundenzufriedenheit verbunden sind. Hier sei zunächst an die grundlegenden Überlegungen zum Wesen des Marketing in Abschnitt 1.2 erinnert. Ganz direkt ist der Bezug zu den Gründen für die Habitualisierung von Kaufentscheidungen und damit verbundener Markentreue. Neben **Wiederholungskäufen** verspricht man sich von Kundenzufriedenheit erhöhte **Unempfindlichkeit gegenüber Preiserhöhungen** (wegen der vorhandenen Bindung) und **positive Mund-zu-Mund-Kommunikation** gegenüber potenziellen neuen Kunden. Dagegen führt **Unzufriedenheit** von Kunden zur **Abwendung** vom eigenen Angebot und Wechsel zu Konkurrenzprodukten, zu **negativer Mund-zu-Mund-Kommunikation**, zu **Reklama-**

tionen mit oftmals teuren Nachbesserungen und zu **Beschwerden** gegenüber Dritten (Gerichte, Verbraucherverbände etc.). Wegen dieser großen Relevanz von Kundenzufriedenheit besteht ein starkes Interesse zu verstehen, was Kundenzufriedenheit eigentlich ist und wie man diese messen kann.

Hinsichtlich der Kennzeichnung von **Kundenzufriedenheit** hat sich die Idee durchgesetzt, dass es im Wesentlichen um die **Übereinstimmung von Erwartungen**, die der Kunde beim Kauf des Produktes hatte, **mit den Erfahrungen**, die bei der Nutzung des Produkts gemacht werden. Man spricht hier (zünftig) von "Confirmation/Disconfirmation bzw. C/D-Paradigma". Abbildung 4.7 verdeutlicht dieses Konzept.

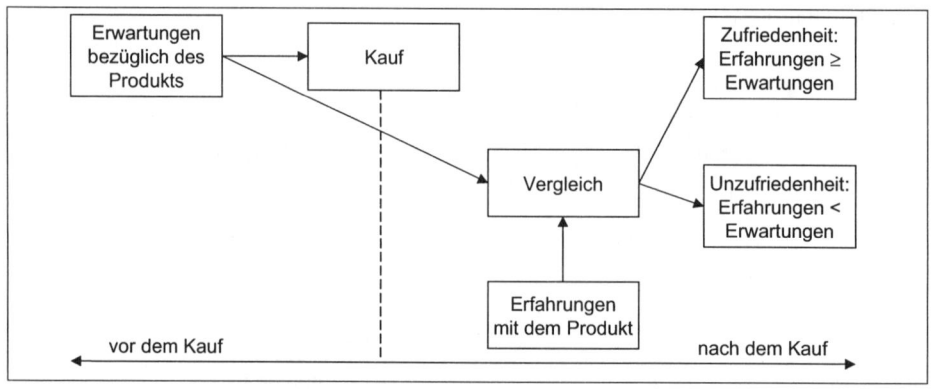

Abbildung 4.7:   Kundenzufriedenheit durch Erfüllung oder Überbietung von
Erwartungen des Kunden

Mit einer solchen Konzeptualisierung ist dann auch die Basis für eine entsprechende **Messung** gelegt, die sich auf den Vergleich von Erwartungen und Erfahrungen beziehen sollte und deren Ergebnisse wesentliche Aufschlüsse über die Akzeptanz des eigenen Leistungsangebots und die Dauerhaftigkeit bestehender Kundenbindungen geben können. Deswegen spielen derartige Messungen in der Praxis eine bedeutsame Rolle.

4.2.3   Externe Einflussfaktoren des Konsumentenverhaltens

In den vorstehenden Abschnitten wurden Ausgangsbedingungen (z.B. Wissen von Konsumenten) und Ablauf von Kaufprozessen diskutiert. Dabei sind externe Faktoren, die das Verhalten von Konsumenten beeinflussen können, zunächst ausgeklammert worden. Als externe Einflussfaktoren werden hier Wirkungen bezeichnet, die **von ökonomischen Bedingungen** (einzel- und gesamtwirtschaftlicher Art), vom **sozialen Umfeld** und von den Besonderheiten der jeweiligen **Kaufsituation** ausgehen.

Der direkteste und wohl stärkste **ökonomische Einfluss** auf das Konsumentenverhalten geht vom Einsatz der Instrumente des **Marketing** (Werbung, persönlicher Verkauf etc.) aus. Demgegenüber versucht die **Verbraucherpolitik**, die Position des Konsumenten durch bessere Information (z.B. Warentests) oder Schutzmaßnahmen (z.B. Einwirkung auf das Lebensmittelrecht) zu stärken. Ergebnisse der **Wirtschaftspolitik**, die sich beispielsweise in Einkommens- oder Zinsänderungen niederschlagen, bestimmen natürlich den ökonomischen Rahmen für die Aktionsmöglichkeiten der Konsumenten. Diese gesamtwirtschaftlichen Rahmenbedingungen bestimmen zunächst, in welchem Maße überhaupt konsumiert werden kann. Hier ist - auch durch die tagespolitische Diskussion - allgemein bekannt, welche Bedeutung die Einkommensentwicklung und die Höhe von Steuern und Sozialabgaben für den Konsum haben. Die Höhe der verfügbaren Einkommen hat auch Einfluss auf die Art der Mittelverwendung. So sinkt mit steigendem Einkommen der Anteil der für die Ernährung ausgegebenen Mittel und der ökonomische Spielraum z.B. für den Erwerb von Wohneigentum steigt. Zu den Rahmenbedingungen zählt auch der jeweilige Zinssatz, weil er einerseits die Stärke des Anreizes zum Sparen (und damit zum Verzicht auf sofortigen Konsum) bestimmt und andererseits die Attraktivität der Finanzierung von Konsum durch Kredite (z.B. beim Erwerb von Autos, Wohneigentum) beeinflusst. Gezielte staatliche Beeinflussung von Konsumverhalten erfolgt durch spezielle Verbrauchssteuern und Vergünstigungen. Z.B. soll seit Ende der 90er Jahre eine spezielle Öko-Steuer dazu beitragen, dass der Energieverbrauch reduziert wird. Ein anderes Beispiel ist die gezielte finanzielle Förderung für den privaten Erwerb von Eigenheimen.

Von **sozialen Einflussfaktoren** gehen Wirkungen in zweierlei Richtung aus. Einerseits werden z.B. durch die Sozialisation innerhalb der **Familie** oder das **kulturelle Umfeld** Werte oder Präferenzen vermittelt. Konsumentenverhalten wird also - bewusst oder unbewusst - aktiv vom sozialen Umfeld beeinflusst. Andererseits passen sich Konsumenten an Erwartungen, Normen etc. ihrer **sozialen Umgebung** an, um Dissens zu vermeiden, Akzeptanz zu erreichen o.ä.

*An Hand einer Typologie von **Bezugsgruppen** nach Assael (1995, S. 528 ff.) lassen sich entsprechende Einflüsse konkreter beschreiben. Hier seien nur einige Beispiele erwähnt:*

- *Bei Gruppen, denen man nicht angehört, aber gern angehören würde, wird oft versucht, die angestrebte Mitgliedschaft durch Anpassung an die entsprechenden Verhaltensweisen zu antizipieren. (Beispiel: Jung-Manager gerieren sich in Kleidung, Sprache etc. wie weitaus etabliertere Manager)*
- *Bei Gruppen, denen man nicht angehört und vor allen Dingen auch nicht angehören möchte ("gemiedene Gruppe"), versucht man, sich durch verschiedene Verhaltensweisen abzuheben (Beispiel: Wohlhabende Individual-Touristen wollen sich durch Kleidung, benutzte Fluglinien, Urlaubsstandorte etc. von Massen-/Billig-Touristen abheben).*

> - *Bei Gruppen, in denen man (gern) Mitglied ist, versucht man oft, einen Dissens zu vermeiden und passt sich an die üblichen Verhaltensweisen an (Beispiel: Mitglieder exklusiver Golf-Clubs fahren eher im Cabrio als im heruntergekommenen Diesel-Kombi vor und trinken eher Champagner als Dosenbier)*

Letztlich kann noch die jeweilige **Situation** beim Einkauf oder bei der Produktverwendung Konsumentenverhalten beeinflussen. So ist leicht nachvollziehbar, dass die herrschende Außentemperatur den Einkauf von Erfrischungsgetränken oder die Erwartung von Besuchern den Kauf von Lebensmitteln maßgeblich bestimmen können. Allgemein geht es um das jeweilige orts- und zeitbezogene Umfeld, in dem sich Konsumentenverhalten vollzieht. Nach Belk (1974) lassen sich fünf Arten von Merkmalen heranziehen, um Situationen zu charakterisieren, die für das Käuferverhalten relevant sind:

- Physische Umgebung (z.B. Geräusche, Licht, Klima, räumliche Lage)
- Soziale Umgebung (Gegenwart anderer Personen und deren Verhalten)
- Zeitbezogene Merkmale (z.B. Tageszeit, Zeitdruck)
- Art der Aufgabe (z.B. Einkauf für eigenen Bedarf oder andere Personen, Einkauf von Geschenken)
- Vorhergehender Zustand (z.B. Müdigkeit, Hunger)

> *Ein Eindruck von der **Relevanz situativer Faktoren** lässt sich durch ein Zitat von John Meehan, dem Produktionsleiter einer Brotfabrik, vermitteln (frei übersetzt nach Wilkie 1994, S. 382): "Das Backwarengeschäft ist ein Tagesgeschäft, weil die Konsumenten frische Backwaren haben wollen. Beispielsweise geht der Brotverkauf sofort herunter, wenn es regnet oder schneit. Die jeweiligen Wochentage sind auch wichtig, je nachdem wann die Lebensmittel-Anzeigen erscheinen... Dann gibt es saisonale Veränderungen: Die Leute machen im Sommer Diät und der Brotverkauf ist im allgemeinen gering. An sehr heißen Tagen geht der Brotverkauf ganz nach unten. Feiertage bringen sehr guten Verkauf, außer in Gegenden wo ethnische Gruppen leben, die zu dieser Zeit ihr spezielles Brot selbst backen. Besondere Brotsorten gehen nach oben wegen der Partys an diesen Feiertagen und Sandwich-Brot läuft gut nach Feiertagen, da es für den übrig gebliebenen Truthahn oder Schinken gebraucht wird. Letztlich ist der Zeitpunkt im jeweiligen Monat wichtig. In der ersten Woche eines Monats liegen üblicherweise die Verkäufe viel höher, weil die Sozialhilfe und die Gehälter ausgezahlt sind. Also, nach meiner Erfahrung würde ich sagen, dass situative Einflussfaktoren eine große Bedeutung für meine Marketingplanung haben."*

4.3   Organisationales Kaufverhalten

4.3.1   Arten und Ablauf organisationalen Kaufverhaltens

Es gibt mehrere Ansätze zur Typisierung organisationaler Kaufentscheidungen. Der erste (und wohl am längsten etablierte) bezieht sich auf die **Neuartigkeit** und **Komplexität** des Kaufs. Dabei werden nach Robinson/Faris/Wind (1967) unterschieden:

- **Identischer Wiederkauf**

Hier handelt es sich um Nachbestellungen bisher schon verwendeter Produkte. Dafür ist kaum Informationssuche notwendig. Der Lieferant stammt aus dem Kreis von Anbietern, mit denen bereits Geschäftsbeziehungen bestehen. Insgesamt handelt es sich eher um einen Routinevorgang.

- **Modifizierter Wiederkauf**

Dabei geht es ebenfalls um die Nachbestellung bisher - zumindest in ähnlicher Form - verwendeter Erzeugnisse. Der Unterschied zum identischen Wiederkauf ergibt sich dadurch, dass die Anforderungen an das Produkt modifiziert werden oder ein neuer Lieferant ins Auge gefasst wird. Dementsprechend findet man dabei einen mittleren Informationsbeschaffungs- und Entscheidungsaufwand.

- **Neukauf**

Anlass ist eine Kaufsituation, die vorher noch nicht aufgetreten war. Deshalb müssen die Anforderungen an das zu beschaffende Produkt erst festgelegt und mögliche Lieferanten gesucht werden. Derartige Situationen treten insbesondere auf, wenn neuartige Produkte angeboten werden oder wenn das nachfragende Unternehmen Innovationen (neue Produkte, neue Produktionsprozesse etc.) vorbereitet.

Die Analogie dieser drei Typen von Entscheidungen zu der aus dem Abschnitt 4.2.2.3 bekannten Unterscheidung von extensiven, limitierten und habitualisierten Kaufentscheidungen ist offensichtlich.

Deutlich aktueller, komplexer und konkreter ist der **Geschäftstypenansatz** von Backhaus (1999, S. 281 ff.), der hier in etwas vereinfachter Form vorgestellt wird. Für die Typenbildung werden dabei vier Kriterien herangezogen:

- Ist die **Ausrichtung des Anbieters** auf den Kunden (z.B. durch spezifische Investitionen) stark oder schwach?

- Hat man es eher mit einem **Kaufverbund** (mehrere Käufe im Zeitablauf) oder einer Einzeltransaktion zu tun?

-   Ist die **Ausrichtung des Nachfragers** (z.B. im Hinblick auf seine Produktionsprozesse) auf den jeweiligen Anbieter stark oder schwach?

-   Produziert der Anbieter seine Leistungen für einen **anonymen Markt** oder richtet er sich auf den jeweiligen **Einzelkunden** aus?

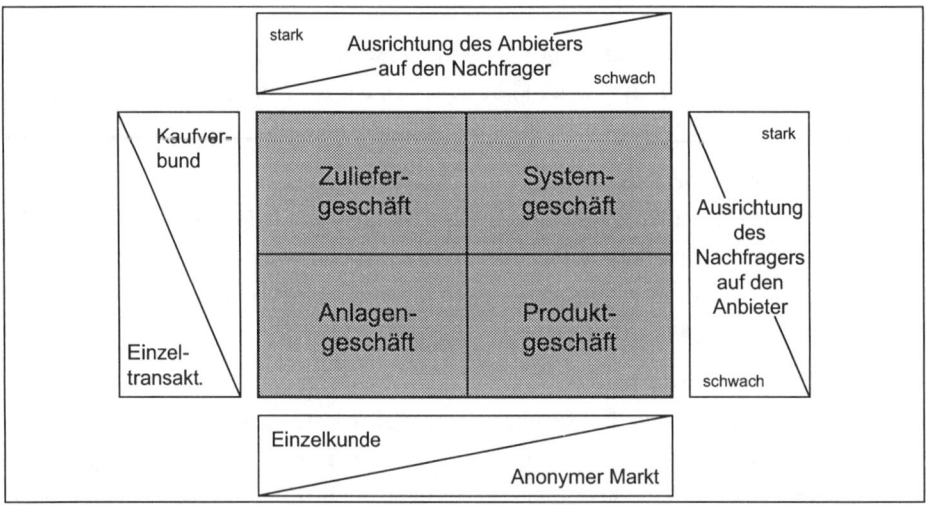

Abbildung 4.8:   Schematische Darstellung des Geschäftstypenansatzes
                   Quelle: nach Backhaus (1999, S. 306)

Daraus ergeben sich die in Abbildung 4.8 wiedergegebenen Geschäftstypen Zuliefergeschäft, Systemgeschäft, Anlagengeschäft und Produktgeschäft. Für das **Zuliefergeschäft** ist die Ausrichtung auf bestimmte Einzelkunden und ein oftmals langfristig angelegter Kaufverbund typisch. Produktions- und Beschaffungsprozesse beim Anbieter bzw. Kunden sind eng aufeinander abgestimmt, z.B. in der Automobilindustrie. Für den Anbieter ist bei seinem Marketing-Mix die Anpassung an den Kunden entscheidend.

Beim **Systemgeschäft** entsteht durch die Entscheidung des Kunden für einen bestimmten Anbieter eine starke Bindung. Ein gängiges Beispiel dafür ist die Entscheidung für ein bestimmtes Computersystem ("Architekturentscheidung"), die längerfristig weitere Entscheidungen (z.B. bei Erweiterung der Hardware, Aktualisierung der Software) determiniert. Es gibt also einen ausgeprägten zeitlichen Kaufverbund bei starker Ausrichtung des Kunden auf das betreffende System. Dagegen ist der Anbieter keineswegs auf die Spezifika des jeweiligen Einzelkunden ausgerichtet (Beispiel: SAP). Besonders wichtig für den Anbieter im Systemgeschäft ist es, Vertrauen aufzubauen, da sich der Kunde ja langfristig an ihn bindet, ohne dass alle Einzelheiten der zukünftigen Entwicklung schon absehbar sind.

Für das **Anlagengeschäft** gibt es eine Fülle leicht nachvollziehbarer Beispiele. Hier sei nur an den (Verkauf und) Bau von Kraftwerken oder Chemie-Anlagen gedacht. Typisch ist die Erbringung von individuellen Leistungen für den jeweiligen Einzelkunden. Ein zeitlicher Kaufverbund (über mehrere Anlagen) besteht normalerweise nicht. Beim Anlagengeschäft ist für das Anbieter-Marketing Know-how und Beratung in Abstimmung auf die jeweiligen Phasen eines Beschaffungsprozesses besonders wichtig.

Das **Produktgeschäft** ähnelt weitgehend den Verhältnissen in zahlreichen Konsumgüter-Märkten: Vorproduzierte, weitgehend standardisierte Produkte (z.B. Fotokopierer, Gabelstapler) werden auf einem anonymen Markt angeboten. Es existiert kein Kaufverbund und deswegen spielt die Informationspolitik vor dem jeweiligen Einzelkauf beim Marketing-Mix des Anbieters eine wesentliche Rolle.

In der Literatur zum Business-to-Business-Marketing und zu organisationalen Beschaffungsprozessen finden sich diverse Versuche, **typische Phasen** solcher Prozesse zu identifizieren. Sie finden auch für praktische Probleme Interesse, weil sie helfen, wichtige Fragestellungen zu klären:

- **Wer ist** an welchen Phasen des Kaufentscheidungsprozesses **beteiligt**?

- **Welche Informationen** werden in welchen Phasen des Kaufentscheidungsprozesses verwendet?

Mit der Beantwortung dieser Fragen gewinnt man Anhaltspunkte für die Entwicklung von adäquaten Beeinflussungsstrategien. Eine sehr gängige Darstellung von **Phasen industrieller Beschaffungsprozesse** geht auf Robinson/ Faris/Wind (1967) zurück und ist mit acht Schritten recht differenziert. Dabei werden unterschieden:

1. Antizipation oder Wahrnehmung eines Problems (Bedarfs) und einer Lösungsmöglichkeit

2. Bestimmung von Eigenschaften und Menge der benötigten Güter

3. Beschreibung von Eigenschaften und Menge der zu beschaffenden Produkte

4. Suche nach und Einschätzung von potenziellen Lieferanten

5. Einholung und Analyse von Angeboten

6. Bewertung der Angebote und Lieferantenauswahl

7. Auswahl eines Bestellverfahrens

8. Prüfung und Bewertung der Eignung des beschafften Produkts.

4.3.2   Buying Center

Im Abschnitt 2.1.2 sind Mehr-Personen-Entscheidungen als typisch für Beschaffungs-
entscheidungen organisationaler Abnehmer genannt worden. Deswegen interessiert man
sich natürlich dafür, wer an einem Beschaffungsprozess beteiligt ist und wie er sich
verhält. Die Menge der an einem Einkauf beteiligten Personen wird als **Buying Center**
bezeichnet. Das Buying Center ist von Fall zu Fall sehr unterschiedlich groß und kann
verschieden zusammengesetzt sein. Damit stellt sich die Frage, welche Rollen die
Mitglieder eines Buying Centers bei der Beschaffung spielen. Diese Frage ist nicht
zuletzt für anbietende Unternehmen, die auf diese Personen ausgerichtete differenzierte
Beeinflussungsstrategien entwickeln wollen, von großer Bedeutung. Die gängigste
Klassifizierung stammt von Webster und Wind (1972). Danach werden fünf Rollen
unterschieden:

Als **Benutzer** bezeichnet man die Personen, die die zu beschaffenden Güter oder
Dienstleistungen später im Rahmen ihres Aufgabenfeldes verwenden sollen. Beispielsweise hat ein Produktionsleiter bei der Beschaffung einer Maschine für seinen Bereich,
der Marketingleiter eines Unternehmens bei der Beauftragung eines Marktforschungsin-
stitutes oder der Chirurg in seiner Klinik beim Kauf bestimmter medizinischer Geräte
die Rolle des Benutzers. Häufig geht die Initiative zu einem Beschaffungsprozess vom
künftigen Nutzer aus. Darüber hinaus hat er auch durch sein spezifisches Wissen und
seine Schlüsselstellung hinsichtlich der Akzeptanz der einzukaufenden Anlagen,
Dienstleistungen, Materialien etc. oftmals maßgeblichen Einfluss auf die Beschaffungs-
entscheidung.

Einkäufer sind die Mitglieder des Buying Centers, denen es obliegt, Kaufverträge
vorzubereiten und abzuschließen. Hiermit meint man in erster Linie - aber nicht nur -
Angehörige von Einkaufsabteilungen. Deren Aufgabe ist es u.a. Liefer- und Zahlungsbedingungen, Rabatte und Garantien auszuhandeln.

Beeinflusser wirken dadurch auf Beschaffungsprozesse ein, dass sie relevante Informationen einbringen oder bei der Festlegung von Mindestanforderungen (und damit bei der
Vorauswahl in Frage kommender Angebote bzw. Anbieter) mitwirken. Die Rolle des
Beeinflussers wird von sehr verschiedenen Angehörigen der Organisation wahrgenommen (z.B. Entwicklungsingenieure, Produktionsleiter, Finanzierungsfachleute). Organisationale Kaufentscheidungsprozesse können auch durch Personen beeinflusst werden,
die nicht dem beschaffenden Unternehmen angehören, insbesondere durch externe
Berater.

Entscheider können auf Grund ihrer (formalen oder informalen) Machtposition über die
Auswahl aus vorliegenden (und im Beschaffungsprozess geprüften) Angeboten entscheiden. Diese Kompetenz liegt eher bei Nutzern, wenn Spezifikationen eines Gutes im

Mittelpunkt des Interesses stehen. Bei besonders bedeutsamen Anschaffungen (Großinvestitionen, langfristige Lieferverträge großen Volumens etc.) nimmt häufig ein Mitglied der Geschäftsleitung die Aufgabe des Entscheiders wahr.

Informationsselektierer beeinflussen den Informationsstrom in das Buying Center und den Informationsaustausch innerhalb des Buying Centers. Hier ist beispielsweise an Mitarbeiter (Assistenten) von Entscheidungsträgern zu denken, die ihren Vorgesetzten Unterlagen für eine Sitzung zusammenstellen.

Später (1982) ist von Bonoma ein sechster Typ von Mitgliedern eines Buying Centers eingeführt worden, der **Initiator**. Wie der Begriff schon erkennen lässt, handelt es sich hierbei um eine Person, die "einen gegebenen oder zu erwartenden Zustand erkennt, der durch eine Investition verbessert werden kann, und sich für die Durchführung dieser Investition einsetzt" (Fließ 2000, S. 315).

---

*Kotler/Bliemel (1999, S. 366) schildern ein anschauliches Beispiel für ein **Buying Center** in einem Krankenhaus:*

"Ein Zulieferer für Klinikbedarf verkauft ein breites Spektrum von Produkten. Für öffentliche Kliniken in Deutschland versucht er, ausfindig zu machen, wer an Kaufentscheidungen mitwirkt. Als Mitwirkende werden die Beschaffungsstelle, die Stationsschwester, der Pflegedienstleiter, die Fachärzte und der Chefarzt erkannt.

Jede dieser Parteien spielt eine andere Rolle, je nach dem zu kaufenden Artikel. Bei Verbrauchsmaterial wie Watte, Binden, Injektionsnadeln und Gummihandschuhen bestellt die Stationsschwester mit Genehmigung der Pflegedienstleitung in der Regel ohne Markenbenennung, nur unter dem Gattungsbegriff wie z.B. "Heftpflaster, 1.000 Stück, Größe A". Die Auswahl der Lieferanten und Marken wird in der Beschaffungsabteilung nach dem Niedrigstpreisprinzip getroffen. Hersteller werden leicht gewechselt, eine Rückmeldung an die Hersteller über die Produktzufriedenheit ist nicht vorgesehen.

Medikamente können nur von Fachärzten angefordert werden, im Regelfall von einer vorgegebenen Markenliste der Beschaffungsabteilung. Eine Abweichung von diesen Marken ist nur auf begründeten Antrag hin möglich. Einmalige, systemverändernde Beschaffungen und Artikel hohen Wertes müssen über den Chefarzt laufen und werden in der Regel durch Einholen mehrerer Angebote preislich und leistungsmäßig überprüft."

4.3.3   Geschäftsbeziehungen

Im Abschnitt 2.1.2 sind relativ feste, längerfristig angelegte Geschäftsbeziehungen als typisch für das Business-to-Business-Marketing herausgestellt worden. Weiterhin ist im

Abschnitt 4.3.1 im Zusammenhang mit verschiedenen Geschäftstypen die Ausrichtung von Anbieter und Nachfrager aufeinander angesprochen worden, die normalerweise nur sinnvoll bei einer längerfristigen Beziehung ist. Beim dort genannten Zuliefergeschäft tritt das am deutlichsten in Erscheinung. Im vorliegenden Abschnitt sollen Wesen und Merkmale von Geschäftsbeziehungen kurz umrissen werden.

Die systematische Beschäftigung mit Geschäftsbeziehungen setzte in Wissenschaft und Praxis erst relativ spät - in den 80er Jahren - ein. Einer der ersten Autoren, die sich mit diesem Gebiet auseinandersetzten, war Theodore Levitt (1983). Er unterschied zwischen der im Marketing gängigen Ausrichtung von Anbietern auf Kundenwünsche, an deren Ende ein Verkaufsabschluss steht, und dem Management von Geschäftsbeziehungen, das auf eine enge und dauerhafte Verbindung zwischen Anbietern und Nachfragern im beiderseitigen Interesse gerichtet ist.

---

*Levitt (1986, S. 111) vergleicht eine **Geschäftsbeziehung** mit einer Ehe:*

"Der Verkauf bringt lediglich die 'Brautwerbung' zum Abschluss. Dann beginnt die Ehe. Wie gut die Ehe ist, hängt davon ab, wie gut die Beziehung durch den Anbieter gestaltet wird. Das bestimmt, ob das Geschäft fortgesetzt und ausgeweitet wird oder ob es zu Schwierigkeiten und Scheidung kommt und auch ob Kosten oder Gewinne steigen."

Ende der 80er Jahre ist das Problem auch im deutschsprachigen Raum aufgegriffen und seitdem stark beachtet und intensiv bearbeitet worden. Grundlegend waren dafür Arbeiten von Diller/Kusterer (1988) und Plinke (1989), aus denen sich die folgenden **Kennzeichnungen von Geschäftsbeziehungen** ergeben:

"Als Geschäftsbeziehung verstehen wir jeden von ökonomischen Zielen zweier Organisationen geleiteten Interaktionsprozess zwischen zwei oder mehr Personen aus dem ersten Geschäftsabschluss." (Diller/Kusterer 1988, S. 211)

"Eine Geschäftsbeziehung ist eine Folge von Markttransaktionen zwischen einem Anbieter und einem Nachfrager, die nicht zufällig ist. ... Eine Geschäftsbeziehung lässt sich also als eine Folge von Markttransaktionen ansehen, zwischen denen eine innere Verbindung existiert." (Plinke 1997, S. 23)

Diller/Kusterer (1988) haben zur Konkretisierung noch einige typische **Merkmale von Geschäftsbeziehungen** herausgestellt:

-    Es finden Interaktionen zwischen Anbietern und Nachfragern statt.

-    Die Beziehung entwickelt sich im Zeitablauf (z.B. Anbahnung, Ausweitung, Beendigung).

- Bei der Beziehung spielen sowohl organisations- als auch personenbezogene Einflussfaktoren eine Rolle.

- Insbesondere von Seiten des Anbieters werden "Investitionen" zur weiteren Festigung und Entwicklung der Geschäftsbeziehung getätigt (z.B. Entwicklung von Produkten speziell für den Kunden).

Zur Illustration von Inhalt und Entwicklung einer Geschäftsbeziehung soll eine Darstellung von Dwyer/Schurr/Oh (1987) dienen. Die Autoren unterscheiden dabei die folgenden Phasen:

1. **Aufmerksamkeit**   Entdeckung möglicher Partner, eher einseitig vom Anbieter oder Nachfrager ausgehend.

2. **Erkundung**   Entwicklung von Erwartungen gegenüber dem Partner, Umwerben des Partners, Kommunikations- und Verhandlungsprozesse.

3. **Ausweitung**   Nach zufriedenstellenden ersten Geschäftsabschlüssen Verfestigung und Ausweitung der Beziehung, Bevorzugung der gegenwärtigen Partner gegenüber anderen Kunden bzw. Anbietern.

4. **Bindung**   Verstärkte wechselseitige Abhängigkeit, gemeinsame Interessen, vertragliche Bindung.

5. **Auflösung**   Unzufriedenheit bei einem der Partner; wenn Interaktionen zwischen Anbieter und Nachfrager nicht zu einer Lösung der Probleme führen, erfolgt die Beendigung der Geschäftsbeziehung.

In Abbildung 4.9 ist der Ablauf der ersten vier Phasen einer Geschäftsbeziehung in Anlehnung an Dwyer/Schurr/Oh (1987) dargestellt. Darin ist auch zu erkennen, wie sich idealtypisch die wechselseitige Abhängigkeit zwischen Anbieter und Nachfragern entwickelt. In der Phase der "Aufmerksamkeit" kann es natürlich noch keine Abhängigkeit geben. Auch bei Beginn der Kontakte ("Erkundung") ist noch keine Abhängigkeit erkennbar. Diese beginnt erst bei der Ausweitung der Geschäftsbeziehung und erreicht ihr stärkstes Ausmaß, wenn sich Anbieter und Nachfrage weitgehend aufeinander verlassen und ihre Zusammenarbeit auch vertraglich fixieren.

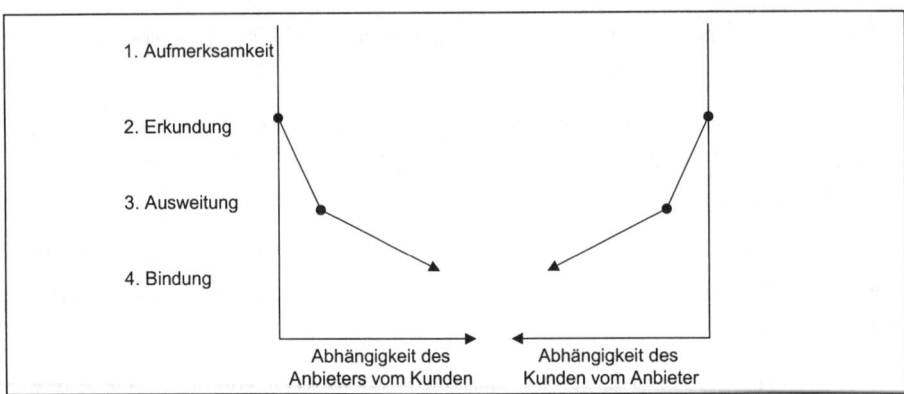

Abbildung 4.9:   Phasen einer Geschäftsbeziehung und Entwicklung der
wechselseitigen Abhängigkeit

Quelle: nach Dwyer/Schurr/Oh 1987, S. 21

Literaturempfehlungen zum 4. Kapitel

ASSAEL, HENRY (1995): Consumer Behavior and Marketing Action, 5. Aufl., Cincinnati.

ENGEL, JAMES / BLACKWELL, ROGER / MINIARD, PAUL (1995): Consumer Behavior, 8. Aufl., Fort Worth u.a.O.

HOYER, WAYNE / MACINNIS, DEBORAH (1997): Consumer Behavior, Boston/New York.

KROEBER-RIEL, WERNER / WEINBERG, PETER (1999): Konsumentenverhalten, 7. Aufl., München.

KUß, ALFRED / TOMCZAK, TORSTEN (2000): Käuferverhalten, 2. Aufl., Stuttgart.

TROMMSDORFF, VOLKER (1998): Konsumentenverhalten, 3. Aufl., Stuttgart.

5. Marketingplanung (Teil 1)

5.1 Überblick

Im vorliegenden Abschnitt werden die zentralen Bestandteile der Marketingplanung charakterisiert und abgegrenzt. Dabei kann an die Erörterung des strategischen Marketing aus Abschnitt 1.2.3 angeknüpft werden.

In Abbildung 5.1 wird ein erster Überblick über Ablauf und Zusammenhang der verschiedenen **Schritte der Marketingplanung** gegeben. Die **Ausgangsbedingungen der Planung** werden durch vier Faktoren bestimmt:

- Welche **allgemeinen** (also nicht branchen- oder unternehmensspezifischen) **Prinzipien oder "Gesetzmäßigkeiten"** sind für die Marketingplanung relevant (z.B. Produktlebenszyklus, Erfahrungskurveneffekt)?

- Wie ist die **Situation der jeweiligen Branche und der weiteren Unternehmensumwelt** (z.B. gesamtwirtschaftliche Rahmenbedinungen)?

- Wie ist die **Situation des Unternehmens** im Vergleich zu Wettbewerbern innerhalb der Branche (gibt es z.B. besondere Stärken im Vertrieb oder besondere Schwächen im Bereich Forschung und Entwicklung)?

- Welche **allgemeinen Ziele** (z.B. Wachstum) und Prinzipien (z.B. ethischer Art) werden von der Unternehmensspitze vorgegeben und sind damit für die Marketingplanung verbindlich?

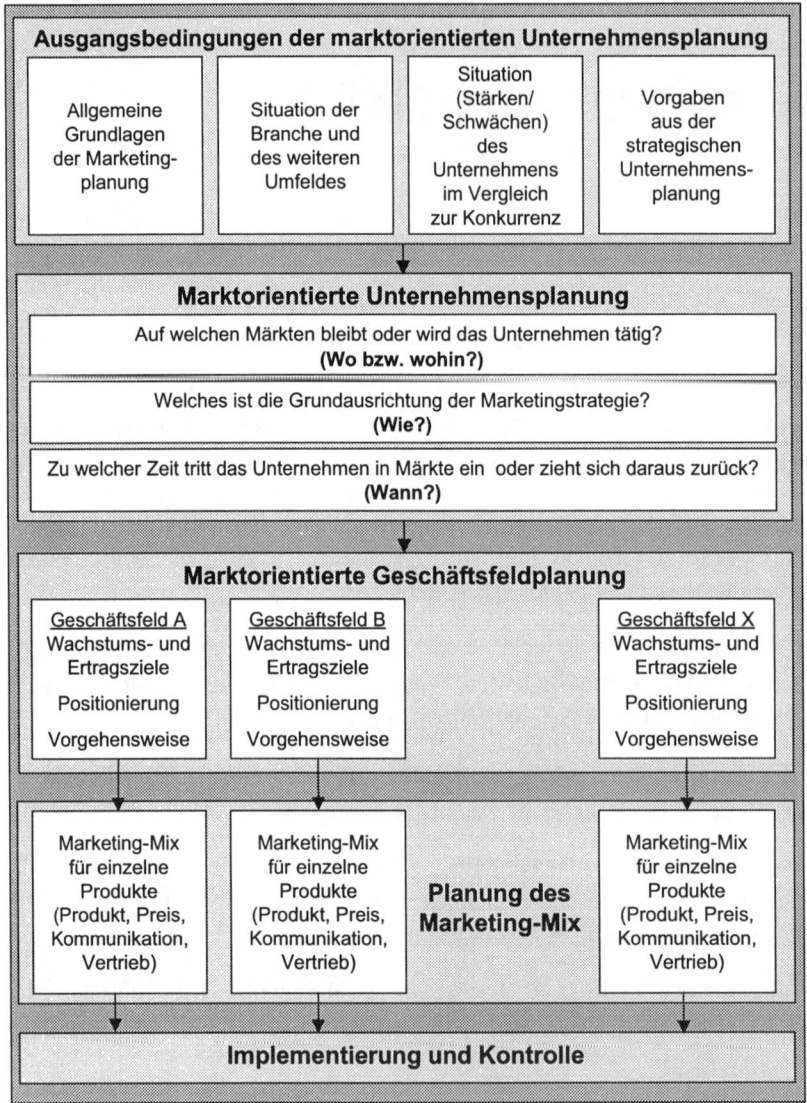

Abbildung 5.1:   Der Ablauf der Marketingplanung im Überblick

Im Mittelpunkt der Marketingplanung stehen dann die drei Schritte marktorientierte Unternehmensplanung, marktorientierte Geschäftsfeldplanung und Planung des Marketing-Mix.

Die **marktorientierte Unternehmensplanung** basiert auf den vorstehend genannten allgemeinen Ausgangsbedingungen. Das Ergebnis dieser Planungsphase sind Entscheidungen über die verschiedenen Geschäftsfelder (z.B. Markteintritt, angestrebtes Wachstum, Rückzug aus dem Markt) und damit verbunden Festlegungen hinsichtlich strategischer Grundausrichtungen (z.B. „technisch führender Anbieter sein", „preiswerter Massenanbieter sein") und zeitlicher Aspekte (z.B. Markteintritt als erster: Pionier). Es werden also für die Elemente eines (angestrebten) Geschäftsfeld-Mix die bereits in Abschnitt 1.2.3 erwähnten Fragen „Wo?", „Wie"? und „Wann?" beantwortet.

> *Ein Beispiel für eine solche Planung eines der Geschäftsfelder könnte beispielsweise lauten: Eine Brauerei möchte mit einer Marke im deutschen Biermarkt (Wo?) im Segment der hochpreisigen Premium-Biere (Wie?) innerhalb von 5 Jahren (Wann?) Marktführer werden. Daraus ist erkennbar, dass hier für diese Geschäftsfelder Ziele festgelegt werden, worauf sich dann der nächste Schritt der Planung bezieht.*

Die **marktorientierte Geschäftsfeldplanung** bezieht sich nicht mehr auf die Gesamtheit von Geschäftsfeldern ("Geschäftsfeld-Mix"), sondern erfolgt für jedes Geschäftsfeld separat. Hier werden die jeweiligen Ziele genauer formuliert und konkretisiert, die Positionierung (d.h. die angestrebte Wahrnehmung der Produkte im Konkurrenzumfeld durch die Kunden) festgelegt und Richtlinien für den Einsatz der Marketinginstrumente (z.B. Verfolgung einer Präferenzpolitik mit anspruchsvollen Marken, starker Kommunikation und Vertrieb über den qualifizierten Fachhandel) bestimmt. Damit ist dann der Rahmen abgesteckt für die kürzerfristig erfolgende und veränderbare Planung einzelner Maßnahmen und deren Abstimmung und Zusammenwirken (→Marketing-Mix).

Bei der **Marketing-Mix-Planung** geht es also um die Entwicklung von Maßnahmen, Prüfung bzw. Test von Alternativen (z.B. Auswahl von Werbebotschaften und -mitteln) sowie das komplexe Problem der Zusammenfügung verschiedenster Einzel-Maßnahmen zu einem Marketing-Mix.

Nach den Planungsschritten von recht allgemeinen Zielen und Informationen bis zu konkreten Maßnahmen erfolgt deren **Implementierung** und die **Kontrolle** mit den entsprechenden Rückkopplungen zu den einzelnen Schritten des Planungsprozesses. Implementierung und Kontrolle werden im Rahmen des vorliegenden Buches nur knapp skizziert (siehe Abschnitt 10.2)

Einige wichtige Unterschiede der drei zentralen Schritte der Marketingplanung sind in Abbildung 5.2 zusammenfassend dargestellt.

Planungs- schritt Merkmal	Marktorientierte Unternehmenspla- nung	Marktorientierte Geschäftsfeldplanung	Planung des Marketing-Mix
Planungseinheit	Geschäftsfeld-Mix (→gesamtes Unter- nehmen)	einzelnes Ge- schäftsfeld	einzelnes Produkt, einzelne Marke
Markt	freie Auswahl von Märkten	Auswahl von Segmenten/ Zielgruppen	gegeben durch vorherige Pla- nungsschritte
typische Ziele, Erfolgskriterien	Gewinn, Unternehmenswach- stum	Ertrag und Umsatz- entwicklung von Geschäftsfeldern	Deckungsbeitrag einzelner Produk- te/Marken, Markt- anteil
Wettbewerb	durch Einsatz aller Ressourcen und Fähigkeiten des Unternehmens	durch Leistungs- oder Kostenvorteile gegenüber Wettbe- werbern bzw. Abhebung von Wettbewerbern	durch bessere wahrgenommene Befriedigung von Kundenwünschen über das Marketing- Mix
Typischer Planungshorizont	Langfristig (5-10 Jahre)	Mittelfristig (3-5 Jahre)	kurz- bis mittelfristig (0,5-3 Jahre)

Abbildung 5.2:   Drei Schritte der Marketingplanung

Planungsprozesse im Marketing sind typischerweise durch große Komplexität gekennzeichnet. Eine Vielzahl unterschiedlicher Informationen muß verarbeitet werden,
kreative, analytische und operative Tätigkeiten müssen miteinander verknüpft werden
und zahlreiche Rückkopplungen und Querverbindungen überlagern den Planungsprozeß.
Dennoch lassen sich einige grundlegende Schritte der Marketingplanung und eine
logische Abfolge dieser Schritte identifizieren. Im vorliegenden Buch wird von der in
Abbildung 5.1 dargestellten Grundstruktur ausgegangen. Am Anfang der Erörterung
(Abschnitt 5.2) stehen deshalb die Ausgangsbedingungen der Marketingplanung. Es
folgt in Abschnitt 5.3 die marktorientierte Unternehmensplanung mit den drei Kernfra-
gen "Wo?", "Wie"? und "Wann?".

Das Ergebnis dieser Überlegungen schlägt sich in Zielen und Positionierungen für die
verschiedenen Geschäftsfelder nieder (Abschnitt 5.4). Darauf aufbauend wird das
Marketing-Mix entwickelt. Zuvor werden allerdings in den Kapiteln 6 bis 9 die wichtigsten Instrumente des Marketing, die zu einem Marketing-Mix zusammengeführt werden,
behandelt. Am Ende (Kapitel 10.2) werden Implementierung und Kontrolle kurz
erörtert.

5.2 Ausgangsbedingungen der Marketingplanung

5.2.1 Allgemeine Grundlagen der Marketingplanung

Im Zusammenhang mit theoretischen und empirischen Untersuchungen in Praxis und Wissenschaft ist man zu einigen allgemeinen Aussagen, insbesondere zu **Einflussfaktoren der Herstellungskosten** eines Produkts und zur **Absatzentwicklung von Produkten im Zeitablauf** gekommen, deren Gültigkeit weit über die Verhältnisse in einem einzelnen Unternehmen oder einer Branche hinausreicht. Allerdings lässt sich kaum von allgemeinen "Gesetzmäßigkeiten" sprechen, da es - wie im Marketing üblich - immer wieder Gegenbeispiele gibt, wo die jeweiligen Zusammenhänge z.B. wegen situativer Einflüsse nicht auftreten. Von diesen allgemeinen Prinzipien seien hier drei besonders einflussreiche vorgestellt:

- Produktlebenszyklus

- Erfahrungskurve

- Economies of Scale

Zunächst also zu dem seit langem etablierten Konzept des Produktlebenszyklus (PLZ).

Der Produktlebenszyklus (PLZ)

Der Produktlebenszyklus hat weit über die Produktpolitik hinaus Bedeutung für die Marketingplanung, weil er zu Aussagen über Absatzchancen von Produkten, Verhalten von Konkurrenten, die Ertragssituation von Produkten/Geschäftsbereichen und über typische Aktivitäten (Werbung, Preissenkungen etc.) im Zeitablauf führt. Sein Name kennzeichnet schon ein wesentliches Merkmal des Produkt**lebenszyklus**: Es geht dabei um eine **dynamische Betrachtung**. Im Mittelpunkt steht also nicht die Analyse der Situation eines Produkts bzw. Geschäftsbereichs an einem Zeitpunkt (z.B. dessen Marktanteil), sondern die Analyse von Veränderungen im Zeitablauf (z.B. Wachstum des Marktanteils).

Den üblichen Darstellungen des PLZ liegen u.a. folgende **Annahmen** zu Grunde:

- Die Existenz von Produkten am Markt ist **zeitlich begrenzt**.

- Die Entwicklung der Umsätze hat einen **S-förmigen Verlauf** bis zum Erreichen einer gewissen Sättigung und anschließendem Rückgang.

- Bestimmte **markante Punkte** der Lebenszykluskurve werden zur Identifizierung und Abgrenzung bestimmter Phasen verwendet, wobei zumindest die Phasen Einführung, Wachstum, Reife und Rückgang unterschieden werden.

Der Lebenszyklus gibt einen typischen (empirisch nur teilweise bestätigten) und keinen fest vorgegebenen Verlauf der Umsatzentwicklung eines Produkts an. Bei letzterem wären ja Marketing-Aktivitäten überflüssig bzw. sinnlos. In manchen Darstellungen wird deshalb die Möglichkeit der Verlängerung des PLZ durch unterschiedliche Marketing-Maßnahmen explizit berücksichtigt. Man spricht bei derartigen Maßnahmen auch vom Produkt-Relaunch, also von einer "Wiederbelebung" des Produkts.

Eine einfache Darstellung eines PLZ mit vier Phasen findet sich in Abbildung 5.3.

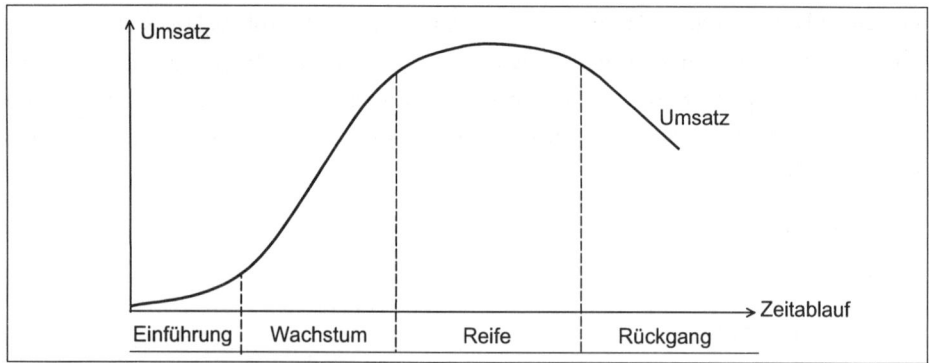

Abbildung 5.3:   Produktlebenszyklus

Die Phasen des Produktlebenszyklus

In der **Einführungsphase** eines Produkts beginnt man mit relativ niedrigen Umsätzen. Da das Produkt mit seinen Eigenschaften und Vorzügen noch nicht hinreichend bekannt und der Vertrieb erst im Aufbau begriffen sind. Dadurch fallen hohe Kosten für Werbung und Vertrieb sowie relativ hohe Produktionskosten (bei kleinen Stückzahlen) an. In Verbindung mit den geringen Umsätzen ergib das eine ungünstige Ertragssituation.

Die Geschwindigkeit der Ausbreitung eines neuen Produkts und damit die Dauer der Einführungsphase hängt u.a. ab von

- der Größe des durch die Kunden wahrgenommenen (→ Werbung etc.) Vorteils des neuen Produkts gegenüber existierenden Produkten,

- der Bindung der Kunden an bisherige Produkte bzw. deren Lieferanten und

- der Erhältlichkeit des neuen Produkts (Distributionsgrad).

In der **Wachstumsphase** wird die Wirkung der seit der Einführung durchgeführten Marketing-Maßnahmen deutlich spürbar: Die Kunden kennen das Produkt z.B. aus der

Werbung; durch die bisherigen Vertriebsanstrengungen ist es auch erhältlich. Die Umsätze steigen also schneller an und deswegen verbessert sich die Ertragssituation deutlich. Dabei spielt es auch eine Rolle, dass der Konkurrenzdruck von später in den Markt eintretenden Anbietern noch nicht stark ist.

Die **Reifephase** ist durch stagnierende bis rückläufige Umsätze und Erträge gekennzeichnet. Ursache dafür sind einerseits Sättigungserscheinungen im Absatzmarkt und andererseits verschärfter Wettbewerb unter einer gewachsenen Zahl von Anbietern. Die Schwächung der Position des Anbieters und daraus resultierende sinkende Erträge in der Reifephase sind auch durch folgende Gesichtspunkte zu erklären:

- Mit zunehmender Produktvertrautheit und damit einhergehender sinkender Unsicherheit bei den Kunden werden Bindungen an Lieferanten schwächer und der Wechsel zu Anbietern mit niedrigeren Preisen wird leichter.

- Bei einem stagnierenden Markt können Anbieter nur noch dadurch Wachstum erzielen, dass sie Wettbewerbern Marktanteile abnehmen, was zu entsprechendem Konkurrenzdruck führen kann.

Während der **Rückgangsphase** sinken die Umsätze deutlich ab, weil neue Produkte oder veränderte Kundenwünsche zu einer verringerten Nachfrage führen. Stark verringerte Nachfrage und gleichbleibend scharfer Wettbewerb, der sich auch in Preiskämpfen äußert, ergeben weiter sinkende Gewinne.

Am Ende der Rückgangsphase steht die **Elimination des Produkts**. Eine solche Entscheidung lässt sich zum angemessenen Zeitpunkt leichter durchsetzen, wenn ein Unternehmen die zentrale Botschaft des PLZ beachtet und rechtzeitig, also bevor ein Produkt die Rückgangsphase erreicht, ein neues Produkt eingeführt hat, das zum Umsatzträger geworden ist. Dabei zeigt sich auch der Sinn des Begriffs Lebens**zyklus**. An die Stelle eines alten, eliminierten Produkts ist ein neues getreten.

Folgende Beispiele, die auf Einschätzungen des Autors Ende des Jahres 2000 beruhen, mögen verschiedene Phasen des Produktlebenszyklus illustrieren:	
Phase des PLZ	**Produkt/Produktgrupe**
Einführung	Pay-TV, DVD
Wachstum	Mobil-Telefone, private Vermögensanlage und Alterssicherung
Reife	Massentourismus, Kühlschränke
Rückgang	Stahl, Audio-Kassetten

Am Produktlebenszyklus ist immer wieder auch deutliche **Kritik**, vor allem im Hinblick auf seine empirische Bewährung geübt worden. So haben verschiedene Untersuchungen Ergebnisse gebracht, bei denen der Verlauf von Umsätzen oder Absatzmengen im Zeitablauf bei vielen Produkten keine Ähnlichkeit mit der Lebenszykluskurve mehr erkennen ließ (vgl. insbesondere Dhalla/Yuspeh 1976).

Eines der Beispiele, bei denen sich eine recht gute Entsprechung des tatsächlichen Absatzverlaufs mit den Annahmen des PLZ zeigte, ist der Tonträger-Markt in Frankreich in den 70er und 80er Jahren. Man erkennt einen deutlichen Absatzrückgang bei Schallplatten (33er LP und 45er Single) mit Aufkommen der damals neuen CD-Technologie.

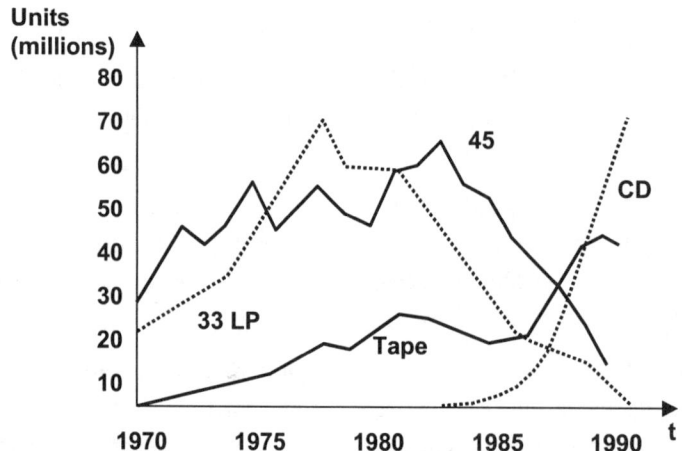

Entwicklung des Tonträger-Markts in Frankreich von 1970 bis 1990 (Quelle: Lambin, 1997, S. 284)

Die **Nützlichkeit** des PLZ wird aber nicht zuletzt im Zusammenhang mit der strategischen Marketingplanung betont. Dabei geht es ja weniger um exakte Absatzprognosen, sondern eher um das Verständnis strategischer Situationen und die Entwicklung angemessener Strategien und Maßnahmen. Nur wenige andere Hilfsmittel sind dabei so nützlich wie der PLZ, der Veränderungen der Nachfrage und des Wettbewerbs sowie deren Ursachen im Zeitablauf zusammenfassend darstellt. Daraus lassen sich dann Ansatzpunkte für Aktionen und Reaktionen des Anbieters ableiten.

Zwei der gängigsten **Implikationen des PLZ** sind die folgenden: Natürlich müssen Produkte/Geschäftsfelder, die in späteren Perioden die Rentabilität des Unternehmens sichern sollen, frühzeitig entwickelt und am Markt durchgesetzt werden. Hinzu kommt die verbreitete Erfahrung, dass Unternehmen eine starke Position am leichtesten in frühen Phasen der Marktentwicklung gewinnen können. Dafür ist vor allem die Steigerung der Nachfrage durch neue Abnehmer in diesen Phasen ausschlaggebend, wodurch der Verdrängungswettbewerb gegenüber Konkurrenten weniger hart ist.

Die Erfahrungskurve

Die sog. Erfahrungskurve hat vor allem auf der Grundlage entsprechender empirischer Untersuchungen der **Boston Consulting Group** (vgl. Hedley 1976) starke Beachtung im Bereich der strategischen Planung gefunden. Wie der Name schon andeutet, geht man davon aus, dass mit **zunehmender Erfahrung** bei der Herstellung und Vermarktung eines Produkts die **Stückkosten sinken**. Von Seiten der Boston Consulting Group hat man sogar versucht, diesen Effekt zu quantifizieren: "Mit der Verdoppelung der im Zeitablauf kumulierten Produktionsmengen gehen die auf die Wertschöpfung bezogenen Stückkosten eines Produkts potenziell um 20 - 30% zurück." (Henderson 1974, S. 19).

Für die graphische Darstellung der Erfahrungskurve und des mit ihr verbundenen Effekts ist vor allem die in der Abbildung 5.4 wiedergegebene Form gängig. In dieser Abbildung wird der Zusammenhang zwischen der Entwicklung von Stückkosten und dem durch die Maßgröße **"kumulierte Menge"** operationalisierten Anwachsen der gesammelten Erfahrung bei der Herstellung und Vermarktung eines Produkts gezeigt. Besonders hingewiesen werden muss darauf, dass sich die kumulierte Menge auf den gesamten Zeitraum seit Aufnahme des betreffenden Produkts in das Leistungsprogramm des Unternehmens bezieht, im Gegensatz zu den sog. →"Economies of Scale", wo die produzierte Menge pro Zeiteinheit (z.B. pro Jahr) im Mittelpunkt der Betrachtung steht. Die Kosten beziehen sich nur auf den Teil der gesamten Stückkosten, der **durch die Wertschöpfung im Unternehmen entstanden** ist, also nicht auf die Kosten für Vorleistungen (Material, Bauteile, Dienstleistungen etc.). Ferner wird eine Inflationsbe-reinigung der Kostengrößen unterstellt. In Abbildung 5.4 wird ein Beispiel einer Erfahrungskurve gezeigt, dem die eingangs dieses Abschnitts genannte Hypothese von Henderson (1974) zugrunde liegt, daß bei Verdoppelung der kumulierten Produktions-menge die Stückkosten um 20 - 30% sinken.

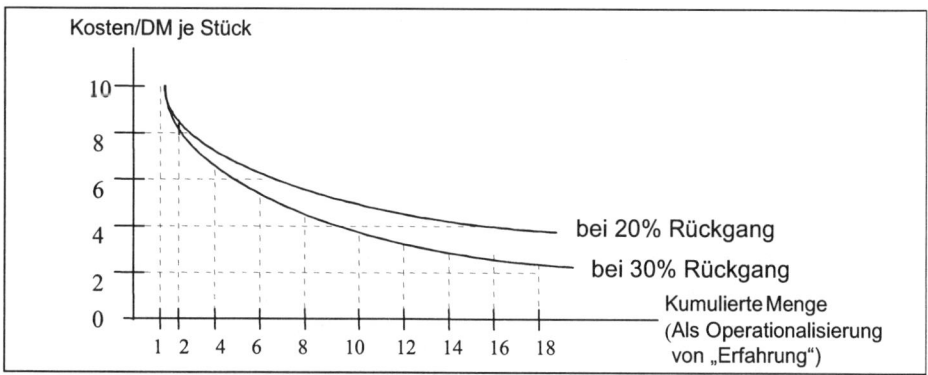

Abbildung 5.4: Beispiel einer Erfahrungskurve mit linear eingeteilten Koordi-naten

*Ein Beispiel aus dem Bereich der Produktion elektronischer Bauteile soll den **Erfahrungskurveneffekt** illustrieren. In einer Untersuchung der Boston Consulting Group wurde der Zusammenhang zwischen den Preisen integrierter Schaltkreise und der kumulierten Produktionsmenge der Branche ermittelt. Der am Markt erzielte Preis wurde als Indikator für die entsprechenden Kosten verwendet. Die unten wiedergegebene Grafik basiert auf Logarithmierung der beiden Variablen, wodurch deren Zusammenhang einen (scheinbar) linearen Verlauf bekommt, was wiederum dessen empirische Bestimmung erleichtert.*

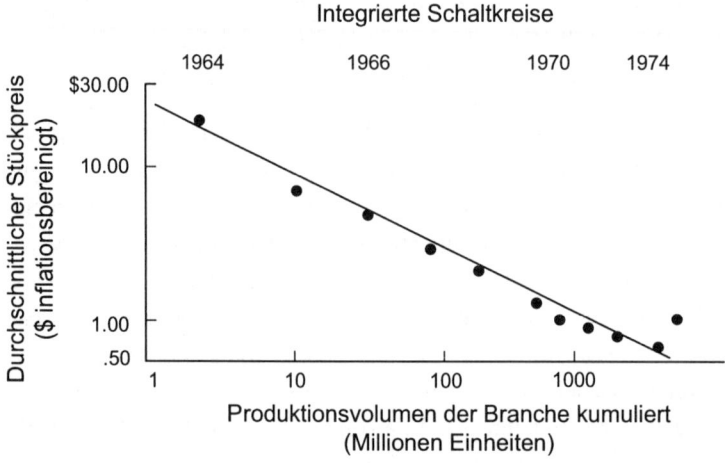

Quelle: Boston Consulting Group, zitiert nach Kerin/Mahajan/Varadarajan (1990, S. 118)

Was können nun die **Gründe** für einen solchen Erfahrungskurveneffekt sein? Als wichtigste Ursachen für einen solchen Effekt werden genannt:

Lerneffekte spielen die wichtigste Rolle. Damit meint man die vielfältigen Vorgänge, bei denen durch häufige Wiederholung der gleichen Tätigkeit die Effizienz steigt, weil die Tätigkeit schneller ausgeführt werden kann, Fehler sich verringern, Arbeitsabläufe besser gestaltet werden und evtl. eine weitergehende Spezialisierung möglich wird. Diese Aspekte sind im Zusammenhang mit Fertigungsabläufen besonders leicht nachvollziehbar.

Neue Produktionstechnologien, z.B. in Form von Fertigungsautomatisierung, haben in vielen Branchen zu dramatisch sinkenden Kosten geführt. So hat in der Halbleiter-Industrie die Entwicklung der Produktionstechniken (in Verbindung mit Lerneffekten, die zu einem deutlichen Absinken der Ausschussraten führt) zur Folge gehabt, dass die Preise für Bauteile innerhalb weniger Jahre auf einen Bruchteil der Einführungspreise abgesunken sind.

Vereinfachungen eines Produkts machen es oftmals möglich, die Stückkosten für ein in der Sicht des Kunden unverändertes Produkt dadurch zu senken, dass Werkstoffe durch billigere ersetzt werden, die Zahl der Bauteile verringert oder die Montage des Produkts vereinfacht wird, beispielsweise durch den Ersatz von Schraubverbindungen durch Steckverbindungen.

---

*John Czepiel (1992, S. 157 ff.) beschreibt einige **Beispiele für Ursachen des Erfahrungskurveneffekts**:*

Lerneffekte
Die Unternehmensberatung "Booz, Allen and Hamilton" hat in einer Studie Anfang der 80er Jahre festgestellt, dass die Kosten für die Entwicklung und Einführung neuer Produkte bei Unternehmen, die durch häufige Innovationen entsprechende Erfahrungen gesammelt haben, stark sinken (71 % Rückgang!).

Neue Produktionstechnologien
In der Halbleiter-Industrie ist Texas Instruments dazu übergegangen, Fertigungsanlagen selbst zu entwickeln und herzustellen, um Konkurrenten an den dadurch erzielbaren Möglichkeiten zur Kostensenkung nicht partizipieren zu lassen.

Vereinfachung des Produkts
Der erste von SONY um 1980 auf den Markt gebrachte Walkman hatte noch 232 Bauteile. 1989 war die Zahl der Teile auf 118 gesunken, was die Montagezeit deutlich reduzierte.

Aus dem Verlauf von Erfahrungskurven lassen sich einige Gesichtspunkte entnehmen, die für die Festlegung von Marketingstrategien relevant sein können (sofern in den entsprechenden Fällen die → Erfahrungskurve Gültigkeit hat). Große Bedeutung hat für die Entwicklung sogenannter **Normstrategien**, dass aus der Erfahrungskurve das Bestreben abgeleitet werden kann, **Marktführer** zu werden: Unternehmen mit dem höchsten Marktanteil erreichen - zumindest nach einiger Zeit - die größte kumulierte Produktionsmenge und damit die geringsten Stückkosten, woraus wiederum die größte Differenz zwischen Marktpreisen und Kosten resultiert, die zur Sicherung der Marktposition über entsprechende Marktinvestitionen oder für Preissenkungen genutzt werden kann. Auch manche Bemühungen von Unternehmen, die **eigenen Märkte auszuweiten** und die produzierten / abgesetzten Mengen zu steigern, (z.B. im Zusammenhang des internationalen Marketing) können im Hinblick auf den Erfahrungskurveneffekt interpretiert werden. Letztlich ist noch darauf zu verweisen, dass strategische Entscheidungen (z.B. eine längerfristig orientierte Preispolitik) dadurch beeinflusst werden können, welche (groben) **Schätzungen der langfristigen Kostenentwicklung** auf Grundlage der Erfahrungskurve vorgenommen werden, und dass ein **früher Markteintritt** zu Vorteilen bezüglich des Erfahrungskurveneffekts führen müsste, da später folgende Anbieter anfangs höhere Stückkosten haben (wegen ihrer zunächst geringeren kumulierten Menge/Erfahrung).

Allerdings gibt es auch **Kritik am Erfahrungskurvenkonzept** und Argumente für Begrenzungen seiner Aussagemöglichkeiten. Es ergibt sich bei der Anwendung eine beachtliche Zahl von **Messproblemen**. So muss man sich fragen, was eigentlich unter "einem Produkt" zu verstehen ist. Nur ein bestimmtes Produkt, das über eine bestimmte Zeit völlig unverändert angeboten wird, oder eine ganze Serie von Einzelprodukten, die im Zeitablauf verändert (modernisiert, verbessert) werden? Auf die bekannten Probleme der **Erfassung und Zurechnung von Kosten** muss ebenfalls hingewiesen werden. Auch die Hypothese, dass Erfahrung nur durch eine Steigerung der kumulierten Produktionsmenge zustande kommt, ist zweifelhaft. So **lässt sich Erfahrung** durch vielerlei Arten des Informationstransfers, beispielsweise durch Übernahme von Personal aus anderen Unternehmen, **substituieren**. Letztlich ist zu beachten, dass sich die Erfahrungskurve nur auf ein Kostensenkungs**potenzial** bezieht, zu dessen Realisierung es entsprechender Anstrengungen im Unternehmen bedarf, d.h., dass die Kostensenkung nicht automatisch erfolgt, sondern forciert werden muss.

Economies of Scale

Vom Erfahrungskurveneffekt zu trennen sind die Economies of Scale (Betriebsgrößen-ersparnisse), also die Reduzierungen der Stückkosten, die durch größere Ausbringungs-mengen möglich werden. Bei der Erfahrungskurve ging es um Reduzierung der Stück-kosten bei wachsenden kumulierten Produktionsmengen, hier geht es um Kostensenkung bei größeren Produktionsmengen pro Zeiteinheit.

> *Am Beispiel der chemischen Industrie lassen sich **Betriebsgrößenersparnisse** gut veranschaulichen. Es ist (nicht nur) dort auch für den Laien nachvollziehbar, dass die Kosten einer Produktionsanlage mit doppelter Kapazität nicht doppelt so hoch liegen wie die Kosten einer kleineren ("einfache Kapazität") Anlage. Hier gilt vielmehr die Faustregel, dass doppelte Kapazität nur zu etwa 1,5 bis 1,7-fachen Kosten der Anlage führt. In der Chemie-Branche findet man auch Beispiele für Anlagen, zu deren Steuerung und Wartung eine bestimmte festgelegte Anzahl von Mitarbeitern erforder-lich ist. Eine Steigerung der Ausbringungsmenge bei konstanten Personalkosten führt in diesem Fall zu einer Senkung der Stückkosten (vgl. Czepiel 1992, S. 156).*

Man unterscheidet verschiedene **Arten von Betriebsgrößenersparnissen**. In der **Produktion** wird bei großen Mengen oft ein höherer Automatisierungsgrad und eine weitergehende Spezialisierung von Einzeltätigkeiten ermöglicht. In der **Logistik** gilt ähnliches: Die Automatisierung (z.B. durch Warenwirtschaftssysteme) kann weiter entwickelt werden und die Kapazitätsauslastung eines Logistiksystems kann steigen. Hinsichtlich der **Beschaffung** ist vor allem an die erhöhte Verhandlungsstärke von Großabnehmern zu denken, die es diesen ermöglicht, niedrigere Preise und günstigere

Lieferkonditionen, Produktanpassungen etc. durchzusetzen. Im **Marketing** können sich Betriebsgrößenersparnisse vor allem beim Vertriebssystem und bei den Ausgaben für die Kommunikationspolitik ergeben. Nicht zuletzt ist ein Gesichtspunkt anzusprechen, der auch für die davor genannten Faktoren gilt: Mit zunehmender Ausbringungsmenge können entstehende Fixkosten auf eine größere Zahl von Einheiten verteilt werden. Der Aspekt der **Verteilung von Fixkosten** dürfte nicht zuletzt bezüglich der in vielen Branchen sehr hohen Kosten für **Forschung und Entwicklung** (z.B. Flugzeuge, Medikamente) beachtlich sein.

---

*Zwei Beispiele aus der Literatur zur Bedeutung der **Verteilung von Fixkosten**:*

"IBM beherrschte etwa 70 % des Marktes für Groß-Computer und seine schärfsten Wettbewerber hatten jeweils etwa 8 %. Bei Entwicklungskosten für einen neuen Computer von etwa 1 Mrd. $ lagen die Entwicklungskosten pro Einheit nur bei einem Neuntel im Vergleich zu den nächstgrößeren Wettbewerbern." (Czepiel 1992, S. 156 f.)

Erwin Dichtl beschreibt, wie sich Kosten für Werbung, die ja weitgehend unabhängig von der produzierten Menge sind, weil bestimmte Budgets benötigt werden, um eine bestimmte Aufmerksamkeit, Bekanntheit u.ä. zu erreichen, bei unterschiedlichen Verkaufszahlen auswirken:

"Ein VW-Käufer wurde 1990 mit bescheidenen DM 159 belastet; wer Opel, Ford, Daimler Benz oder BMW bevorzugte, wurde immerhin schon mit DM 300 bis 400 zur Kasse gebeten. Fiat, Renault, Honda, Mazda und Nissan brachten es auf DM 500 bis 700, Jaguar, Alfa Romeo und Range Rover gar auf Größenordnungen zwischen DM 2000 und 3000, während Saab mit DM 3255 pro Wagen den Vogel abschoss." (Dichtl 1994, S. 271).

5.2.2   Umwelt- und Branchenanalyse

Im vorstehenden Abschnitt wurden Informationsgrundlagen der Marketingplanung behandelt, die unabhängig von Spezifika einzelner Produkte oder Branchen eine gewisse Allgemeingültigkeit haben. Im vorliegenden und in folgenden Teilen dieses Kapitels geht es um Rahmenbedingungen der Marketingplanung, die schrittweise immer spezifischer auf das jeweilige Unternehmen bezogen sind. Abbildung 5.5 soll dieses Vorgehen veranschaulichen.

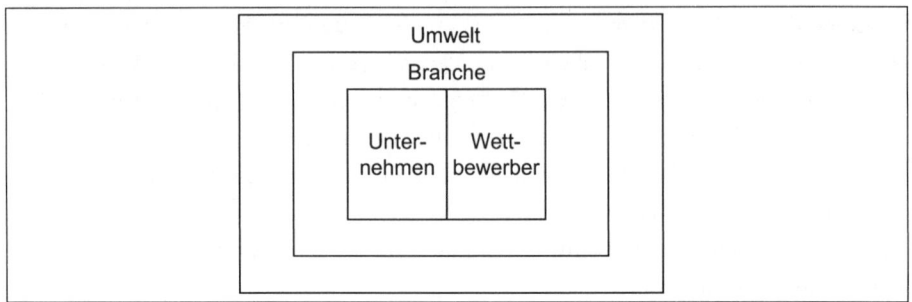

Abbildung 5.5:   Unterschiedlich spezifische Rahmenbedingungen der
                   Marketingplanung

In der "äußeren Schicht" von Abbildung 5.5 sind die Umweltbedingungen als Einflussfaktoren des Markterfolgs mit großem Allgemeinheitsgrad eingetragen. Dabei sind vor
allem die staatlichen und rechtlichen, die gesamtwirtschaftlichen und technologischen
Charakteristika der **Unternehmensumwelt** gemeint. Schon spezifischer für das jeweilige Unternehmen ist die **Branche**, der es angehört. Hier liegt der Schwerpunkt der
Betrachtungen bei der Analyse der Wettbewerbskräfte in einer Branche, also bei der
Stärke von Abnehmern und Lieferanten, bei der Schärfe des Wettbewerbs unter Unternehmen der gleichen Wirtschaftsstufe und bei der Bedrohung bisheriger Anbieter durch
neue Konkurrenten oder durch Ersatzprodukte. Noch direkter ist der Einfluss der
Stärken und Schwächen eines Unternehmens auf den Markterfolg eines Produkts bzw.
Geschäftsfelds. Überlegungen zur Analyse dieser Bereiche finden sich im Abschnitt
5.2.3.

Umweltanalyse

Nun also zur Analyse der Umwelt. Nachfolgend werden dazu technologische, politisch-
rechtliche, gesamtwirtschaftliche und demographische Rahmenbedingungen angesprochen.

-      **Technologische Rahmenbedingungen**

Die Entstehung und Ausbreitung neuer Technologien kann Chancen für die Entwicklung
neuer Geschäftsbereiche mit sich bringen, aber auch eine Bedrohung bisheriger Tätigkeitsbereiche von Unternehmen darstellen. So ist durch die Entwicklung der Mikroelektronik ein breites Spektrum neuer Produkte in der Büromaschinen- und Kommunikati-
onsbranche möglich geworden, z.B. Telefax, PC, Handy, Satelliten. Auf der anderen
Seite sind ebenfalls durch die Mikroelektronik und die damit verbundene Möglichkeit
zur Herstellung sehr preiswerter und präziser Uhren in den 70er und 80er Jahren die
traditionellen Hersteller hochwertiger Uhren in eine Existenzkrise geraten.

-      **Politisch-rechtliche Rahmenbedingungen**

Gerade zu Beginn der 90er Jahre ist deutlich geworden, in welchem Maße politische
Veränderungen auch die Aktionsmöglichkeiten von Unternehmen beeinflussen: Durch
die Veränderungen in Osteuropa sind bestimmte Märkte entfallen, andere haben sich

neu geöffnet. Schon immer hat man vor allem im Zusammenhang mit dem internationalen Marketing derartige Auswirkungen der Politik erkennen können. Prominente
Beispiele sind die (politisch gewollte) Ausweitung des internationalen Freihandels durch
die GATT-Abkommen (seit 1947) und die Einführung des europäischen Binnenmarktes
(1992/1993).

- **Gesamtwirtschaftliche Rahmenbedingungen**

Sowohl das B-to-B- als auch das Konsumgütermarketing werden natürlich durch
gesamtwirtschaftliche Faktoren direkt und / oder indirekt beeinflusst. Zahlreiche
Entscheidungen über die Beschaffung von Investitionsgütern hängen in starkem Maße
vom (erwarteten) Wirtschaftswachstum, von Inflationsraten, Zinssätzen etc. ab. Auf
Konsumgütermärkten wirken sich in offenkundiger Weise sinkende oder steigende
Realeinkommen von Haushalten deutlich aus; einige Märkte für nicht lebens-
notwendigen Bedarf (z.B. Tourismus, Freizeit, Luxuskonsum) werden stärker davon
beeinflusst, andere Märkte für den Grundbedarf von Konsumenten weniger (siehe dazu
auch Abschnitt 4.2.3).

- **Demographische Rahmenbedingungen**

Demographische Entwicklungen bilden gewissermaßen die "Basis" für die Entwicklung
mancher Märkte. So hängt eben die Nachfrage nach Gebissreinigern oder Babynahrung
wohl weniger von geschmacklichen Trends als von der Altersstruktur der Bevölkerung
ab. Wachstum bzw. Schrumpfung von Märkten wird von der Bevölkerungsentwicklung
maßgeblich bestimmt.

---

*Ein Beispiel für ein Unternehmen, das auf längerfristige **Veränderungen von Umweltbedingungen** reagiert, ist der britisch-niederländische Energieanbieter Shell. Da
einerseits die weltweit vorhandenen Ölvorräte irgendwann zur Neige gehen und
andererseits die Verunreinigung der Atmosphäre durch Schadstoffausstoß vermindert
werden soll, ist Shell dabei, mit dem Angebot von Solaranlagen ein für das Unternehmen ganz neues Geschäftsfeld aufzubauen:*

*"Szenarien der Royal Dutch/Shell Gruppe zufolge wird in 50 Jahren der Anteile
regenerativer Energien weltweit bei 30 bis über 50 Prozent liegen. Dieser dramati-
schen Energie wende liegt die Berücksichtigung von den ökologischen und klimati-
schen Auswirkungen fossiler und anderer Energieträger zugrunde. Solarenergie liefert
geräuschlos und emissionsfrei Strom, ist zuverlässig und einfach anzuwenden und
dadurch von allen Seiten im höchsten Maße akzeptiert. Shell engagiert sich bereits seit
dem Beginn der 80er Jahre mit Produktionsstätten in Helmond/Niederlande und Japan
in der Entwicklung und Fertigung von Solartechnologie. Die neue Solarzellenfabrik
Gelsenkirchen belegt den Willen der Shell Gruppe in innovative Technologien und
zukunftsorientierte Arbeitsplätze zu investieren. Zudem baut Shell Solar ihr Vertriebs-
netz in Deutschland auf. Unternehmen wie Dachdecker oder Elektroinstallateure
werden als Shell Solar Systempartner ausgebildet. Somit wird gewährleistet, dass
Solarstromanlagen von Shell Solar durch kompetente Partner professionelle und
fachgerecht installiert werden." Quelle: www.shell.com [16.01.2001]*

Branchenanalyse

Bei der Branchenanalyse geht es um die Betrachtung von Einflussfaktoren, die die Profitabilität der Unternehmen, die in einer Branche (z.B. Stromversorgung, Automobil-herstellung, Lebensmitteleinzelhandel, Tourismus) tätig sind, insgesamt beeinflussen. Ergebnisse solcher Analysen sind nicht zuletzt wesentlich für Entscheidungen, ob es sinnvoll ist, in eine Branche neu einzutreten oder die entsprechende Geschäftstätigkeit aufzugeben. Der dominierende Ansatz zur Branchenanalyse stammt von Porter (1992b, S. 25 ff.) und bezieht sich auf die von ihm charakterisierten fünf sog. "**Wettbewerbs-kräfte**" (siehe Abbildung 5.6):

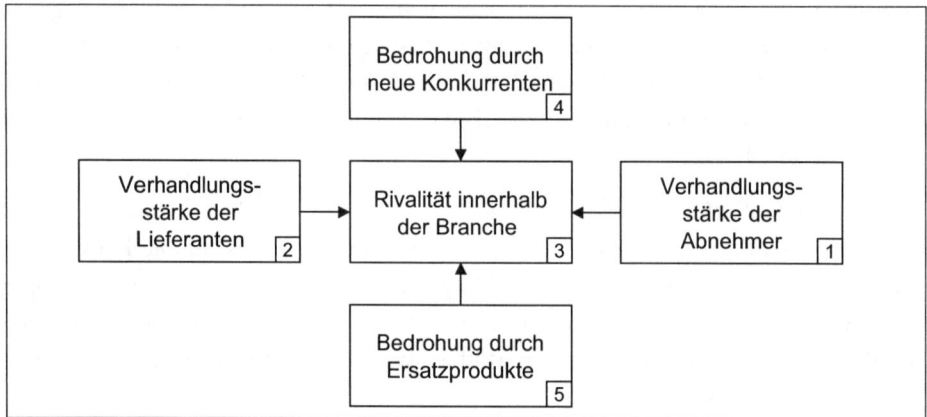

Abbildung 5.6:   Kräfte des Branchenwettbewerbs (nach Porter 1992b, S. 26)

Nun zu einer kurzen Betrachtung der fünf in Abb. 5.6 genannten Wettbewerbskräfte.

(1) Verhandlungsstärke / Machtposition der Abnehmer

Die Auswirkungen von **Nachfragemacht** auf die wirtschaftliche Lage einer Branche lassen sich an vielen Beispielen aus der Praxis (Automobilzulieferer, Lebensmittelein-zelhandel etc.) leicht erkennen. Die erzielbaren Preise sind relativ niedrig; die Abnehmer verlangen eine Ausrichtung von Produkten und Eigenschaften auf ihre speziellen Bedürfnisse und besondere Lieferbedingungen. Typische Ursache für Nachfragemacht ist hohe Konzentration bei den Abnehmern und die damit verbundene Abhängigkeit von einzelnen / wenigen Kunden. Beispiele dafür findet man im deutschen Lebensmittelein-zelhandel, wo weniger als 10 Handelsunternehmen deutlich über 50 % des gesamten Umsatzes abwickeln.

(2) Verhandlungsstärke / Machtposition der Lieferanten

Wirkungen von **Anbietermacht** stehen in gewisser Weise denen von Nachfragemacht gegenüber. Starke Anbieter können hohe Preise durchsetzen und die Produkteigen-schaften im Sinne der wirtschaftlichen Gestaltung ihres eigenen Produktions- und

Vertriebssystems weitgehend bestimmen. Verbreitete Ursache solcher Anbietermacht können u.a. die Knappheit bei bestimmten Produkten oder die geringe Umsatzbedeutung einzelner Abnehmer sein. Der Chip-Hersteller Intel bietet ein Beispiel für die systematische Stärkung seiner Machtposition als Lieferant: Durch intensive Werbung bei Endabnehmern ("Intel inside"), die selbst keine Chips kaufen, werden bei diesen Präferenzen aufgebaut, die wiederum dazu führen, dass PC-Hersteller Intel-Chips kaufen und einbauen (müssen).

(3) Rivalität zwischen den Unternehmen innerhalb einer Branche

Das Verhalten von Wettbewerbern ist in verschiedenen Branchen höchst unterschiedlich. Es gibt Märkte, in denen die beteiligten Unternehmen nur zurückhaltend agieren und die Verschiebungen von Marktanteilen gering bleiben. In anderen Märkten sind heftige Preiskämpfe und aggressive Werbung an der Tagesordnung und führen zu deutlichen Marktanteilsverschiebungen. Insbesondere Preiskämpfe betreffen natürlich direkt die Rentabilität von Unternehmen.

Die Rivalität innerhalb der Branche wird von mehreren **Faktoren** bestimmt. So kann die **Zahl von Wettbewerbern** in der Branche eine Rolle spielen: Bei einer geringen Zahl kommt es leichter zu "stillschweigender Einigung", bei zahlreichen Wettbewerbern ist es eher möglich, dass ein einzelner davon den Branchenwettbewerb durch aggressives Verhalten bestimmt. Weiterhin führt **geringes Marktwachstum** eher zu dem Versuch, Wachstum für ein Unternehmen auf Kosten von Wettbewerbern zu erzielen. Ein **hoher Fixkostenanteil** in einer Branche (z.B. Mobilfunk, Fernsehen) fördert ebenfalls aggressives Wettbewerbsverhalten, da typischerweise versucht wird, diese Fixkosten auf eine möglichst große Absatzmenge umzulegen. Die Versteigerung der UMTS-Lizenzen in Deutschland im Jahre 2000, wobei pro Lizenz etwa 15 Mrd. DM zu zahlen waren, bietet ein aktuelles Beispiel.

(4) Bedrohung durch neue Konkurrenten

Neu in einen Markt eintretende Wettbewerber verstärken den Wettbewerbsdruck, weil sie natürlich bestrebt sind, bisherigen Anbietern Marktanteile abzunehmen. Häufig kommt hinzu, dass sie aus anderen Branchen besonderes Know-how oder erhebliche Kapitalkraft mitbringen, die die Position bisheriger Anbieter bedrohen. Die Wahrscheinlichkeit des Markteintritts neuer Wettbewerber hängt einerseits davon ab, in welchem Ausmaß diese mit Abwehrmaßnahmen der etablierten Anbieter zu rechnen haben. Daneben spielen die sogenannten **Markteintrittsbarrieren** eine wichtige Rolle. Damit sind Aspekte gemeint, die es erschweren oder unmöglich machen, als neuer Anbieter eine wettbewerbsfähige Position zu erringen. Beispiele für solche Markteintrittsbarrieren sind die oftmals begrenzte Aufnahmefähigkeit von Vertriebskanälen (Handel), die Bindungen von Kunden an bisherige Anbieter sowie ein hoher Kapitalbedarf (für Entwicklungskosten, Vertriebssysteme, Produktionsanlagen), dem kleinere Unternehmen nicht entsprechen können. Fritz (2000, S. 101 ff.) diskutiert

Auswirkungen der Internet-Ökonomie auf Markteintrittsbarrieren. Er verweist u.a. darauf, dass das Internet traditionelle (begrenzte) Vertriebskanäle ersetzen kann. Andererseits ist der Aufbau eines vollständigen E-Commerce-Systems typischerweise mit hohem, für kleine Anbieter teilweise zu hohem, Investitionsbedarf verbunden.

(5) Bedrohung durch Ersatzprodukte
Die gesamte Branche wird bedroht durch Ersatzprodukte, durch die Abnehmer das bisher bezogene Produkt substituieren können. Diese Substitute können durchaus aus "weit entfernt" erscheinenden Branchen kommen. So wurde in den USA die Branche "Schnellrestaurants" durch die Ausbreitung von Mikrowellenherden und das Angebot geeigneter Fertiggerichte bedroht. Das Erfrischungsgetränk "Red Bull" ersetzt vielfach Kaffee. Ende der 90er Jahre stellte sich die Frage, inwieweit Dienstleistungen des Handels beim Einkauf über das Internet substituiert werden können.

5.2.3   Situation des Unternehmens im Vergleich zu Wettbewerbern

Der nächste Schritt der Konkretisierung der Ausgangsbedingungen der Marketingplanung besteht in der Analyse der Situation eines Unternehmens im Vergleich zu Wettbewerbern. Wo liegen also die entsprechenden **Stärken und Schwächen**? Inwieweit schaffen oder begrenzen diese Möglichkeiten die **Gewinnung von Wettbewerbsvorteilen**? Dabei stellt sich zunächst die Frage, welche Konkurrenten denn besonders beachtet werden müssen. Hier gibt es zwei deutlich verschiedene Ansatzpunkte: Einerseits kann man die Kaufentscheidungen der eigenen Kunden betrachten und analysieren, zwischen welchen gleichartigen oder ähnlichen Produkten anderer Anbieter sich diese entschieden haben. Andererseits wird versucht, auf der Anbieterseite Unternehmen zu identifizieren, die eine ähnliche Strategie verfolgen wie das eigene Unternehmen.

Bei der Identifizierung von Wettbewerbern, deren Angebote in der Kundensicht ähnlich und damit weitgehend austauschbar sind, lässt sich an die sog. **Positionierungsanalysen** (zu Einzelheiten siehe Abschnitt 5.4) anknüpfen, bei denen festgestellt wird, wie ähnlich konkurrierende Produkte im Hinblick auf wesentliche Merkmale durch die Kunden wahrgenommen werden. Je größer die Ähnlichkeit von Produkten in der Wahrnehmung der Kunden, desto größer ist auch die "Gefahr", dass diese von einem bisher gekauften zu dem betreffenden Konkurrenzprodukt wechseln. Die Praxis bietet dafür eine Fülle allseits bekannter Beispiele: Perrier und San Pellegrino bei Mineralwasser, Mercedes und BMW bzw. Toyota und Mazda bei Automobilen, Toshiba und Pioneer bei Unterhaltungselektronik usw. Schon schwieriger ist die Identifizierung von Konkurrenten, die **Substitutionsprodukte** anbieten. Das sind in diesem Zusammenhang Produkte, die zwar (technisch) andersartig sind, aber bei Kunden gleiche (Grund-)bedürfnisse befriedigen. So kann ein Kino mit einer benachbarten Diskothek in Konkurrenzbeziehung stehen, weil beide einem Bedürfnis nach Unterhaltung entsprechen.

Für die gewissermaßen "anbieterorientierte" Identifizierung von Konkurrenten spielen **strategische Gruppen** eine zentrale Rolle, die Porter (1992b, S. 177) folgendermaßen kennzeichnet: "Eine strategische Gruppe ist die Gruppe der Unternehmen in einer Branche, die dieselbe oder eine ähnliche Strategie ... verfolgen". Hintergrund für ähnliche Strategien ist häufig die Ähnlichkeit der Anbieter im Hinblick auf Größe, Ressourcen, Ziele etc. (vgl. Aaker 1992, S. 65).

*Kleinaltenkamp (2000, S. 89 f.) berichtet über eine Untersuchung in der deutschen Werkzeugmaschinen-Industrie aus dem Jahre 1981 zur **Definition strategischer Gruppen**. Dazu wurden die Kriterien "Problemlösungsnähe" ("gering bzw. vollstandardisierte Produkte" bis "hoch bzw. Problemlösung für jeweils ein ganz spezielles Bearbeitungsproblem") sowie "Komplexität der Produkte" ("gering" bis "hoch") verwendet. Damit konnten acht Gruppen identifiziert werden, die im Hinblick auf diese beiden Merkmale in sich jeweils relativ homogen waren.*

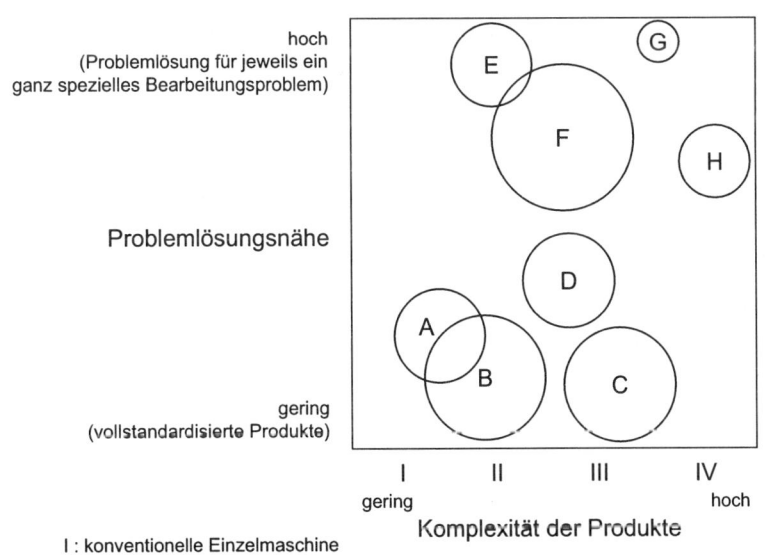

Strategische Gruppen in der deutschen Werkzeugmaschinenindustrie 1981
Quelle: vereinfachte Abbildung nach Zörgiebel 1983, S. 188

Zur Charakterisierung der Wettbewerbsposition und zur Identifizierung von Ansatzpunkten für Marketingstrategien wird eine **Stärken-Schwächen-Analyse** vorgenommen, deren Wesen durch ihren Namen schon weitgehend charakterisiert ist. Im Mittelpunkt steht also die Einschätzung der Leistungsfähigkeit eines Unternehmens im Hinblick auf Aspekte, die die Position dieses Unternehmens bezüglich der jeweiligen Marktbedingungen und der Wettbewerbssituation bestimmen. Diese Einschätzung erfolgt weitgehend in Relation zu den vergleichbaren Merkmalen von Wettbewerbern. Insofern spricht man dann von Stärken und Schwächen. Einige führende Autoren bringen die Stärken-Schwächen-Analyse in Verbindung mit den durch Faktoren außerhalb des Unternehmens bestimmten Chancen und Risiken und nennen beides zusammen **SWOT-Analyse** (**S**trengths, **W**eaknesses, **O**pportunities, **T**hreats).

Beim (strategischen) Marketing kann eine Vielzahl von höchst unterschiedlichen Faktoren - nicht nur aus dem Bereich Marketing im engeren Sinne - für die **Gewinnung von Wettbewerbsvorteilen** relevant sein. Entsprechend breit ist das Spektrum von Merkmalen, die in eine Stärken-Schwächen-Analyse typischerweise einbezogen werden. Als Beispiele seien hier die folgenden Merkmale genannt (vgl. Kreilkamp 1987, S. 237 f. und Hax/Majluf 1996, S. 132 ff.):

- Art und Qualität der Produkte
- Modernität und Kapazität des Produktionsbereichs
- Größe, Qualifikation und Motivation des Vertriebsbereichs
- Kostensituation von Produktion, Vertrieb und Verwaltung
- Logistik und Distributionssystem
- finanzielles Potenzial
- Kreativität von Forschung und Entwicklung
- Patente
- Image von Marken und Gesamtunternehmen

Eine gängige Form der Darstellung von Stärken und Schwächen besteht in entsprechenden **Profilen**, in denen das Ergebnis der Analyse graphisch veranschaulicht wird.

*Ein (hypothetisches) einfaches Beispiel zur **Stärken-Schwächen-Analyse** (Vergleich eines Unternehmens mit einem Wettbewerber) könnte folgendermaßen aussehen*

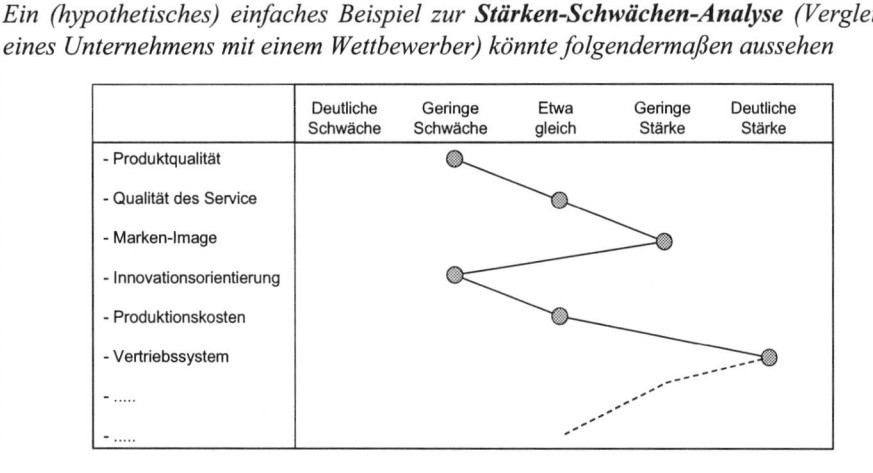

Während bei der Stärken-Schwächen-Analyse der Vergleich von **Potenzialen** des eigenen Unternehmens mit denen von Wettbewerbern im Vordergrund steht, ist die Betrachtung von Wertketten auf **Prozesse** bzw. Prozessunterschiede gerichtet (Plinke 1995, S. 70 ff.). Die Wertkette hebt sich auch durch eine etwas größere Systematik von der Stärken-Schwächen-Analyse ab, die auf mehr oder weniger vollständigen Checklisten basiert.

Die Grundidee der **Wertketten-Analyse** (vgl. Porter 1992 b, S. 59 ff., siehe auch Abschnitt 1.1 dieses Buches) besteht darin, den **Prozess der Wertschöpfung** in einem Unternehmen mit seinen „primären" und „unterstützenden" Aktivitäten zu betrachten und mit entsprechenden Prozessen in konkurrierenden Unternehmen zu vergleichen. Als **primäre Aktivitäten** gelten Erstellung und Vertrieb (einschl. Service) von Leistungen (Sachgüter, Dienstleistungen), **unterstützende Aktivitäten** ermöglichen die primären Aktivitäten insofern, als sie die Voraussetzungen für die primären Aktivitäten durch Bereitstellung von Inputs, Know-how, Infrastruktur etc. schaffen.

Der Vergleich der in Form einer Wertkette strukturierten eigenen Aktivitäten mit denen von Wettbewerbern hat als Zielrichtung die **Gewinnung von Wettbewerbsvorteilen**. Czepiel (1992, S. 137) fasst den Grundgedanken zusammen: „**Wettbewerbsvorteile** entstehen dadurch, dass man in der Lage ist, den Kunden Leistungen anzubieten, die andere nicht bieten können. Das heißt, dass ein Unternehmen bestimmte Aktivitäten besser, zu niedrigeren Kosten oder einfach anders als andere Unternehmen durchführt. Die Wertkette ist eine Methode, um solche Aktivitäten zu identifizieren." In diesem Zusammenhang sei auch auf die in Abschnitt 2.3.2 angestellten Überlegungen verwiesen.

5.2.4   Leitlinien aus der Unternehmensplanung

Der Marketingplanung übergeordnet sind typischerweise Festlegungen bezüglich der **Unternehmensziele** (z.B. Wachstum oder Stabilisierung) und allgemeinerer **Grundsätze des Unternehmens** (z.B. Leitbild und ethische Prinzipien). Beides - Ziele und Grundsätze - werden geprägt durch Einflüsse von Unternehmenseignern und Beschäftigten, von **Traditionen** des Unternehmens und seiner **Kultur**, von den gegebenen Möglichkeiten (Ressourcen und Fähigkeiten) und nicht zuletzt von den ökonomischen und gesellschaftlichen Rahmenbedingungen.

In den letzten Jahren hat die Orientierung an **ethischen Prinzipien** einen deutlichen Bedeutungszuwachs erhalten. Besondere Beachtung haben in diesem Zusammenhang die gesundheitliche Verträglichkeit von Produkten und der Umweltschutz erlangt. So stellen sich Unternehmen im Hinblick auf ethische Verantwortbarkeit die Frage, ob sie sich aus Märkten für gesundheitsschädliche (z.B. Zigaretten) oder ökologisch schädliche Produkte (z.B. FCKW) zurückziehen. Aktuell stellen sich entsprechende Fragen im Hinblick auf die Verwertung gentechnischer Erkenntnisse.

Die Relevanz der vorstehend genannten Gesichtspunkte für die Marketingplanung ist leicht erkennbar. Durch **Unternehmensgrundsätze** und **ethische Begrenzungen** der Unternehmenstätigkeit wird für die später ausführlicher zu diskutierende Frage, auf welchen Märkten ein Unternehmen tätig ist/sein will („**Wo?**"), ein Rahmen vorgegeben.

Die oben angesprochenen **Unternehmensziele** haben etwas differenziertere Auswirkungen. Auch hier ist natürlich der Zusammenhang zur Frage „**Wo?**" deutlich erkennbar. Unterschiedliche Gewichtungen von Wachstum, Profitabilität, Stabilität etc. haben eben entsprechende Kriterien zur Bewertung der Attraktivität von Märkten zur Folge. Unternehmen, die Marktführer werden und eine dominierende Position erringen wollen, dürfen ihr Tätigkeitsfeld nicht zu eng begrenzen. Von den Zielen wird auch die Frage „**Wie?**" berührt, also die Frage, wie Unternehmen Wettbewerbsvorteile gewinnen können. So hat die Fristigkeit von Gewinnzielen Auswirkungen auf die Bereitschaft, in neue Produkte und die Erschließung neuer Märkte zu investieren; eine angestrebte Marktführerschaft bedingt oftmals die Erschließung von Massenmärkten durch Kostenführerschaft.

5.3   Marktorientierte Unternehmensplanung

5.3.1   Definition der relevanten Märkte

5.3.1.1   Einführung

Nachdem im Abschnitt 5.2 gängige Gesichtspunkte zu Ausgangsbedingungen und Informationsgrundlagen der Marketingplanung umrissen worden sind, geht es jetzt um den ersten Schritt der Marketingplanung im engeren Sinne, die **Bestimmung und Auswahl der für ein Unternehmen relevanten Märkte (wo?)**. Es folgen in den weiteren Abschnitten Überlegungen zu den möglichen grundlegenden strategischen Optionen (wie?) und zu zeitlichen Aspekten der Marketingstrategie (wann?).

Eine besonders einfach scheinende Frage gehört zu den wichtigsten, die sich ein Unternehmen stellen kann: **In welchem Markt sind wir tätig bzw. wollen wir tätig werden?** Der Titel des grundlegenden Buches von Abell (1980) illustriert die Bedeutung des Problems: "Defining the Business - The Starting Point of Strategic Planning."

Vordergründige Antworten auf diese Frage können langfristig den Erfolg und sogar die Existenz von Unternehmen gefährden. Ein bekanntes Beispiel dafür sind die amerikanischen Eisenbahngesellschaften, die eben wähnten, in der Eisenbahnbranche tätig zu sein und nicht in der Transportbranche. Das hatte zur Folge, dass sie an der wachsenden Nachfrage nach Transportleistungen nicht partizipierten und Spediteure, die LKW's einsetzten, den Markt bedienten.

> *In einem Interview des "Tagesspiegel" (S. 30) mit Jens Neumann, Vorstandsmitglied der Volkswagen AG, vom 16.4.2000 findet sich ein aktuelles Beispiel zu einer veränderten Sichtweise des Automobilmarktes:*
>
> *Frage des Interviewers: "In wenigen Wochen wird hier in Wolfsburg die Autostadt eröffnet, eine Erlebniswelt für Autofans, die sich VW rund eine Milliarde Mark hat kosten lassen. Passt das in die virtuelle Welt?"*
>
> *Antwort: Jens Neumann: "Unser Geschäft konvergiert ins Mobilitäts-, Service- und Kommunikationsbusiness. Der traditionelle Autoverkauf lässt sich nur halten, wenn er vom Experience-Marketing begleitet wird. Wir bewegen uns also weg vom Hardware-Verkauf hin zur Heartware: Einen Kunden an sich binden, durch die Emotion für eine bestimmte Marke. Etwas Zeitgemäßeres als unsere Autostadt hier in unmittelbarer Näher des VW-Werks kann ich mir deshalb überhaupt nicht vorstellen."*

Die **Definition von Absatzmärkten**, in denen ein Unternehmen tätig ist bzw. sein will, hat nach Day (1984, S. 17) drei wesentliche **Funktionen**:

- Die **Aufmerksamkeit des Managements** wird auf die Gesichtspunkte gelenkt, die für den dauerhaften Markterfolg des Unternehmens wichtig sind. Das sind meist die der Nachfrage zu Grunde liegenden Bedürfnisse.

- Die **Grenzen der Unternehmenstätigkeit** werden abgesteckt und gleichzeitig Perspektiven für das **Wachstum des Unternehmens** eröffnet. Wenn sich beispielsweise die Lufthansa als Anbieter von Transportleistungen versteht, dann lässt das Aktivitäten in den Bereichen Lufttaxi, Schnellbahnzüge, Flughafenzubringer etc. zu, schließt aber eine Tätigkeit als Veranstalter von Pauschalreisen aus.

- Die **Grundlagen für die Analyse** der Situation des Unternehmens werden gelegt, indem dessen Absatzmarkt abgegrenzt und Wettbewerber identifiziert werden.

In der detaillierteren Diskussion der folgenden Abschnitte wird zwischen ein- und mehrdimensionalen Ansätzen unterschieden. Bei **mehrdimensionalen Ansätzen** werden mehrere Aspekte gleichzeitig zur Kennzeichnung und Abgrenzung eines (Teil-)Marktes herangezogen, während bei **eindimensionalen Ansätzen** der Fokus bei nur einem maßgeblichen Gesichtspunkt liegt. Zunächst wird das heute breit akzeptierte mehrdimensionale **Abell-Schema** vorgestellt. Es folgen die traditionellen (aber immer noch gängigen) eindimensionalen. Es wird sich zeigen, dass dadurch einzelne Aspekte der mehrdimensionalen Ansätze zusätzlich illustriert werden können. Bei den eindimensionalen Betrachtungen wird auch auf die Marktsegmentierung eingegangen, die für das Marketing eine zentrale - deutlich über die marktorientierte Unternehmensplanung hinausreichende - Bedeutung hat.

Am Ende dieses Abschnitts (5.3.1.4) wird auf sog. "strategische Geschäftsfelder" eingegangen. Dabei geht die Perspektive über die Kennzeichnung und Abgrenzung von Märkten schon deutlich hinaus, weil daneben auch unterschiedliche Wettbewerbsverhältnisse in verschiedenen Teilmärkten explizit berücksichtigt werden und somit Einheiten entstehen, für die relativ unabhängig Strategien entwickelt und umgesetzt werden können.

5.3.1.2   Das Schema von Abell als mehrdimensionaler Ansatz zur Definition von Märkten

Als Hilfsmittel zur Definition der Absatzmärkte von Unternehmen ist von Abell (1980) ein mehrdimensionaler Ansatz eingeführt worden, der seither starke Beachtung gefunden hat. Dabei werden die drei Dimensionen

- Funktion,

- Technologie und

- Marktsegment

verwendet, die im Folgenden kurz erläutert werden sollen.

Bei der **Funktion** geht es natürlich um die Funktion des Leistungsangebots von Unternehmen für die Kunden, also um die Nutzungsmöglichkeiten von Produkten (Sachgüter und Dienstleistungen). Bezogen auf das Beispiel der Verlagsbranche (Bücher, Zeitungen, Zeitschriften etc.) könnten diese Funktionen u.a. in der Unterhaltung, geistiger Anregung / "Erbauung", Angebot aktueller Informationen (Politik, Sport, Wirtschaft), in der Unterstützung von Bildung / Weiterbildung bestehen.

Das Stichwort **Technologie** bezieht sich auf unterschiedliche Verfahren oder Werkstoffe, mit denen die Funktionserfüllung beim Kunden erreicht werden kann. Beim erwähnten Beispiel der Verlagsbranche könnten im Hinblick auf die Technologie Bücher, Zeitungen / Zeitschriften, CD-ROM's und Internet-Angebote genannt werden. Allerdings ist natürlich nicht jede Technologie für alle Funktionserfüllungen gleichermaßen geeignet.

Die Einteilung eines Gesamtmarktes in **Marktsegmente** gehört zu den schon länger im Marketing etablierten grundlegenden Prinzipien. Gemeint ist damit die Bildung von Kundengruppen, die hinsichtlich ihrer Bedürfnisse und Charakteristika möglichst homogen sind. Beim Beispiel der Verlage könnten das vielleicht Privatpersonen, Studierende, Unternehmen / Manager oder Bibliotheken sein.

Gelegentlich findet man graphische Darstellungen, in denen die Wahlmöglichkeiten von Unternehmen im Hinblick auf die genannten Dimensionen visualisiert sind. Eine Illustration zu dem Verlags-Beispiel findet sich in Abbildung 5.7.

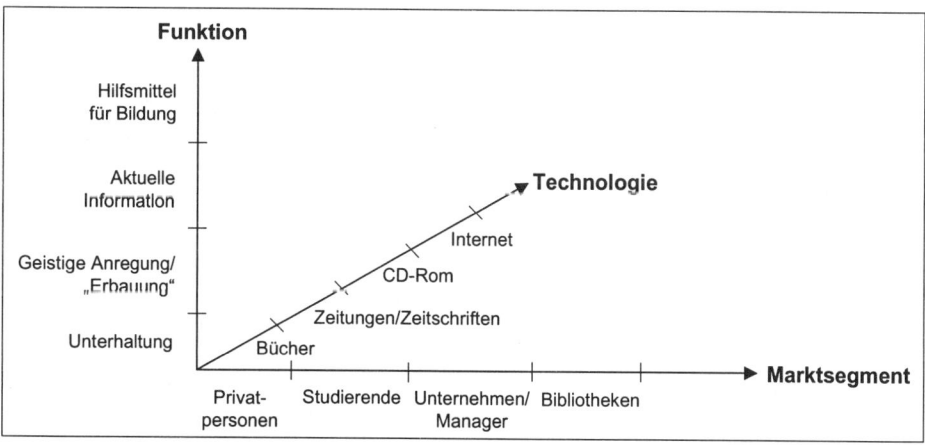

Abbildung 5.7:   Beispiel zur Definition von Absatzmärkten für die
                  Verlagsbranche

5.3.1.3   Eindimensionale Ansätze zur Definition von Märkten

- **Produkt- versus nutzenorientierte Definition von Unternehmenstätigkeiten**

Levitt (1986, S. 141 ff.; die Erstfassung des entsprechenden Artikels ist bereits 1960 erschienen) hat besonders deutlich gemacht, dass die Aufgabe eines Unternehmens in der **Befriedigung von Kundenwünschen** besteht, nicht in erster Linie in der Produktion von Gütern. Der Bedarf an bestimmten Produkten kann zurückgehen oder ganz verschwinden; **Kundenbedürfnisse haben dagegen größere Stabilität**. So ist beispielsweise der Bedarf an Pferdekutschen vor Jahrzehnten stark zurückgegangen, das Bedürfnis nach individuellen Transportmöglichkeiten ist aber geblieben und wird heute durch Automobile befriedigt. Gegenwärtig beobachtet man ein nachlassendes Interesse an den großen allgemein informierenden und unterhaltenden Illustrierten (z.B. Stern, Bunte), weil anscheinend dem entsprechenden (bleibenden) Bedürfnis nach breiter Information und Unterhaltung durch das Fernsehen besser entsprochen wird. Dauerhaft tragfähige Definitionen von Absatzmärkten sollten sich deshalb eher an Kundenwünschen bzw. am Kundennutzen als an den Produktionsmöglichkeiten eines Unternehmens orientieren. Sie sollten **nutzenorientiert** und **nicht produktorientiert** sein. In Abbildung 5.8 sind einige Beispiele für den Unterschied zwischen produktorientierten und nutzenorientierten Definitionen der Tätigkeit von Unternehmen zusammengestellt.

Definition der Unternehmenstätigkeit		
Unternehmen	**produktorientiert**	**nutzenorientiert**
Duden Verlag	Wir produzieren Wörterbücher	Wir bieten Informationen zur deuschen Sprache
Revlon Kosmetik	Wir stellen Kosmetik her	Wir verkaufen Hoffnung
Esso	Wir verkaufen Benzin	Wir bieten Energie an
Gruner & Jahr Verlag	Wir machen Zeitschriften	Wir bieten Informationen und Unterhaltung an
Rolex	Wir verkaufen Uhren	Wir verkaufen Prestige
Deutsche Post	Wir transportieren Briefe und Pakete	Wir lösen Logistik-Probleme

Abbildung 5.8:   Produkt- und nutzenorientierte Definitionen von Unternehmenstätigkeiten (Die Eintragungen beruhen nicht auf Angaben der Unternehmen)

Bei der hier umrissenen Betrachtungsweise geht es also um die Alternative zwischen einer eher durch Kundenwünsche oder durch (technische) Möglichkeiten des Unternehmens bestimmten Orientierung. Die Ähnlichkeit zu den im Abell-Schema (Abschnitt

5.3.1.2) dargestellten Dimensionen "Funktionserfüllung beim Kunden" und "Technologie" dürfte leicht erkennbar sein.

-    **Marktsegmentierung**

Die **Marktsegmentierung** gehört zu den bedeutendsten Konzepten des modernen Marketing. Vor einer tiefergehenden Diskussion sei hier zunächst eine **Definition** angegeben:

> Marktsegmentierung ist die Aufteilung eines heterogenen Gesamtmarkts in relativ homogene Käufergruppen mit dem Ziel der differenzierten Ansprache dieser Gruppen.

Einige der mit der Marktsegmentierung verbundenen Überlegungen werden deutlich, wenn man dieser die nicht differenzierte Marktbearbeitung gegenüberstellt. (s. Abb. 5.9).

Nicht differenzierte Marktbearbeitung	Marktsegmentierung
Homogene Bedürfnisse im Gesamtmarkt	Heterogene Bedürfnisse im Gesamtmarkt, homogene Bedürfnisse innerhalb des Segements
Ein Produkt für einen Massenmarkt	Spezifische Produkte für definierte Segemente
Vorteile gegenüber der Konkurrenz durch ein Produkt mit klarem Preisvorteil, besseren Eigenschaften oder starker Werbung	Vorteile gegenüber der Konkurrenz durch einzigartige Produkte, die den Bedürfnissen von Segmenten entsprechen
Besondere Gewinnmöglichkeiten durch Größenvorteile bei Produktion und Marketing	Besondere Gewinnmöglichkeiten durch höhere Spannen bei spezifischen Produkten

Abbildung 5.9:   Nicht differenzierte Marktbearbeitung und Marktsegmentierung
vgl. Assael 1985, S. 225

Nachdem in hochentwickelten Industriegesellschaften die undifferenzierten Grundbedürfnisse immer weitergehend gedeckt sind, ist die Marktsegmentierung in vielen Märkten zu einem Schlüssel für den Erfolg geworden. Von der Umsetzung des Grundgedankens der Marktsegmentierung in entsprechende Strategien verspricht man sich u.a. folgende **Vorteile**:

-    Anziehung und Bindung von Kunden durch spezifische Angebote

-    Gezielter Einsatz von Werbung, Verkaufsförderung und Vertriebsanstrengungen

Natürlich gibt es auch **Nachteile** bzw. Begrenzungen bei einer Strategie der Marktsegmentierung. Diese treten dann in Erscheinung, wenn ein Unternehmen an Stelle eines einheitlichen Produkts mehrere Produkte für verschiedene Teilmärkte anbietet. Damit fallen in der Regel **erhöhte Kosten** für Produktion, Lagerhaltung etc. an. Daneben kann man gelegentlich beobachten (z.B. im Zigarettenmarkt), dass große Unternehmen mit mehreren Produkten (Marken) im gleichen Markt oder in nicht deutlich getrennten Teilmärkten operieren. Dann ist eine Konkurrenz dieser Produkte aus gleichem Hause untereinander um Marktanteile kaum zu vermeiden. Dieser Effekt wird in der bisweilen recht bildkräftigen Sprache der Marketing-Praxis als "**Kannibalisierung**" bezeichnet.

Die meisten der für die Marktsegmentierung angewandten **Kriterien** lassen sich in Gruppen zusammenfassen, die im Folgenden zunächst für den Konsumgüterbereich an Hand von Beispielen charakterisiert und illustriert werden.

- Demographische und geographische Kriterien: Alter, Geschlecht, Familienstand und -größe, Region des Wohnsitzes

- Ökonomischer und sozialer Status: Einkommen, Berufstätigkeit, Ausbildung

- Kaufverhalten: Kaufhäufigkeit, Einkaufsstättenwahl, Art des Kaufentscheidungs-prozesses

- Produktnutzung: Verwendungszweck des Produkts, Art und Wichtigkeit der beachteten Produkteigenschaften

- Persönlichkeit und Lebensstil: Innovationsfreudigkeit, Genussorientierung, Sicher-heitsstreben

Die Grundprinzipien der Marktsegmentierung gelten für den Konsumgüter- und den B-to-B-Bereich in gleicher Weise. Allerdings werden bei der **Segmentierung von B-to-B-Märkten** andere Kriterien angewandt. Die wichtigsten Kriteriengruppen sind in Anlehnung an Shapiro/Bonoma (1984) hier zusammengestellt und sollen wieder durch Beispiele für einzelne **Segmentierungskriterien** gekennzeichnet werden:

- Äußere Merkmale der Kunden: Branche, Unternehmensgröße, Region

- Merkmale der Leistungserstellung beim Kunden: Angewandte Technologien, Fähigkeiten/Know-how

- Merkmale des Kaufentscheidungsprozesses beim Kunden: Organisatorische Einordnung der Beschaffung, Machtverhältnisse im Unternehmen, Prinzipien der Beschaffungspolitik

- Situative Faktoren: Dringlichkeit des Bedarfs, Auftragsgröße

- Persönliche Merkmale der am Kaufentscheidungsprozess Beteiligten: Risikofreu-digkeit / Sicherheitsstreben, kaufmännische versus technische Orientierung

Zwei Gesichtspunkte sollten im Hinblick auf die genannten Kriterien beachtet werden: Die vorgenommene Abgrenzung der Kriteriengruppen bedeutet nicht, dass diese unabhängig voneinander sind und die Aufteilungen sagen nichts über die Wichtigkeit der einzelnen Kriterien für ein bestimmtes Segmentierungsproblem aus.

In den meisten Fällen zieht man für die Definition von Marktsegmenten nicht nur ein Kriterium, sondern **mehrere** heran. Beispielsweise könnten zur Beschreibung des für eine Kombi-Version eines Mittelklasse-Autos in Frage kommenden Marktsegments die Kriterien Alter (30-60 Jahre), Einkommen (DM 70.000,-- bis 100.000,-- pro Jahr), Region (Europa) und Lebensstil (familienorientiert) herangezogen werden.

Die Marktsegmentierung ist bei der Erläuterung des Abell-Schemas (Abschnitt 5.3.1.2) schon angesprochen worden. Dort ging es ebenso wie im vorliegenden Abschnitt um die Identifizierung relativ homogener Kundengruppen. Dabei ist zu beachten, dass die **Segmentierung** auf den unterschiedlichen Planungsstufen von der marktorientierten Unternehmensplanung bis zur Planung des Marketing-Mix **unterschiedlich differenziert** erfolgen kann. So mag bei der Unternehmensplanung beispielsweise die Festlegung auf "Speditionen im europäischen Markt" durchaus ausreichen. Dagegen kann z.B. für ein Marketing-Mix aus produkt-, preis-, kommunikations- und vertriebspolitischen Maßnahmen die wesentlich speziellere Ausrichtung auf das Segment "mittelständischer Speditionen (15-50 Beschäftigte) mit Standort Deutschland und Ausrichtung auf den Transport von Frischwaren ($\rightarrow$ Kühlwagen)" erforderlich sein.

- **Marktareale**

Das Stichwort "Marktareale" bezieht sich auf die **regionale Abgrenzung** von Absatzmärkten. Durch die Entwicklungen im Bereich des Transport- und Lagerwesens, den Abbau von Handelsbarrieren, die Verbesserung von Kommunikationsmöglichkeiten, die Einebnung kultureller Unterschiede etc. sind viele Grenzen von Absatzmärkten, die lange Zeit als vorgegeben erschienen, heute relativiert worden. So findet man bei Produkten, die wegen ihrer Transportkosten und -zeit ($\rightarrow$Frische der Produkte) früher eher regional vermarktet wurden, heute weitaus größere Marktareale, z.B. bei Obst, Gemüse und Blumen aus Israel. Die Frage, in welchem Gebiet ein Produkt angeboten wird, beantwortet sich nicht mehr gewissermaßen von selbst, sondern ist Gegenstand strategischer Überlegungen.

Hier werden in Anlehnung an Becker (1998, S. 299 ff.) unterschieden:

- lokale Markterschließung

- regionale Markterschließung

- nationale Markterschließung

- internationale Markterschließung

Die Begrenzung auf **lokale Märkte** (Heimatmarkt im direkten Einzugsbereich eines Unternehmens) findet man heute im Bereich der Industrie kaum noch. Ausnahmen bieten am ehesten (wegen ihrer besonderen Produktionsbedingungen) die Baubranche und (wegen ihres oftmals lokalen Bezuges) Zeitungsverlage. Daneben ist die nur lokale Markterschließung noch für kleinere Unternehmen des Einzelhandels, des Handwerks und verschiedener Dienstleistungsbereiche (z. B. Wäschereien) gebräuchlich.

Eine **regionale Strategie** kann sich in der Bundesrepublik Deutschland z.B. auf ein einzelnes Bundesland oder einige davon beziehen. Oftmals liegen die Gründe für die Beschränkung auf regionale Märkte in besonderen Erfordernissen der Logistik. Beispiele dafür findet man u.a. in der Getränkebranche (einschl. Brauereien), bei Filialunternehmen des Einzelhandels und im Nahrungsmittelbereich (z.B. Großbäckereien, Molkereien).

In vielen Branchen findet man eine Ausrichtung auf **nationale Märkte**. Hier sei nur an diverse Markenartikel im Konsumgüter-Bereich, an große Dienstleistungsunternehmen (z.B. Banken, Deutsche Bahn) oder an die großen Verlage erinnert. Diese Ausrichtung entspricht der weitgehenden kulturellen, sozialen, ökonomischen und politischen Einheitlichkeit nationaler Märkte. Im B-to-B-Bereich sind ohnehin nur in wenigen Branchen Gründe für nationale Beschränkungen gegeben. Im Konsumgüter-Bereich haben u.a. folgende Faktoren zur Entwicklung nationaler Marken beigetragen:

- Wichtige Werbeträger (Fernsehen, Zeitschriften) erreichen nationale Gesamtmärkte und können nur für entsprechend ausgerichtete Produkte effizient eingesetzt werden.

- Im nationalen Gesamtmarkt tätige Handelsunternehmen bevorzugen in ihren Sortimenten entsprechend verbreitete Marken.

Die gegenwärtig schon große und offenbar weiter wachsende Bedeutung **internationaler Märkte** ist sowohl durch gesamtwirtschaftliche als auch durch betriebswirtschaftliche Gesichtspunkte erklärbar. Für die erstgenannten Aspekte sind insbesondere die **zunehmende internationale Arbeitsteilung** und die durch die politischen Rahmenbedingungen geprägte **Liberalisierung des Welthandels** erwähnenswert. In betriebswirtschaftlicher Sicht sprechen u.a. **Kosten-Aspekte** (Betriebsgrößenersparnisse, Erfahrungskurveneffekt, Ausnutzung von Kostenvorteilen im Ausland) sowie **Größe und Wachstum internationaler Märkte** für eine Internationalisierung des Absatzgebietes.

Andererseits gibt es aber auch Gesichtspunkte, die eine Internationalisierung der Marktbearbeitung schwierig und risikoreich, teilweise sogar unmöglich machen. Hier ist zunächst an verbliebene **staatliche Handelsbeschränkungen**, Schwierigkeiten beim **Zugang zu Vertriebskanälen** und **Währungsrisiken** zu denken. Bei manchen Produkten ist eine internationale oder gar weltweite Vermarktung kaum möglich, weil die **Transportkosten** im Vergleich zum Preis der Produkte zu hoch liegen (z.B. bei Baustoffen), weil die Lieferzeiten zu lang wären (z.B. bei Milchprodukten oder Brot) oder weil die Anforderungen an die Produkte in verschiedenen Ländern zu unterschiedlich sind (z.B. wegen klimatischer Bedingungen oder kultureller Unterschiede). Auf einige spezielle Gesichtspunkte des **internationalen Marketing** wird im Abschnitt 5.3.5 noch kurz eingegangen.

Die Definition und Auswahl von Marktarealen lässt sich natürlich auch als eine Spielart (geographische Kriterien) der Marktsegmentierung betrachten, auf die im vorigen Abschnitt eingegangen wurde.

5.3.1.4   Strategische Geschäftsfelder

In den vorhergehenden Abschnitten des vorliegenden Kapitels sind schon einige Ansatzpunkte zur Charakterisierung und Abgrenzung von Märkten vorgestellt worden, die die Grundlage für Entscheidungen im Rahmen der Marketingplanung darstellen können. Jetzt soll ein Schritt weiter gegangen werden und neben der Abgrenzung eines Marktes auch die **Wettbewerbsverhältnisse** und die **Strategie eines Unternehmens** bei der Festlegung von Einheiten, auf die sich Entscheidungen der Marketingplanung beziehen, berücksichtigt werden. Es geht hier um die Definition sog. strategischer Geschäftsfelder (SGF, manchmal auch als strategische Geschäftseinheiten bezeichnet). Einer **Definition** von Bruce Henderson, dem Gründer der Boston Consulting Group, folgend (zitiert nach Reibstein, 1985, S. 98) gehören zu einem strategischen Geschäftsfeld eine identifizierbare Strategie, ein bestimmter Kundenkreis (Marktsegment) und ein identifizierbarer Kreis von Konkurrenten. Insofern wird hier die Besonderheit dieses Ansatzes erkennbar: Die Ausrichtung auf bestimmte Märkte wird mit der Berücksichtigung unterschiedlicher Wettbewerbsverhältnisse in verschiedenen (Teil-) Märkten verbunden, woraus sich wiederum unterschiedliche (darauf bezogene) Strategien ergeben.

Kreilkamp (1987, S. 316 f.) fasst den **Grundgedanken** zusammen: "Die Bildung Strategischer Geschäftsfelder soll es einem Unternehmen erlauben, die divergenten Marktaktivitäten im Rahmen einer Gesamtunternehmensbetrachtung aufeinander abzustimmen und zu planen. Allgemein formuliert entspricht ein Strategisches Geschäftsfeld einem möglichst isolierten Ausschnitt aus dem gesamten Betätigungsfeld des Unternehmens mit eigenen Ertragsaussichten, Chancen und Risiken, für den relativ unabhängig eigenständige Strategien entwickelt und realisiert werden können."

Strategische Geschäftsfelder, die manchmal auch kurz als **Produkt-Markt-Kombinationen** charakterisiert werden, sind also Einheiten innerhalb eines Unternehmens, für die separate Strategien entwickelt werden können. Beachtenswert ist noch, dass ein Geschäftsfeld mehrere Produkte umfassen kann, dass aber auch ein Produkt in mehreren Geschäftsfeldern erscheinen kann (vgl. Abbildung 5.10). Beispielsweise ist denkbar, dass ein Hersteller im Bereich der Unterhaltungselektronik Produkte wie Receiver, Plattenspieler, CD-Player etc. zu einem Geschäftsfeld "HiFi-Geräte" zusammenfasst. Das Gegenbeispiel könnte ein Kaffeehersteller sein, der ein Produkt (Kaffee) mit verschiedenen Strategien bei den Kundenkreisen Endverbraucher und Großverbraucher anbietet. Hier wäre ein im physikalisch-technischen Sinne identisches Produkt zwei verschiedenen strategischen Geschäftsfeldern zugeordnet.

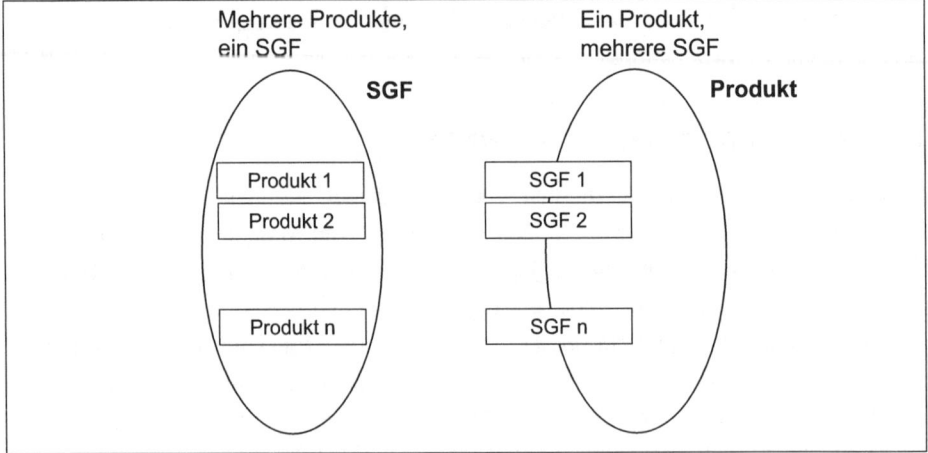

Abbildung 5.10:   Produkte und strategische Geschäftsfelder (SGF)

Hinsichtlich der **Anzahl** zu definierender strategischer Geschäftsfelder ergibt sich ein Konflikt vor allem aufgrund der folgenden Überlagerungen:

- Bei hoher Aggregation (wenige SGF, in denen relativ viele Einzelaktivitäten zusammengefasst sind) erreicht man gute Überschaubarkeit für die Planung, nimmt aber geringere Differenzierungsmöglichkeiten der jeweils verfolgten Strategien in Kauf.

- Geringe Aggregation (viele "kleine" SGF) lässt mehr Spielraum für eine differenzierte Vorgehensweise bei den verschiedenen Bereichen, führt aber zu einer geringeren Überschaubarkeit seitens des Managements.

5.3.2   Marktwahl und Zielportfolio (Wo? bzw. Wohin?)

Wenn die bisher von einem Unternehmen bearbeiteten Absatzmärkte definiert und mögliche neue Absatzmärkte identifiziert worden sind, dann müssen Kriterien festgelegt werden, anhand derer Entscheidungen über angestrebtes Wachstum in einzelnen Märkten, den Eintritt in oder den Rückzug aus Absatzmärkten getroffen werden können.

Dazu ist vor allem der inzwischen sehr verbreitete und vielfältig angewandte **Portfolio-Ansatz** geeignet.

Die **Grundidee eines Portfolios** besteht darin, dass die (in manchen Unternehmen zahlreichen) verschiedenen Geschäftsbereiche in einer zweidimensionalen Matrix dargestellt werden. Die beiden Achsen kennzeichnen die **Marktchancen** (Attraktivität, Wachstum etc.) und die **Fähigkeit** des eigenen Unternehmens **zur Wahrnehmung** der **Marktchancen** (Firmenressourcen, gegenwärtige Marktposition etc.). Durch die Einordnung unterschiedlicher Geschäftsbereiche in eine solche einheitliche Darstellung kann man diese vergleichen und spezifische Strategien entwickeln. Die in Abbildung 5.11 dargestellte Portfolio-Matrix enthält bereits Hinweise auf sogenannte „**Normstrategien**".

| | | **Position des Unternehmens** | |
		stark	schwach
	groß	Wahrnehmung der Chancen	Aufbauen oder aufgeben/verzichten
Markt - chancen			
	gering	Erhaltung einer profitablen Position	Abernten oder aufgeben/verzichten

Abbildung 5.11: Eine allgemeine Portfolio-Matrix, die sich auf vorhandene und die Planung neuer Geschäftsbereiche bezieht (nach Assael 1993, S. 721)

Mit dem in Abbildung 5.12 dargestellten Beispiel kann illustriert werden, in welcher Weise die marktorientierte Unternehmensplanung Ausgangspunkt und Grundlage der Planung für Geschäftsfelder und Marketing-Mix sein kann. Hier ist die bekannte Portfolio-Matrix der Boston Consulting Group verwendet worden, bei der die Marktchancen durch das **Marktwachstum** und die eigene Fähigkeit zur Wahrnehmung der Chancen durch den **relativen Marktanteil** (eigener Marktanteil im Vergleich zu dem des größten Konkurrenten, siehe Abschnitt 2.2) operationalisiert sind. Die weißen Kreise kennzeichnen die gegenwärtige, die dunklen Kreise die angestrebte Position der einzelnen Geschäftsfelder im Portfolio. Die Größe der Kreise spiegelt den Umsatzanteil der Produkte innerhalb des Unternehmens wider. Beispielsweise lässt sich erkennen, dass offenbar die Marktposition von Produkt D deutlich verbessert werden soll, während für Produkt B die Marktposition nur gehalten werden soll (vgl. die Bewegung auf der Marktanteilsachse). Damit sind dann die Ziele für die weiteren Planungsschritte schon weitgehend vorgegeben.

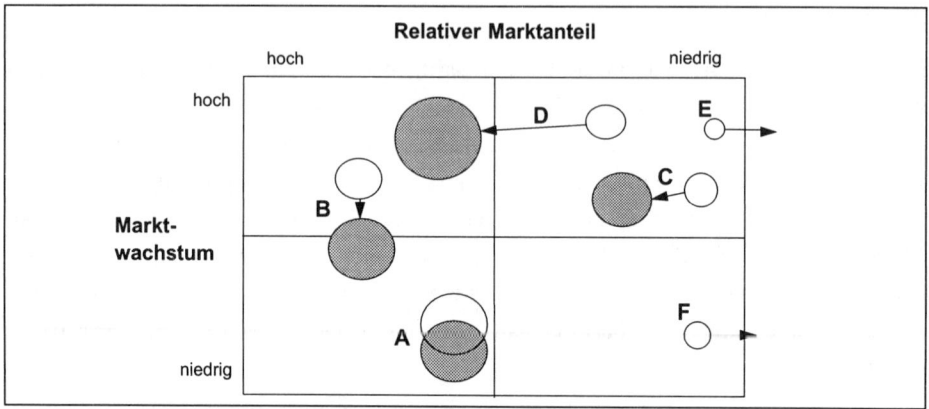

Abbildung 5.12:   Beispiel für ein Ist- und Ziel-Portfolio

                        Quelle: Day 1977, S. 34

Anhand der Abbildung 5.12 lässt sich auch leicht nachvollziehen, was man unter einem Ist- bzw. einem Ziel-Portfolio versteht. Das **Ist-Portfolio** stellt die gegenwärtige Position der verschiedenen Geschäftsfelder eines Unternehmens in dem gewählten Raster dar. Dagegen wird in Form eines **Ziel-Portfolios** angegeben, welche Entwicklung die Geschäftsfelder (durch die eigenen Strategien) über einen gewissen Zeitraum nehmen sollen.

*Assael (1993, S. 720 ff.) berichtet über ein geradezu klassisches **Beispiel für die mögliche Anwendung eines Portfolios**. Es geht dabei um das US-Unternehmen **Philip Morris**. Dieses Unternehmen war bis in die 70er Jahre ausschließlich Hersteller von Zigaretten. Später hat man dann durch Akquisitionen die Abhängigkeit vom Zigarettenmarkt verringert. So hat sich der Anteil von Zigaretten am Umsatz von Philip Morris von 100 % (1970) über 53 % (1987) auf 42 % (1991) verringert. Dagegen ist der Anteil von Lebensmitteln von 0 % (1970) über 34 % (1987) auf 52 % (1991) stark gewachsen.*

Lebensmittel für gesunde Ernährung, Fertiggerichte für die Mikrowelle und Tiefkühlkost werden als Produkte mit großem Wachstumspotenzial angesehen, weil bei den Konsumenten ein dauerhafter Gesundheitstrend erkennbar ist und weil die Nachfrage nach schnell zuzubereitenden Mahlzeiten bei immer mehr Single-Haushalten und berufstätigen Frauen steigt. Die Position von Philip Morris ist hier schon stark, da man über gute Marken (Kraft, Jacobs-Suchard etc.), gute Distributionsmöglichkeiten und viel Erfahrung in der Markenführung verfügt.

Bei den Zigaretten ist eine Aufteilung auf zwei strategische Geschäftsfelder vorgenommen worden: US-Markt und internationaler Markt. Während im US-Markt durch Ausbreitung gesundheitlicher Bedenken bei Konsumenten und staatliche Regulierun-

gen (Rauchverbote, Werbeverbote) nicht mehr mit Wachstum gerechnet wird, geht man bei vielen internationalen Märkten (außer West-Europa) noch von weiterem Wachstum aus, da hier die für den US-Markt genannten Restriktionen (noch) nicht gelten. Philip Morris hat in diesem Markt eine starke Position, nicht zuletzt durch die weltweit führende Marke MARLBORO.

Assael kennzeichnet das Portfolio von Philip Morris auf folgende Weise:

Position des Unternehmens

	stark	schwach
	Lebensmittel für gesunde Ernährung	Bier
	Fertiggerichte für Mikrowelle	
groß	Tiefkühlkost	
	Zigaretten international	
	WAHRNEHMUNG DER CHANCEN	AUFBAUEN ODER AUFGEBEN
Markt-chancen	Traditionelle Fertiggerichte	Seven-Up Erfrischungsgetränk
	Kaffee	
	Zigaretten US-Markt	
gering		
	ERHALTUNG	ABERNTEN ODER AUFGEBEN

⟶ „Strom" von Ressourcen zwischen Geschäftsfeldern

Ähnliches gilt für das SGF "Kaffee": Philip Morris hat mit Maxwell, Jacobs u.a. starke Marken, aber der Markt ist eher stagnierend. Problematisch ist die Situation im Biermarkt. Einerseits wächst der Markt für alkoholfreie und Light-Biere, wo Philip Morris gut vertreten ist ("Miller Lite"), andererseits ist die Position im Vergleich zu "Budweiser" eher schwach. Hier muss entschieden werden, ob die eigene Marktposition dauerhaft verbessert werden soll oder ob man sich aus dem Biermarkt zurückzieht und die entsprechenden Unternehmensteile verkauft.

Beim Erfrischungsgetränk "Seven-Up" war Philip Morris nicht erfolgreich. Es gab Schwierigkeiten mit regionalen Abfüllern und Distributionsproblemen. Daraufhin wurde nicht mehr in das SGF investiert. Inzwischen ist der ganze Geschäftsbereich Seven-Up verkauft worden.

Aus diesen - hier sehr verkürzt dargestellten - Analysen ergeben sich auch Entscheidungen für den Einsatz von Ressourcen. So werden Erträge aus den eher stagnierenden, aber profitablen Bereichen (Kaffee, Zigaretten im US-Markt u.a.) in den sich voraussichtlich stärker entwickelnden SGF (Mikrowellen-Fertiggerichte, gesunde Ernährung u.a.) eingesetzt. Diesen letzteren Bereichen kommen auch Erlöse aus dem Verkauf von Seven-Up zugute (siehe dazu die Pfeile in der Abbildung).

Nun zurück zu der für diesen Abschnitt zentralen Fragestellung: In welchen Geschäftsfeldern sollen Anstrengungen verstärkt oder vermindert werden, welche Geschäftsfelder
sollen aufgegeben und welche neu erschlossen werden? Dazu soll wieder an die mit der
Abbildung 5.11 verbundenen Überlegungen angeknüpft werden. Zunächst gilt es zu
klären, welches die Faktoren sind, die die Marktchancen bzw. die Fähigkeit des Unternehmens zur Wahrnehmung von Marktchancen beeinflussen. Bei aller Vorsicht hinsichtlich der Generalisierbarkeit von Aussagen über Faktoren, deren Bedeutung stark
durch die jeweiligen Unternehmensziele und Branchenspezifika bestimmt wird, kann
man doch einige nennen, die oft relevant sind. Im Hinblick auf die **Marktchancen**, die
sich für ein strategisches Geschäftsfeld ergeben, sind das vor allem:

- Marktgröße

- Marktwachstum

- Branchenrentabilität

- Wettbewerbsintensität

- Markteintrittsbarrieren

Dabei hat das Marktwachstum oftmals eine herausgehobene Bedeutung, nicht zuletzt im
Zusammenhang des Portfolio-Modells der Boston-Consulting-Group (s.o.). Deutlich
wachsende Märkte gelten als besonders attraktiv, weil Anbieter in diesen Märkten
gewissermaßen mit dem Markt „mitwachsen" und weil angesichts starker Nachfrage
($\rightarrow$ Wachstum) und noch nicht vorhandener Überkapazitäten der Preisdruck relativ
gering ist.

Hinsichtlich der Einschätzung der Attraktivität eines (potenziellen) Marktes sei auch an
die Erörterung der Wettbewerbskräfte nach Porter in Abschnitt 5.2.2 dieses Buches
erinnert. Dort ging es ja mit den Faktoren Verhandlungsstärke von Kunden bzw.
Lieferanten, Rivalität in der Branche sowie Bedrohung durch neue Konkurrenten oder
neuartige Ersatzprodukte um Gesichtspunkte, die die gegenwärtigen und zukünftigen
Wettbewerbsverhältnisse in einer Branche, und damit deren Attraktivität, maßgeblich
bestimmen.

Als Gesichtspunkte, die die **Fähigkeit eines Unternehmens zur Wahrnehmung von
Marktchancen** beeinflussen, sind in erster Linie zu nennen:
- Marktanteil
- Relativer Marktanteil (bezogen auf große Wettbewerber)
- Unternehmensgröße
- Kapitalkraft des Unternehmens
- Image des Unternehmens und seiner Marken
- Bestehende Abnehmerbeziehungen

- Know-how (Forschung & Entwicklung, Produktion, Marketing)
- Kostensituation (Economies of Scale, Erfahrungskurve etc.)

Die Grundidee bei **Entscheidungen** über die Frage, ob und wie intensiv einzelne strategische Geschäftsfelder bearbeitet werden sollen, ist - bei allen mit der Realisierung in der Praxis verbundenen Problemen - einfach. Für einen Markteintritt bzw. für eine Verstärkung von Anstrengungen bieten sich natürlich in erster Linie Geschäftsfelder an, bei denen **sowohl die Marktchancen als auch die Fähigkeiten des betreffenden Unternehmens zur Wahrnehmung der Marktchancen positiv** eingeschätzt werden.

5.3.3 Grundlegende marktstrategische Optionen (Wie?)

Für die folgenden Überlegungen zur Ausrichtung von Marketingstrategien kann an die in Abschnitt 2.3.2 skizzierten Grundideen zur Gewinnung von **Wettbewerbsvorteilen** angeknüpft werden. Zentrale Bedeutung hat dabei das sog. **strategische Dreieck**. Damit wird einer der zentralen Aspekte des strategischen Marketing, die Wettbewerbsorientierung, in den Vordergrund gestellt. Im Kern geht es um die Betrachtung der Leistungsangebote von Unternehmen einerseits aus der Perspektive der immer subjektiv geprägten Wahrnehmungen potenzieller Kunden und andererseits im Vergleich mit entsprechenden Leistungsangeboten konkurrierender Unternehmen.

Eine Weiterführung der gleichen Grundidee stammt von Porter (1992b, S. 62 ff.) und hat in Theorie und Praxis starke Beachtung gefunden. Dabei wird - wie bisher - der **strategische Vorteil** betrachtet und diesem ein **strategischer Zielbereich** gegenübergestellt. Hinsichtlich des strategischen Vorteils werden unterschieden **"Kostenvorsprung"** und **"Alleinstellung in der Sicht des Kunden"**. Bezüglich des strategischen Zielbereichs geht es darum, ob die **gesamte Branche** oder nur **einzelne Segmente** zum bearbeiteten Absatzmarkt gehört bzw. gehören. Je nach Art des Vorteils und Zielbereichs ergeben sich bestimmte Strategietypen, die in der Abbildung 5.13 benannt sind und anschließend erläutert werden.

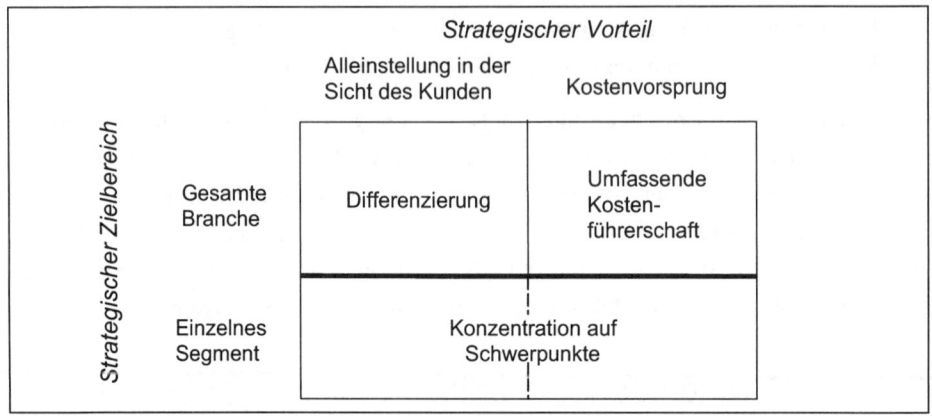

Abbildung 5.13:   Strategietypen nach Porter

Quelle: Porter 1992b, S. 67

Differenzierung

Bei der Differenzierung geht es um die Erlangung von **Vorteilen gegenüber Wettbe-**
werbern bei Produktmerkmalen, die für die Kunden wichtig sind. Die Nebenbedingung dabei lautet, dass **annähernde Kostenparität** im Vergleich zu Wettbewerbern
besteht, da ansonsten (bei deutlich höheren Kosten und Preisen) kein Wettbewerbsvor-
teil bestünde. Die in Frage kommenden Differenzierungsmöglichkeiten können je nach
Branche, Unternehmen, Kundenbedürfnissen etc. sehr unterschiedlich sein. Einige
sollen anhand von Beispielen im Folgenden genannt werden:
- Lebensdauer und Zuverlässigkeit der Produkte (z. B. Volvo, Miele)
- Design (z. B. Braun, Bang & Olufsen)
- Kundendienst (z.B. Caterpillar)
- Technologie (z.B. Intel, Nokia)
- Vertriebssystem (z.B. Avon)
- Produkt-/Firmenimage (z.B. Mercedes-Benz)

Wenn man die Literatur zur strategischen Marketingplanung und zahlreiche Beispiele
aus der Praxis betrachtet, dann entsteht der Eindruck, dass oftmals Differenzierungsstrategien gegenüber einer Gewinnung von Kosten- und Preisvorteilen bevorzugt
werden. Dafür dürften u.a. die folgenden Gründe eine Rolle spielen: Differenzierungsstrategien können so angelegt sein, dass ein Anbieter in **mehreren entscheidungsrele-**
vanten Dimensionen komparative Konkurrenzvorteile gewinnt. Dadurch lassen sich
einerseits Wettbewerbsvorteile besser absichern und andererseits unterschiedliche
Vorteile, die auf unterschiedliche Abnehmerbedürfnisse (bei verschiedenen Zielgruppen) ausgerichtet sind, miteinander vereinbaren. Dagegen sind Kostenvorteile eben
eindimensional und Kostenführer kann definitionsgemäß nur ein Anbieter sein. Weiterhin lassen sich durch Differenzierung **Vorteile** erringen, **die durch Wettbewerber nur**

schwer zu imitieren sind. Man denke nur an Überlegenheit, die aus besserem Kunden-dienst oder einem bestimmten Produktimage resultiert, zu deren Egalisierung es langfristiger intensiver Bemühungen von Wettbewerbern bedarf. Letztlich ist daran zu denken, dass es durch Differenzierungsstrategien **vermieden** wird, dass sich in einer Branche **Preiskämpfe** entwickeln, die die Ertragssituation der gesamten Branche negativ beeinflussen.

Der deutsche Automobilhersteller BMW verfolgt offenbar eine langfristig angelegte ***Differenzierungsstrategie****:*

- *Die BMW-Automobile gelten als technisch besonders innovativ (z.B. frühzeitiges Angebot von Navigationssystemen)*

- *Der Kundendienst ist über das branchenübliche Maß auf einen eigenen Pannen-hilfsdienst ("BMW-Servicemobil") ausgeweitet worden.*

- *Das Marken-Image ist besonders anspruchsvoll und prestigeträchtig.*

Umfassende Kostenführerschaft

Bei der Strategie umfassender Kostenführerschaft geht es darum, kostengünstigster Anbieter der Branche zu werden. Daraus ergibt sich die Möglichkeit, dauerhaft die eigene Leistung zu niedrigeren Preisen als Wettbewerber anbieten zu können oder bei Preisen auf dem Niveau der Wettbewerber höhere Deckungsbeiträge zu erwirtschaften, die wiederum zur Festigung und Stärkung der Wettbewerbsposition genutzt werden können. Es gilt dabei die Nebenbedingung, dass ein Kostenvorteil nur wirksam ist, wenn die **Akzeptanz des betreffenden Produkts vergleichbar** zu der von Konkurrenzpro-dukten ist. Hat ein Produkt z.B. einen deutlichen qualitativen Nachteil, dann sind niedrigere Kosten und Preise eben kein Wettbewerbsvorteil, sondern gleichen allenfalls die schwächere Qualität aus. Die Ansatzpunkte für die Gewinnung von Kostenvorteilen können sehr vielfältig sein. Einige gängige Möglichkeiten werden im Folgenden genannt:

- Größenbedingte Kostendegression ($\rightarrow$ Economies of Scale)

- Erfahrung ($\rightarrow$ Erfahrungskurve)

- Technologischer Vorsprung (z.B. fortschrittliche und besonders effiziente Produkti-onsabläufe und Logistik)

- Zugang zu kostengünstigen Produktionsfaktoren (z.B. niedrige Energie- oder Kapitalkosten, geringe Lohnkosten)

- Kostengünstiges Produkt-Design (z.B. Vereinfachung des Produkts bei Aufrechter-haltung für die Kunden wesentlicher Leistungsmerkmale)

*Das Lebensmittel-Einzelhandelsunternehmen ALDI bietet ein Musterbeispiel für eine Ausrichtung auf **Kostenführerschaft**:*

- *Als einer der größten deutschen Einzelhändler kann ALDI durch seine Nachfragemacht günstige Einkaufspreise erzielen und Fixkosten (z.B. für Werbung) auf ein großes Umsatzvolumen verteilen.*
- *Die Kosten für Ausstattung und Betrieb der Filialen werden besonders niedrig gehalten.*
- *Ein besonders effizientes System von Transport und Lagerhaltung bei beschränktem Sortiment führt zu geringen Logistik-Kosten.*

Konzentration auf Schwerpunkte

Bisher sind Vorgehensweisen skizziert worden, bei denen es darum ging, in einer gesamten Branche (oder zumindest großen Teilen davon) Wettbewerbsvorteile durch Differenzierung oder Kostenführerschaft zu erzielen. Im Zusammenhang mit dem Stichwort "Konzentration auf Schwerpunkte" steht die **Auswahl eines begrenzten Wettbewerbsfeldes** in einer Branche mit dem Ziel, durch spezielle Ausrichtung darauf, Vorteile zu erlangen, im Mittelpunkt. Diese Ausrichtung kann erfolgen durch das Angebot spezieller überlegener Leistungen (**Differenzierungsschwerpunkt**) oder durch die Gewinnung von Kostenvorteilen in einem eng begrenzten Bereich (**Kostenschwerpunkt**).

Für beide Arten der Konzentration auf Schwerpunkte gibt es in der Praxis eine Fülle von Beispielen. Hinsichtlich des Differenzierungsschwerpunktes sind im Konsumgüterbereich zahlreiche Markenartikel gehobenen Niveaus und Luxusgüter zu nennen. Unternehmen bzw. Produkte wie Porsche, Rolex, Remy Martin, Pommery könnten ihre spezielle Marktposition kaum behaupten, wenn sie Anbieter von Massenartikeln wären. Konzentration mit Kostenschwerpunkt findet man beispielsweise bei manchen Unternehmen in der Autoreparatur-Branche, die sich auf die Instandsetzung von Auspuffanlagen etc. spezialisiert haben, und diese Leistung so effizient erbringen, dass sie dem Kunden Preisvorteile bieten können.

*Beim deutschen Weinhandels-Unternehmen "Jacques' Wein-Depot" ist eine deutliche **Konzentration auf einen Schwerpunkt** erkennbar, wobei dieser nicht ganz eindeutig der Differenzierung oder Kostenführerschaft zuzuordnen ist. Der Schwerpunkt besteht darin, sich im an sich schon begrenzten Weinhandel hauptsächlich auf französische, italienische oder spanische Weine zu konzentrieren. In Verbindung mit dem spezifischen Verkaufssystem (s.u.) liegt der Absatzschwerpunkt bei Konsumenten, die regelmäßig - nicht nur gelegentlich - Wein trinken.*

Differenzierungsvorteil von Jacques' Wein-Depot:
Umfassendes Wein-Angebot in dem o.g. begrenzten Rahmen; umfassende Information der Kunden durch Direct-Mail, Hauszeitschrift und detaillierte Angaben zu den

Weinen im Geschäft; qualifiziertes Verkaufs- und Beratungspersonal; Möglichkeit zur problemlosen Verkostung; eigene Qualitätssicherung; erlebnisorientierter Einkauf durch "Winzer-Atmosphäre"; Standorte mit guten Parkmöglichkeiten

Kostenvorteile von Jacques' Wein-Depot:
Standorte außerhalb der Innenstädte (→ geringe Miete, viele Parkplätze); Öffnungszeiten auf die verkaufsstarken Nachmittage begrenzt; einfache Geschäftsausstattung; Ausschaltung von Importeuren und Großhändlern durch zentralen Einkauf beim Erzeuger; weitgehend Selbstbedienung (mit Ausnahme der intensiven Beratung)

5.3.4 Zeitliche Aspekte der Marketingstrategie (Wann?): Früher oder später Markteintritt

Die Frage, zu welchen Zeitpunkten bestimmte strategische Maßnahmen ergriffen werden, ist bislang in Theorie und Praxis weniger beachtet worden als die bisher diskutierten Komplexe. Bezüglich strategischer Fragestellungen konzentrieren sich die vorliegenden Untersuchungen vor allem auf die Frage nach einem günstigen **Zeitpunkt für einen Markteintritt**.

Zu der Frage, ob ein früher oder ein später Markteintritt eher erfolgversprechend ist, sind einige theoretische Überlegungen und empirische Untersuchungen angestellt worden. Zunächst zu den theoretischen Gesichtspunkten im Zusammenhang mit einem frühen Markteintritt als erster Anbieter in einer Produktkategorie („**Pionierstrategie**"). Pioniere haben naturgemäß die Möglichkeit, das attraktivste Marktsegment ohne Rücksicht auf Konkurrenten oder bestehende Kundenbindungen relativ frei zu wählen. Damit verbunden ergibt sich ein weiterer Vorteil insofern, als Kunden der Pioniere nicht so leicht zu anderen später auftretenden Wettbewerbern wechseln können, da ein solcher Wechsel mit Anpassungsproblemen und -kosten verbunden ist. In einem ganz neu entstehenden Markt, in dem also noch wenig Erfahrungen und festgelegte Präferenzen auf der Abnehmerseite existieren, bestimmt der Pionier recht weitgehend die Maßstäbe, Standards und „Spielregeln", die für diesen Markt gelten. Später folgende Anbieter müssen sich dementsprechend daran orientieren (Carpenter/Nakamoto 1989).

In Distributionskanälen gibt es normalerweise Beschränkungen hinsichtlich der Zahl der von Absatzmittlern geführten Produkte. Diese Beschränkungen werden für frühe Anbieter am wenigsten spürbar, die darüber hinaus den Vorteil relativ freier Wahl unter verschiedenen Absatzmittlern haben. Gleichzeitig können sie Marktkenntnisse und Kundenbeziehungen früher sammeln bzw. aufbauen und eine Reputation als technisch fortschrittlicher Anbieter entwickeln. Auf der Seite der Beschaffung im weiteren Sinne wird der Pionier hinsichtlich des Zugangs zu knappen Ressourcen begünstigt. Hier ist beispielsweise an spezielle Rohstoffe und Bauteile, aber auch an das Know-how spezialisierter Fachkräfte zu denken.

Bei Gültigkeit der Erfahrungskurve (vgl. Abs. 5.2.1) kann sich der erste Anbieter in einem neuen Markt durch seinen Vorsprung für eine gewisse Zeit stabile Kostenvorteile verschaffen. Hierbei ist besonders zu beachten, dass die Kostensenkung idealtypisch in frühen Phasen der Marktentwicklung besonders groß ist, da ja hier schon bei relativ geringem Mengenwachstum jeweils die Verdopplung der kumulierten Produktionsmenge (Einheit 1, 2, 4, 8, 16 usw.) erfolgt, womit ein Kostensenkungspotenzial von 20 - 30 % verbunden sein soll. Ein Pionier hat demnach schon nach relativ kurzer Zeit einen erheblichen Kostenvorteil gegenüber nachfolgenden Anbietern.

---

*Wolfgang Fritz (2000, S. 100) erläutert die besondere **Rolle des Zeitfaktors** beim Internet-Marketing. Er unterscheidet dabei zwischen "Marketplace" und "Marketspace", womit elektronische bzw. virtuelle Marktplätze gemeint sind.*

"Da die Dynamik des Marketspace jene des Marketplace noch bei weitem zu übertreffen scheint, dürfte sich die Führerstrategie für einen virtuellen Markteintritt besonders empfehlen. Dies gilt ganz besonders dann, wenn Netz- und Skaleneffekte entstehen und genutzt werden können. Schnelligkeit zählt dann offenbar mehr als je zuvor... Beispiele erfolgreicher Internet-Engagements scheinen dies auch zu bestätigen. So ist etwa Amazon der mit Abstand weltweit größte Internet-Buchhändler, der seine herausragende Marktposition insbesondere seiner Pionierrolle im Online-Buchhandel verdankt. Vielen gilt Amazon sogar als Erfinder des E-Commerce."

Demgegenüber stehen beträchtliche **Risiken** und Anforderungen, die auf einen Pionier zukommen, insofern also einen späteren Markteintritt („**Folger-Strategie**") begünstigen. Diese Risiken betreffen die mit der technischen Realisierbarkeit von Entwicklungsprojekten verbundene Unsicherheit, die Einschätzung der Marktentwicklung in einer so frühen Phase sowie die damit verbundene Frage nach der Rentabilität von Investitionen in Technik und Markt. Weiterhin wird man Pionier ja dadurch, dass man besonders schnell ein innovatives Produkt auf den Markt bringt, was die Gefahr impliziert, dass ein dauerhafter Image-Schaden durch nicht ausgereifte Produkte (mit „Kinderkrankheiten") entsteht. Der erste Anbieter hat relativ hohe Entwicklungskosten zu tragen, während sich später auftretende Wettbewerber an seinen technischen Lösungen orientieren können. Letztlich trägt er auch die Last, bei Kunden Informationen über völlig neuartige Produkte zu vermitteln, den Nutzen dieser Produkte zu demonstrieren und entsprechende Präferenzen bei den Kunden aufzubauen.

*Das Beispiel des Pay-TV-Anbieters "Premiere", der in Deutschland über längere Zeit der einzige Anbieter von digitalem Pay-TV war, mag einige spezifische **Vor- und Nachteile von Pionieren** veranschaulichen:*

Vorteile:

- *Freie Wahl des Marktsegements: "Premiere" konnte von Anfang an den anspruchslosen Massenmarkt (Sport, schlichtere Spielfilme etc.) besetzen.*

- *Zugang zu Vertriebskanälen: Angesichts beschränkter Übertragungskapazität von Kabelnetzen haben früh in den Markt eintretende Anbieter hier klare Vorteile.*

- *Marktkenntnisse und Kundenbeziehungen: Später folgende Anbieter dürften einige Probleme haben, Interessenten zu identifizieren und zum Wechsel von "Premiere" zu bewegen.*

- *Zugang zu knappen Ressourcen: Bestimmte Programmangebote (z.B. Übertragungsrechte für herausragende Fußballspiele) sind nur begrenzt verfügbar und deswegen für später folgende Anbieter knapp.*

- *Kostenvorteile im Zeitablauf: Pay-TV ist mit einem hohen Anteil an Fixkosten verbunden. Der erste Anbieter, der schon einige Kunden gewonnen hat, kann diese Fixkosten besser verteilen als ein Anbieter, der erst später beginnt, Kunden zu akquirieren.*

Nachteile:

- *Risiko: Zum Ende des Jahres 2000 ist immer noch unklar, ob die hohen Investitionen (Technik, Programmangebot, Werbung) für "Premiere" rentabel sein werden, weil immer noch ungewiss ist, ob eine hinreichend große Zahl von Abonnenten gefunden wird.*

- *Entwicklungskosten: Die Entwicklungskosten für die sog. "d-box" lagen weitgehend bei der Kirch-Gruppe, die "Premiere" anbietet.*

- *Information der Kunden: Bei Fernsehzuschauern, die bisher eine begrenzte Zahl kostenloser Programme empfangen haben, müssen die zusätzlichen Angebote und Optionen verdeutlicht werden.*

Analog zur Frage des günstigsten Markteintrittszeitpunktes ließen sich natürlich auch Überlegungen anstellen, wann man sich aus bestimmten unattraktiver gewordenen Märkten zurückziehen soll. Hierzu liegen aber kaum verallgemeinerungsfähige Erkenntnisse vor.

5.3.5   Exkurs: Besonderheiten des internationalen Marketing

In den vorigen Abschnitten ist allgemein skizziert worden, welche Überlegungen bei der marktorientierten Unternehmensplanung zentrale Bedeutung haben. Hier sollen dem noch einige Aspekte hinzugefügt werden, die den Spezifika internationaler Marktbearbeitung gelten. Es sind dies - jeweils bezogen auf die drei Grundfragen - die folgenden:

Wo? bzw. Wohin?
Welche Ländermärkte sollen ausgewählt und bearbeitet werden?

Wie?
Wie soll der **Markteintritt** erfolgen und in welchem Maße soll das Marketing an die länderspezififischen Gegebenheiten angepasst werden (**Standardisierung versus Differenzierung**)?

Wann?
In welcher **Reihenfolge** sollen die verschiedenen Ländermärkte erschlossen werden?

Zunächst zur **Auswahl von Ländermärkten**. Grundsätzlich gelten für die Entscheidungen über den Eintritt in ausländische Märkte die gleichen allgemeinen Prinzipien, die in Abschnitt 5.3.2 ("Marktwahl und Zielportfolio") dargestellt worden sind. Im Kern ging es dabei um die Gegenüberstellung von Marktchancen einerseits und der Position eines Unternehmens hinsichtlich der Wahrnehmung dieser Marktchancen andererseits. Hinsichtlich des internationalen Marketing sind zusätzlich einige spezifische Gesichtspunkte zu beachten, die hier schrittweise skizziert werden.

In einem ersten Schritt kann die **Auswahl von Ländern** erfolgen. Dieser lässt sich auch als Grobauswahl der zu bearbeitenden Märkte betrachten. Dabei beschränkt man sich meist darauf, an Hand qualitativer Kriterien und einfacher quantitativer Indikatoren Länder auszusondern, die für eine weitere Analyse, z.B. wegen zu großer politischer Risiken, nicht in Betracht kommen. Die für die Auswahl in Frage kommender Länder herangezogenen Informationen können in der Regel relativ leicht allgemein zugänglichen Quellen (z.B. Veröffentlichungen von Banken oder internationalen Organisationen) oder kostengünstig zu beziehenden speziellen Informationsdiensten (z.B. BERI-Index) entnommen werden. Gängige Kriterien für eine Länderauswahl, bei der produkt- und branchenspezifische Gesichtspunkte noch keine Rolle spielen, sind:

-    Geographische Faktoren (z.B. Entfernung zum jeweiligen Land)

-    Demographische Faktoren (z.B. Bevölkerungszahl und -wachstum)

-    Gesamtwirtschaftliche Faktoren (z.B. Inflationsrate, Pro-Kopf-Einkommen)

- Politische Risiken (z.B. Umsturz- oder Kriegsgefahr)

- Rechtliche Rahmenbedingungen (z.B. Rechtssicherheit, Währungskonvertibilität, Freiheitlichkeit der Wirtschaftsordnung)

- Infrastruktur (z.B. Kommunikationsmöglichkeiten, Funktionsfähigkeit staatlicher Institutionen)

Im nächsten Schritt des Auswahlprozesses werden die **Merkmale der in Frage kommenden Produktmärkte und Branchen** in den im Auswahlprozess verbliebenen Ländern betrachtet. Hinsichtlich deren Attraktivität spielen natürlich die schon aus den Abschnitten 5.2.2 und 5.3.2 bekannten Aspekte der Wettbewerbskräfte in einer Branche und der Marktchancen eine zentrale Rolle. Im internationalen Marketing kommen zu den im Abschnitt 5.2.2 angesprochenen Markteintrittsbarrieren noch **Behinderungen durch staatliche Vorschriften** hinzu. Als Beispiele seien hier Importquoten, Vorschriften über "local content" (Anteile der im jeweiligen Land zu erbringenden Wertschöpfung) und Beschränkungen des Kapitalverkehrs genannt. Durch die Ausbreitung der Internet-Nutzung werden aber insbesondere bei Informationsprodukten (z.B. Online-Datenbanken, Software), die vollständig elektronisch vertrieben werden können, Importbeschränkungen teilweise wirkungslos (vgl. Fritz 2000, S. 101).

Nach diesen beiden Schritten der Auswahl internationaler Märkte können noch mehr Märkte (gewissermaßen "Kandidaten") verbleiben als mit den verfügbaren Ressourcen bearbeitet werden können. Deswegen ist es naheliegend, Prioritäten zu setzen, wobei als Kriterium die **Ähnlichkeit von Märkten** herangezogen werden kann. Der entsprechende Grundgedanke ist sehr einfach. Man geht davon aus, dass ein Unternehmen sich zunächst den Märkten zuwendet, die dem vertrauten heimischen Markt am ähnlichsten sind. Bei ähnlichem ökonomischen Standard, ähnlichen Konsumgewohnheiten, kulturellen Gemeinsamkeiten, ähnlicher Handelsstruktur etc. bereitet es vergleichsweise geringe Schwierigkeiten, im bisherigen Absatzmarkt erfolgreiche Strategien dorthin zu übertragen. Das Risiko scheiternder Markteintritte und der Aufwand für die Modifizierung von Marktstrategien bleiben vergleichsweise niedrig.

Hinsichtlich der Frage "**Wie?**" sollen zunächst die im internationalen Marketing gängigen **Markteintrittsstrategien**, also die spezifischen Vorgehensweisen bei der Ausweitung des eigenen Absatzgebietes auf einen ausländischen Markt, skizziert werden. Es lassen sich dazu vier Kategorien für die Formen der Betätigung in ausländischen Märkten identifizieren:

- **Export**: Verkauf von im Inland produzierten Gütern ins Ausland, wobei die Art ihrer Vermarktung im Ausland oftmals von in- und ausländischen Absatzmittlern erheblich beeinflusst wird

- **Vertragliche Kooperation**: Lizenzverträge (Übertragung von Nutzungsrechten für Patente, Markenzeichen etc. an ausländische Unternehmen gegen Zahlung von Lizenzgebühren) und andere Formen vertraglicher Beziehungen

- **Joint Venture**: Gründung von Unternehmen im Ausland gemeinsam mit einem ausländischen Partner

- **Tochtergesellschaften im Ausland**: Gründung oder Kauf von ausländischen Unternehmen für Herstellung und / oder Vertrieb von Produkten in den jeweiligen Ländern

Diese vier Kategorien entsprechen auch einer intensitätsmäßigen Abstufung des Auslandsengagements. Zwei dafür relevante Kriterien sind in die folgende Abbildung 5.14 einbezogen.

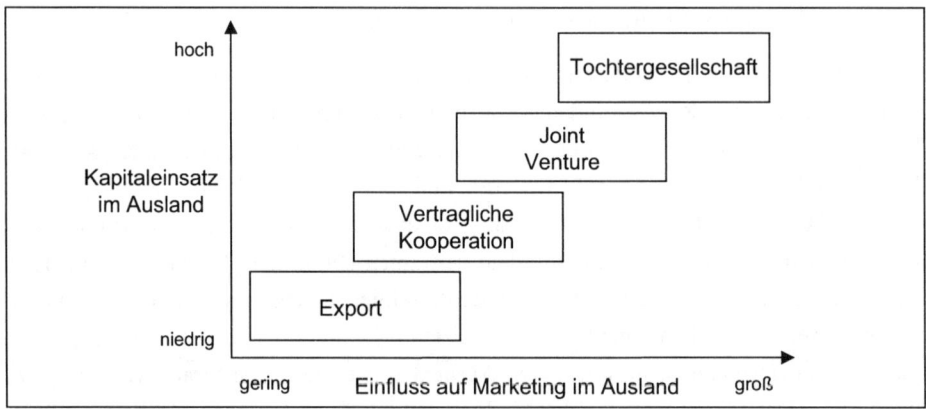

Abbildung 5.14:   Arten von Markteintrittsstrategien

Es zeigen sich in Abb. 5.14 einige typische Unterschiede zwischen den verschiedenen Markteintrittsstrategien. Beim Export ist der **Kapitaleinsatz** sehr gering; Tochtergesellschaften im Ausland bilden mit hohem Kapitaleinsatz den Gegenpol. Im Hinblick auf die Umsetzung längerfristig angelegter Marketingstrategien ist das Ausmaß und der **Einfluss** auf die dort vorgenommenen Marketing-Maßnahmen besonders bedeutsam, wobei dieser Einfluss beim Export insbesondere bei der Einschaltung von Handelsunternehmen (Exporteure, Importeure), besonders gering und bei Beteiligungen an ausländischen Unternehmen naturgemäß besonders groß ist. Die Wahl der Eintrittsstrategie ist aber oftmals von rechtlichen Rahmenbedingungen des jeweiligen Landes beeinflusst. So gestatten manche Länder (z.B. die Volksrepublik China) die Gründung von Tochtergesellschaften nicht und lassen nur Joint Ventures mit einheimischen Unternehmen zu.

*Das folgende Beispiel zeigt die **Entwicklung der Auslandsaktivitäten** des schwedischen Automobilherstellers **Volvo** zwischen 1929 und 1970. Man erkennt, dass im Zeitablauf sowohl die Zahl der bearbeiteten Märkte als auch die Intensität der Marktbearbeitung kontinuierlich angewachsen ist. Letzteres zeigt sich daran, dass Ressourceneinsatz und Engagement von Volvo insofern gestiegen ist, als in einer wachsenden Zahl von Ländern Verkaufsniederlassungen und eigene Fertigungsstätten aufgebaut worden sind.*

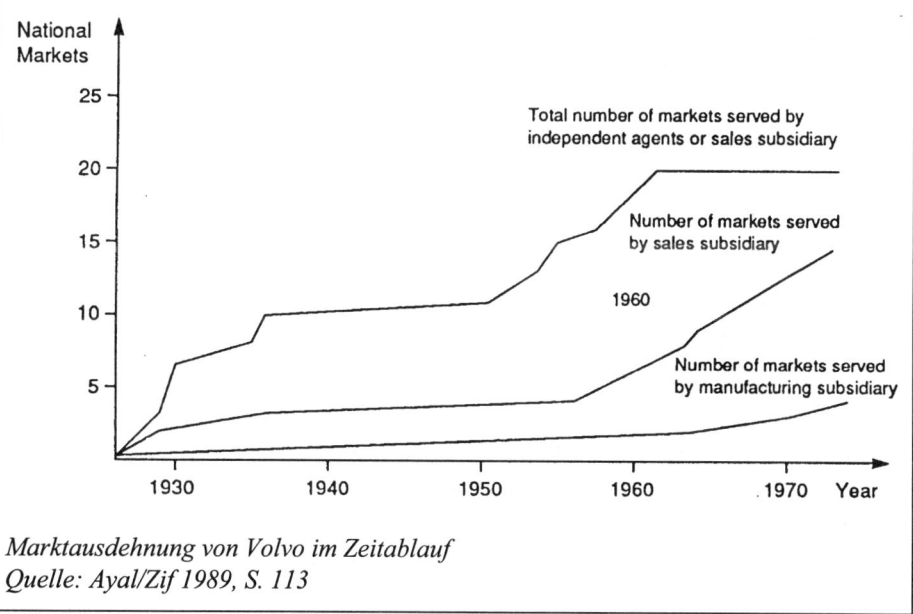

Marktausdehnung von Volvo im Zeitablauf
Quelle: Ayal/Zif 1989, S. 113

Ein zweiter für das internationale Marketing spezifischer Gesichtspunkt, der mit der Frage "**Wie?**" verbunden ist, bezieht sich auf das Ausmaß von **Standardisierung** (Vereinheitlichung) bzw. **Differenzierung** der Marktbearbeitung in den verschiedenen Ländermärkten. Normalerweise wird ein Unternehmen versuchen, eine Marketingstrategie (nicht zuletzt die Produktpolitik!) möglichst weitgehend international zu **standardisieren,** da auf diese Weise am ehesten Kostenvorteile zu erzielen sind. Hinzu kommt die geringere Bindung von Management-Kapazität bei der Verfolgung einer einheitlichen Strategie. Weiterhin ist es gerade in einer Zeit stark zunehmender weltweiter Kommunikation erforderlich, Markenimages nicht durch zu heterogene Marketingstrategien in den verschiedenen Märkten zu verwässern. Andererseits machen es Gesichtspunkte wie die folgenden notwendig, eine gewisse **Differenzierung** vorzunehmen:

Unterschiedlichkeit der Märkte: Kulturelle und soziale Bedingungen (z.B. Essgewohnheiten, Analphabetismus), klimatische Gegebenheiten, Ausbau von Elektrizitäts- und Kommunikationsnetzen etc.

Unterschiede bei Marketing-Institutionen: Verbreitung von Print- und elektronischen Medien (→ Werbeträger), Struktur und Bedeutung des Handels etc.

Rechtliche Regelungen: Sicherheitsvorschriften, Umweltschutzauflagen, Verfahren der Arzneimittelzulassung, Luxus-Steuern etc.

Die typische Lösung besteht in einem Kompromiss zwischen den Extremen Standardisierung und Differenzierung. Meffert/Althans (1982, S. 107) geben dafür die Devise aus: **"Soviel Standardisierung wie möglich, soviel Differenzierung wie nötig"**. Eine recht gängige Art, solch einen Kompromiss zu finden, besteht darin, das Produkt selbst und die grundlegenden Maßnahmen zur Produktpositionierung (siehe Abschnitt 5.4) international weitgehend zu standardisieren und bei Instrumenten, deren Einsatz stärker von den länderspezifischen Gegebenheiten abhängt (z.B. Distributionssystem, Werbemedien), eine Differenzierung vorzunehmen. Durch die Standardisierung des Produkts bleiben die Kostenvorteile eines großen internationalen Anbieters bestehen; die einheitliche Positionierung verhindert, dass das Markenimage gefährdet wird.

Hinsichtlich der Festlegung der Reihenfolge des Eintritts in neue internationale Märkte (Frage **"Wann?"**) werden in der Literatur (vgl. Backhaus/Büschken/Voeth 1998, S. 131 ff.) zwei verschiedene Strategien vorgeschlagen, die auf anschauliche Weise benannt sind: Die "Wasserfall-Strategie" und die "Sprinkler-Strategie". Bei der **Wasserfall-Strategie** erweitert ein Anbieter den Kreis bearbeiteter internationaler Märkte Schritt für Schritt. Nachdem aus dem Heimatmarkt Erfahrungen vorliegen, erfolgt zunächst die Bearbeitung von Märkten, die diesem sehr ähnlich sind (z.B. erst Deutschland, dann Österreich). Von Schritt zu Schritt steigt dann die Unterschiedlichkeit der hinzukommenden neuen Märkte im Vergleich zum Heimatmarkt. Der Begriff "Wasserfall-Strategie" bezieht sich also darauf, dass man zuerst in den vertrauten Märkten tätig wird und dass später ("im Fluss der Zeit") die Erschließung zunehmend andersartiger Märkte erfolgt. Eine solche Strategie ermöglicht dem Anbieter Lernprozesse hinsichtlich der Erfordernisse fremder Märkte und hält das mit dem Markteintritt verbundene Risiko relativ gering, führt aber zu einem eher langsamen Prozess der internationalen Marktdurchdringung.

Der Name **Sprinkler-Strategie** deutet schon an, dass es um die Erschließung verschiedener internationaler Märkte zur gleichen Zeit oder innerhalb eines kurzen Zeitraums (ein bis zwei Jahre) geht. Trotz aller Risiken liegt ein wesentlicher Vorteil darin, dass relativ schnell hohe Umsätze erzielt werden und die Amortisation des Aufwandes für Forschung, Entwicklung und Markteinführung ebenfalls zügig erfolgen kann. Beachtenswert ist in diesem Zusammenhang auch der Aspekt, dass angesichts der in vielen

Branchen (z.B. Elektronik; Software) heutzutage sehr kurzen Produktlebenszyklen ohnehin kaum Spielraum für eine schrittweise (und damit langsame) Durchdringung internationaler Märkte besteht.

> *Wolfgang Fritz (2000, S. 100) erläutert die Nutzung des Internet hinsichtlich der* **Reihenfolge des Eintritts in internationale Märkte:**
>
> *"Wie schon erwähnt, eignen sich das Internet aufgrund seiner weltweiten Reichweite hervorragend für die Realisation einer Sprinkler-Strategie, da der Markteintritt mit einer Website grundsätzlich global erfolgt. Eine solche Strategie ist z. B. realisierbar für Unternehmen, die Informationsprodukte erzeugen, die beliebig reproduzierbar und auf digitaler Basis weltweit distribuierbar sind. Müssen Unternehmen jedoch, etwa weil sie Sachgüter anbieten, pro Eintrittsmarkt erst Kapazitäten der Warenlogistik aufbauen, so werden sie - trotz einer Anbahnung der Transaktionen im Marketspace - oft nur eine Wasserfallstrategie verfolgen können."*

5.4 Marktorientierte Geschäftsfeldplanung

Bei den in den vorigen Abschnitten erläuterten Schritten der Marketingplanung werden auf der Basis von Informationen über Märkte, eigene Stärken und Schwächen, Wettbewerbsverhältnisse in der Branche etc. grundlegende und eher langfristig ausgerichtete Entscheidungen getroffen. Dabei geht es zunächst um die Frage, in welchen Märkten man wie stark vertreten sein will ("Wo bzw. wohin?"). Damit verbunden muss festgelegt werden, in welcher Weise Vorteile gegenüber Wettbewerbern erreicht werden sollen ("Wie?") und wann ein Unternehmen in bestimmten Märkten tätig sein / werden will. Das alles ergibt für die verschiedenen Geschäftsfelder (**Geschäftsfeld-Mix**) eine längerfristige - naturgemäß recht grobe - Planung. Für die Festlegung von bestimmten Marketing-Maßnahmen, also z.B. die Gestaltung des Produkts, der Werbung oder des Vertriebssystems, bedarf es aber noch deutlich konkreterer Angaben zu den **Zielen** (z.B. Marktanteile, Deckungsbeiträge) und der **Wettbewerbspositionen** (z.B. "technisch fortschrittliches Produkt mit dem besten Service") die erreicht werden sollen. Dieses ist die Aufgabe der marktorientierten Geschäftsfeldplanung.

Die marktorientierte Geschäftsfeldplanung ist also gedanklich als **Bindeglied** zwischen marktorientierter Unternehmensplanung und Planung des Marketing-Mix einzuordnen. Während bei der marktorientierten Unternehmensplanung u.a. festgelegt worden ist, welche Geschäftsfelder sich in welcher Weise entwickeln sollen, bezieht sich die Geschäftsfeldplanung – wie der Name schon andeutet – auf **einzelne** (durch die Unternehmensplanung bestimmte) **Geschäftsfelder**. Wenn die Volkswagen AG z.B. beschließt, in den Markt für schwere LKW einzutreten, also ein entsprechendes Geschäftsfeld neu aufzubauen, dann stellen sich in der Folge Fragen zur Vorgehensweise bei der angestrebten Entwicklung. So ist zu entscheiden, welche Segmente bearbeitet werden sollen. Damit verbunden sind Überlegungen zur Art der angestrebten Vorteile gegenüber Wettbewerbern. Die im Porter'schen Sinne (siehe Abschnitt 5.3.3) festgelegten Ausrichtungen (Differenzierung oder Kostenführerschaft) müssen konkretisiert und auf die jeweiligen Marktsegmente bezogen werden, insbesondere wenn Differenzierungsvorteile (welche?) erreicht werden sollen. Die Analysen und Entscheidungen, die sich auf die Art von Wettbewerbsvorteilen in der Sicht von Abnehmern und auf die Abgrenzung gegenüber konkurrierenden Anbietern beziehen, werden zusammenfassend mit dem Stichwort **Positionierung** bezeichnet. Damit verbunden sind Überlegungen zu den **ökonomischen Zielen** und Erfolgskriterien für das jeweilige Geschäftsfeld. Gängige Maßgrößen dafür sind der Ertrag, der Marktanteil und die Umsatzentwicklung von Geschäftsfeldern. Der typische Zeithorizont für die marktorientierte Geschäftsfeldplanung liegt bei etwa 3 bis 5 Jahren.

Zwischen Zielen und Maßnahmen bei den verschiedenen Schritten der Marketingplanung bestehen vielfältige **Zweck-Mittel-Beziehungen**. Von den übergeordneten Planungsebenen werden jeweils Ziele vorgegeben, deren Erreichung wiederum ein Mittel ist, um allgemeine Ziele zu realisieren. Dieser Gedanke sei durch das in Abbildung 5.15 dargestellte einfache Beispiel illustriert. Wenn ein Automobilhersteller in seinem Zielportfolio u.a. festgelegt hat, Marktführer im europäischen Markt für Kleintransporter werden zu wollen, dann kann der Weg, um dieses Ziel zu erreichen, darin bestehen, für das Geschäftsfeld "Kleintransporter im europäischen Markt" für die nächsten fünf Jahre jeweils einen Marktanteilsgewinn von 2 % anzustreben. Die 2 % Marktanteilzuwachs sind also das jährliche Ziel für das Geschäftsfeld und gleichzeitig das Mittel, um längerfristig die Marktführerschaft zu erreichen.

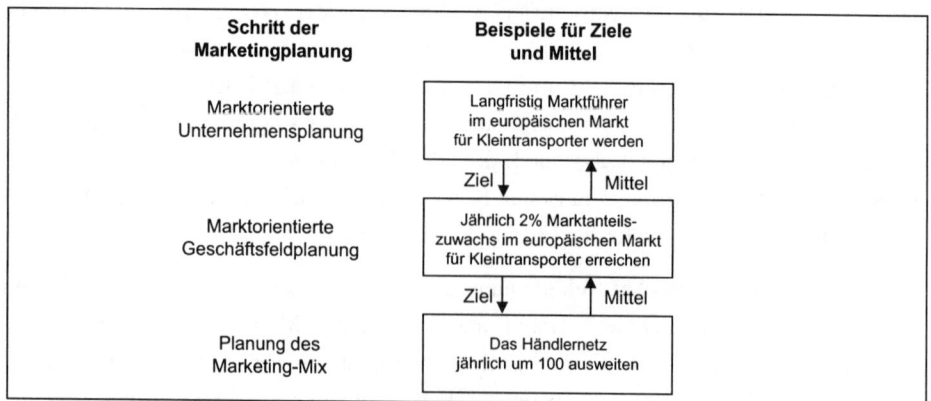

Abbildung 5.15:   Beispiel für Ziel-Mittel-Beziehungen bei verschiedenen Schritten der Marketingplanung

Beim Übergang von der marktorientierten Geschäftsfeldplanung zur Planung des Marketing-Mix könnte man sich eine Ziel-Mittel-Beziehung so vorstellen, dass der jährliche Marktanteilszuwachs u.a. dadurch zu ereichen ist, dass die Zahl der Händler und Service-Stationen in Europa pro Jahr um vielleicht 100 (→ Ziel für die Planung des Marketing-Mix, hier der Vertriebspolitik) steigt.

Die Grundidee von Ziel-Mittel-Beziehungen lässt sich auf die zentralen Aspekte der Beziehungen von marktorientierter Unternehmens- und Geschäftsfeldplanung übertragen. Wie schon im vorstehenden Beispiel (Abb. 5.15) erkennbar wurde, bestehen direkte Beziehungen zwischen den Festlegungen des **Zielportfolios** ("Wohin?") und den ökonomischen **Zielen der einzelnen Geschäftsfelder**. Ähnlich eng ist der Zusammenhang zwischen der **strategischen Grundausrichtung** ("Wie?") und den **Positionierungszielen**, die eine Festlegung darstellen, welche komparativen Konkurrenzvorteile (z.B. Schnelligkeit und Kompetenz des Service, Wartungsfreundlichkeit des Produkts, Prestige einer Marke) bei den Kunden erreicht werden sollen. Der angemessene Einsatz der Instrumente des Marketing-Mix (z.B. Veränderungen von Produkt, Werbung oder Vertriebsweg) ist der Weg, um diese Konkurrenzvorteile zu erzielen. Auch innerhalb der marktorientierten Geschäftsfeldplanung finden sich Ziel-Mittel-Beziehungen zwischen ökonomischen Zielen und Positionierungszielen. Als Beispiel dafür sei das Wachstum des Marktanteils (ökonomisch) genannt, das sich durch die Ausrichtung des eigenen Angebots auf den Massenmarkt (Positionierung) erreichen lässt. Abb. 5.16 illustriert die angesprochenen Zusammenhänge.

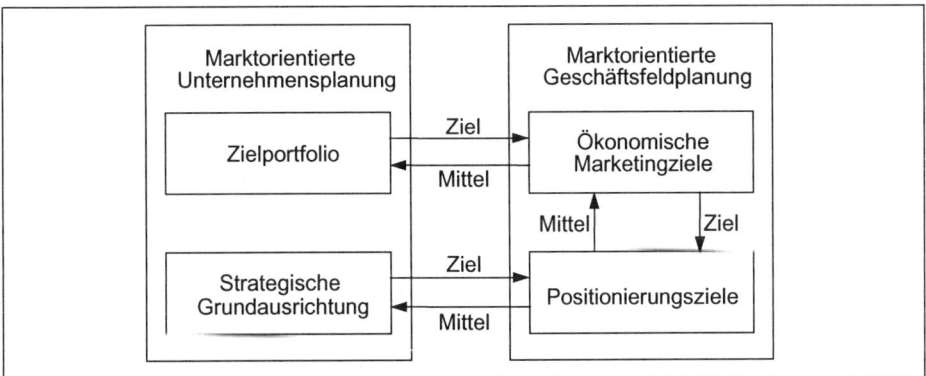

Abbildung 5.16:   Ziel-Mittel-Beziehungen bei der marktorientierten Unternehmens- und Geschäftsfeldplanung

Quelle: nach Kuß/Tomczak 2001, S. 114

Bisher ist hinsichtlich der marktorientierten Geschäftsfeldplanung der **Zeit-Aspekt** ("Wann?") ausgeklammert worden. Während es bei der Unternehmensplanung vor allem um frühen oder späten Markteintritt ging, stehen bei der Geschäftsfeldplanung die Abfolge und Dauer der Schritte, in denen ökonomische Ziele und Positionierungsziele erreicht werden sollen, im Mittelpunkt. Beispiele für derartige Festlegungen könnten sein:

- "Der Marktanteil soll jährlich um 1 % steigen."

- "Nach drei Jahren soll der Break-Even-Punkt (siehe Abschnitt 6.2.3) erreicht sein."

- "In fünf Jahren soll unser Bier das in Deutschland führende Premium-Bier sein."

*Bei Kuß/Tomczak (2001, S. 114) findet sich ein illustrierendes Beispiel zu **Ziel-Mittel-Beziehungen** zwischen Unternehmens- und Geschäftsfeldebene, das hier in vereinfachter / veränderter Form wiedergegeben sei:*

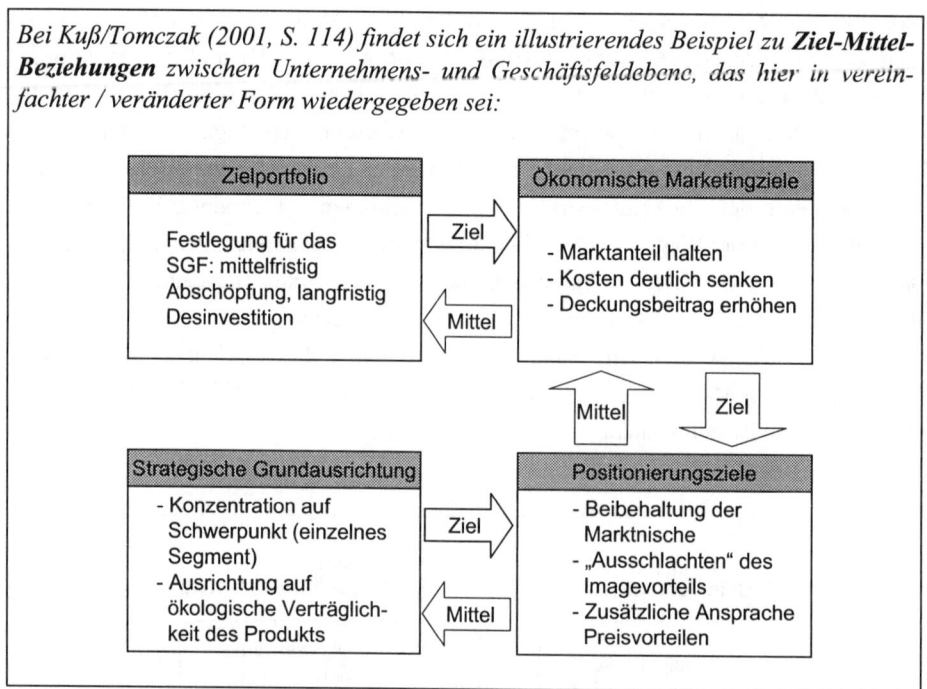

Nun zu einer etwas detaillierteren Darstellung der **Positionierung** bzw. der **Produktpositionierung**. Dieser in Theorie und Praxis des Marketing sehr gängige Begriff hat mindestens zwei Facetten. Zum einen geht es um die Analyse und Darstellung der **Wahrnehmung von Produkten** in ihrem Konkurrenzumfeld durch potenzielle Käufer. Andererseits geht es um die **Ausrichtung von Produkten auf die Präferenzen von Käufergruppen** mit Hilfe der Instrumente des Marketing-Mix.

Lehmann/Winer (1997, S. 220) fassen **zentrale Aspekte der Positionierung** *knapp zusammen: "Die Positionierung beinhaltet die Feststellung, in welcher Weise sich ein Produkt von Wettbewerbsprodukten in der Wahrnehmung einer bestimmten Gruppe von Kunden unterscheidet. Deswegen umfasst die Positionierung (1.) die Ausrichtung auf bestimmte Kundengruppen, (2.) die Ausrichtung auf bestimmte Konkurrenten und (3.) einige Produkteigenschaften, durch die sich die Differenzierung ergibt."*

Durch das Wort „Positionierung" wird schon angedeutet, dass räumliche Darstellungen von Märkten eine große Bedeutung haben. Die für die Kunden relevanten Eigenschaften bilden die **Dimensionen** der entsprechenden Räume. Wenn beispielsweise für eine Kundengruppe vor allem die Aspekte Wirtschaftlichkeit und Komfort beim Autokauf eine Rolle spielen, dann lassen sich die einzelnen Produkte (Automarken) in einen so definierten zweidimensionalen Raum einordnen. Liegen zwei Produkte in einer solchen Darstellung nah beieinander, so sind sie im Hinblick auf die betrachteten Dimensionen ähnlich. Sind größere Bereiche in dem betrachteten Raum unbesetzt, dann gibt es offenbar Teile des Marktes, für die keine entsprechenden Produkte angeboten werden. Abbildung 5.17 zeigt ein einfaches (konstruiertes) Beispiel.

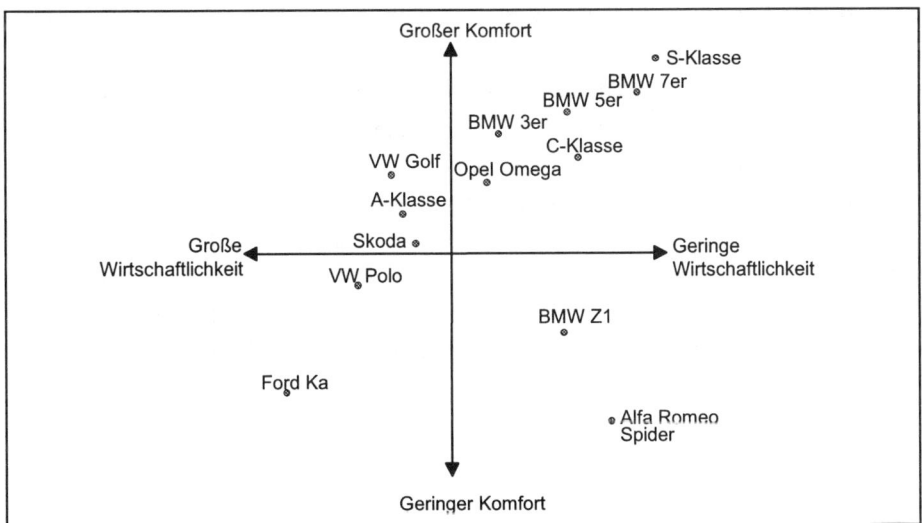

Abbildung 5.17: Eine hypothetische Produktpositionierung im Automobilmarkt

Wie eingangs schon erwähnt, hat die **Wahrnehmung** von Produkten und ihren Eigenschaften durch Kunden zentrale Bedeutung. Diese Wahrnehmung kann durchaus von den tatsächlichen Eigenschaften abweichen, beispielsweise dadurch, dass bestimmte Produkt-Informationen von einer Person nicht oder verfälscht aufgenommen worden sind. Für das Kaufverhalten spielt aber nur die Wahrnehmung des Kunden - nicht irgendwelche „objektiven" Merkmale - eine Rolle. Daneben ist die Untersuchung von **Präferenzen** der Zielgruppe bedeutsam. Beides gemeinsam - die Analysen der Wahrnehmung von Produkten und der jeweiligen Präferenzen - ergibt dann eine Basis z.B. für die Gestaltung von neuen Produkten. Aus dem vorstehenden Beispiel (Abbildung 5.17) und den Ausführungen der vorigen Absätze lassen sich die zentralen Merkmale des klassischen Positionierungsmodells entnehmen: Es geht vor allem um die Darstellung konkurrierender Produkte (oder Marken) in einem Positionierungsraum. Die Achsen dieses Raumes entsprechen den wichtigsten Produkteigenschaften und geben deren Ausprägungsmöglichkeiten wieder. Aus Gründen der Übersichtlichkeit versucht man in der Praxis meist, sich dabei auf 2 bis 3 Achsen zu beschränken. In weiter entwickelten Positionierungsmodellen, wird auch versucht, die ermittelten Präferenzen von Kunden(-gruppen) durch die Einbeziehung von „Idealmarken" neben den realen Marken (Produkten) darzustellen. Damit ergeben sich dann Anhaltspunkte, wie die Positionierung eines neuen Produkts sein bzw. wie die Positionierung existierender Produkte verändert werden sollte.

Die Analyse von Produktwahrnehmungen muss natürlich auf Daten basieren, die bei Zielpersonen selbst - in der Regel durch Befragung - erhoben wurden. Hier soll lediglich das wohl gängigste Verfahren zur Feststellung der Produktpositionierung - die **Multidimensionale Skalierung** (MDS) - kurz vorgestellt werden. Diese basiert auf **Ähnlichkeitsdaten**. Die Auskunftspersonen werden also gefragt, inwieweit sie bestimmte Produkte als ähnlich bzw. unähnlich empfinden. Sodann wird versucht, mit Hilfe recht komplexer statistischer Methoden eine räumliche Darstellung zu finden, die den Ähnlichkeitsdaten möglichst gut entspricht, d.h. ähnliche Produkte sind in der Darstellung nah gelegen, unähnliche liegen entsprechend weiter auseinander. Dabei wird zusätzlich angestrebt, dass diese Darstellung möglichst **wenige Dimensionen** hat, da sonst ihre Interpretation zu schwierig wird. Oftmals findet man deswegen - aus naheliegenden Gründen - zweidimensionale Graphiken als Ergebnis der MDS. Das Verfahren wird in den verschiedenen Lehrtexten zur Marktforschung ausführlich behandelt (z.B. Backhaus u.a. 2000).

*Becker (1998, S. 249) präsentiert ein **Beispiel zur Positionierung im Bekleidungs-markt**, bei dem die Dimensionen "Zeitlose bzw. modische Produktgestaltung" und "Hohe oder niedrige Preise / Qualität" verwendet wurden. Dabei zeigte sich, dass im Bereich "Modische Produktgestaltung bei gleichzeitig niedrigen Preisen" eine Lücke existierte, die inzwischen von Anbietern wie Benetton oder H & M besetzt worden ist.*

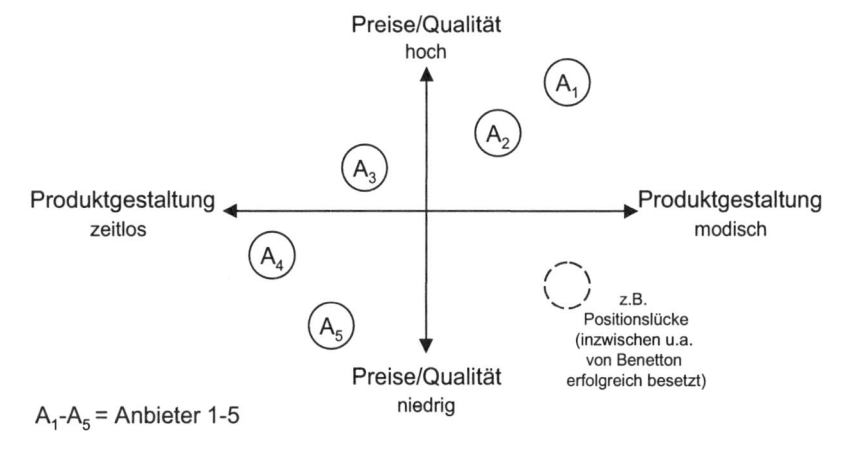

Das vorstehend skizzierte klassische Positionierungsmodell hat bestimmte **Stärken**, die seine Verbreitung in der Praxis begründen: Durch inzwischen bewährte Messmethoden ergibt sich für entsprechende Darstellungen eine solide empirische Basis. Auch für Praktiker, denen die jeweiligen methodischen Details nicht immer ganz geläufig sein müssen, sind die Ergebnisse anschaulich und für Ist-Analysen nicht zuletzt deshalb geeignet. Allerdings wird dieses Positionierungsmodell auch deswegen **kritisiert**, weil die Analyse vor allem vergangenheitsorientiert ist und grundlegende Innovationen dadurch nicht befördert werden. Weiterhin würden die Strategien aller Anbieter sehr ähnlich werden, wenn alle mit prinzipiell gleichen Daten und Modellen arbeiten.

Mit den Entscheidungen über die in einem Geschäftsfeld verfolgten ökonomischen Ziele und Positionierungsziele ist die entsprechende **Vorgehensweise** weitgehend bestimmt. In Anlehnung an Kuß/Tomczak (2001, S. 148 ff.) sollen drei Merkmale zur Kennzeichnung der Vorgehensweise in einem Geschäftsfeld herangezogen werden. Es sind dies

- **Strategie-Stil**: Hier geht es um die Frage des Verhaltens im Wettbewerb, insbesondere um die Alternative zwischen offensivem und defensivem Wettbewerbsverhalten.

- **Strategie-Substanz**: Damit ist die Festlegung des spezifischen Nutzens (→ komparativer Konkurrenzvorteil) gemeint, der den Kunden angeboten werden soll.

- **Strategie-Variation**: Hier geht es um das Ausmaß, in dem von der bisher verfolgten Marketingstrategie abgewichen wird.

Der Zusammenhang dieser Merkmale mit den festgelegten Zielen lässt sich leicht nachvollziehen und ist in Abbildung 5.18 zusammenfassend dargestellt.

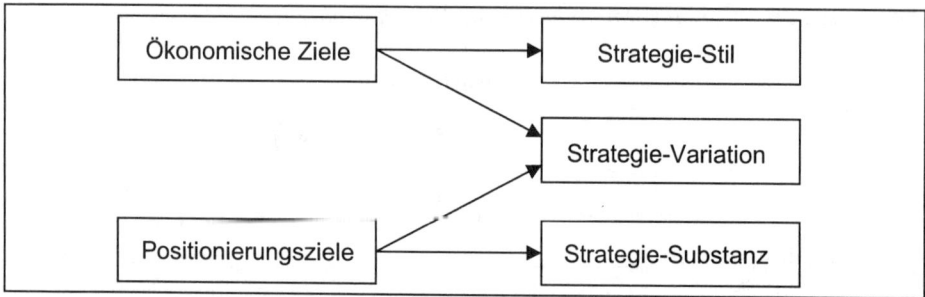

Abbildung 5.18:   Ziele und Vorgehensweise in einem Geschäftsfeld

Wenn ökonomische Ziele anspruchsvoll gesetzt werden, insbesondere bei angestrebtem starken Wachstum, dann resultiert daraus ein eher **offensiver Strategie-Stil**. Ist dagegen nur die Aufrechterhaltung der gegenwärtigen Position oder ein Rückzug aus einem Markt vorgesehen, so liegt natürlich ein **defensiver Strategie-Stil** nahe. Aus den Positionierungszielen und ihrer Konkretisierung im Hinblick auf die Eigenschaften der angebotenen Leistung folgt direkt die jeweilige **Strategie-Substanz**. Sowohl ökonomische Ziele als auch Positionierungsziele können das Ausmaß der **Strategie-Variation** bestimmen: Ist starkes Wachstum vorgegeben, so müssen z.B. das Marktareal ausgeweitet, die Werbung oder die Verkaufsanstrengungen intensiviert werden, d.h. die bisherige Strategie wird deutlich verändert. Ähnliches gilt für die Positionierungsziele. Soll die künftige Positionierung gegenüber der bisherigen deutlich verändert werden, dann müssen dazu Produkteigenschaften, Marken-Image oder die Kommunikationspolitik deutlich verändert werden.

Insbesondere durch die Ausführungen zur Positionierung dürfte deutlich geworden sein, dass sich daraus recht konkrete Vorgeben für die Planung des Marketing-Mix ableiten lassen. Eine angestrebte Positionierung z.B. im Hinblick auf "erstklassiges Design" oder "hervorragendes Produkt-Image" oder "bester Service der Branche" hat eben entsprechende Maßnahmen in den Bereichen Produktpolitik bzw. Kommunikationspolitik bzw. Kundendienstpolitik zur Folge. Damit ist dann schon die Brücke zur Planung des Marketing-Mix (Kapitel 10) geschlagen, deren verschiedene Elemente Gegenstand der folgenden Kapitel 6 bis 9 sind.

5.5 Ausblick: Das Marketing-Mix

Im Abschnitt 2.2.2 dieses Buches ist herausgestellt worden, dass zum modernen Marketing eine passive (Anpassung an die Marktbedingungen) und eine aktive (Beeinflussung von Marktverhältnissen) Komponente gehört. Vor allem für die aktive Marktbeeinflussung bedarf es natürlich angemessener Instrumente, die hier zunächst kurz vorgestellt und dann in den folgenden Kapiteln näher erläutert werden sollen.

In Wissenschaft und Praxis hat sich in (fast schon erstaunlicher) Übereinstimmung eine Vier-Teilung des Marketinginstrumentariums durchgesetzt. Lediglich bei der Benennung der vier Bereiche sowie der Zuordnung einiger (weniger) Instrumente zu diesen Bereichen gibt es zwischen verschiedenen Autoren kleinere Abweichungen. Im vorliegenden Buch soll von

- Produktpolitik,
- Preispolitik,
- Kommunikationspolitik und
- Vertriebspolitik (Distributionspolitik)

gesprochen werden. In der amerikanischen Literatur findet man auch die griffige Bezeichnung „4P": **Product, Price, Promotion, Place**. Einzelne dieser Bereiche umfassen zwar Instrumente, die man bei strenger Betrachtung nicht den jeweiligen Bezeichnungen unterordnen würde, die Bezeichnungen haben sich aber eingebürgert und charakterisieren treffend zumindest den Kernbereich der verschiedenen Marketinginstrumente.

Im Abschnitt 2.1.3 wurde schon darauf hingewiesen, dass im Marketing ein umfassender Produktbegriff, der Sachgüter, Dienstleistungen, Rechte und Kombinationen davon umfasst, üblich geworden ist. Der Begriff **Produktpolitik** beinhaltet weiterhin Maßnahmen, die in engem Zusammenhang mit dem **Produkt** stehen, z.B. **Verpackung**, **Service**, **Garantieleistungen**. Letztlich gehören dazu auch Maßnahmen im **Sortimentsbereich**, also Entscheidungen über die Art und Anzahl angebotener Produkte. Meist wird auch der Aspekt der **Markierung** (einschl. Markenpolitik) der Produktpolitik zugeordnet (siehe Kapitel 6).

Die **Preispolitik** hat die Planung und Durchsetzung der für die eigenen Produkte zu erzielenden **Preise** zum Gegenstand. Eng verbunden mit der Festsetzung des Preises und deswegen ebenfalls der Preispolitik zugerechnet sind **Konditionen** (Rabatte, Zahlungsbedingungen) und **Absatzfinanzierung**.

Der Begriff **Kommunikationspolitik** kann etwas irreführend sein. Im Marketing geht es nämlich nicht primär um einen Austausch von Informationen, Meinungen etc., sondern hauptsächlich um die eher einseitige Beeinflussung von Nachfragern durch Anbieter.

Das bedeutendste Instrument in diesem Bereich ist die **Werbung**. Die **Verkaufsförde-rung** umfasst eine Vielzahl von Techniken zur Beeinflussung von Absatzmittlern (Handel, Außendienst) und von Konsumenten am Ort des Verkaufs ("Point of purchase" - PoP). Das dritte zur Kommunikationspolitik gehörende "klassische" Instrument ist die **Öffentlichkeitsarbeit** (Public Relations). In jüngerer Zeit sind einige andere Instrumente wie Sponsoring oder Produkt-Placement hinzugekommen (siehe Kapitel 8).

Die **Vertriebspolitik** (**Distributionspolitik**) beinhaltet Entscheidungen, die den Weg eines Produkts vom Anbieter zum Endabnehmer betreffen. Damit ist einerseits die eigene **Vertriebsorganisation** von Unternehmen sowie die **Einschaltung** von Absatz-mittlern und andererseits der auch mit dem Stichwort **Marketinglogistik** bezeichnete physische Weg des Produkts zum Kunden gemeint. Die wesentlichen Probleme der Marketinglogistik betreffen Lagerhaltung und Transport von Produkten sowie die Standortwahl. Im vorliegenden Buch wird auch der **persönliche Verkauf** der Vertriebs-politik zugerechnet, obwohl viele bedeutende Autoren darin eher ein kommunikations-politisches Instrument sehen (siehe Kapitel 9).

Vor einer ausführlicheren Erörterung der vier Instrumentalbereiche des Marketing in den folgenden Kapiteln sollen noch zwei Aspekte von allgemeiner Bedeutung hervorge-hoben werden:

-    Die hier vorgenommene Charakterisierung der vier genannten Bereiche als Instru-mente des Marketing unterstreicht den in Abschnitt 2.2.2 skizzierten **Bedeutungs-wandel des Absatzbereichs**. In Zeiten der Produktionsorientierung von Unterneh-men war die Entscheidung über Produkte und Sortimente nicht Gegenstand absatzwirtschaftlicher Überlegungen. Unter diesen Bedingungen war die entschei-dende absatzpolitische Aktionsvariable der Preis. In Zeiten der Verkaufs-orientierung kamen die Kommunikationspolitik und vertriebliche Anstrengungen zur Unterstützung des Absatzes eines vorgegebenen Leistungsprogramms der Un-ternehmen hinzu. Erst unter dem Vorzeichen des Käufermarktes, der zu einer Mar-ketingorientierung vieler Unternehmen führte, kann man die vier Bereiche (Produkt, Preis, Kommunikation und Vertrieb) als mehr oder minder gleichwertige Instru-mente des Marketing ansehen.

-    In den nächsten vier Kapiteln werden die einzelnen Instrumentalbereiche getrennt vorgestellt und erläutert. Das soll aber nicht zu dem Irrtum führen, dass diese in der Praxis unabhängig voneinander geplant werden können. Vielmehr kommt es bei einer erfolgreichen Marketingplanung entscheidend darauf an, dass **alle eingesetz-ten Instrumente sorgfältig aufeinander abgestimmt** sind. Nicht umsonst spielt in Theorie und Praxis das Stichwort "Marketing-Mix" eine wichtige Rolle. Diesem Aspekt wird deshalb der Abschnitt 10.1 gewidmet sein.

Literaturempfehlungen zum 5. Kapitel

BACKHAUS, KLAUS / BÜSCHKEN, JOACHIM / VOETH, MARKUS (1998): Internationales Marketing, 2. Aufl., Stuttgart.

BECKER, JOCHEN (1998): Marketing-Konzeption, 6. Aufl., Stuttgart.

BENKENSTEIN, MARTIN (1997): Strategisches Marketing, Stuttgart.

BERNDT, RALPH / FANTAPIÉ ALTOBELLI, CLAUDIA / SANDER, MATTHIAS (1997): Internationale Marketing-Politik, Berlin u.a.O.

CZIEPIEL, JOHN (1992): Competitive Marketing Strategy, Englewood Cliffs (N.J.)

DAY, GEORGE (1990): Market Driven Strategy, New York u.a.O.

DILLER, HERMANN (Hrsg.) (1998): Marketingplanung, 2. Aufl., München

KLEINALTENKAMP, MICHAEL / PLINKE, WULFF (2000): Strategisches Business-to-Business-Marketing, Berlin u.a.O.

KUß, ALFRED / TOMCZAK, TORSTEN (2001): Marketingplanung, 2. Aufl., Wiesbaden.

MEFFERT, HERIBERT (1994): Marketing-Management, Wiesbaden.

MEFFERT, HERIBERT / BOLZ, JOACHIM (1994): Internationales Marketing-Management, 2. Aufl., Stuttgart u.a.O.

PORTER, MICHAEL (1992a): Wettbewerbsvorteile, 3. Aufl., Frankfurt.

PORTER, MICHAEL (1992b): Wettbewerbsvorteile, 7. Aufl., Frankfurt.

RUDOLPH, THOMAS (1997): Profilierung mit Methode, Frankfurt / New York.

TOMCZAK, TORSTEN / RUDOLPH, THOMAS / ROOSDORP, ALEXANDER (HRSG.) (1996): Positionierung - Kernentscheidung des Marketing, St. Gallen.

WALKER, ORVILLE / BOYD, HARPER / LARRECHÉ, JEAN-CLAUDE (1999): Marketing-Strategy, 3. Aufl., Boston u.a.O.

YIP, GEORGE (1992): Total Global Strategy, Englewood Cliffs (N.J.).

6.   Produktpolitik

6.1   Inhalt und Relevanz der Produktpolitik

6.1.1   Kennzeichnung der Produktpolitik

Bevor die Produktpolitik definiert werden kann, ist zunächst zu klären, was im Marketing unter einem **Produkt** verstanden wird. Auf den relativ weit gefassten Produktbegriff (Sachgüter, Dienstleistungen, Rechte) des Marketing ist bereits hingewiesen worden (Abschnitte 2.1.2 und 4.2.2.1). Entsprechend umfassend angelegt ist auch eine Definition von Bagozzi (1986, S. 137): "Ein Produkt ist ein Bündel von Eigenschaften, das von einer Seite, dem Verkäufer, der anderen Seite, dem Käufer, angeboten wird." Wenn man von Eigenschaften spricht, dann ist damit gemeint, dass hier nicht die physischen Merkmale eines Produkts, sondern dessen **Nutzungsmöglichkeiten** im Vordergrund stehen. Der Käufer eines Autos z.B. ist in der Regel wohl eher daran interessiert, eine Möglichkeit zur Fortbewegung und vielleicht auch zur Repräsentation zu erwerben, als eine geordnete Ansammlung von Plastik- und Metallteilen.

Die häufig vielfältigen Eigenschaften, die zusammengenommen ein Produkt ausmachen, werden gelegentlich in bestimmte Gruppen eingeteilt. Hier gibt es zunächst Eigenschaften, die den Kernbereich der Produktnutzung betreffen. Beim Auto sind das z.B. Fahrleistungen oder Raumangebot. Daneben gehören zu einem Produkt noch weitere Charakteristika, wie z.B. ästhetische Merkmale. Bei einem Auto könnte man hier an das Styling oder Marken-Prestige denken. Schon in der älteren deutschsprachigen betriebswirtschaftlichen Literatur wurden für diese Unterscheidung die Begriffe **Grundnutzen** und **Zusatznutzen** verwendet.

In diesem Sinne geht es bei der Produktpolitik nicht nur um die Gestaltung des Produkts "im engeren Sinne" , sondern auch um mit dem Produkt verbundene Leistungen und Merkmale, die für dessen Markterfolg bedeutsam sind. Damit sind in erster Linie gemeint:

- Marke

- Service

- Garantie

- Verpackung

Abbildung 6.1 illustriert die **Komponenten von Produkten**. Dabei ist zu beachten, dass sich die Diskussion im vorliegenden Kapitel auf Sachgüter konzentriert. Bei Dienstleistungen und Rechten sind einzelne Komponenten (z.B. Verpackung) meist irrelevant.

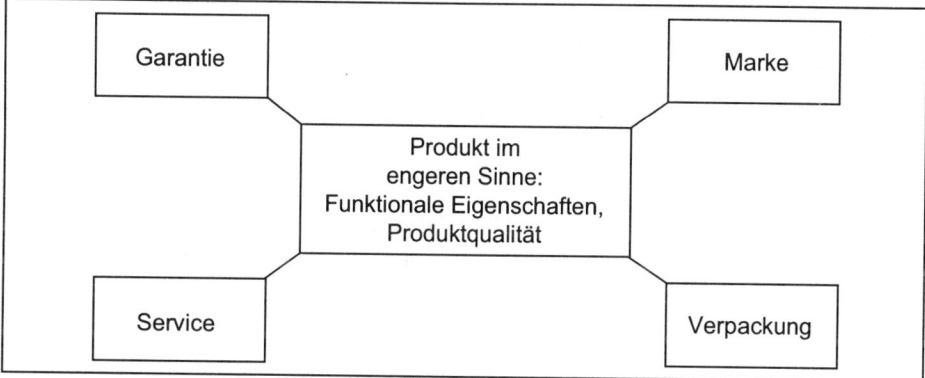

Abbildung 6.1:   Komponenten von Produkten (Sachgütern)

Reibstein (1985, S. 271) erläutert die **Komponenten von Produkten***:*

"Ein Produkt dient potenziell zur Befriedigung eines Wunsches oder Bedürfnisses eines Kunden oder industriellen Abnehmers. Aber ein Produkt ist nicht nur dieser Gegenstand selbst, es besteht aus einer Anzahl von Komponenten, die zu seiner Fähigkeit, Bedürfnisse und Wünsche zu befriedigen, beitragen. Komponenten, die zu einem Produkt gehören, sind seine Verpackung, sein Name und der Name des Herstellers, vielleicht eine Garantie und Gewährleistung oder die Verfügbarkeit eines Wartungsdienstes. Das gesamte Produkt ist die Summe aller physischen und psychischen Eigenschaften, die dazu beitragen, dass Wünsche und Bedürfnisse von Kunden befriedigt werden. ...

Wodurch wird aus einem Computer ein Produkt? Die Hardware benötigt Software, um laufen zu können, Schulung für das Bedienungspersonal, und einen Wartungsdienst, wenn Probleme entstehen."

Das **Produkt im engeren Sinne** steht im Mittelpunkt des Abschnitts 6.2. Dessen Thema ist die **Produktinnovation**, also letztlich die Gestaltung des Produkts von der ersten Idee bis zum marktreifen Produkt. In Abschnitt 1.2.2 und im Zusammenhang mit Differenzierungsstrategien (Abschnitt 5.3.3) ist auf die große (und offenbar weiter wachsende) Bedeutung von **Marken** und Markenpolitik schon hingewiesen worden. Dieser Aspekt wird deshalb in Abschnitt 6.3 eingehender erörtert. Die weiteren Komponenten eines Produkts werden dagegen im Folgenden kurz vorgestellt.

Beim **Service (Kundendienst)** handelt es sich um Dienstleistungen, die in Verbindung mit einem Sachgut angeboten werden. Der Schwerpunkt der Kundendienstleistungen mit den typischen Beispielen Lieferung, Montage, Anwenderschulung, Wartung und Reparaturleistungen liegt nach dem Kauf.

Der Service hat erhebliche Bedeutung im Zusammenhang mit der Entstehung und Festigung von Bindungen zwischen Anbietern und Abnehmern. Sein Stellenwert ist in unterschiedlichen Branchen bzw. bei unterschiedlichen Produkten sehr verschieden. Bei vielen Gütern des täglichen Bedarfs (z.B. Getränke, Waschmittel) spielt er praktisch keine Rolle. In anderen Bereichen (Musterbeispiele: Verkehrsflugzeuge, Automobile) ist ein Markterfolg ohne ein leistungsfähiges Service-System kaum denkbar. In manchen Branchen ließ sich auch ein Bedeutungswandel beobachten. So ist bei Uhren und Elektrogeräten, wo früher Reparaturen häufig und wichtig waren, die Relevanz des Kundendienstes durch den höheren technischen Reifegrad ($\rightarrow$ geringere Reparaturanfälligkeit) und die Veränderung der Relation Herstellkosten / Reparaturkosten offenbar zurückgegangen.

Garantieleistungen bestehen in der Versicherung des Anbieters, dass das Produkt bestimmten Anforderungen - insbesondere im Hinblick auf Funktionserfüllung und Lebensdauer - genügt. Eine Garantie bezieht sich im wesentlichen darauf, dass der Kunde bei Nichteinhaltung der versprochenen Produktleistungen das Recht zur Inanspruchnahme entsprechender Kundendienstleistungen oder zur Rückgabe des Produkts hat. Im Automobilmarkt findet man häufig Beispiele für den Einsatz von Garantien, beispielsweise zur Unterstreichung der Produktqualität oder zur Abhebung gegenüber Wettbewerbern.

Die **Produktverpackung** hatte früher vor allem die Funktion, das Produkt bei Transport und Lagerung zu schützen. Inzwischen ist daraus ein vielfach intensiv genutztes Marketinginstrument geworden. Dabei haben u.a. die beiden folgenden Aspekte eine maßgebliche Rolle gespielt:

- Durch die Ausbreitung der **Selbstbedienung** im Einzelhandel hat die Selbstpräsentation von Produkten über Erläuterungen auf Packungen und Packungsdesign sowie die Präsentation und Stapelfähigkeit im Regal an Wichtigkeit gewonnen.

- Die Ausbreitung und zunehmende Bedeutung von **Marken** bringt es mit sich, dass entsprechende Kennzeichnungs- und Wiedererkennungsmöglichkeiten gegeben sein müssen. Das sind bei vielen Produkten (z.B. Getränke, Lebensmittel aller Art, Waschmittel) Packungsaufschriften und Packungsdesign.

> *Bagozzi (1986, S. 138 f.) erläutert einen wichtigen Aspekt der **Bedeutung von Packungen für den Verkaufserfolg** von Produkten:*
>
> *"Man denke an einen Einkauf im Supermarkt. Für einige Einkäufe wird der Kunde seine Einschätzungen und Beurteilungen von Produkteigenschaften gebildet haben, bevor er das Geschäft betritt. Er oder sie hat aber vielleicht noch keine Präferenz für eine bestimmte Marke gebildet. Die Reize am Verkaufsort haben dann starken Einfluss auf die Auswahl. Einer der wichtigsten davon ist die Verpackung. Tatsächlich ist die Packung typischerweise der letzte Reiz vor dem Kauf. Sie dient als eine Verbindung zwischen Produkteigenschaften und deren Bedeutung auf der einen Seite und Präferenzen und Kaufabsichten auf der anderen Seite."*

Der wesentliche Inhalt der Produktpolitik wird von Kuß/Tomczak (2001, S. 186) folgendermaßen charakterisiert: "Die **Produktpolitik** umfasst alle Entscheidungstatbestände, welche sich auf die Gestaltung der Marktleistung beziehen. Das Produkt bzw. Leistungsprogramm des Unternehmens ist nicht nur unverzichtbar, sondern auch vielfach dominierender Bestandteil des Marketing-Instruentariums ('Herz des Marketing'). Es stellt den eigentlichen Austauschgegenstand dar, welcher dem Nachfrager einen bestimmten Nutzen verschaffen soll."

> *Philip Kotler (1999, S. 97) zum **Wesen der Produktpolitik**:*
>
> *"Die Grundlage jedes Geschäfts ist ein Produkt oder Angebot. Ein Unternehmen versucht, das Produkt bzw. Angebot in der Weise anders und besser zu machen, dass die Zielgruppe veranlasst wird, es zu kaufen und sogar einen höheren Preis zu zahlen."*

6.1.2   Produktpolitische Entscheidungen

Nachdem bisher umrissen worden ist, was unter einem Produkt zu verstehen ist, sollen jetzt die **Grundentscheidungen in der Produktpolitik** charakterisiert werden. Dabei stehen zwei Dimensionen derartiger Entscheidungen im Vordergrund:

- Einerseits geht es um die Frage, ob sich eine produktpolitische Entscheidung auf ein einzelnes **Produkt** oder auf eine **Gruppe von Produkten** (eine Produktlinie) bezieht.

- Andererseits können Entscheidungen der **Einführung**, der **Elimination** oder der **Veränderung** von Produkten oder Produktlinien gelten.

In Abbildung 6.2 wird eine Übersicht über die so abgrenzbaren Arten produktpolitischer Grundentscheidungen gegeben. Unter einer **Produktlinie** wird nach Meffert (2000, S. 335) "eine Gruppe von Produkten, die aufgrund bestimmter Kriterien (zum Beispiel

Bedarfszusammenhang, Produktionszusammenhang) in enger Beziehung zueinander stehen," verstanden. So hat DaimlerChrysler u.a. die Produktlinien PKW, LKW und Busse mit zahlreichen einzelnen Typen und die Lufthansa die Produktlinien Liniendienste, Charterflüge (C & N) und Luftfracht mit diversen Produkten (Strecken, Ziele).

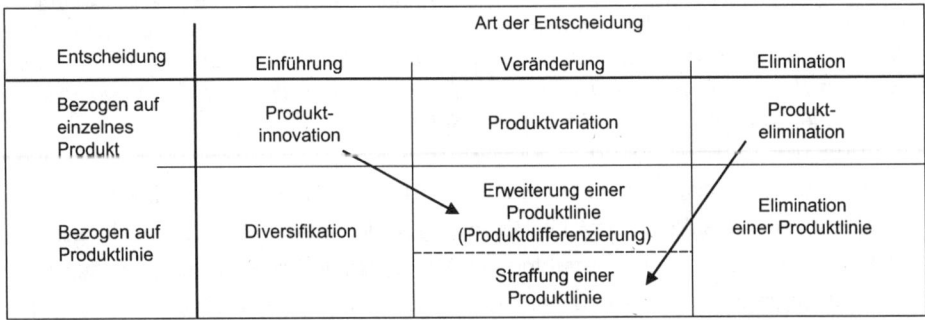

Abbildung 6.2:   Produktpolitische Grundentscheidungen

Eine **Produktinnovation** besteht darin, dass ein Produkt, das bisher nicht im Leistungsprogramm eines Unternehmens war, neu in dieses aufgenommen wird. Dagegen versteht man unter der **Produktvariation** die Veränderung eines bisher schon angebotenen Produkts (was die verständige Leserin kaum überraschen wird). An Stelle eines bisherigen Produkts tritt also ein verändertes Produkt. Bei der **Produktelimination** wird ein Produkt aus dem Angebot eines Unternehmens gestrichen.

Wenn man analoge Überlegungen auf eine **Produktlinie** bezieht, dann kann man sich vorstellen, dass durch eine neue (zusätzliche) Produktlinie die Angebotspalette eines Unternehmens beträchtlich erweitert wird. Deshalb wird in diesem Fall von Diversifikation gesprochen. Auf unterschiedliche Arten der **Diversifikation** wird weiter unten eingegangen. Einschränkend ist anzumerken, dass eine Diversifikation nicht nur durch die Einführung neuer Produktlinien, sondern (seltener) auch durch einzelne für das Unternehmen neuartige Produkte erfolgen kann.

Eine bestehende Produktlinie kann verändert werden durch Erweiterung oder Reduzierung (Straffung). Eine Erweiterung findet dadurch statt, dass zusätzlich zu den vorhandenen Produkten einer Produktlinie ein weiteres neues (oder mehrere) eingeführt (werden). Insofern mündet eine Produktinnovation, wenn sie an bestehende Produktlinien anknüpft, in eine Erweiterung der betreffenden Produktlinie ein. Man spricht dann von einer **Produktdifferenzierung**. Eine Produktlinie wird gestrafft durch entsprechende Produkteliminationen. Durch die Eliminierung ganzer Produktlinien zieht sich ein Unternehmen aus den jeweiligen Geschäftsbereichen vollständig zurück. Abbildung 6.3 enthält eine graphische Veranschaulichung der vorstehend gekennzeichneten produktpolitischen Grundentscheidungen.

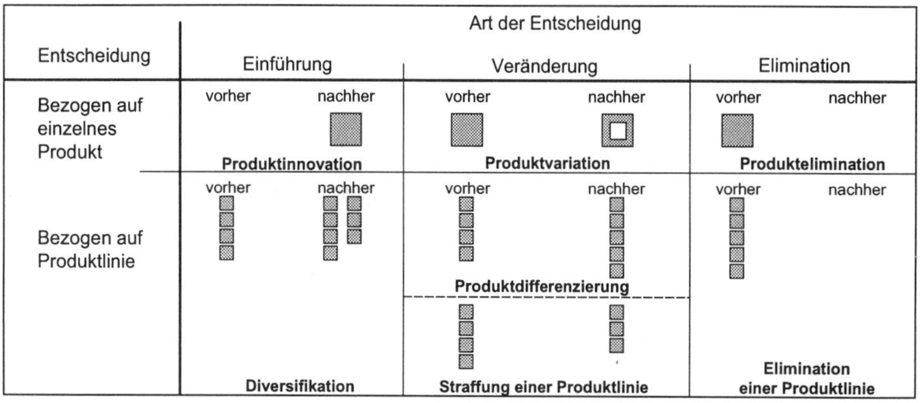

Abbildung 6.3: Schematische Darstellung produktpolitischer Grundentscheidungen

Das Wesen der Diversifikation lässt sich an Hand eines auf Ansoff (1965) zurückgehenden Schemas, das in Abbildung 6.4 wiedergegeben ist, zusätzlich verdeutlichen. Dabei werden vier Wachstumsmöglichkeiten unterschieden:

- **Marktdurchdringung (Feld 1)**

Dabei wird versucht, mit den vorhandenen Produkten in den bisherigen Märkten Wachstum, insbesondere Wachstum der Marktanteile, zu erzielen.

- **Marktausweitung (Feld 2)**

Hier wird Wachstum durch das Angebot bisheriger Produkte auf (zusätzlichen) neuen Märkten erzielt. Ein Musterbeispiel dafür ist die Ausweitung der Unternehmenstätigkeit auf ausländische Märkte.

- **Produktinnovation (Feld 3)**

Dabei geht es darum, durch neue - nach Möglichkeit überlegene - Produkte Vorteile gegenüber Wettbewerbern zu erringen und dadurch in dem bisherigen Markt Wachstum zu erzielen.

- **Diversifikation (Feld 4)**

Bei der Diversifikation erreicht man Wachstum durch bisher nicht angebotene Produkte, die man auf Märkten anbietet, in denen das Unternehmen bisher nicht vertreten war.

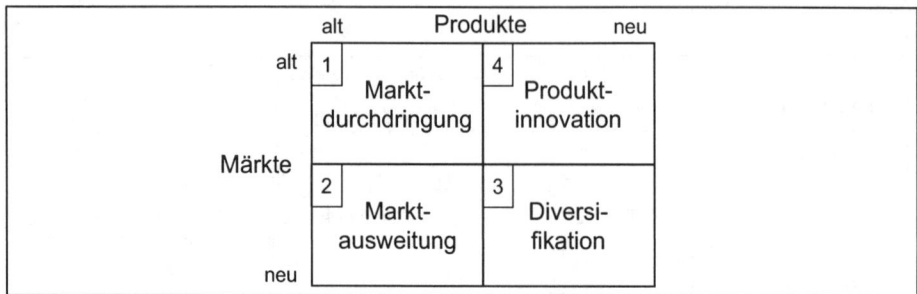

Abbildung 6.4:   Wachstumsmöglichkeiten nach Ansoff

Hinsichtlich der Diversifikation wird zwischen

- vertikaler,
- horizontaler und
- lateraler

Diversifikation unterschieden.

Von **horizontaler** Diversifikation spricht man, wenn zu einem bestehenden Leistungs-programm neue verwandte Arten von Produkten hinzutreten, die der gleichen Wirt-schaftsstufe zuzuordnen sind (Beispiel: Fernsehgerätehersteller beginnt mit der Produk-tion von Videorecordern). Die "Verwandtschaft" zwischen Produkten bezieht sich meist auf Technologien, Fertigungsverfahren, Kundenkreis und / oder Vertriebsweg.

Als **vertikale** Diversifikation wird die Ausweitung der Unternehmenstätigkeit auf gegenüber dem bisherigen Leistungsprogramm vor- oder nachgelagerte Wirtschaftsstu-fen bezeichnet (Beispiel: Fernsehgerätehersteller beginnt mit der Produktion elektroni-scher Bauteile).

Bei **lateraler** Diversifikation besteht kein sachlicher Zusammenhang zwischen dem bisherigen Leistungsprogramm und den neuen Produkten (Beispiel: Fernsehgerätehers-teller beteiligt sich an einer Restaurantkette).

Die vorstehend umrissenen produktpolitischen Entscheidungen schließen im Grunde die wesentlicher Fragestellungen der **Programmpolitik** mit ein, da ja jede Produktinnovati-on oder -elimination einer Veränderung des Angebotsprogramms gleichkommt. Proble-me der Programmpolitik müssen also im Rahmen eines einführenden Lehrbuchs nicht gesondert diskutiert werden.

Abschließend soll noch auf ein wichtiges Anwendungsgebiet von Produktvariationen hingewiesen werden. Diese haben oftmals zentrale Bedeutung für einen sogenannten **Produkt-Relaunch**. Darunter versteht man die "Wiederbelebung" eines Produkts, dessen Marktposition stagnierend oder rückläufig ist. Durch eine Veränderung (Verbes-serung, Aktualisierung) von Produkteigenschaften - meist in Verbindung mit kommunikationspolitischen Maßnahmen - wird versucht, die Attraktivität des Produkts und dessen Image zu verbessern. Es geht beim Relaunch im Grunde darum, den Lebenszyklus (siehe Abschnitt 5.2.1) des betreffenden Produkts zu verlängern.

6.1.3 Bedeutung der Produktpolitik

Die Bedeutung der Produktpolitik für das Marketing soll hier anhand von vier Aspekten umrissen werden:
- Marktorientierte Produktgestaltung als konstitutives Merkmal des Marketing
- Produkte als unverzichtbare Teile ("Basis") des Marketing-Mix
- Produktvorteile als Ausgangspunkt zur Gewinnung von Wettbewerbsvorteilen
- Hohes Risiko bei Produktinnovationen

Auf den letzten Gesichtspunkt (Risiko) wird im Zusammenhang mit der Erörterung von Produktinnovationen in Abschnitt 6.2 des vorliegenden Buches noch weiter gegangen.

Marktorientierte Produktgestaltung als konstitutives Merkmal des Marketing
Das Wesen des Marketing ließ sich recht gut anhand bestimmter Entwicklungsphasen verdeutlichen (siehe dazu Abschnitt 1.2.1). Ein zentrales Merkmal der Marketingorientierung von Unternehmen besteht darin, dass die Engpasssituation im Absatzmarkt dazu zwingt, nicht mehr zu "vermarkten", was man produziert hat, sondern das zu produzieren, was man glaubt, absetzen zu können. Damit wird deutlich, dass die Ausrichtung des Leistungsprogramms (der Produkte) von Unternehmen an Kundenwünschen und -bedürfnissen ein Kennzeichen des Marketing ist.

Produkte als unverzichtbare Teile ("Basis") des Marketing-Mix
In diesem Buch wird (hoffentlich) deutlich werden, dass die Möglichkeiten zur Gestaltung eines Marketing-Mix außerordentlich vielfältig sind. Werbemaßnahmen, Vertriebsmethoden etc. können höchst unterschiedlich sein und es gibt genügend Beispiele erfolgreicher Marketingstrategien, bei denen auf bestimmte Elemente des Marketing-Mix (z.B. Werbung oder eigener Außendienst oder Messebeteiligungen) ganz verzichtet wurde. Ein Marketing-Mix ohne die Komponente "Produkt" dürfte aber undenkbar sein.

In diesem Zusammenhang ist noch beachtlich, dass das Produkt und seine Eigenschaften nicht nur unverzichtbarer, sondern auch vielfach dominierender Bestandteil eines Marketing-Mix ist. Wegen der Schwierigkeiten und Risiken der Entwicklung von wettbewerbsfähigen Produkten und der dafür vorzusehenden langen Zeiträume werden bei der Planung des Marketing-Mix oftmals die anderen Instrumente (z.B. Werbung, Preis, Vertriebssystem) auf die Eigenschaften und die Positionierung des Produkts abgestimmt.

Produktvorteile als Ausgangspunkt zur Gewinnung von Wettbewerbsvorteilen

Im Grunde bestehen für Unternehmen zwei Möglichkeiten zur Gewinnung von Vorteilen gegenüber Wettbewerbern in der Wahrnehmung der Kunden, die sich in Markterfolgen niederschlagen: Das Angebot gleichwertiger Leistungen zu **niedrigeren Preisen** oder das Angebot von **Leistungen**, die im Hinblick auf Kunden denen von Wettbewerbern **deutlich überlegen** sind und für die deshalb auch höhere Preise erzielt werden können (siehe Abschnitt 5.3.3). Die zweite Strategie wird von vielen Unternehmen bevorzugt, weil sich damit Preiskämpfe vermeiden lassen, weil Produktvorteile von Wettbewerbern schwieriger zu imitieren sind als Preisunterschiede und weil sich Produktvorteile im Gegensatz zu Preisvorteilen auf eine größere Zahl von Merkmalen beziehen können und somit größere Stabilität der Wettbewerbsvorteile gewährleisten. Damit ist schon deutlich geworden, dass die Entwicklung überlegener Produkte in vielen Fällen die Grundlage für Wettbewerbsvorteile und daraus resultierende Markterfolge bildet.

Hohes Risiko bei Produktinnovationen

Ein sehr **hoher Anteil** der Neuprodukteinführungen hat **keinen dauerhaften Erfolg**. So berichten Haedrich/Tomczak (1996, S. 156 f.) über verschiedene Untersuchungen, in denen der Anteil fehlgeschlagener Produktinnovationen ("Flops") hauptsächlich im Bereich zwischen 50 % und 90 % geschätzt wurde. Auch der Markterfolg von grundlegenden technischen Innovationen, die oft mit extrem hohen Entwicklungs- und Einführungskosten verbunden sind, bleibt oft genug hinter den Erwartungen und Zielen zurück (z.B. Überschallflugzeug Concorde, Absatz des ICE im Ausland). Wenn einerseits die Entwicklung neuer überlegener Produkte für den dauerhaften Erfolg von Unternehmen entscheidende Bedeutung hat (siehe oben) und andererseits diese Innovationen mit hohem Risiko behaftet sind, dann ist dieser Bereich wohl als ein besonders wichtiger und sorgfältig zu planender anzusehen.

6.2 Produktinnovation

6.2.1   Grundlagen

Im Abschnitt 6.1.2 ist die Produktinnovation bereits gekennzeichnet worden. Ihre Bedeutung für die Sicherung und den Ausbau von Wettbewerbsvorteilen ist bereits mehrfach kurz angesprochen worden und soll hier noch etwas konkretisiert werden. Aus den Überlegungen zum Produktlebenszyklus (siehe Abschnitt 5.2.1) lassen sich direkt zwei für die Relevanz der Produktinnovation wesentliche Gesichtspunkte ableiten:

- Wenn tatsächlich ein **Produktlebenszyklus** existiert, wenn also vorhandene Produkte irgendwann in eine Rückgangsphase geraten und dann eliminiert werden, dann kann ein Unternehmen auf Dauer nur bestehen, sofern (rechtzeitig) neue Produkte eingeführt werden, die an deren Stelle treten.

- Eine der Aussagen des PLZ-Konzepts besteht darin, dass die wirtschaftliche Situation in der **Wachstumsphase** günstiger ist als in der Reife- und Rückgangsphase, wo der Wettbewerbsdruck oftmals schärfer wird und Preiskämpfe entstehen. Die Forcierung von Innovationen könnte eine der Konsequenzen sein, die Unternehmen daraus ziehen.

Die Chancen, die sich aus Produktinnovationen ergeben, werden durch zahlreiche Beispiele von Unternehmen verdeutlicht, bei denen mit Produkten, die nicht älter als 3 bis 5 Jahre sind, 25 % bis 50 % des Umsatzes erzielt werden (vgl. Meffert 2000, S. 376). Dazu eine Einschätzung des amerikanischen Chemie-Unternehmens "3M": "Mehr als 30 Prozent unseres Umsatzes erzielen wir mit Artikeln, die vor vier Jahren noch gar nicht auf dem Markt waren." (www.3M.com).

In Zeiten schnellen technischen und auch geschmacklichen Wandels muss man damit rechnen, dass Produkte schon nach kurzer Zeit nicht mehr dem aktuellen technischen Stand (z.B. im Computermarkt) und/oder veränderten Käuferwünschen entsprechen. Wegen oftmals langer Vorlaufzeiten bei der Einführung neuer oder veränderter Produkte (u.a. durch Entwicklungszeiten, Produktions- und Beschaffungsplanung) gehört deshalb eine frühzeitige - nach Möglichkeit kontinuierliche - **Produktentwicklung zu den zentralen Aufgaben** der Marketing- und Unternehmensplanung.

Weiber/Kollmann/Pohl (1999, S. 80) berichten über empirische Ergebnisse zur **Verkürzung der Produktlebenszyklen** *in verschiedenen Branchen im Vergleich der 70er und der 90er Jahre, die hier etwas vereinfacht wiedergegeben werden.*		
Branche	*Zyklusdauer in Jahren ca.*	
	70er Jahre	*90er Jahre*
Anlagenbau	*13*	*9*
Fahrzeugbau	*11*	*7*
Maschinenbau	*12*	*7*
Elektrotechnik	*12*	*5*
Inofrmationstechnik	*11*	*4*
Chemie	*11*	*5*

Neben der ("defensiven") **Anpassung an den technischen Fortschritt** spielt für die Produktinnovation auch das ("offensive") **Streben nach Wachstum** eine ebenso bedeutsame Rolle. Wenn ein Unternehmen versucht, nur mit bereits vorhandenen Produkten Wachstum zu erzielen, so führt dies häufig zu einem harten Verdrängungswettbewerb gegenüber anderen Anbietern, der z.B. durch Preiskämpfe, hohe Kommunikationsbudgets oder verstärkte Vertriebsanstrengungen ausgetragen wird. Deswegen streben viele Unternehmen durch überlegene innovative Produkte eine zumindest zeitweilige Alleinstellung in bestimmten Teilmärkten an, die zu entsprechenden Kundenpräferenzen und über die damit oft verbundene Bereitschaft, höhere Preise zu zahlen, zu einer günstigeren Ertragssituation führt.

Wo liegen nun die wichtigsten **Ansatzpunkte für Produktinnovationen**? Die beiden wichtigsten sind schon angesprochen worden: Technologische Entwicklungen und Veränderungen bei den Kundenwünschen. Daneben sind seltener Änderungen bei staatlichen Regulierungen bzw. bei den Kosten für Ressourcen (z.B. Energie) Auslöser von Produktinnovationen.

Technologische Entwicklungen sind einerseits ein Grund dafür, dass bestimmte Produkte obsolet werden, und bieten andererseits Chancen für neue Produkte und / oder neue Anbieter, bestehende Bedürfnisse besser oder ganz neue Bedürfnisse zu befriedigen. Ein Beispiel für den ersten Aspekt bietet die angesichts des desolaten Zustandes des Postwesens in den USA zeitweilig erfolgreiche Dienstleistung des Unternehmens Federal Express eines "Overnight Delivery Service" für Briefe, die nach Einführung von Telefax-Geräten weitgehend überflüssig geworden ist. Für die sich durch neue Technologien eröffnenden Marktchancen bieten heutzutage u.a. die Informations- (→ Mobilfunk, e-commerce etc.) und die Lasertechnologie (→ Medizintechnik, CD-Player etc.) eine Fülle von Beispielen.

---

*Fritz (2000, S. 110) gibt einen Überblick über Produktinnovationen, die durch die Ausbreitung des **Internet** möglich bzw. notwendig geworden sind:*

"Das Internet ist die Ursache für zahlreiche Neuprodukte, von denen viele als echte Marktneuheiten bezeichnet werden können, da sie keine Vorgänger besitzen. Im Mittelpunkt stehen dabei Neuprodukte, die der Erzeugung, Übermittlung und dem Empfang von Kommunikationsinhalten im Internet dienen. Dazu zählen z. B.

- *Hard- und Software für Content Provider, z. B. Modems, Web-Server, spezielle Software für die Erstellung von Web-Sites ... sowie Verschlüsselungssoftware für Zahlungssysteme im Internet;*

- *Infrastrukturprodukte, wie etwa Router und Gateways sowie neue Übertragungstechnologien (DSL, UMTS usw.);*

- *Hard-und Software für Endbenutzer (beispielsweise Modems, Kabelmodems, Netzkarten, Netzcomputer (NC), Browser-Software);*

- *unterstützende Dienstleistungen, die u. a. von Internet Service Providern, Datenbanken, Informationsmaklern, Suchmaschinen, intelligenten Software-Agenten, Internet-Agenturen usw. erbracht werden."*

Hinsichtlich der **Veränderung von Kundenwünschen** waren in den letzten Jahrzehnten zahlreiche gewichtige Verschiebungen in der Demographie, beim verfügbaren Einkommen der Haushalte und bei den Präferenzen von Konsumenten zu beobachten, die wiederum eine Fülle von neuen Produkten zur Folge hatten. So ist das verstärkte Angebot an Fertiggerichten und Fast-Food-Restaurants sicher auch auf einen entsprechenden Bedarf bei Ein-Personen-Haushalten und bei berufstätigen Ehepaaren zurückzuführen. Wachsender Wohlstand und Zuwachs an Freizeit hat ein inzwischen unübersehbares Angebot an Produkten (einschließlich Dienstleistungen) im Freizeitbereich hervorgebracht. Zunehmendes Gesundheitsbewusstsein bei Konsumenten war der Ausgangspunkt für diverse Bio- oder Diät-Produkte.

Wenn in einem Unternehmen die technologische Entwicklung im Vordergrund steht und sich daraus die Entwicklung marktfähiger Produkte ergibt, spricht man auch von **"technology driven innovation"**. Das Stichwort **"market driven innovation"** kennzeichnet die umgekehrte Situation, in der die Identifizierung von Marktchancen dazu führt, dass entsprechende technische Entwicklungsprozesse in Gang gesetzt werden.

*Ein Beispiel für **Produktinnovationen**, die von Ergebnissen naturwissenschaftlicher oder technischer Grundlagenforschung ausgehen, bereitet der Farben-Hersteller "ispo" mit einer wasser-und schmutzabweisenden Fassadenfarbe "Lotusan". Basis dafür ist der "Lotus-Effekt".*

"Die Blätter der Lotus Blumen sind nicht benetzbar. Nach jedem Regen präsentieren sie sich sofort trocken und sauber. Wasser perlt ab, wie Murmeln auf einer Glasplatte. Diesen Lotus-Effekt, eine seit Jahrmillionen bewährte Erfindung der Natur, hat ispo auf eine Produktentwicklung übertragen - die Silicon-Fassadenfarbe Lotusan. Lotusan kombiniert die bekannt gute Wasserabstoßung der ispo Siliconfarben mit der vom Lotusblatt übernommenen Microstruktur der Oberfläche. Die Kontaktfläche für Wasser und Schmutz wird dadurch extrem verringert. Die Haftung ist stark reduziert. Das Ergebnis: Wasser mit Schmutz perlt sofort ab und die Fassaden bleiben trocken und schön. Auch die besonders belasteten Wetterseiten."

So kam die Entdeckung und Anwendungen zu Stande:

"Die Fassadenfarbe Lotusan - gelungenes Ergebnis der Zusammenarbeit von Wissenschaft und ispo Technik.

Der Lotus-Effekt wurde von Prof. Dr. Wilhelm Barthlott, Universität Bonn, entdeckt. Eine Leistung aus dem Wissenschaftszweig Biologie, die weltweit Aufsehen erregte. Für seine von der Deutschen Bundesstiftung Umwelt geförderten Forschungen wurde Prof. Barthlott 1997 mit dem Karl Heinz Beckuurts-Preis ausgezeichnet. 1998 war Prof. Barthlott für den Deutschen Zukunftspreis des Bundespräsidenten nominiert. 1999 erhielt er den Philip Morris Forschungspreis, sowie am 31. Oktober in Weimar den "Deutschen Umweltpreis 1999". Prof. Barthlott beschäftigte sich mit dieser Erfindung der Natur, um sie für technische Anwendungen zu erschließen.

Aktuelles Beispiel ist die erfolgreiche Umsetzung des Lotus-Effektes durch die For-schungs- und Entwicklungsabteilung von ispo. Hier wurden die bewährten ispo Sili-confarben weiterentwickelt so Silicon-Fassadenfarbe Lotusan, deren Oberfläche eine vergleichbare Microstruktur aufweist, wie die Blätter der Lotuspflanze. Das Ergeb-nis: Trockene und schöne Fassaden."

Das sind die Vorteile des Produkts für Hausbesitzer und Bauherren:

- *"Verschmutzte Fassaden müssen nicht sein: Lotusan mit Lotus-Effekt erhält Fassaden trocken und schön:*

- *Wasser per sofort ab und nimmt Schmutzpartikel mit.*

- *Erhöhter Schutz gegen Algen-und Pilzbefall.*

- *Ideal für die besonders belasteten Wetterseiten.*

Lotusan hat eine microstrukturierte Oberfläche. Die Kontaktfläche für Schmutzparti-kel und Wasser wird dadurch extrem reduziert. Zusammen mit der ispo Siliconquali-tät ergibt dies eine super-hydrophobe Oberfläche. Die abperlenden Regentropfen reißen die nur lose anhaftenden Schmutzpartikel problemlos mit. Die Fassade bleibt trocken und schön."

Quelle: www.ispo-online.de [31.01.2001]

Nun zu den verbleibenden zwei Ansatzpunkten, zuerst den **staatlichen Regulierungen**. Hier ist insbesondere an die Umweltpolitik zu denken, durch die zahlreiche Innovati-onsprozesse ausgelöst wurden. Als Beispiele seien Abgasfilter und geräuscharme Flugzeugtriebwerke genannt. Bei den (Änderungen von) **Kosten für Ressourcen** führen insbesondere Preissteigerungen bei Energie, Rohstoffen, Bauteilen, Arbeit etc. zur Suche nach Substitutionsmöglichkeiten. So hat die Verteuerung von Arbeitskräften zur Entwicklung weitgehend automatisierter Fertigungsanlagen geführt. Die Verteuerung von Energie seit den 70er Jahren verursachte eine Fülle von Produktentwicklungen - von Isoliermaterialien bis zu verbrauchsarmen Motoren.

*Ein aktuelles Beispiel zum Einfluss von **staatlichen Regulierungen** und Kostenent-wicklungen bei Ressourcen ist die Einführung der Öko-Steuer, durch die auch die Entwicklung energiesparender Produkte forciert werden soll. Dazu eine Äußerung von Reinhard Loske, umweltpolitischer Sprecher der Bundestagsfraktion von Bündnis 90/Die Grünen vom 1.1.2000 (Pressemitteilung):*

"Die Ökologische Steuerreform ist ein wichtiger Beitrag zum Klimaschutz und damit zum Erhalt der natürlichen Lebensgrundlagen auch für zukünftige Generationen. Der maßvolle und schrittweise Anstieg der Energiepreise wird dazu führen, dass sich Energiespartechniken wie das 3-Liter Auto am Markt schneller durchsetzen."

Die vorstehend charakterisierten Ansatzpunkte für Produktinnovationen können in Abhängigkeit von den Festlegungen in der marktorientierten Geschäftsfeldplanung (siehe Abschnitt 5.4) unterschiedliche Relevanz haben. Dort war u.a. zwischen **offensivem** (Wachstum) und **defensivem** (Position halten) **Strategie-Stil** unterschieden worden. Bei offensivem Strategie-Stil nutzt man die Möglichkeiten, die neue Technologien, veränderte Kundenwünsche etc. bieten, um mit neuen / zusätzlichen Produkten Wachstum zu erzielen. Bei defensivem Strategie-Stil versuchen Unternehmen, trotz "Bedrohungen" durch neue Technologien, verändertes Käuferverhalten etc. mittels entsprechender Anpassungen der Produkte ihre Marktposition zu halten. Abbildung 6.5 illustriert beide Vorgehensweisen. Darin wird auch angedeutet, dass nicht immer die Einführung ganz neuer Produkte notwendig ist, sondern dass auch eine Variation existierender Produkte (z.B. "Windows 98, second edition" für "Windows 98") den Zielen entsprechen kann. Da die Planungsprozesse bei Produktinnovation und -variation weitgehend übereinstimmen, muss diese Unterscheidung hier nicht weiter verfolgt werden.

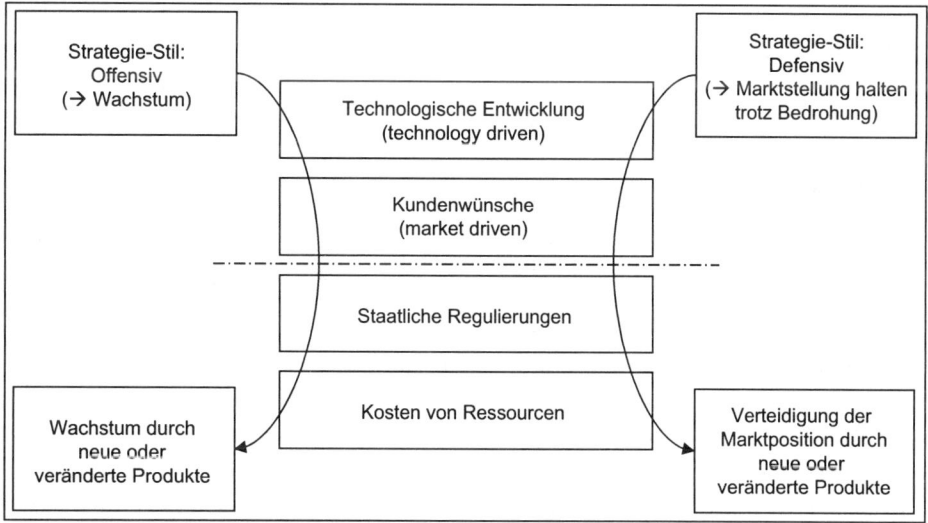

Abbildung 6.5:   Strategie Stil und Ziele der Produktinnovation

*Zur Illustration der verschiedenen Kombinationen von Ansätzen für **Produktinnovationen und Strategie-Stile** seien hier einige Beispiele genannt.*

***Technologische Entwicklung / offensiver Strategie-Stil**: Einstieg von Mannesmann in den (damals) völlig neuen (und Wachstum versprechenden) Markt für mobiles Telefonieren.*

***Technologische Entwicklung / defensiver Strategie-Stil**: Angebot von elektronischen Uhren durch Hersteller traditioneller (mechanischer) Uhren (z.B. Junghans)*

Kundenwünsche / offensiver Strategiestil: *Direkt-Broker im Wertpapiergeschäft (z.B. Consors)*

Kundenwünsche / defensiver Strategie-Stil: *Laufende Anpassung von Bekleidungsherstellern an modische Entwicklungen*

Staatliche Regulierung / offensiver Strategie-Stil: *Angebote von Finanzdienstleistern, die ausgerichtet sind auf staatliche Förderung (z.B. private Alterssicherung)*

Staatliche Regulierung / defensiver Strategie-Stil: *Angebot von Katalysator-Autos und bleifreiem Benzin nach Inkrafttreten entsprechender Vorschriften und Förderungsmöglichkeiten*

Kosten von Ressourcen / offensiver Strategie-Stil: *Angebot von Geldautomaten durch verschiedene Unternehmen (z.B. Siemens) angesichts hoher Personalkosten im Bankgewerbe*

Kosten von Ressourcen / defensiver Strategie-Stil: *Angebot von Energiespar-Autos bei steigenden Treibstoffpreisen*

Bevor in den folgenden Abschnitten die einzelnen Schritte des Prozesses der Produktinnovation erläutert werden, soll dessen typischer Ablauf kurz dargestellt werden. Abbildung 6.6 zeigt die verschiedenen Schritte und deren Zusammenhang.

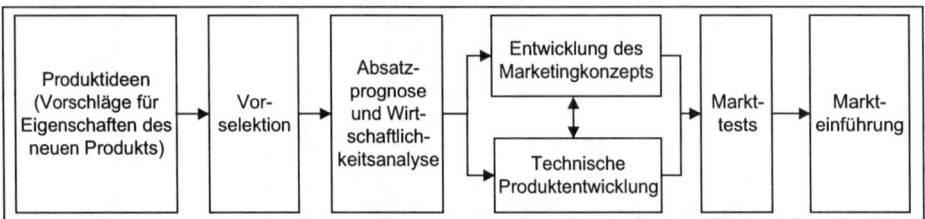

Abbildung 6.6:   Typische Schritte der Produktinnovation im Überblick

Am Beginn des **Innovationsprozesses** stehen Ideen für Möglichkeiten der Gestaltung des neuen Produkts. Da ein Produkt als "Bündel von Eigenschaften" (Abschnitt 6.1.1) charakterisiert wurde, überrascht es nicht, dass es hier wesentlich um diese Eigenschaften geht, also beispielsweise um die Fragen, welche Leistungen in einem neuartigen Pauschalreiseangebot enthalten sein sollen oder welche "Features" eine Präsentations-Software haben soll. Eine Vorselektion dient dazu, Ideen auszusondern, die bei einer ersten Analyse ("Methode des scharfen Hinsehens") als wenig erfolgversprechend oder als nicht realisierbar erscheinen. Bei den verbleibenden Vorschlägen wird eine Abschätzung der Absatzmöglichkeiten (→ Erlöse) und Kosten mit dem Ziel einer Wirtschaftlichkeitsanalyse durchgeführt. Erscheinen Produkte auch danach noch als erfolgversprechend, dann folgt (parallel) die technische Produktentwicklung (→ Prototyp) und die Entwicklung des entsprechenden Marketingkonzepts (Marke, Einführungswerbung, Verpackung etc.). Vor einer (in der Regel mit erheblichen Kosten verbundenen) Einführung im vorgesehenen Gesamtmarkt werden Markttests durchgeführt, um Mängel des Produktkonzepts rechtzeitig zu entdecken und die Erfolgsaussichten des neuen Produkts konkreter abschätzen zu können. Bei günstiger Erfolgsprognose erfolgt die Markteinführung.

*Die **Schwierigkeiten erfolgreicher Produktinnovation** können durch Ergebnisse empirischer Untersuchungen der US-Unternehmensberatung BOOZ, ALLEN & HAMILTON illustriert werden, die hier nach Assael (1993, S. 377) und Kotler/Bliemel (1999, S. 512 ff.) dargestellt werden. Die Untersuchungen stammen aus den Jahren 1968 und 1981 und führten zu prinzipiell gleichartigen Ergebnissen, die aus der folgenden Abbildung zu entnehmen sind.*

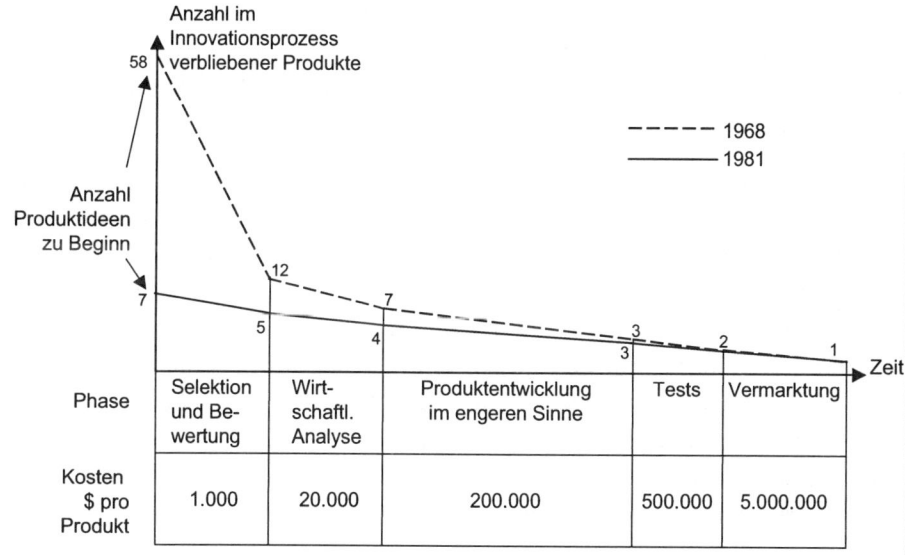

Schematische Darstellung des Prozesses der Entwicklung und Einführung neuer Produkte

*Die Abbildung lässt erkennen, dass in den Phasen des Innovationsprozesses eine Selektion der weiter zu verfolgenden Produktideen vorgenommen wird. In den beiden Untersuchungen von BOOZ, ALLEN & HAMILTON zeigte sich, dass von 58 (1968) bzw. 7 (1981) Ideen für neue Produkte nur jeweils zwei in eine Markteinführung einmündeten, von denen wiederum jeweils nur eine auf Dauer am Markt erfolgreich war. Die recht komprimierte Abbildung enthält zwei weitere Untersuchungsergebnisse, die für die Produktinnovation von grundlegender Bedeutung sind. Auf der horizontalen Achse ist der Anteil an der gesamten **Entwicklungsdauer** (von der Produktidee bis zum Ende der Einführungsphase), den die einzelnen Phasen durchschnittlich einnehmen, dargestellt. In der untersten Zeile sind die mit den einzelnen Phasen verbundenen durchschnittlichen **Kosten** eingetragen. Für die Gestaltung des Produktentwicklungsprozesses lassen sich aus den grundlegenden Untersuchungen von BOOZ, ALLEN & HAMILTON mindestens zwei zentrale Botschaften entnehmen:*

> *Nur ein relativ geringer Teil der Ansätze für Innovationen führt zu dauerhaft am Markt erfolgreichen Produkten. Deswegen bedarf es einer großen Zahl zu prüfender Ideen und damit verbunden einer laufenden aktiven Suche nach Ansätzen für Neuprodukte, um hinreichend viele erfolgsträchtige Innovationen auf den Markt bringen zu können. Mit fortschreitendem Entwicklungsprozess steigen die damit verbundenen Kosten stark an. Man versucht also, durch entsprechende Prüfmethoden wenig erfolgversprechende Ansätze für neue Produkte möglichst frühzeitig auszusondern.*

6.2.2   Produktideen

Hier geht es um die **Sammlung von Vorschlägen für die Eigenschaften eines neuen Produkts,** die in den folgenden Schritten des Entwicklungsprozesses konkretisiert, realisiert und getestet werden sollen. Gängige Quellen für Produktideen sollen im Folgenden umrissen werden.

Direkt an die marktorientierte Geschäftsfeldplanung (Abschnitt 5.4) anknüpfend können die angestrebten Eigenschaften eines neuen Produkts aus der darin formulierten **Strategie-Substanz** abgeleitet werden. Wenn also der spezifische Nutzenvorteil ($\rightarrow$ komparativer Konkurrenzvorteil) formuliert ist, der dem Kunden geboten werden soll, dann ist damit ein großer Teil der Aufgabe für die Produktentwicklung schon formuliert. So kann die Fluggesellschaft, die "größtmöglichen Komfort" bieten will, daraus Anforderungen hinsichtlich Bordservice, Ausstattung der Flugzeuge, Abfertigungs- und Reservierungssystem etc. ableiten. Ein Anbieter von Luxusküchen (z.B. Bulthaup) kann aus seiner Positionierung hinsichtlich der Dimensionen "Funktionalität, Design, Prestige" die entsprechenden Gestaltungsrichtlinien entnehmen.

Viele neue Produkte werden, was ja im Zeichen der Marktorientierung von Unternehmen nicht überraschend ist, durch **Wünsche oder Bedürfnisse von Kunden** angeregt. Diese werden über verschiedene Methoden der Marktforschung ermittelt. Im Business-to-Business-Bereich entstehen neue Produkte oftmals im Rahmen dauerhafter Geschäftsbeziehungen zwischen Anbietern und Abnehmern. So werden z.B. spezielle Werkzeugmaschinen oder Einbauteile im Hinblick auf Wünsche von Kunden entwickelt. Häufig erstreckt sich diese Kooperation auch auf weitere Phasen der Produktentwicklung, nicht zuletzt die Erprobung von Prototypen. Eine vielfach nicht hinreichend genutzte Ideenquelle für neue Produkte oder Produktvariationen sind Kundenbeschwerden. Manche erfolgreiche Unternehmen sehen diese nicht (nur) als lästig an, sondern nutzen sie, um Vorteile gegenüber Wettbewerbern zu erringen.

Bei **unternehmensinternen Quellen für Produktideen** denkt man natürlich in erster Linie an die Forschungs- und Entwicklungsabteilungen. Gerade in technologieorientierten Branchen (z.B. Elektronik, Chemie) gehen von diesen Abteilungen maßgebliche

Initiativen für neue Produkte aus. Daneben spielt häufig ein mehr oder minder systematisch entwickeltes betriebliches **Vorschlagswesen** eine wichtige Rolle. Ein (inzwischen schon berühmtes) Beispiel bietet das amerikanische Unternehmen 3M (Minnesota Mining & Manufacturing). Dort wird den Beschäftigten im F. u. E.-Bereich ein bestimmter Freiraum gelassen, den sie zur Realisierung eigener Ideen nutzen sollen, von denen einzelne dann vom Unternehmen übernommen und die daraus entstehenden Produkte vermarktet werden. Prominentestes Ergebnis eines solchen Prozesses sind die "Post it"-Haftetiketten, die auf die Idee des Chemikers Art Fry von 3M zurückgehen, der Mitglied eines Chores war und an seinen Noten Notizen anbringen wollte, ohne die Noten zu beschädigen.

Zu den **unternehmensexternen Quellen für Produktideen** gehören neben den schon erwähnten Kundenwünschen vor allem die allgemeine oder branchenspezifische **technische Entwicklung**. Diese Art der Generierung von Produktideen kann u.a. forciert werden durch die systematische Auswertung von Patentschriften oder die Beauftragung spezieller Beratungsunternehmen. Nicht geringe Bedeutung zur Gewinnung von Ansatzpunkten für Innovationen haben auch Wettbewerbsunternehmen. Häufig findet man die Nachahmung erfolgreicher Konkurrenzprodukte ("Me-Too-Produkte"), aber auch die Orientierung an Faktoren, die Konkurrenzprodukte erfolgreich gemacht haben. Als Beispiel dafür sei die benutzerfreundliche Gestaltung von Computer-Software genannt, die maßgeblich durch das Design entsprechender Produkte von Apple beeinflusst wurde. Gelegentlich ist das Vorhandensein besonderen technisch-innovativen Potenzials sogar ein Grund für die Übernahme eines solchen Unternehmens.

*Ron Sommer (1990) beschreibt zwei **Beispiele für Produktideen**, die bei SONY zu außerordentlich erfolgreichen Produkten geführt haben:*

"Zu den großen SONY-Erfolgen gehören eben auch diejenigen, die gerade nicht aus technischer Entwicklung kamen, sondern aus Phantasie für neue Anwendungen und somit für neue Märkte. Ich gebe Ihnen ... zwei Beispiele; einen Fall, in dem SONY aus der technischen Innovation anderer durch solche Phantasie überhaupt erst einen Markterfolg machte, und einen Fall, in dem ein Welterfolg geradezu gegen den Widerstand der Ingenieure durchgesetzt werden musste.

SONYs erster Durchbruch auf dem Markt war, in den fünfziger Jahren, das Transistorradio - die erste Ausprägung des Konzepts Personal Audio, die das klassische Röhrenradio klein, handlich und vor allem portabel und individuell machte. Nun war der Transistor von dem Amerikaner Shockley 1948 erfunden worden, der dafür später den Nobel-Preis erhielt. Aber die Bell Laboratories, die das Patent hielten, setzten es nur für Hörgeräte ein und konnten sich eine andere Anwendung nicht vorstellen. Welch ein Markterfolg aber wurde daraus, als zur bloß technischen Innovation aus einer ganz anderen, untechnischen Phantasie die Idee kam, wie diese technische Innovation in Anwendungen und damit Produkte umzusetzen war.

> *Das Produkt, das gegen die Techniker durchgesetzt werden musste, ist natürlich der legendäre Walkman.*
>
> - *Sein Grundkonzept: Jeder kann, wo immer er geht und steht, seine eigene individuelle Musik haben, ohne andere zu stören.*
>
> - *Die Idee war anwendungsgeboren: Akio Morita bedauerte, dass seine Kinder nach der Schule immer Musik hören wollten, bevor sie zum Mittagessen kamen, darum wollte er ihnen Musik auf dem Schulweg ermöglichen.*
>
> - *Übertragung der Idee in Produkt und Technik: Ibuka geht durch das Labor und sieht einen halbfertigen Kassettenrecorder für Journalisten, an dem, nur für Testzwecke, ein Kopfhörer steckt.*
>
> - *Durchsetzung der Idee gegen die Ingenieure: Alle Entwickler sind gegen die Idee, da ein Kassettenrecorder ohne Aufnahmeteil hinter den Stand der Technik zurückfalle und "sinnlos" sei. Sinnlos freilich nur im Sinne einer uneingeschränkten technischen Phantasie.*
>
> - *Markteinführungsstrategien: Morita lässt Mädchen mit Walkman auf der Ginza spazieren gehen, Hemden mit großen Taschen herstellen, um "pocket size" zu demonstrieren.*
>
> *Dies waren Beispiele, bei denen der Erfolgsimpuls gerade nicht aus der Technik kam, sondern aus der Phantasie für Anwendungen - aus dem Gespür, was an Nutzen (oder an Spaß) man für die Menschen erfinden könnte, was sie nicht schon haben."*

Die Gewinnung von Produktideen ist ein wichtiger Anwendungsbereich für die sogenannten **Kreativitätstechniken**. Damit meint man Methoden, die die Entwicklung von Ideen fördern. Die wohl bekannteste Technik zur Ideenproduktion ist das **Brainstorming**. Beim Brainstorming sollen in einer Sitzung von ca. 8 Personen (nicht unbedingt Experten für die jeweilige Fragestellung) möglichst viele Ideen zu einem vorgegebenen, abgegrenzten Problem erzeugt und gesammelt werden. Eines der wichtigsten Grundprinzipien besteht darin, dass keine Kritik oder Diskussion der geäußerten Ideen stattfinden darf, um die sich in der Sitzung entwickelnde Kreativität nicht zu bremsen. Ferner wird ausdrücklich dazu ermutigt, möglichst viele und möglichst originelle Ideen zu äußern, die durchaus an andere Vorschläge, die in der Sitzung gemacht wurden, anknüpfen können. Die Quantität produzierter Ideen ist wichtiger als deren Qualität. Eine Prüfung auf Realisierbarkeit findet erst nach der Sitzung (und meist durch andere Personen) statt.

6.2.3   Vorauswahl und Wirtschaftlichkeitsanalyse von Produktideen

Im vorliegenden Abschnitt wird ein Überblick über einige gängige **Prüfungen von Produktideen** gegeben, die vorgenommen werden, bevor die oftmals kostenintensive technische Produktentwicklung (z.B. Entwicklung von Prototypen) beginnt. Am Anfang stehen eher qualitative Methoden; es folgen - basierend auf speziell gesammelten Daten - quantitative Prognosen von Absatzmengen, Kosten und Wirtschaftlichkeit des neuen Produkts. Hinsichtlich der eher qualitativen Analysen sollen hier **drei Schritte** skizziert werden:

1.   Vorauswahl
2.   Bewertung von Produktideen anhand festgelegter Kriterien
3.   Konzepttest bei potenziellen Kunden

Vorauswahl
Bei der Vorauswahl von Produktideen sind vor allem die folgenden Aspekte zu berücksichtigen:

-   **Vereinbarkeit einer Produktidee mit** den in der Marketingplanung getroffenen Entscheidungen zur Auswahl von Märkten und zur **Positionierung**.
Beispielsweise wird ein Unternehmen, das den Anspruch technologischer Führerschaft im jeweiligen Markt erhebt, Ansätze für einfache Standardprodukte wohl eher aussondern. Dabei ist allerdings das Problem zu beachten, dass bei einer zu restriktiven Prüfung von Produktideen auf Kompatibilität mit der bestehenden Planung aussichtsreiche innovative Ansätze, die sich eben deutlich vom bisherigen Leistungsprogramm unterscheiden, möglicherweise zu früh ausgesondert werden.

-   **Realisierbarkeit** der Produktideen mit verfügbaren **Ressourcen** und **Fähigkeiten**
Es muss festgestellt werden, welche Produktideen mit den gegebenen Ressourcen und Fähigkeiten zu marktfähigen Produkten entwickelt werden können bzw. welche Fortschritte notwendig sind, um bestimmte attraktiv erscheinende Produktideen realisieren zu können. Diese Aufgabe liegt schwerpunktmäßig bei den Angehörigen des Bereichs Forschung und Entwicklung, gegebenenfalls unter Hinzuziehung externer Berater.

-   **Rechtliche Probleme** hinsichtlich der Produktideen
Hier ist einerseits zu ermitteln, ob ein Produkt den für verschiedene Bereiche relevanten staatlichen Vorschriften entspricht. Insbesondere ist dabei an Verbraucherschutzvorschriften bei Lebensmitteln, Arzneimitteln und Produkten, die mit gesundheitlichen Risiken verbunden sind, zu denken. Andererseits müssen Patente, Gebrauchsmuster etc. beachtet werden.

- **Bewertung von Produktideen anhand festgelegter Kriterien**

Die Auswahl weiter zu verfolgender Produktideen aus der Menge von Ansätzen, die die erste Phase "überlebt" haben, erfolgt oft anhand von Kriterien, die je nach Unternehmenssituation verschieden sind und unterschiedliches Gewicht haben. In der Literatur werden unterschiedliche Kriterien angegeben, deren Relevanz sicher auch von Unternehmen zu Unternehmen bzw. von Branche zu Branche unterschiedlich ist. Als Beispiele seien hier genannt: Investitionsvolumen, Umweltverträglichkeit, bestehende Handelsverbindungen, Marktvolumen, vorhandenes Know-how etc.

Diesen Kriterien kann man ihrer Bedeutung entsprechende Gewichte zuordnen, dann die einzelnen alternativen Produktideen im Hinblick auf die Kriterien bewerten und schließlich die gewichteten Bewertungen zu einem Gesamturteil für einen Ansatz zusammenfassen (Punktbewertungsverfahren bzw. Scoring-Modell). Die Produktideen mit der günstigsten Gesamtbewertung werden dann ausgewählt und in den folgenden Teilen des Innovationsprozesses weiter entwickelt und getestet. In der folgenden Abbildung 6.7 ist ein entsprechendes Beispiel dargestellt, wobei in der Praxis sicher deutlich mehr Kriterien verwendet werden. In diesem Fall wäre die Alternative diejenige, die nach den verwendeten Kriterien und Gewichtungen die günstigste ist, also hier die Alternative B.

Beurteilungskriterien	Relatives Gewicht der Kriterien	Bewertung (Punktzahl von 1 bis 10) der Alternativen			Gewichtete Bewertung der Alternativen		
		A	B	C	A	B	C
Investitionsvolumen	0,3	4	8	8	1,2	1,4	2,4
Umweltverträglichkeit	0,1	3	4	6	0,3	0,4	
Bestehende Handelsverbindungen	0,2	7	2	4	1,4	0,4	0,8
vorhandenes Know-how	0,3	2	6	5	0,6	1,8	1,5
Marktvolumen	0,1	1	9	5	0,1	0,9	0,5
Σ	1,0				3,6	5,9	5,8

Abbildung 6.7:   Beispiel für die Bewertung von Produktideen mit einem Punktbewertungsverfahren (Scoring-Modell)

Konzepttest

Der Ausrichtung neuer Produkte auf Kundenwünsche entspricht natürlich am ehesten eine Bewertung von Produktideen durch potenzielle Kunden selbst. Diesem Zweck dienen die Konzepttests. Dazu muss der zu prüfende Ansatz für ein Produkt in einer Form dargestellt werden, die den Auskunftspersonen eine Beurteilung erlaubt. Meist sind dies eine verbale Beschreibung und Abbildungen, bei denen dessen Besonderheiten im Vergleich zu anderen Produkten hervorgehoben werden. Ein solches Konzept kann im Rahmen qualitativer Untersuchungen (z.B. Gruppendiskussion) oder repräsentativer Umfragen potenziellen Käufern vorgelegt werden. Auf dieser Basis lassen sich Angaben über positive und negative Einschätzungen einzelner Produktmerkmale, Gesamturteile und Kaufabsichten gewinnen.

Absatzprognose

Für eine Wirtschaftlichkeitsanalyse von Produktvorschlägen, also die Prognose des wirtschaftlichen Erfolgs neu einzuführender Produkte, bedarf es auf der einen Seite der Prognose erreichbarer **Absatzmengen** im Zeitablauf (einschließlich der am Markt erzielbaren Preise) und auf der anderen Seite natürlich der Abschätzung der entstehenden fixen (von der Ausbringungsmenge unabhängigen) und variablen (mengenabhängigen) **Kosten**. Hier kommen die aus Kostenrechnung und Kalkulation bekannten Methoden zur Anwendung. Die in dieser frühen Phase der Planung des Produkts noch recht ungenaue Absatzprognose (vgl. Haedrich/Tomczak 1996, S. 197) ist in erster Linie Sache der Marktforschung. Eine generell bedeutsame Größe ist hier das Marktpotenzial (siehe Abschnitt 2.2). Lehmann/Winer (1997, S. 256) heben als gängige und wichtige Maßgrößen u.a. hervor:

- Ausmaß der Beachtung (Bekanntheit, Wahrnehmung) des neuen Produkts bei den Kunden (beeinflusst durch Produktvorteile und Einführungswerbung)

- Anteil der Kunden, die das neue Produkt wenigstens einmal probieren (Versuchskäufe)

- Anteil der Versuchskäufer, die das neue Produkt dann wiederholt / laufend kaufen ("Stammkunden")

Urban/Hauser/Dholakia (1987, S. 144 f.) berichten über ein Beispiel, bei dem aus in einer Umfrage erhobenen Angaben über Kaufabsichten die zu erwartenden Verkaufsmengen eines Bildtelefons geschätzt wurden. Die dazu im Fragebogen verwendete Frage lautete:

"Wenn Sie an den Kauf eines Bildtelefons denken, welche der folgenden Aussagen gibt am ehesten an, was Sie über ein solches Angebot denken? Bitte eine Angabe ankreuzen.

  ( ) Ich würde das Bildtelefon sicher kaufen

  ( ) Ich würde das Bildtelefon wahrscheinlich kaufen

  ( ) Ich würde das Bildtelefon eventuell kaufen

  ( ) Ich würde das Bildtelefon wahrscheinlich nicht kaufen

  ( ) Ich würde das Bildtelefon sicher nicht kaufen."

> *Urban/Hauser/Dholakia erläutern die Anwendung der Skala und die Interpretation der Ergebnisse: "Basierend auf bisherigen Erfahrungen glauben wir, dass ... mit richtiger Positionierung und einer aggressiven Marketingstrategie ein vernünftiger - eher konservativer - Schätzwert für die tatsächlichen Käufer eines Produkts bei 70 % derjenigen mit der Angabe "sicher kaufen" in der Kaufabsichtsbefragung liegt, 35 % derjenigen mit "wahrscheinlich kaufen" und 10 % derjenigen mit "eventuell kaufen". Dazu ein Beispiel: Angenommen wir haben eine Kaufabsichtsbefragung mit der oben dargestellten Skala durchgeführt und es kommt heraus, dass 6 % der Teilnehmer "sicher kaufen" würden, 22 % würden "wahrscheinlich kaufen" und 15 % würden das neue Gerät "eventuell kaufen". Wenn unsere Stichprobe repräsentativ für den Zielmarkt ist, dann ist der Schätzwert für den Anteil derer, die tatsächlich das neue Gerät kaufen (0,7) (6 %) + (0,35) (22 %) + (0,1) (22 %) oder 13,4 %."*

Für eine Prognose zu erwartender Absatzmengen ist es in der Regel notwendig, Verkaufspreise vorzugeben, da ansonsten ja kaum jemand Aussagen über seine Kaufabsichten machen kann. Auf einige Gesichtspunkte dazu wird im folgenden Kapitel 7 eingegangen. Wenn Kosten kalkuliert, Preise (vorläufig) festgelegt und zu erwartende Absatzmengen geschätzt sind, dann ist die Basis für eine Wirtschaftlichkeitsanalyse gegeben.

Wirtschaftlichkeitsanalyse

Ein zur Einschätzung der Erfolgsträchtigkeit neuer Produkte weit verbreitetes einfaches Verfahren ist die **Break-Even-Analyse** (Abbildung 6.8), mit der die Absatzmenge errechnet wird, bei der die Kosten genau durch die Erlöse abgedeckt sind und mithin der Gewinn gleich Null ist. Man geht von einer einfachen Gleichung aus:

$$\text{Gewinn} = \text{Umsatz} - \text{Kosten}$$

$$= p * x - (k_v * x + F)$$

mit p : Preis

         x : Absatzmenge

         k_v : variable Kosten (abhängig von Ausbringungsmenge)

         F : Fixkosten (unabhängig von Ausbringungsmenge)

Den Break-Even-Punkt x_B ("Gewinnschwelle") errechnet man, indem man den Gewinn = 0 setzt und die zugehörige Menge bestimmt:

$$0 = p * x_B - (k_v * x_B + F)$$

$$k_v * x_B + F = p * x_B$$

$$x_B = F / (p - k_v)$$

Wenn auf Grund von Marktanalysen für die Planungsperiode eine größere Absatzmenge als x_B erwartet wird, so würde man nach diesem (wie gesagt: einfachen) Verfahren die Produktentwicklung weiter verfolgen.

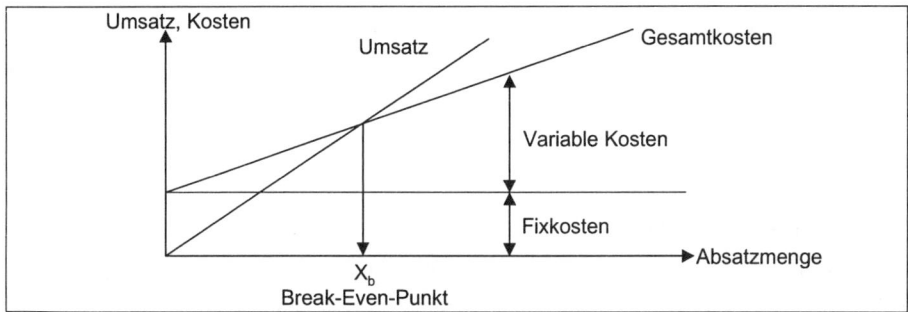

Abbildung 6.8:   Graphische Darstellung der Break-Even-Analyse

Hier soll noch ausdrücklich darauf verwiesen werden, dass für die Wirtschaftlichkeitsanalyse von neuen Produkten auch gängige Kalküle der **Investitionsrechnung** herangezogen werden können, z.B. Kapitalwerte (vgl. Haedrich/Tomczak 1996, S. 212 ff.).

6.2.4   Produktentwicklung im engeren Sinne

In der Phase der Produktentwicklung im engeren Sinne stehen zwei Aufgaben im Mittelpunkt. Einerseits gilt es, das geplante Produkt so weit zu entwickeln, dass ein **Prototyp**, ein Geschmacksmuster etc. entstehen und seine laufende Produktion vorbereitet ist. Andererseits wird eine **Marketingkonzeption** für das neue Produkt entworfen. Dabei handelt es sich um eine umfassende Planung von Zielen, Strategien und Instrumentaleinsatz für das neue Produkt. Da sich dieser Vorgang nicht grundlegend von der Planung des Marketing-Mix in anderen Zusammenhängen unterscheidet, wird darauf hier nicht näher eingegangen. Es wird vielmehr auf die folgenden Kapitel zu den Instrumenten des Marketing und zur Planung des Marketing-Mix verwiesen (Kapitel 6 bis 10).

Am Anfang der technischen Entwicklung eines Produkts steht ein sogenanntes "**Lastenheft**", in dem die Anforderungen an das Produkt zusammengefasst sind, die das Ergebnis der in den vorhergehenden Phasen angestellten Überlegungen und Untersuchungen sind. Hauptsächlich werden darin folgende Merkmale des Neuprodukts definiert (vgl. Wind 1982, S. 341 f.):

-   Funktionale Eigenschaften

Diese beziehen sich auf die Nutzungsmöglichkeiten des Produkts, also auf die Funktionen, die es erfüllen soll, und seine spezifischen Vorteile gegenüber anderen Produkten. Hier wird also z.B. festgelegt, welche Fahrleistungen ein neues Automobil erbringen soll, welchen Sicherheits- und Wirtschaftlichkeitsanforderungen es genügen soll etc. Derartige Anforderungen können - wenn sie deutlich über die bisher realisierbaren Lösungen hinausgehen - grundlegende Entwicklungsprozesse auslösen. Beispielsweise hat bei SONY die Forderung nach Miniaturisierung von Video-Kameras zur Entwicklung des 8mm-Formats und neuartiger Bauteile, bei denen die Überhitzung der Kameras vermieden wird, geführt.

-   Strukturelle Merkmale

Als strukturelle Merkmale werden Eigenschaften wie die Größe, Form, Art der verwendeten Werkstoffe etc. des Produkts bezeichnet. Vorgegebene Funktionen können oftmals mit sehr unterschiedlichen Technologien, Materialien etc. erfüllt werden. So können z.B. verschiedene Werkstoffe und Bauprinzipien angewandt werden, um Fenster mit bestimmten Isolier-Eigenschaften herzustellen.

-   Ästhetische Eigenschaften

Bei zahlreichen Produkten - nicht nur des Konsumgüterbereichs - ist das Design für den Absatzerfolg mitentscheidend. Besonders deutlich ist das natürlich bei Bekleidung, Automobilen, Einrichtungsgegenständen usw. Als Beispiel sei hier auf den Elektrogeräte-Hersteller Braun verwiesen, der sich seit Jahrzehnten durch besonders anspruchsvolles Design gegenüber Wettbewerbern profiliert. Das Design eines Produkts dient in mancherlei Fällen den Käufern auch als Qualitätsindikator und ermöglicht die Erzielung höherer Verkaufspreise.

Die Durchführung der Produktentwicklung obliegt hauptsächlich der für Forschung und Entwicklung zuständigen Abteilung eines Unternehmens. Gelegentlich werden derartige Aufträge auch an andere Unternehmen vergeben. So übernimmt beispielsweise Porsche Entwicklungsaufgaben für andere Automobilhersteller. Die **Art der anfallenden Entwicklungsaufgaben** wird u.a. nach den folgenden Kriterien unterschieden (vgl. Backhaus 1999, S. 339 ff.):

-   Komplexität (Abhängigkeit von Anzahl und Verflechtung der einzelnen Teilaufgaben) Beispiel für hohe Komplexität: Entwicklung eines neuen Betriebssystems; Beispiel für geringe Komplexität: Entwicklung einer neuen Geschmacksvariante für ein Erfrischungsgetränk

-   Neuigkeitsgrad (Anteil neuartiger Problemlösungen) Beispiel für hohen Neuigkeitsgrad: Entwicklung von Aluminium-Karosserien für PKW's; Beispiel für geringen Neuigkeitsgrad: Entwicklung eines neuen Kühlschranktyps

In vielen Branchen wird heute angestrebt, **Entwicklungszeiten** neuer Produkte - also den Zeitraum zwischen der Produktidee und der Markteinführung - deutlich zu **verkürzen**. Auf diesem Wege lassen sich u.a. Wettbewerbsvorteile durch technologische Führerschaft sowie Vorsprünge gegenüber Wettbewerbern im Hinblick auf die Erfahrungskurve (siehe Abschnitt 5.2.1) erreichen. Bei manchen Produkten (z.B. bestimmte elektronische Bauteile) ist die Produktion sogar nur für den einen oder die wenigen Hersteller profitabel, der / die als erste(r) Anbieter auf den Markt kommt / kommen. Deswegen wird heute vielfach versucht, die Aufgaben von Marketing, Produktentwicklung und Produktionsvorbereitung überlappend auszuführen. Während das Produktkonzept noch definiert und getestet wird, können schon erste Entwicklungsaufgaben in Angriff genommen werden; noch bevor die Produktentwicklung vollständig abgeschlossen ist, können Teilaufgaben der Fertigungsvorbereitung ausgeführt und die Vermarktung vorbereitet werden ($\rightarrow$ "Simultaneous Engineering").

6.2.5   Markttests

Die Marktforschung stellt für die **Testphase** der Produktinnovation ein umfassendes Instrumentarium zur Verfügung. Dieses reicht vom Geschmackstest bei kleinen Gruppen potenzieller Käufer bis zu quantitativen Prognosemodellen für den Markterfolg des Produkts.

Wegen der Bedeutung neuer Produkte und der mit ihrer Einführung verbundenen hohen Kosten sind in der Praxis umfassende Tests üblich. Dabei werden - meist in den frühen Testphasen - Expertenurteile und Konsumentenurteile herangezogen. Die Einschätzungen von **Experten** gewinnt man teilweise auf eher informellen Wegen, während sich für die Erhebung und Analyse von **Konsumentenurteilen** bestimmte Verfahren etabliert haben. Gängig ist vor allem die Befragung ausgewählter Verbraucher, nach denen diesen Gelegenheit gegeben wurde, das neue Produkt (aus einer Vorserie oder als Prototyp) zu erproben. Auf diese Weise gewinnt man Daten z.B. über Produktmängel, über die wahrgenommene Produktqualität, über die Übereinstimmung von Käuferwünschen und Produkteigenschaften sowie über entsprechende Kaufabsichten.

Ein gewissermaßen klassisches Hilfsmittel zur Prüfung der Erfolgsträchtigkeit neuer Produkte vor der Einführung im Gesamtmarkt, das vor allem bei Konsumgütern des täglichen Bedarfs weite Verbreitung gefunden hat, sind **Testmärkte**. Mit Hilfe von Testmärkten wird der Erfolg des Marketing-Mix in einem abgegrenzten Teilmarkt (z.B. einer Stadt, einer Region) überprüft. Hervorzuheben ist, dass das neue Produkt und die damit verbundenen preis-, kommunikations- und vertriebspolitischen Maßnahmen (also der gesamte Marketing-Mix) Gegenstand des Tests sind. Die Ergebnisse eines Testmarkts können Grundlage einer Entscheidung über Einführung bzw. Nicht-Einführung des neuen Produkts sein oder zu einer Modifizierung der Marketingkonzeption für das neue Produkt führen. Beispiele für typische Testmarkt-Ergebnisse und daraus resultierende Konsequenzen sind in Abbildung 6.9 zusammengestellt, deren Aussagekraft aber auf den (nicht unwichtigen) Fall häufig gekaufter Konsumgüter beschränkt ist. Dabei ist für den dauerhaften Markterfolg eines Produkts die Anzahl von **Wiederholungskäufen** besonders wichtig. Diese bildet deswegen gemeinsam mit der Anzahl von **Versuchskäufen** (Erstkäufen) im Testgebiet die Grundlage für die in Abbildung 6.9 dargestellten typischen Entscheidungen.

Konsumenten im Testgebiet		Entscheidung des Unternehmens
Versuchsrate	Wiederkaufrate	
hoch	hoch	Produkt einführen
hoch	niedrig	Produkt ändern oder aufgeben
niedrig	hoch	Werbung / VF verstärken
niedrig	niedrig	Produkt aufgeben

Abbildung 6.9:   Mögliche Testmarkt-Ergebnisse und Marketing-
Entscheidungen nach Kotler

Relativ einfach ist die Entscheidungssituation im ersten und letzten der in Abbildung 6.9 aufgeführten Fälle. Wenn die Anzahl der Versuchs- und Wiederholungskäufe groß ist, dann ist offenbar die Marketingkonzeption (Produktqualität, Preis, Werbung etc.) **erfolgversprechend**. Im umgekehrten Fall deutet alles darauf hin, dass das neue Produkt wenig Interesse findet (wenig Versuchskäufe) und dass die Käufer, die das Produkt probiert haben, damit nicht zufrieden sind (niedrige Wiederkaufrate). Ein solches Testmarkt-Ergebnis führt häufig zur **Aufgabe** des neuen Produkts noch vor der Markteinführung. Die Kosten eines Tests liegen normalerweise deutlich unter den Kosten einer fehlgeschlagenen Produkteinführung.

Die beiden anderen in Abbildung 6.9 aufgeführten Fälle legen **Modifikationen der Marketingkonzeption** nahe. Bei einer hohen Versuchsrate und niedriger Wiederkaufrate scheint das Produkt Interesse zu finden, die Erwartungen der Käufer werden aber anscheinend nicht erfüllt, was sich in der niedrigen Wiederkaufrate niederschlägt. Die Konsequenz kann sein, das Produkt entsprechend zu ändern oder - wenn dieses nicht möglich ist - aufzugeben. Wenn ein Produkt nur von relativ wenigen Konsumenten ausprobiert wird, die aber zum großen Teil das Produkt wiederholt kaufen, dann erfüllt dieses wohl die Erwartungen der Käufer, es werden aber zu wenige potenzielle Käufer angeregt, das Produkt zu probieren. Eine Konsequenz kann sein, Werbung und Verkaufsförderung zu verstärken, um die Versuchsrate zu steigern.

Die Bedeutung von **Wiederholungskäufen** *für den dauerhaften Produkterfolg wird durch eine Untersuchung illustriert, über die Lehmann/Winer (1997, S. 258 f.) berichten. Dabei wurden die Wiederholungskaufraten von 120 Produkten gemessen und festgestellt, wie sich diese bei den erfolgreichen, teilweise erfolgreichen und gescheiterten Produktneueinführungen unterschieden. Das Ergebnis ist in der folgenden Tabelle zusammengefasst.*

Wiederholungskaufrate	Erfolg der Produkte		
	Erfolgreich	*Teilweise erfolgreich*	*Fehlschlag*
70 % und mehr	*32 %*	-	-
60 - 69 %	*21 %*	*11 %*	-
59 - 59 %	*43 %*	*18 %*	*14 %*
40 - 49 %	*4 %*	*46 %*	*28 %*
30 - 39 %	-	*18 %*	*34 %*
unter 30 %	-	*7 %*	*24 %*
Gesamt	*100 %*	*100 %*	*100 %*

Testmärkte sind ein recht **aufwendiges Verfahren** der Marktforschung. Man braucht dafür möglichst abgeschlossene Gebiete, die **repräsentativ** für den Gesamtmarkt sein sollen. Während des Testzeitraums soll das gesamte Marketinginstrumentarium möglichst genau so wie für die Einführung im Gesamtmarkt geplant eingesetzt werden. Der **Testzeitraum** sollte **lang genug** sein, um Wiederholungskäufe beobachten zu können, aber andererseits nicht so lang sein, dass eine erfolgversprechende Produkteinführung unnötig verzögert wird oder die Konkurrenz frühzeitig reagieren kann. Inzwischen gibt es sogenannte **Mikro-Testmärkte** (z.B. BehaviorScan), die durch einen Verbund von Scanner-Technologie, Haushalts- und Handels-Panels sowie individuell addressierbarem Werbefernsehen Tests von Marketingkonzeptionen in eng begrenzten Gebieten erlauben (vgl. Litzenroth 2000). Wegen des großen Aufwandes, der mit Testmärkten verbunden ist, werden in neuerer Zeit zunehmend auch **Testmarkt-Simulationen** durchgeführt. Dabei handelt es sich um eine Verbindung von Befragungen, Labortests und Gebrauchstests, die eine möglichst genaue Wiedergabe und Überprüfung des für die Markteinführung vorgesehenen Marketing-Mix ermöglichen soll (vgl. Hammmann/Erichson 2000, S. 213 ff.).

Besondere Arten des Tests von Neuprodukten findet man im **Business-to-Business-Marketing**. Dort spielen feste Beziehungen zwischen Anbieter und Kunden eine wichtige Rolle. Diese werden oft genutzt, um neue Produkte in Kooperation mit vertrauten Kunden in deren Einsatzbereich zu erproben. Wenn es sich dabei um Kunden handelt, die selbst aus dem Einsatz innovativer Produkte Nutzen ziehen (wollen) und die im Hinblick auf Innovationen besonders fortschrittlich sind, dann spricht man von sog. "**lead usern**" (von Hippel 1986).

6.2.6   Markteinführung

Am Ende des Entwicklungsprozesses eines neuen Produkts steht nach einer erfolgreich abgeschlossenen Testphase die **Einführung in den Gesamtmarkt**. Diese Phase entspricht also der Einführungsphase des Produktlebenszyklus (siehe Abschnitt 5.2.1). Hier gelangt das gesamte Marketinginstrumentarium in der geplanten und evtl. nach der Testphase modifizierten Weise zum Einsatz. Ein kritischer Bereich der Produkteinführung ist die zeitliche Abstimmung der Produktionsplanung und Logistik mit den kommunikations- und vertriebspolitischen Aktivitäten. Man kann sich leicht vorstellen, dass eine wirksame Werbekampagne ins Leere stößt, wenn das beworbene Produkt im Handel nicht vorrätig ist oder dass ein breit verfügbares Produkt nicht beachtet wird, wenn die Werbung dafür zu spät einsetzt.

---

*Ein Beispiel für die Einführung und Ausbreitung einer **neuen Dienstleistung** bietet Bloomberg, Anbieter von Informationen über Finanzmärkte. Hier ein Auszug aus einer Publikation des Unternehmens, der die Gründung des Unternehmens durch Mike Bloomberg und sein Wachstum berichtet wird:*

"1972   In sechs Jahren hat sich Mike Bloomberg vom 9.000-Dollar-Jahresgehalt-Mitarbeiter zum Starbroker hochgearbeitet. Die Salomon Brothers ernennen ihn zum teilhabenden Partner.

1981   Nach 15 Jahren Höhenflug wird Mike Bloomberg gefeuert. Für die 10 Mio. $ Abfindung hat er einen guten Verwendungszweck. Er gründet sein eigenes Unternehmen. Die Geschäftsidee: das umfassendste Informationssystem für Finanzprofis. Nach lediglich sechs Monaten ist das erste "Bloomberg-Terminal" einsatzbereit.

1982   Der erste Kunde, die Investmentbank Merrill Lynch, ist begeistert, und zwar derart, dass sie gleich mit 30 % bei Bloomberg einsteigt.

1990   Nach acht erfolgreichen Jahren hat Bloomberg den Markt für spezialisierte Finanzdaten von hinten aufgerollt. Bloomberg zündet die zweite Brennstufe auf dem Weg nach oben, indem er ins Nachrichtengeschäft einsteigt.

1991   Der Erfolg von Bloomberg News bereitet den Weg in neue Geschäftsfelder und der etablierten Konkurrenz Kopfschmerzen. Bloomberg Radio und Bloomberg Television werden zu festen Größen im US-Markt und sorgen für Chancengleichheit zwischen Hobby-Börsianern und Profis.

1997   4.000 Mitarbeiter in weltweit 70 Büros und einen Jahresumsatz von 2,4 Milliarden Mark. Jährliches Wachstum: satte 30%.

1998   BloombergTV geht in Deutschland auf Sendung. Das professionelle Werkzeuge für alle, die in Wirtschaft und Finanzen die Nase vorn haben.

1999   Mit Web-TV übernimmt Bloomberg endgültig die Vorreiter-Rolle für ein neues Medienzeitalter.

2000   Mit der Umstellung auf den Satelliten Astra 1A erhalten weiterere 1,5 Mio. deutsche Haushalte unverschlüsselten Zugang zu Wirtschaft- und Finanznews von BlumbergTV. Damit durchbricht der Sender die Reichweiten-Schallmauer von 50% (Kabel und Satellit)."

Hinsichtlich der Ausbreitung von Innovationen, sofern es sich um "echte" Innovationen handelt, also um Produkte, die für den jeweiligen Markt ganz neuartig sind, existiert mit der sog. **Diffusionstheorie** ein empirisch bewährtes Konzept, um diesen Prozess zu verstehen und zu prognostizieren. Basis für die Ausbreitung von neuartigen Produkten ist der **Adoptionsprozess**, der die Schritte von der ersten Wahrnehmung einer Innovation bis zu ihrer Annahme beschreibt. Im einzelnen werden die folgenden Schritte unterschieden (vgl. Rogers 1962):

- **Wahrnehmung** der Innovation ohne nähere Information über Produktnutzen, -vorteile etc.

- **Interesse**: Anregung zur Informationssammlung über die Innovation und zur Beschäftigung damit

- **Probieren**: Testkauf, um eine Einschätzung des Nutzens des neuen Produkts zu gewinnen

- **Adoption** der Innovation mit regelmäßigem Gebrauch und Wiederholungskauf des neuen Produkts

Dieser theoretisch in den vorstehend genannten Schritten ablaufende Prozess vollzieht sich natürlich nicht zeitgleich im gesamten Markt, sondern unterschiedlich bei verschiedenen Gruppen innerhalb des entsprechenden Marktes. Es gibt also Kunden, die eher frühzeitig oder eher spät ein neues Produkt "entdecken" und dann auch für sich in Anspruch nehmen. Rogers (1962) unterscheidet folgende Gruppen:

- **Innovatoren** sind besonders aufgeschlossen für Neuerungen und risikobereit.

- **Frühadoptierer** sind etwas vorsichtiger im Hinblick auf neue Ideen, aber dennoch deutlich überdurchschnittlich aufgeschlossen für Innovationen.

- **Die frühe Mehrheit** neigt zu wohlüberlegtem und risikovermeidendem Handeln, ist aber dennoch innovativer als der Durchschnitt.

- **Die späte Mehrheit** ist dagegen skeptisch und eher für die Annahme bereits bewährter Innovationen aufgeschlossen.

- **Nachzügler** sind letztlich eher traditionsgelenkt und misstrauisch und bilden somit die letzte Gruppe, die eine Innovation annimmt.

Hinsichtlich des zeitlichen Ablaufs der Adoption eines neuen Produkts durch die fünf vorstehend genannten Gruppen wird zunächst (theoretisch) von einer Normalverteilung ausgegangen (siehe Abb. 6.10). Durch die unterschiedlichen Abweichungen von der mittleren Adoptionszeit lassen sich die verschiedenen Gruppen voneinander abgrenzen. Auf Basis des Wissens über die Normalverteilung lassen sich dann auch Aussagen über die relative Größe dieser Gruppen machen. In Abbildung 6.10 ist außerdem der kumulierte Verlauf der Diffusionskurve eingetragen. Man sieht, dass dann, wenn alle in Frage kommenden Kunden das neue Produkt verwenden, natürlich eine Sättigung erreicht wird. Die Ähnlichkeit dieses Kurvenverlaufs zum ("ersten Teil" des) Produktlebenszyklus ist nicht zufällig: Auch beim PLZ geht es ja um die schrittweise Ausbreitung eines neuen Produkts bis zu einer Sättigung, wobei dort noch Wiederholungskäufe und Ersatzbedarf berücksichtigt werden.

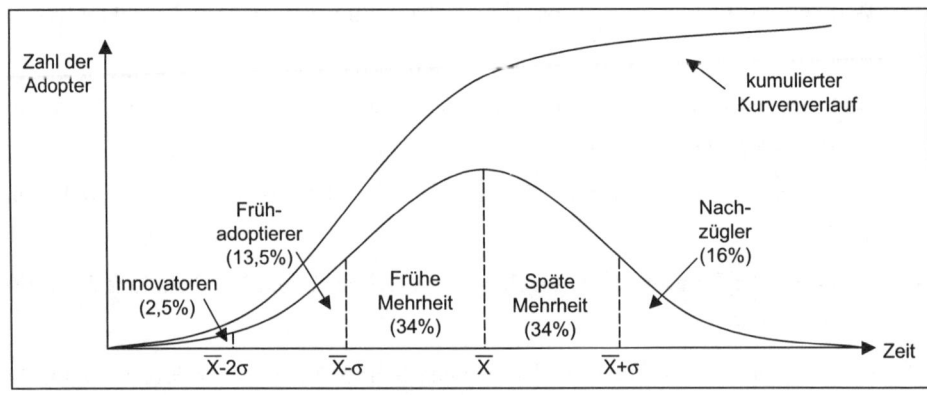

Abbildung 6.10:   Idealtypischer Verlauf der Diffusionskurve
(nach Rogers 1962, S. 162)

Nun sind in Abbildung 6.10 nur Anteile der Gesamtdauer eines Diffusionsprozesses angegeben. Über dessen Dauer in Jahren oder Monaten lassen sich kaum generelle Aussagen machen, weil diese eben z.B. bei Mode-Artikeln oder neuartigen Finanzdienstleistungen sehr unterschiedlich sein können. Immerhin lassen sich aber einige **Einflussfaktoren der Diffusionsgeschwindigkeit** nennen (vgl. Lilien/Kotler/Moorthy 1992, S. 462):

- Großer **relativer Vorteil** der Innovation gegenüber bisherigen Produkten führt zu schneller Ausbreitung

- **Kompatibilität** der Innovation mit bestehenden Einstellungen, Werten, Erfahrungen etc. der Anwender erleichtert die Akzeptanz

- Geringe **Komplexität** der Innovation erleichtert ebenfalls die Akzeptanz

- Die Möglichkeit, die Innovation **schrittweise auszuprobieren** (z.B. auf Mietbasis), verringert die Hürden bei Kauf und Nutzung

- Die Möglichkeit, den **Nutzen** einer Innovation **leicht nachvollziehbar zu beschreiben** und zu demonstrieren, fördert natürlich die schnelle Akzeptanz.

Der oben unterstellte (einer Normalverteilung folgende) Verlauf der Diffusionskurve ist - wie gesagt - theoretisch unterstellt worden und beansprucht keine Allgemeingültigkeit. So kann es beispielsweise sein, dass bei grundlegenden technischen Innovationen die Abnehmer ein besonders hohes Risiko empfinden und deswegen besonders zögerlich sind, was wiederum zu einem deutlich flacheren Verlauf des linken Teils der Diffusionskurve führt (vgl. Weiber/Kollman/Pohl 1999, S. 143 f.).

6.3   Marken und Markenführung

6.3.1   Wesen und Relevanz von Marken

In vielen Branchen konnte man in der jüngeren Vergangenheit eine deutlich **zunehmende Bedeutung von Marken** beobachten. So gibt es heute Segmente des Bekleidungsmarktes, in denen es kaum noch Artikel gibt, die nicht durch irgendwelche Krokodile, Streifen oder Designernamen gekennzeichnet sind. Selbst in Bereichen des Lebensmitteleinzelhandels, bei denen das vor 20 oder 30 Jahren kaum als möglich erschien, findet man heute bekannte Marken (Musterbeispiel: Chiquita-Bananen). Inzwischen haben sich auch zahlreiche internationale bzw. globale Marken entwickelt (z.B. Coca Cola, McDonalds, IBM, Ford, Caterpillar).

Die Entstehung und Bedeutungszunahme von Marken hat sicher auch mit der **Veränderung der Beziehungen zwischen Anbietern und Kunden** zu tun. Während zu Zeiten einer handwerklichen Produktionsweise **direkte Kontakte** zwischen Hersteller und Abnehmer existierten und der Kunde dadurch Informationen über die zu erwartende Qualität des in Auftrag gegebenen Produkts erhielt, sind mit der Ausbreitung der industriellen Produktionsweise die Beziehungen zwischen Herstellern und Kunden zunehmend **anonymer** geworden. Wenn heute eine Konsumentin über mehrere Handelsstufen ein Produkt erhält, das möglicherweise von einem ihr völlig unbekannten Unternehmen im Fernen Osten hergestellt wurde, dann hat sie relativ wenig Möglichkeiten, die Sorgfalt des Herstellers, die Lebensdauer seiner Produkte etc. einzuschätzen. Erschwerend kommt hinzu, dass die Konsumentin in Fällen, in denen sie gute Erfahrungen mit bestimmten Produkten gemacht hat, nur mit gewissen Erschwernissen Wiederholungskäufe dieser Produkte tätigen kann, solange diese anonym (also nicht identifizierbar) sind. Deswegen lässt sich sagen, dass Marken gewissermaßen die Anonymität der Beziehungen zwischen Herstellern und Endabnehmern überbrücken. An die Stelle der Kenntnis des Herstellers und seiner Leistungsfähigkeit ist in diesem Sinne das

Marken-Image getreten, also das Bild, das der Konsument von einer Marke und ihrem Leistungsversprechen hat.

Was kennzeichnet nun eine **Marke** bzw. einen **Markenartikel**? Dazu werden in der Literatur mit recht großer Übereinstimmung einige Merkmale genannt, die im Folgenden kurz dargestellt seien:

- **Markierung**

Die Kennzeichnung eines Produkts, die zur Wiedererkennbarkeit führt, erfolgt vor allem durch **Namen** (z.B. Nivea, Persil), **Symbole** (z.B. Mercedes-Stern, Lufthansa-Kranich) und gleichbleibende **Aufmachung** einschließlich der Packung (z.B. Farbe Lila bei Schokoladen-Produkten von Jacobs-Suchard, Flaschenform bei CocaCola).

- **Gleichbleibende (oder verbesserte) Qualität**

Zentrale Aufgabe von Marken ist es, Kunden zu Wiederholungskäufen gerade dadurch zu veranlassen, dass bestimmte Qualitätsmerkmale auf Dauer gesichert werden und sich damit das Risiko der Konsumenten beim Einkauf vermindert.

- **Breite Verfügbarkeit**

Marken können ins Bewusstsein von Kunden vor allem eindringen, wenn sie breit verfügbar sind. Ansonsten werden Wiederholungskäufe und somit die Entstehung von Markenbindungen erschwert.

- **Kommunikationsanstrengungen**

Wie oben erläutert, sollen Marken gewissermaßen die Anonymität der Beziehungen Hersteller - Endabnehmer überwinden helfen. Dafür ist es notwendig, dass die Kunden ein bestimmtes Image mit der Marke verbinden, worin sich u.a. Qualitätsvorstellungen widerspiegeln. Dazu bedarf es gezielter Kommunikationsanstrengungen z.B. durch Werbung.

- **Angemessenes (relativ) konstantes Preisniveau**

Preise werden von Kunden vielfach als Qualitätsindikator interpretiert. Zu niedrige und / oder stark schwankende Preise würden mit dem Ziel des Aufbaus von Marken, ein relativ hohes und gleichbleibendes Qualitätsniveau zu erreichen und dem Kunden bewusst zu machen, kollidieren.

Zentrale Gesichtspunkte fasst Meffert (2000, S. 847) in seiner **Definition** zusammen: "Im Folgenden soll eine **Marke** zweckmäßiger Weise als ein in der Psyche des Konsumenten verankertes, unverwechselbares Vorstellungsbild von einem Produkt oder einer Dienstleistung beschrieben werden. Die zugrunde liegende markierte Leistung wird dabei in einem möglichst großen Absatzraum über einen längeren Zeitraum in gleichartigem Auftritt und in gleichbleibender oder verbesserter Qualität angeboten."

Esch / Wicke (1999, S. 6 f.) illustrieren die **Wirkung von Marken** *am Beispiel von Pepsi und Coke.*

"Dass die Marke für viele Konsumenten präferenzprägende Funktionen bei - gerade auf gesättigten Märkten - ansonsten vergleichbaren Produkten übernimmt, wird spätestens klar, wenn man die Ergebnisse von Blindtests von Produkten mit denen von Produkttests mit Darbietung des jeweiligen Markenlabels vergleicht: Selten stimmen die Ergebnisse überein, meist wird das Produkt einer bekannten und beliebten Marke wesentlich besser in einem Test mit Markenname eingeschätzt als bei entsprechender Blinddarbietung. ..."

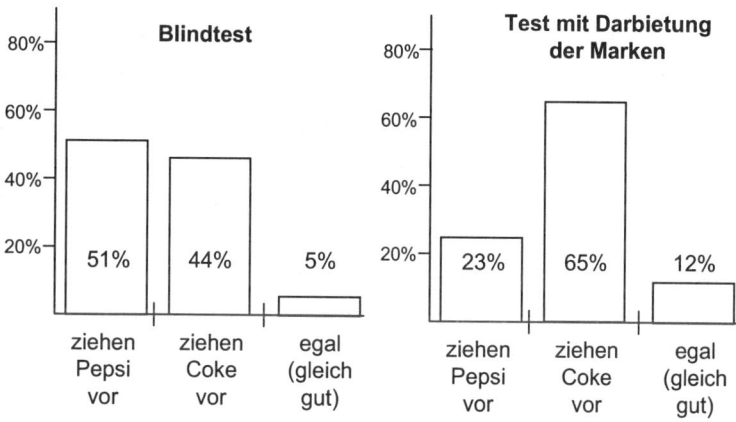

Vergleich der Ergebnisse eines Blindtests und eines offenen Tests zwischen Diet Pepsi und Diet Coke

"Offensichtlich zahlt sich eine starke Marke auch aus. So erzielte Coca-Cola 1996 weltweit eine Gewinnspanne von 18,8 % und verzeichnet im elften Jahr in Folge zweistellige Gewinnspannen."

Die **Grundfunktionen von Marken** lassen sich in Anlehnung an Becker (1998, S. 189) und Meffert (2000, S. 847 f.) kennzeichnen. Die **Individualisierungsfunktion** bezieht sich auf die Heraushebung eines Produkts aus der Vielfalt vergleichbarer (möglicherweise austauschbarer) Angebote. Bei der **Identifizierungsfunktion** hat man die Wiedererkennungsmöglichkeit des Produkts durch die Kundin als Voraussetzung für Wiederholungskäufe und die Entwicklung von Markentreue im Sinn. Mit der **Garantiefunktion** ist das Bekenntnis des Herstellers zu seinem Produkt und dessen Qualität gemeint.

Becker (1998, S. 211) stellt einige empirische Ergebnisse zusammen, aus denen deutlich wird, dass Markenprodukte in vielen Konsumgüterbranchen **starke bis überragende Umsatzbedeutung** haben. Einige dieser Ergebnisse seien hier wiedergegeben:

Branche	Anteil von Markenprodukten am Einzelhandelsumsatz 1991
Nahrung- und Genussmittel	83 %
Lederwaren	43 %
Drogerieartikel	76 %
Unterhaltungselektronik	98 %
Fotoartikel	92 %
Uhren, Schmuckwaren	61 %
Spielwaren	65 %

Der Bedeutungszuwachs von Marken hat auch sehr viel damit zu tun, dass sie für die Entwicklung von Marketingstrategien oftmals grundlegende Bedeutung haben. Einige in diesem Zusammenhang relevante Aspekte sollen hier kurz umrissen werden:

- Identifizierbarkeit von Produkten als Voraussetzung für **Differenzierungsstrategien**
  Eine der wichtigsten Optionen für Marketingstrategien besteht darin, die eigene Leistung (das eigene Angebot) von Konkurrenzangeboten durch technischen Vorsprung, größere Zuverlässigkeit, besseren Service etc. abzuheben (siehe Abschnitt 5.3.3). Diese Abhebung kann nur gelingen, wenn die potenziellen Kunden die entsprechenden Eigenschaften auch mit dem betreffenden Produkt verbinden, wozu wiederum dessen Identifizierbarkeit - also eine Marke - notwendig ist.

- Marken als Voraussetzung für **Pull-Strategien**
  Insbesondere in Konsumgütermärkten versuchen Hersteller, ihre Position gegenüber Absatzmittlern auch dadurch zu stärken, dass sie Präferenzen für die eigenen Produkte bei Endverbrauchern aufbauen (z.B. durch Werbung), um auf diese Weise gewissermaßen einen "Sog" der Produkte durch den Absatzkanal zu erzeugen. Eine solche Pull-Strategie ist nur denkbar, wenn die Produkte über Marken identifizierbar sind.

- **Trennung von unterschiedlichen Tätigkeitsbereichen** eines Unternehmens
  Zur Ansprache unterschiedlicher Zielgruppen ist es oftmals zweckmäßig, entsprechend positionierte unterschiedliche Produkte anzubieten (→ Marktsegmentierung). Marken ermöglichen eine deutliche Abgrenzung verschiedener Produkte aus dem gleichen Unternehmen. Musterbeispiele dafür bieten verschiedene Zigaretten- und Automobilhersteller (u.a. Volkswagen mit den Marken VW, Audi, Seat und Skoda).

- **Gewinnung neuer Kunden** über Bekanntheitsgrad und Image
  Für die Gewinnung neuer Kunden ist es notwendig, dass diese das betreffende Produkt in ihrem Entscheidungsprozess überhaupt in Erwägung ziehen. Voraussetzung dafür ist, dass das Produkt bekannt ist und dass bestimmte Vorstellungen damit verbunden werden (Image), die es als möglicherweise geeignet für den jeweiligen Verwendungszweck erscheinen lassen.

- **Ausweitung des Angebots** mit Hilfe von Marken

  Erfolgreiche Marken für ein Produkt werden immer öfter auch für andere verwandte Produkte genutzt. So hat z.B. das Unternehmen Henkel die ursprünglich nur für Seife verwendete Marke "Fa" für eine umfassende Serie von Körperpflege-Produkten genutzt.

- **Übertragbarkeit von Präferenzen** auf andere Personen und Situationen

  Ohne Marken ist die Kommunikation positiver Erfahrungen mit Produkten von einem Verwender zu einem anderen kaum praktikabel. Ein Beispiel für die Übertragbarkeit von Präferenzen auf andere Situationen bieten international tätige Gastronomie-Ketten (z.B. Hilton-Hotels, McDonalds). Einer von deren Wettbewerbsvorteilen besteht drin, dass Kunden, die die Leistungen dieser Unternehmen irgendwo kennen gelernt haben, entsprechende Leistungen auch an den anderen Standorten erwarten und dementsprechende Kaufentscheidungen treffen.

---

*Die Wirkung einer **Pull-Strategie** lässt sich am Beispiel der Werbekampagne "Intel inside" nachvollziehen (vgl. Aaker 1996, S. 12 f.). Der Chip-Hersteller Intel stand anfangs der 90er Jahre insofern etwas unter Druck, als seine Produktbezeichnungen 386er, 486er etc. nicht geschützt waren und von Herstellern gleichartiger (billigerer) Prozessoren ebenfalls genutzt werden konnten. Deswegen startete Intel in Kooperation mit führenden PC-Herstellern (IBM, Compaq, Dell etc.) eine Werbekampagne, mit der erreicht werden sollte, dass Kunden darauf achten, dass in ihrem Computer ein Intel-Prozessor eingebaut ist. Viele dieser Kunden wussten wohl nicht, was ein Prozessor überhaupt ist und hatten bis dahin erst recht keine Präferenzen gegenüber bestimmten Herstellern von Prozessoren. Die "Intel-inside"-Kampagne führte Anfang der 90er Jahre dazu, dass der Bekanntheitsgrad von Intel von 46 % auf 80 % und der Absatz um 63 % stieg.*

Die folgende Graphik soll darstellen, wie eine solche Werbung im Rahmen einer Pull-Strategie wirkt.

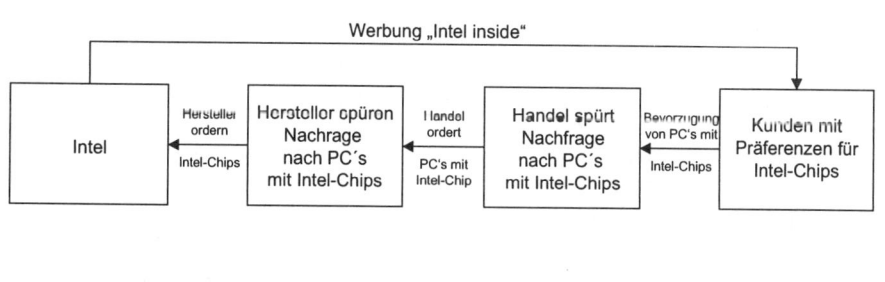

Eine ganz spezielle Bedeutung haben Marken bzw. Markennamen für viele **Internet-Anbieter**. Hier ist der Markenname typischerweise identisch mit der Internetadresse des jeweiligen Anbieters (z. B. amazon.com). Die Kenntnis des Markennamens ist also die Voraussetzung dafür, dass die Kunden schnell und bequem mit dem Anbieter (elektronisch) in Kontakt treten können. Da Konsumenten kaum lange Listen von Buch- oder Reise-Anbietern auswendig lernen, sondern sich nur wenige prägnante, stark beworbene und lange bekannte Marken einprägen, konzentriert sich ein großer Teil auf wenige dominierende Anbieter der jeweiligen Branche.

6.3.2   Markenführung

Hinsichtlich der Unterscheidung der Arten von Marken sind zwei Kriterien gängig, die auch mit den verfolgten strategischen Zielen zu tun haben. Einerseits geht es darum, **wer** die Markenbildung vornimmt. Hier geht es im wesentlichen um die Frage, auf welcher Wirtschaftsstufe die Markenbildung stattfindet, was zur Unterscheidung zwischen **Hersteller- und Handelsmarken** führt. Handelsmarken dienen dem Handel zur Profilierung und zur Festigung von Kundenbindungen. Eine Spielart der Handelsmarken sind sogenannte "No Names" (Gattungsmarken, Generics, weiße Produkte), die eher zu den unteren Preisgruppen gehören und bei denen die Preiswürdigkeit durch besonders einfache Aufmachung unterstrichen wird. Trotz des scheinbaren Widerspruchs zur Bezeichnung "No Names" handelt es sich dabei um Marken, die eben nur besonders positioniert sind.

Andererseits wird danach unterschieden, auf **wie viele Produkte** sich eine Marke bezieht. Es werden nach diesem Kriterium drei Gruppen abgegrenzt:

Produkt-Marken sind einem einzelnen Produkt zugeordnet, das allenfalls in verschiedenen Packungsgrößen und -arten angeboten wird (z.B. König-Pils, Pommery, Tabasco).

Produktgruppen-Marken (Range-Marken) gelten einer Anzahl oftmals miteinander verwandter Produkte bzw. einer Produktlinie (z.B. Maggi, Tesa).

Dach-Marken (Company-Marken) sind auf das gesamte Produktprogramm eines Unternehmens bezogen (z.B. Lindt, IBM, Microsoft). In Abbildung 6.11 sind die vorstehend skizzierten Unterscheidungen zusammenfassend dargestellt.

Unterscheidungskriterium	Arten von Marken
Wirtschaftsstufe, auf der die Markenbildung stattfindet	- Herstellermarke - Handelsmarke
Zahl der Produkte, auf die sich eine Marke bezieht	- Produkt-Marke - Produktgruppen-Marke - Dach-Marke

Abbildung 6.11:   Unterschiedliche Arten von Marken

Der zentrale Aspekt der Markenpolitik ist der Aufbau eines (bzw. des angestrebten) **Marken-Images**. Es soll also - je nach Produktart, Marktsegment, Konkurrenzsituation etc. - erreicht werden, dass die Angehörigen der Zielgruppe mit der Marke und damit mit den unter der Marke angebotenen Produkten bestimmte Qualitäts- und Nutzenerwartungen, Einschätzungen des Prestiges der Marke oder auch Emotionen verbinden.

Voraussetzung für die Entstehung eines Images ist natürlich die **Bekanntheit der Marke**. Beides - Bekanntheitsgrad und Image - zu entwickeln, ist typischerweise sehr aufwendig, langwierig und oft mit Fehlschlägen verbunden. Beispiele für "starke Marken", die dauerhafte Absatzerfolge und ein relativ hohes Preisniveau ermöglichen, sind Mercedes, SONY oder Marlboro. Dagegen ist bei Marken wie Lada, Alltours oder River-Cola das Marken-Image möglicherweise noch entwicklungsfähig.

Die Schwierigkeit, starke Marken zu entwickeln, führt zu mindestens zwei beachtenswerten Konsequenzen in der Praxis. Einerseits stellt eine erfolgreiche etablierte Marke einen **Wert** dar. So stand bei der Übernahme von bzw. der Beteiligung an Jaguar, Volvo und Saab seitens General Motors und Ford wohl nicht der Erwerb von Produktionsanlagen oder der minimale Zuwachs an Marktanteilen im Vordergrund, sondern eher der Zugang zu Marken, die im Segment anspruchsvoller Automobile gut etabliert sind. Eine zweite Konsequenz der Probleme beim Markenaufbau ist die **Nutzung erfolgreicher Marken** für weitere Produkte. Dabei strebt man vor allem einen **Imagetransfer** von einem vorhandenen Produkt auf neue Produkte an, die unter der gleichen Marke angeboten werden. Beispiele für ein erfolgreiches derartiges Vorgehen sind unter vielen anderen die Marken Nivea, Fa und Melitta. Am Beispiel Melitta wurden aber auch die Grenzen dieser Strategie deutlich. Diese Marke wurde ausgehend vom Produkt Kaffeefilter auf immer mehr Produkte (Kaffee, Geschirr, Haushaltsfolien etc.) übertragen. Als dann auch Melitta-Müllbeutel angeboten wurden, zeigten sich Probleme hinsichtlich des im Zusammenhang mit dem Bereich Kaffee eher auf Genuss ausgerichteten Melitta-Images.

7. Preispolitik

7.1 Inhalt und Relevanz der Preispolitik

Die Frage nach dem Wesen des Preises erscheint vielleicht auf den ersten Blick als trivial, bedarf aber doch einiger - allerdings knapp darstellbarer - Überlegungen. Üblicherweise wird der **Preis** als die **Anzahl von Geldeinheiten** definiert, die ein Käufer beim **Erwerb einer Mengeneinheit** eines Produkts zu entrichten hat. Dabei wird davon ausgegangen, dass das Produkt eine bestimmte **festgelegte Qualität** hat. Bei einem Kaufvorgang ergibt sich der Preis P durch:

$$P = \text{Entgelt} / \text{Menge}$$

Aus der Sicht des Käufers stellt der Preis die Anzahl von Einheiten der verfügbaren finanziellen Mittel (Kaufkraft) dar, die für ein Produkt eingesetzt werden müssen und dann nicht mehr für andere (Konsum-) Zwecke zur Verfügung stehen. Der Preis gibt also auch an, in welchem Maße der Käufer durch den Erwerb eines Produkts auf **andere Verwendungsmöglichkeiten seiner Geldmittel verzichten** muss. Insofern wundert es nicht, dass in der ökonomischen Theorie, wo es ja ganz zentral um die Aufteilung knapper Ressourcen geht, der Preis immer eine bedeutsame Rolle gespielt hat. In der Anbieter-Perspektive ist der Preis ein zentraler Einflussfaktor der erzielbaren Erlöse (Erlös = Menge x Preis) und damit des wirtschaftlichen Erfolgs eines Unternehmens. Gelegentlich finden sich abweichende oder speziellere Bezeichnungen, wenn von Preisen gesprochen wird. So nennt man den Preis für die zeitweilige Überlassung einer Wohnung oder eines Autos "**Miete**" und den Preis für bestimmte öffentliche Dienstleistungen (z.B. Ausfertigung eines Reisepasses) "**Gebühren**".

Was versteht man nun unter Prei**spolitik**? Eine entsprechende Charakterisierung soll hier anhand einer Definition von Diller (1991, S. 20 f.) erfolgen: "Die Preispolitik (Entgeltpolitik) beinhaltet ... alle absatzpolitischen Maßnahmen zur Bestimmung und Durchsetzung der monetären Gegenleistungen der Käufer für die von einer Unternehmung angebotenen Sach- und Dienstleistungen."

Im Kern geht es also um die **Festsetzung von Preisen** und die dazu notwendigen Informationen, Überlegungen etc. und um Aktivitäten zur **Realisierung der angestrebten Preise**. Im vorliegenden Buch wird zur Preispolitik außerdem die Festlegung von

Konditionen (Rabatte, Skonti) sowie die Gestaltung der Absatzfinanzierung gerechnet. Andere Autoren (z.B. Meffert 2000) fassen das alles (Preispolitik, Konditionenpolitik, Absatzfinanzierung) unter dem Begriff **Kontrahierungspolitik** zusammen.

Hermann Simon (1995, S. 1) zur **Bedeutung der Preispolitik***:*

"Viele Manager investieren einen Großteil ihrer Zeit in Kostensenkungen, um durch eine erhöhte Produktivität dem zunehmenden Wettbewerbsdruck stand zu halten. Diese Zeit ist gut investiert. Häufig wird jedoch die Kostenseite zu einseitig betrachtet und der Optimierung der Preise zu wenig Beachtung geschenkt. Der Preis spielt jedoch für den Gewinn eine genauso ausschlaggebende Rolle wie die Kosten.

Die Kosten sind nur eine Determinante des Gewinns. Die zweite Determinante ist der Preis. Der Preis verdient deshalb die gleiche Aufmerksamkeit als Gewinntreiber wie die Kosten."

Die Preispolitik stand über **lange Zeit im Mittelpunkt absatzwirtschaftlicher Überlegungen**. Dafür waren u.a. folgende Gründe ausschlaggebend:

-   Zu Zeiten relativ **geringer Möglichkeiten der Differenzierung von Angeboten** durch qualitative Unterschiede oder durch Werbung, Markenprofilierung etc. blieb vor allem die Preispolitik als Instrument zur Abhebung von Wettbewerbern übrig.

-   In Perioden **geringen Wohlstands** ist naturgemäß der Preis für Konsumenten, die ja knappe Einkommen aufteilen müssen, wichtiger als z.B. in der gegenwärtigen wirtschaftlichen Lage der Bundesrepublik Deutschland im Jahre 2001.

-   Der Preis ist eine relativ **klar definierte Variable**, die sich leichter als andere (wie z.B. Abnehmerpräferenzen oder Produktqualität) messen und in betriebswirtschaftliche Kalküle einbeziehen lässt.

-   In einer **marktwirtschaftlichen Ordnung** sollen sich Angebot und Nachfrage durch die Anpassung der Preise ausgleichen. Von einer Ausrichtung des Wettbewerbs auf Preise versprach man sich eine regulierende Wirkung.

Unter den Marktbedingungen der westlichen Industrieländer geht man nicht mehr von einer herausgehobenen Stellung der Preispolitik innerhalb des Marketing-Mix aus, sondern betrachtet den Preis lediglich als **ein** wesentliches **Element** des Marketing-Mix. Es geht also auch hier - im Rahmen der gegebenen Positionierung - um die Abstimmung mit anderen Instrumenten. So muss eben ein qualitativ besonders hochwertiges Produkt oft etwas teurer sein, um die überlegene Qualität auch zu kommunizieren (→ Preis als Qualitätsindikator). Dennoch gibt es immer wieder Marktsituationen, in denen der Preis zumindest zeitweilig herausragende Bedeutung hat. Drei Beispiele seien hier genannt:

- Der **internationale Wettbewerb** hat zugenommen (z.B. durch den Eintritt asiatischer Anbieter in zahlreiche Märkte) und wird insbesondere von Seiten neuer Anbieter oftmals mit Niedrigpreis-Strategien geführt.

- Beim verschärftem Wettbewerb im **Einzelhandel** spielt die Profilierung der Handelsunternehmen durch günstige Preise eine maßgebliche Rolle. Dieser Aspekt zeigt sich auch daran, dass bei den Kommunikationsmaßnahmen des Einzelhandels (Anzeigen, Handzettel, Außenwerbung etc.) Preisangaben im Vordergrund stehen.

- Bei **Leistungen, die** in der Sicht des Kunden **als relativ homogen gelten** (z.B. elektrischer Strom, Telefondienste), spielt der Preis als Wettbewerbsinstrument - mangels anderer Differenzierungsmöglichkeiten - eine dominierende Rolle. Der Mobilfunk-Markt zeigte das seit den 90er Jahren recht deutlich.

Eine Besonderheit des Preises im Vergleich zu anderen Instrumenten des Marketing besteht darin, dass durch ihn dem Unternehmen die Mittel zufließen, die zur Kostendeckung und zur Erzielung eines Gewinns benötigt werden. Während bei allen anderen Instrumenten (z.B. Produktentwicklung, Werbung, Aufbau eines Vertriebswegs) zunächst Kosten entstehen, die oftmals erst mit erheblichem zeitlichen Abstand zu einer verbesserten Marktposition und entsprechenden Erlösen führen, sind **preispolitische Maßnahmen direkt erlöswirksam.** Typisch für die Preispolitik ist ferner die **schnelle Realisierbarkeit und Wirksamkeit von Maßnahmen.** Die Änderung einer Preisliste kann eben innerhalb von Minuten erfolgen und führt bei einer Preissenkung unmittelbar danach zu einer gestiegenen Attraktivität des eigenen Angebots durch ein verbessertes Preis-Leistungs-Verhältnis. Damit ist auch die Beziehung hergestellt zu den im zweiten Kapitel (Abschnitt 2.3.2) angestellten Überlegungen zur Attraktivität von Austauschmöglichkeiten und den damit verbundenen Wettbewerbsvorteilen. Dort hatte sich ja gezeigt, dass ein niedrigerer Preis für vergleichbare Leistungen eine der grundlegenden Optionen für die Gewinnung von komparativen Konkurrenzvorteilen war.

Kotler (1999, S. 100) illustriert die **Erlös- und Gewinnwirksamkeit** *von Preisänderungen durch einige Schätzwerte, die zeigen wie sich - gleichbleibende Absatzmengen vorausgesetzt - eine Preiserhöhung um 1 % auf den Gewinn einiger Unternehmen auswirken würde:*

Unternehmen	Gewinnsteigerung bei Preiserhöhung um 1 %
CocaCola	*6,4 %*
Fuji Photo	*16,7 %*
Nestlé	*17,5 %*
Ford	*26,0 %*
Philips	*28,7 %*

In manchen Fällen wird bei der Einschätzung der Vorteilhaftigkeit eines Kaufs nicht nur der Preis betrachtet, sondern auch die neben dem Kaufpreis entstehenden Kosten der Beschaffung und Verwendung eines Produkts. Es wird dann oft von **Total Costs of Ownership** gesprochen, wobei Anschaffungskosten und Kosten für Aktualisierung des Produkts ("Upgrades"), Wartung und Anwenderschulung zusammengefasst werden. Zum Beispiel beim Einsatz von PC's in großen Unternehmen stellte sich oft die Frage, ob es insgesamt wirtschaftlich günstiger ist, an Stelle konventioneller PC's "Network Computer" einzusetzen, bei denen neben geringeren Anschaffungskosten auch die Kosten für Software-Administration und Wartung niedriger liegen.

7.2 Rahmenbedingungen preispolitischer Entscheidungen

Bevor in Abschnitt 7.4 einige preispolitische Entscheidungsmöglichkeiten und Strategien umrissen werden, sollen hier zunächst die Einflussfaktoren dargestellt werden, die mit von Fall zu Fall unterschiedlichem Gewicht die Preispolitik bestimmen. Es handelt sich dabei um:

-    **Selbstkosten** der angebotenen Leistung
-    **Nachfrage** nach der Leistung in Abhängigkeit vom Preis
-    **Konkurrenzpreise**
-    Preise anderer Produkte der gleichen **Produktlinie**
-    Einschätzung des **Kundennutzens**, der dem zu zahlenden Preis gegenübersteht

Abbildung 7.1 stellt diese fünf Einflussfaktoren in einer Übersicht dar.

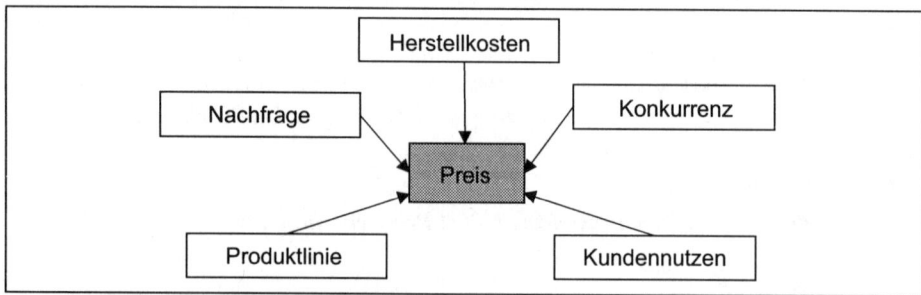

Abbildung 7.1:   Einflussfaktoren der Preispolitik

Zunächst zu den **Selbstkosten**. Es überrascht sicher nicht, dass längerfristig Absatzpreise zumindest kostendeckend sein sollen. Allerdings werden manchmal temporär auch nicht kostendeckende Preise von Anbietern hingenommen, wenn es gilt, in Märkte einzudringen und eine starke Position in längerfristig Erfolg versprechenden Märkten aufzubauen. Grundlage der Ermittlung von Selbstkosten sind **Kalkulationsverfahren**, die aus der Kostenrechnung bekannt sind. Die (geschätzten) Selbstkosten stellen natürlich einen wesentlichen Gesichtspunkt bei der Festlegung des Angebotspreises dar. Hervorhebenswert ist der Aspekt, dass die Kalkulation keineswegs der Ermittlung von Preisen dient. Sie liefert durch die Ermittlung von Kosten lediglich eine **Grundlage für preispolitische Entscheidungen**. So können andere Faktoren - z.B. Reaktionen von Konkurrenten oder der Nutzen des Produkts für den Kunden - bei der Preisfestsetzung eine größere Bedeutung haben. Zwei verschiedene Arten der Kalkulation werden vor allem unterschieden:

-   Kalkulation auf **Vollkostenbasis** und

-   Kalkulation auf **Teilkostenbasis**.

Diese Bezeichnungen deuten schon an, was damit gemeint ist. Werden sämtliche in einem Unternehmen entstehenden Kosten, also auch die, die mit der Erstellung von bestimmten Leistungen nichts direkt zu tun haben (z.B. Kosten einer Brandschutzversicherung für eine Fabrikhalle), den Kostenträgern (hier Produkten) zugerechnet, so handelt es sich um eine Kalkulation auf Vollkostenbasis. Beschränkt man sich dagegen auf die Zuordnung direkt mit der Erstellung einer Leistung verbundener Kosten zu den Produkten, dann nennt man dieses eine Kalkulation auf Teilkostenbasis.

Die Einschätzung der **Nachfrage** basiert auf einem gemessenen oder geschätzten Zusammenhang zwischen Angebotspreisen und der bei den jeweiligen Preisen nachgefragten Mengen. Normalerweise wird von wachsender Nachfrage bei sinkenden Preisen ausgegangen. Wenn sich bei einer relativ geringen Preisänderung die absetzbare Menge stark ändert, spricht man von einer sehr **elastischen Nachfrage**, im umgekehrten Fall von wenig elastischer bis **unelastischer Nachfrage** (siehe dazu Abschnitt 7.3). Wenn die **Preis-Absatz-Funktion** bekannt ist, kann man versuchen, auf analytischem Wege den gewinnmaximalen Preis zu bestimmen. Auf Preis-Absatz-Funktionen und die Probleme ihrer Bestimmung wird im folgenden Abschnitt 7.3 noch etwas näher eingegangen.

Bei der Berücksichtigung von **Konkurrenzpreisen** geht es darum, den Preis eines Produkts am Preisgefüge der Branche/des relevanten Teilmarkts auszurichten. Die Basis dafür bildet die angestrebte Produktpositionierung und die relative Produktqualität. Die Stabilisierung oder Veränderung von Marktanteilen ist häufig das Hauptziel konkurrenzorientierter Preisfestsetzung. Sie fügt sich gut in das Konzept marktorientierter Unternehmensführung ein, da die Preise aus der Perspektive des Kunden im Vergleich zu konkurrierenden Angeboten gesehen werden.

Ein beachtenswerter Spezialfall der Konkurrenzorientierung ist die Preisbildung bei der Abgabe von Angeboten für **Ausschreibungen** (z.B. von Großprojekten der öffentlichen Hand). Hier wird auf der Basis einer Kalkulation des Angebots ein Gewinnzuschlag und damit der Preis festgelegt. Bei der Festlegung des Angebotspreises besteht ein Konflikt: Ein hoher Preis führt in dem Fall, dass man den Auftrag erhält, zu einem hohen damit verbundenen Gewinn. Je höher der Preis aber ist, desto geringer ist die Wahrscheinlichkeit, unter den Angebotspreisen von Wettbewerbern zu liegen und den Auftrag zu erhalten. Bei einem niedrigen Preis besteht dagegen eine hohe Wahrscheinlichkeit, die Ausschreibung "zu gewinnen", allerdings verbunden mit einem relativ niedrigen Gewinn. Eine Entscheidungshilfe zur Lösung dieses Problems sind sogenannte Competitive-Bidding-Modelle.

Häufig werden Produkte eines Herstellers nicht isoliert am Markt angeboten, sondern stehen im Zusammenhang einer **Produktlinie**. Ein Musterbeispiel dafür sind die Angebote großer PKW-Hersteller mit Modellen unterschiedlicher Größenordnung in verschiedenen Ausstattungsvarianten. Hier stellt sich das Problem, Preise so zu gestalten, dass über die gesamte Produktlinie eine günstige Gewinnsituation erreicht wird, und dabei gleichzeitig die wechselseitigen Abhängigkeiten der einzelnen Produkte im Hinblick auf Kosten und Nachfrage zu beachten. So ist es leicht vorstellbar, dass beispielsweise bei einem sehr niedrigen Preis des VW-Polo die Nachfrage entsprechend steigt, aber auch auf Kosten des VW-Golf aus der gleichen Produktlinie ("**Kannibalisierung**"). Man versucht also, Preise für die einzelnen Produkte zu finden, die mit deren Position in der Produktlinie konsistent sind. Eine solche Preispolitik ist eher langfristig angelegt und schränkt die Flexibilität bei der Preisfestsetzung für die einzelnen Produkte ein.

Bei der Berücksichtigung des **Kundennutzens** geht es um den durch den Kunden wahrgenommenen Wert des Produkts. Dabei werden alle mit dem Kauf eines Produkts verbundenen Vorteile (z.B. Haltbarkeit, Zuverlässigkeit, Pünktlichkeit der Lieferung) und Nebenleistungen (z.B. Garantie, Service) berücksichtigt. Insofern ist diese Form der Preisfestsetzung konsistent mit der Art, wie viele Kaufentscheidungen zustande kommen, und entspricht den Anforderungen des Marketing, sich am Kunden zu orientieren. Allerdings bereitet die realistische, also von den möglicherweise zu optimistischen Vermutungen des anbietenden Unternehmens unabhängige, Einschätzung des Werts von Produkten für Kunden nicht geringe Probleme. Erschwerend kommt hinzu, dass der Nutzen eines Produkts für verschiedene Kunden(-gruppen) sehr unterschiedlich sein kann.

Kotler/Bliemel (1999, S. 779) geben ein Beispiel für Preisbildung, die sich am **Kundennutzen** *orientiert:*

"Caterpillar bestimmt die Preise für Baumaschinen auf der Basis eines Wertvergleichs für Kunden. Caterpillar kann z.B. für einen Traktor 100.000 $ verlangen, während ein Konkurrent einen Traktor gleicher Leistung für 90.000 $ anbietet; und trotzdem verkauft sich der Caterpillar-Traktor besser als der des Konkurrenten! Wenn ein Interessent einen Caterpillar-Händler fragt, warum er denn für den Traktor von Caterpillar 10.000 $ mehr ausgeben solle, stellt der Händler für den Kunden folgenden Wertvergleich an:

> *$ 90.000   Preis für einen Traktor, der von gleichem Wert wie das Konkurrenzangebot ist*
>
> *+ $ 7.000   Preis für den Wert höherer Haltbarkeit*
>
> *+ $ 6.000   Preis für den Wert größerer Zuverlässigkeit*
>
> *+ $ 5.000   Preis für den Wert eines besseren Service*
>
> *+ $ 2.000   Preis für den Wert längerer Teile-Garantie*
>
> *= $ 110.000   gesamtes Wertpaket*
>
> *- $ 10.000   Nachlass als Wertvorteil für den Kunden*
>
> *= $ 100.000   Endpreis*

Somit ist der Caterpillar-Händler in der Lage, bei der Angebotserstellung jeder Produktkomponente einen Preis bzw. Wert zuzuordnen (Component-Value-Pricing). Dem Kunden wird verständlich gemacht, dass er zwar für den Caterpillar-Traktor 10.000 $ mehr bezahlen muss, in Wirklichkeit aber einen Wertvorteil von 10.000 $ erhält! Er wird dazu veranlasst, den Traktor von Caterpillar zu wählen - überzeugt, dass dessen Einsatzkosten über seine gesamte Lebensdauer hinweg geringer sind."

7.3 Preis-Absatz-Funktionen

Preis-Absatz-Funktionen sollen - wie der Name schon erkennen lässt - den Zusammenhang zwischen nachgefragter Menge eines Gutes und den verschiedenen möglichen Preisen dieses Gutes darstellen. Im Zusammenhang der Überlegungen zur Preispolitik ist es naheliegend, den Preis als unabhängige Variable und die bei den jeweiligen Preisen abzusetzende Menge als davon beeinflusste Variable zu betrachten. Allgemein drückt man den Zusammenhang durch

$$x_i = f(p_i)$$

aus;

mit: x_i: nachgefragte Menge des Produkts i

         p_i: Preis des Produkts i

Im einfachsten Fall hat die Preis-Absatz-Funktion einen **linear fallenden Verlauf**. Im linken Teil von Abbildung 7.2 findet man einen solchen Verlauf. Nun gibt es in Theorie und Praxis genügend Ansätze und Beispiele für nichtlineare Preis-Absatz-Funktionen, von denen zwei im mittleren und rechten Teil der Abbildung 7.2 skizziert sind. Damit soll auch ein von Simon (1995, S. 33 ff.) dargestelltes Argument zugunsten der Verwendung der besonders einfachen linearen Preis-Absatz-Funktionen verdeutlicht werden. Normalerweise geht es bei preispolitischen Entscheidungen nicht darum, den bisherigen Preis radikal zu verändern (z.B. Halbierung oder Verdopplung), sondern um Verschiebungen in einem begrenzten Intervall um den bisherigen Preis. Wenn man vor diesem Hintergrund die Abbildung 7.2 betrachtet, dann erkennt man, dass in solchen Bereichen die Annahme eines linearen Verlaufs oftmals eine gute **Approximation** der tatsächlich nichtlinearen Preis-Absatz-Funktion darstellt (siehe dazu die mit gestrichelten Linien eingezeichneten Quadrate in Abb. 7.2). In derartigen Fällen kann es also ausreichend sein, ein lineares Modell zu unterstellen, wenn man die Auswirkungen von (begrenzten) Preisänderungen auf die nachgefragte Menge schätzen will.

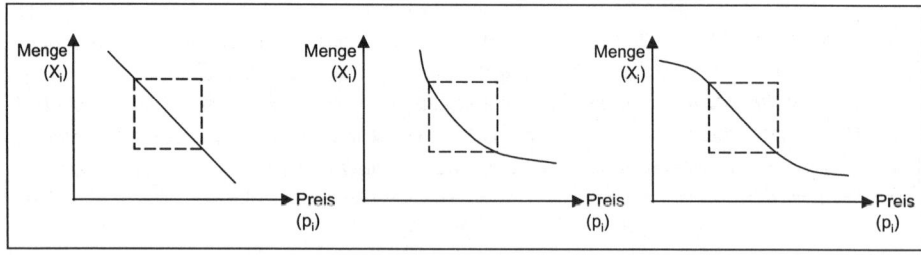

Abbildung 7.2:   Unterschiedliche Preis-Absatz-Funktionen mit ähnlichem Verlauf in einem begrenzten Bereich (nach Simon 1995, S. 34)

Wie lässt sich nun eine Preis-Absatz-Funktion zur Vorbereitung einer Preis-Entscheidung empirisch (d. h. auf Grund von Daten) bestimmen? Zur Lösung dieses Problems hat es in den letzten Jahren - nicht zuletzt durch entsprechende Arbeiten von Hermann Simon - wichtige Fortschritte gegeben. Es sind inzwischen vor allem die folgenden Ansätze angewandt worden (vgl. Simon 1995, S. 35 ff.):

- **Kundenbefragungen**

Basis hierfür ist die Befragung potenzieller Kunden ("Würden Sie das Produkt zum Preis X kaufen""). Die Anteile von Kunden mit Kaufabsichten bei verschiedenen Preisen werden als Indikator für die sich bei diesen Preisen ergebenden Absatzmengen verwendet. Diese Methode ist recht einfach zu handhaben, ist aber mit erheblichen Validitätsproblemen (siehe dazu Abschnitt 3.2.3) behaftet, weil nicht recht klar ist, inwieweit man von den verbalen Angaben auf tatsächliches Kaufverhalten schließen kann.

- **Verwendung realer Marktdaten**

Sofern hinreichend umfangreiche Daten über Preise und Absatzmengen in verschiedenen Teilmärkten bzw. zu verschiedenen Zeitpunkten vorliegen, lässt sich mit Hilfe der Regressionsanalyse der entsprechende Funktionsverlauf empirisch bestimmen. Voraussetzung ist allerdings, dass die unabhängige Variable "Preis" Varianz hat, dass also der Preis Schwankungen unterworfen war. Insbesondere in Märkten für Lebensmittel, Körperpflege etc. findet man entsprechende Daten, da hier die regelmäßige Erhebung und Verwendung von Daten aus Handelspanels (siehe Abschnitt 3.2.2) üblich ist.

- **Preis-Experimente**

Hier knüpft man an die Grundidee von Experimenten (siehe Abschnitt 3.2.2) an und variiert in verschiedenen Verkaufsgebieten oder Einzelhandelsgeschäften die unabhängige Variable "Preis" und beobachtet die daraus resultierende Entwicklung der abhängigen Variablen "Absatzmenge". Gerade durch die inzwischen im Handel stark verbreitete Scanner-Technologie wird die Erfassung entsprechender Daten sehr erleichtert. Typisches Hilfsmittel zur Analyse der Daten ist wieder die Regressionsanalyse.

Eine spezielle Form der Kundenbefragung hat in den 90er Jahren besondere Beachtung gefunden und ist in der Praxis erfolgreich angewandt worden, die **Conjoint-Analyse**. Hier werden die Präferenzen gegenüber "hypothetischen Produkten" gemessen. Das sind Beschreibungen wesentlicher Produkteigenschaften einschließlich des Preises. Bei Variation dieser Eigenschaften und Messung der Präferenzen gegenüber den so entstehenden Alternativen kann man die Wichtigkeit von Produkteigenschaften und die Akzeptanz verschiedener Preise abschätzen. Eine genauere Beschreibung dieses für die Praxis wichtigen Verfahrens würde den Rahmen des vorliegenden einführenden Lehrbuchs sprengen. Es wird deshalb auf die Darstellungen bei Simon (1995, S. 40 ff.) und Backhaus u.a. (2000, S. 564 ff.) verwiesen.

Eine wichtige Maßzahl für die Preisempfindlichkeit von Käufern, die auf der Preis-Absatz-Funktion basiert, ist die Preiselastizität. Es geht dabei um die Relation zwischen der Änderung einer nachgefragten Menge und der Änderung von Preisen, die diese Nachfrageveränderung ausgelöst hat.

Die Preiselastizität ε kann berechnet werden durch

$$\varepsilon = \frac{(x_1 - x_2)/x_1}{(p_1 - p_2)/p_1} = \frac{\Delta x / x_1}{\Delta p / p_1} = \left(\frac{\Delta x}{\Delta p}\right) \cdot \left(\frac{p_1}{x_1}\right)$$

x_1, x_2: Absatzmengen

p_1, p_2: Preise

Δx : Mengenänderung

Δp : Preisänderung

Wenn die relative Mengenänderung größer ist als die relative Preisänderung ($\varepsilon < -1$), dann spricht man von **elastischer Nachfrage**. Auf kleine Preisänderungen reagiert die Nachfrage also verhältnismäßig stark. Bei kleinen Mengenänderungen als Reaktion auf starke Preisänderungen ($\varepsilon > -1$) liegt **unelastische Nachfrage** vor. Deutliche Preisänderungen haben also nur relativ geringe Auswirkungen auf die nachgefragte Menge.

Unterschiedliche Preiselastizitäten in verschiedenen Märkten werden vor allem durch die folgenden Faktoren erklärt:

- **Substituierbarkeit des Produkts**
Bei Produkten, die leicht durch andere ersetzt werden können, liegt eher eine hohe Preiselastizität vor (und umgekehrt), weil man bei deutlichen Preisunterschieden leicht wechseln kann. Die Substituierbarkeit wird nicht nur durch technische Faktoren und Spezifika der jeweiligen Bedürfnisse bestimmt, sondern auch durch bestehende Markenbindungen und Kosten des Anbieterwechsels.

- **Notwendigkeit des Produkts / Dringlichkeit des Bedarfs**
Lebensnotwendige Güter (z.B. Wohnungen) haben eine eher geringe Preiselastizität, Luxusgüter (z.B. Champagner) eine höhere.

- **Geldwert des Produkts**
Bei Produkten, für die ein hoher Anteil des Einkommens aufgewendet werden muss, ist die Preiselastizität höher als bei geringwertigen Gütern des täglichen Bedarfs, weil die Konsumentinnen bewusster und sorgfältiger an eine solche Kaufentscheidung herangehen. Es kommt hinzu, dass angesichts begrenzter Einkommen bei teuren Produkten durch signifikante Preissenkungen neue Käufergruppen hinzu kommen, die sich zuvor das Produkt nicht leisten konnten (und umgekehrt).

In den folgenden Abbildungen sind einige (hypothetische) Beispiele für Preis-Absatz-Funktionen mit **unterschiedlichen Preiselastizitäten** *dargestellt, die zur Illustration hier kurz erläutert seien. Die Nachfrage nach Bananen (a) ist danach eher elastisch, da dieses Produkt leicht (durch anderes Obst) substituierbar und die Notwendigkeit des Konsums gering ist. Das Gegenbeispiel ist Salz (b), das schlecht durch andere Produkte zu ersetzen und für die übliche Ernährung fast unverzichtbar ist. Also können die Konsumenten auch bei stark steigenden Preisen kaum darauf verzichten.*

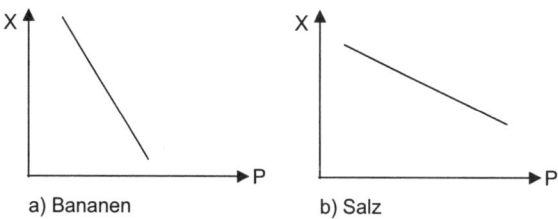

Eine absolut unelastische Nachfrage findet man bei Medikamenten gegen Herzrhythmusstörungen (c). Jemand, der herzkrank ist, kann auch bei stark steigenden Preisen nicht darauf verzichten. Jemand, der gesund ist, würde sicher auch bei extrem niedrigen Preisen ein solches Medikament nicht konsumieren. Dagegen ist die Nachfrage nach Städte-Reisen (d) eher elastisch. Bei hohen Preisen macht man so eine Reise selten oder gar nicht, bei niedrigen Preisen wird man öfter mal so einen Wochenend-Trip unternehmen.

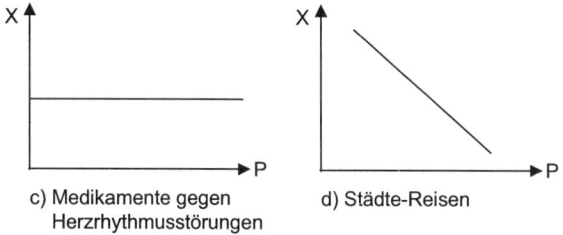

Bei Zigaretten insgesamt (e) geht die Nachfrage auch bei starken Preiserhöhungen nur relativ wenig zurück, da dieses Produkt für Raucher notwendig und nicht substituierbar ist. Dagegen kann die Nachfrage nach einer bestimmten Zigarettenmarke (f) bei Preiserhöhungen stärker zurückgehen (elastische Nachfrage), weil die Möglichkeit des Ausweichens auf andere Marken besteht.

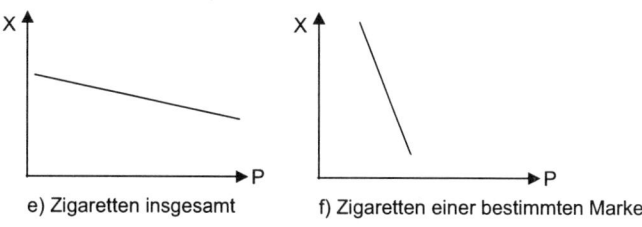

7.4 Preispolitische Strategien

In den Abschnitten 7.2 und 7.3 sind wichtige Informationsgrundlagen preispolitischer Entscheidungen skizziert worden. Jetzt soll es um die Festlegung der Preispolitik für bestimmte Produkte gehen. Wenn an die längerfristige Bestimmung von Preisen für ein Produkt im Zeitablauf oder die Unterschiede von Preisen in verschiedenen Teilmärkten gedacht ist, dann spricht man von der Entwicklung einer **Preisstrategie**. Dabei sollen drei mögliche Ausrichtungen von Preisstrategien gekennzeichnet werden:

-   Dauerhafte Festlegung des Preisniveaus (Hochpreis- vs. Niedrigpreis-Strategien)

-   Preisgestaltung bei neuen Produkten (Abschöpfungs- vs. Penetrations-Preisstrategie)

-   Preisdifferenzierung (unterschiedliche Preise für verschiedene Kundengruppen)

Ebenso wie bei den anderen Marketinginstrumenten finden **preispolitische Entscheidungen im Rahmen der durch die marktorientierte Unternehmens- und Geschäftsfeldplanung getroffenen Festlegungen** statt. So ist eine Strategie der **Kostenführerschaft** (siehe Abschnitt 5.3.3) typischerweise mit einer Niedrigpreis-Strategie verbunden, weil einerseits Kostenvorteile den entsprechenden preispolitischen Spielraum schaffen und andererseits die bei niedrigen Preisen erreichbaren großen Absatzmengen oft die Voraussetzung für die Realisierung von Kostenvorteilen sind ($\rightarrow$ Erfahrungskurveneffekt, Economies of Scale). Ähnliches gilt für die **Positionierung**: Bei einem anspruchsvollen (Luxus-) Produkt muss die herausgehobene Qualität und das exklusive Image auch durch entsprechende Preise kommuniziert werden. Ein letztes Beispiel ist der Zusammenhang zwischen **Strategie-Stil** (offensiv oder defensiv) und Preispolitik. Hier würde ein offensiver Strategie-Stil bei der Einführung eines neuen Produkts eher zu niedrigen Preisen mit dem Ziel schneller Markdurchdringung (Penetrations-Preisstrategie) führen. Nun also zu den angesprochenen Ausrichtungen von Preisstrategien.

Hochpreis- vs. Niedrigpreisstrategie

Hier geht es um eine dauerhafte Festlegung der eigenen Produktpreise im oberen oder unteren Preisbereich der Branche. Bei der marktorientierten Unternehmensplanung erfolgt die Entscheidung für eine Differenzierungsstrategie (siehe Abschnitt 5.3.3) typischerweise mit dem Ziel, durch Vorteile des eigenen Angebots Spielraum für die Erzielung höherer Verkaufspreise zu schaffen. Mit der Festlegung der Positionierung bzw. der Formulierung der Strategie-Substanz erfolgt die Konkretisierung dieser allgemeinen Ausrichtung. Die mit qualitativ besseren Produkten meist verbundenen höheren Kosten, die Verdeutlichung herausragender Qualität durch entsprechende Preise und das Ziel hoher Überschüsse pro verkaufter Einheit resultieren dann in entsprechend hohen Preisen. In der Praxis findet sich eine Fülle entsprechender Beispiele: Gucci (Bekleidung), Rolex (Uhren), Gaggenau (Küchengeräte), Jaguar (Automobile), Remy Martin (Cognac) etc.

Die sehr verbreitete Verbindung von Kostenführerschaft, Ausrichtung auf einen Massenmarkt und Niedrigpreisstrategie ist oben schon angesprochen worden. Becker (1998, S. 214 ff.) spricht bei einer Strategie, bei der der niedrige Preis im Mittelpunkt steht, von einer "Preis-Mengen-Strategie". Typische Beispiele dafür sind ALDI (Lebensmittelhandel), VOBIS (Computer) und IKEA (Möbel).

---

*Kotler (1999, S. 342 f.) erläutert ein Beispiel einer **Niedrigpreisstrategie** im Handel:*

"Wal-Mart ist heute der größte Einzelhändler der Welt. Sam Walton hat sein Handels-Imperium auf einigen Prinzipien aufgebaut, u.a. "Zufriedenheit garantiert" und "Jeden Tag niedrige Preise". Wal-Mart hat die niedrigsten Kosten in der Branche, niedriger als sein Rivale Knaut und deutlich niedriger als Sears und andere Großunternehmen des Einzelhandels. Seine niedrigen Kosten sind das Ergebnis mehrerer Faktoren: Sehr harte Verhandlungen mit Lieferanten; Standorte in Gegenden mit niedrigen Grundstückspreisen; Gemeinden, die Wal-Mart-Geschäfte ansiedeln wollen, werden gegeneinander ausgespielt und die Gemeinde mit den höchsten Subventionen bekommt den Zuschlag; ein überlegenes Informationssystem ermöglicht Wal-Mart eine effizientere Lagerhaltung. Wal-Mart nutzt seine günstige Käuferposition, um deutlich zu machen, dass seine Preise unschlagbar sind un viele Kunden gehen zuerst zu Wal-Mart, wenn sie Einkäufe tätigen. Im Gegensatz zu anderen Discountläden mit drögen Gebäuden und Einrichtungen bietet Wal-Mart ein sehr gutes Einkaufsangebot mit führenden Marken, einem freundlichem Empfang und einer großzügigen Umtausch-Politik."

Abschöpfungs-(Skimming-) vs. Penetrations-Preisstrategie

Diese beiden Preisstrategien beziehen sich auf die Einführungs- und Wachstumsphase neuer Produkte. Eine **Abschöpfungs- bzw. Skimming-Preisstrategie** ist durch relativ hohe Preise bei der Einführung des Produkts gekennzeichnet, die dann im weiteren Verlauf des Lebenszyklus nach und nach gesenkt werden. Diese Strategie wird hauptsächlich angewandt, wenn das betreffende Produkt in der Einführungsphase - z.B. durch technischen Vorsprung - eine gewisse Alleinstellung hat. Dann kann man von kaufkräftigen oder weniger preissensiblen Kunden hohe Preise verlangen und relativ niedrige Absatzmengen und hohe Stückkosten in Kauf nehmen. Mit einer zunehmenden Ausweitung des Absatzmarktes auf andere Kundenkreise und unter dem Druck aufkommender Konkurrenz werden dann die Preise sukzessive gesenkt.

Zahlreiche Beispiele für Anwendungen der Abschöpfungs-Preisstrategie sind auf dem Markt für Unterhaltungselektronik zu beobachten (aktuell: Playstation2 von SONY). Auch im Markt für Bücher wird oft so vorgegangen, dass bei Neuerscheinungen zunächst eine teure gebundene Ausgabe auf den Markt kommt, später dann eine günstigere Paperback- oder Sonder-Ausgabe und noch später einer billige Taschenbuch-Ausgabe.

Assael (1993, S. 670) schildert ein typisches Beispiel für die Anwendung einer **Skimming-Preisstrategie***:*

"Als POLAROID seine Sofortbild-Kameras und -Filme einführte, konnte man wegen der Einzigartigkeit des Produkts hohe Preise verlangen. Die interessierten Konsumenten waren unempfindlich hinsichtlich des Preises und POLAROID hatte Patentschutz. Im Lauf der Zeit, als das Produkt in breiterem Maße akzeptiert wurde, entwickelte POLAROID eine breitere Produktlinie, indem man weniger teure Kameras für ein breiteres Marktsegment einführte und gleichzeitig die Positionierung der teureren Kameras für die qualitätsorientierten Fotoliebhaber beibehielt."

Wie der Name schon andeutet, dient die **Penetrations-Preisstrategie** vor allem dazu, schnell eine weitgehende Marktdurchdringung mit dem neuen Produkt zu erreichen. Vor allem in Situationen, in denen keine Alleinstellung des neuen Produkts (z.B. durch Patente) aufrecht erhalten werden kann und der Markteintritt für Wettbewerber leicht und kurzfristig möglich ist, wird versucht, mit niedrigen Einführungspreisen hohe Marktanteile und so eine starke Marktposition zu erreichen. Einerseits sinken durch große Absatzmengen die Stückkosten, andererseits soll durch die niedrigen Verkaufspreise für mögliche Konkurrenten der Markteintritt als unattraktiv erscheinen. Beispiele für Penetrations-Preise bieten u.a. Märkte für Finanz-Dienstleistungen (→ Gebühren-Entwicklung bei Giro-Konten), Telekommunikation (→ Entwicklung der ISDN-Tarife) und diverse japanische Automobil- und Kamera-Hersteller, die in den europäischen Markt als Billig-Anbieter eingedrungen sind und dann ihre Marktposition (und die gewachsene Qualität ihrer Produkte) genutzt haben, um eine Anhebung ihrer Preise durchzusetzen. Dieses Vorgehen (Anhebung der Preise unter Nutzung der eroberten Marktposition) stellt gewissermaßen den "Idealfall" einer Penetrations-Preisstrategie dar.

Dolan/Simon (1996, S. 278 f.) berichten über die Einführung des Toyota Lexus in den USA als "klassisches Beispiel" einer **Penetrations-Preisstrategie***. Bei der Markteinführung hatte Toyota als Massenhersteller im Markt für Luxus-Automobile noch keinerlei Reputation. Der Lexus wird 1989 zum ungewöhnlich niedrigen Preis von $ 35.000 eingeführt. Der günstige Preis bei gleichzeitiger hoher Produktqualität führte 1990 zu einem sprunghaften Anstieg der Verkaufszahlen von 16.000 (1989) auf 63.000. Wachsende Reputation und schnelle Akzeptanz des Lexus gestattete es Toyota bis 1995 dessen Preis auf $ 51.680 zu erhöhen.*

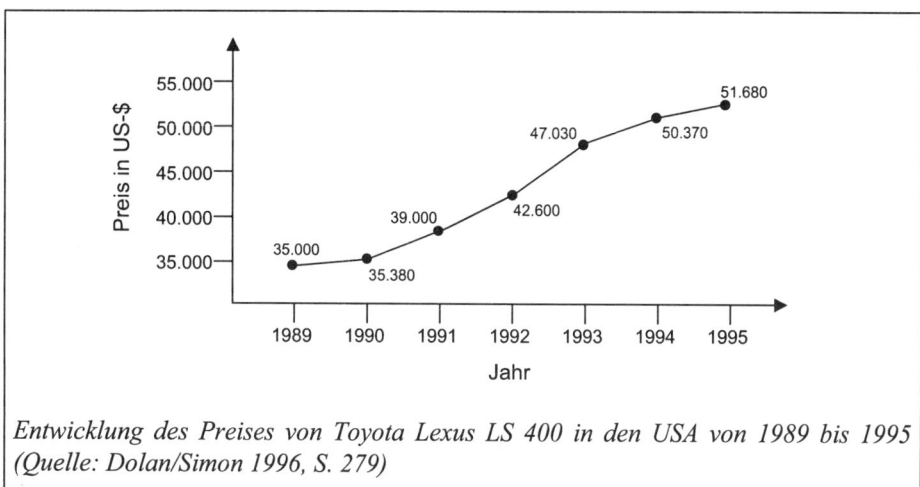

Entwicklung des Preises von Toyota Lexus LS 400 in den USA von 1989 bis 1995
(Quelle: Dolan/Simon 1996, S. 279)

Eine extreme Variante der Penetrations-Preisstrategie ist das "Follow-the-Free-Pricing", dass vor allem von einzelnen Anbietern angewandt wird, die ihr Produkt über das Internet vertreiben. Dabei wird so vorgegangen, dass Softwareprodukte zunächst kostenlos abgegeben werden. Über das Internet erreicht man damit schnell eine starke Verbreitung. Später werden dann Ergänzungen und Upgrades dem entstandenen breiten Kundenkreis gegen Bezahlung angeboten (vgl. Fritz 2000, S. 115 f.).

Fritz (2000, S. 116) stellt Beispiele für das "Follow-the-Free-Pricing" dar:

Spektakuläre Fälle scheinen den Erfolg des "Follow-the-Free"-Pricing zu bestätigen. So hat z.B. Network Associates (ehemals McAffee) seine Anti-Viren-Software kosten-los im Internet angeboten und nur dann eine Lizenzgebühr verlangt, wenn das Pro-gramm von einem gewerblichen Nutzer installiert und im Informationssystem seines Unternehmens erfolgreich getestet worden ist. Neue Programmversionen kommen alle sechs bis acht Wochen auf dem Markt und sind in der zweijährigen Lizenzgebühr bereits enthalten. Dadurch soll es Network Associates gelungen sein, ein Drittel des Marktes für Virenschutz-Software zu gewinnen - anderen Angaben zufolge sogar einen Marktanteil von 75%. Auch die kostenlose Abgabe des Netscape Navigator hat seine bedeutende Marktstellung begründet. Es nimmt daher nicht wunder, dass diese Beispiele viele Nachahmer gefunden haben."

Preisdifferenzierung

Die Grundidee der Preisdifferenzierung besteht darin, für (annähernd) identische Produkte **von unterschiedlichen Kunden(-gruppen) Preise in verschiedener Höhe** zu fordern. In diesem Sinne handelt es sich um ein "Instrument der differenzierten Markt-bearbeitung, dessen Einsatz auf den Ergebnissen der Marktsegmentierung aufbaut." (Meffert 2000, S. 550).

Bei der Preisdifferenzierung werden nach Diller (1991, S. 221) zwei Arten von **Zielen** verfolgt:

-   **Anpassung an die Marktbedingungen in verschiedenen Teilmärkten** (z.B. unterschiedlicher Wettbewerbsdruck, unterschiedliche Preissensibilität und Nachfragemacht der Kunden).

-   **Erzielung produktionswirtschaftlicher und / oder logistischer Vorteile** über Beeinflussung des Kaufverhaltens der Kunden (z.B. durch Vergabe größerer Einzelaufträge, günstigere zeitliche Verteilung der Aufträge). Beispielsweise dient in der Touristik-Branche die Unterscheidung von Vorsaison- und Hochsaison-Preisen auch der gleichmäßigeren Auslastung von Flugzeugen und Hotels.

Die wichtigste Voraussetzung einer Strategie der Preisdifferenzierung besteht darin, dass man den Gesamtmarkt in **abgrenzbare Teilmärkte** aufteilen kann, in denen die Reaktion auf preispolitische Maßnahmen unterschiedlich ist. Verbreitet sind folgende Arten der Preisdifferenzierung (und Kombinationen davon):

-   **Regional** (z.B. Inland/Ausland)

-   **Zeitlich** (z.B. Saisonzuschläge bei Urlaubsreisen, unterschiedliche Telefon-Tarife zu verschiedenen Tageszeiten)

-   **Nach Abnehmergruppen** (z.B. Senioren- oder Studenten-Ermäßigungen, unterschiedliche Flugpreise für Geschäftsreisende und Urlauber)

-   **Nach Abnahmemengen** (z.B. günstiger Kilo-Preis bei Großpackungen, Theater-Abonnements, Monatskarten)

---

*Dolan/Simon 1996, S. 116 ff.) stellen ein Beispiel zur **Preisdifferenzierung** vor:*

"Verschiedene Kunden haben unterschiedliche Bereitschaften oder Möglichkeiten zu zahlen. Ein verbreiteter Fehler bei der Preispolitik besteht darin, Preise nicht an diese Gegebenheiten anzupassen und damit wesentliche Gewinnmöglichkeiten zu verschenken. Sir Colin Marchall, Vorstandsvorsitzender von British Airways, stellte die Bedeutung einer nur "leichten" Preisanpassung für sein Geschäftsergebnis dar:,... die große Mehrheit der Reisenden entscheidet nach dem Preis... aber einige Leute sind bereit, einen kleinen Zuschlag zu bezahlen. Ich möchte betonen, dass ich wenn ich "leicht" sage genau das meine. Bei uns sprechen wir von durchschnittlich 5 %. ... Jedoch bedeuten diese 5 % einen Gewinnzuwachs von $ 440 Millionen pro Jahr! ...

Sir Colin Marshall bezieht sich in seinem Beispiel auf eine bestimmte Art der Preisanpassung, nämlich darauf, Kunden im Economy-Segment zu finden, die bereit sind, ein bisschen mehr zu zahlen. Fluggesellschaften differenzieren in viel deutlicherer Weise bei den Preisen für First-Class-, Business-Class und Economy-Class-Plätzen im selben Flugzeug. Bei einigen internationalen Flügen unterscheiden sich First-

> *Class- und Economy-Preise um den Faktor 10. Die Grundidee ist offenkundig: Die Familie, die in den Urlaub fliegt, ist preisempfindlicher als der Vorstandsvorsitzende auf dem Weg zu geschäftlichen Verhandlungen."*
>
> *Sehr weitgehende Möglichkeiten der Preisdifferenzierung ergeben sich für Anbieter, die über das **Internet** absetzen. Hier bereitet die Abgrenzung von Teilmärkten wenig Probleme, da man Preise auf den einzelnen (identifizierten) Kunden ausrichten kann. So lässt sich anhand von Aufzeichnungen über deren bisherige Käufe die Stärke ihres Interesses an bestimmten Produkten ableiten. Bei Kenntniss des Kundenwohnortes lässt sich die dortige Situation bezüglich konkurrierender Anbieter abschätzen. So wird berichtet, dass in den USA einzelne Online-Buchhändler von Kunden in ländlichen Regionen höhere Preise fordern als von Kunden in New York, wo es eine Vielzahl von Buchläden gibt.*

7.5 Weitere Instrumente der Preispolitik

Bisher sind Überlegungen diskutiert worden, die bei der Festlegung von Preisen eine Rolle spielen. In vielen Fällen wird ein Preis festgelegt, der für alle Abnehmer in einem Gebiet für einen bestimmten Zeitraum gelten soll, ein sog. Listenpreis. Ausgehend von solchen Listenpreisen gestattet die Gewährung unterschiedlicher **Konditionen**, den Besonderheiten einzelner Anbieter-Kunden-Beziehungen zu entsprechen. Meffert (2000, S. 581) zählt zur Konditionenpolitik die "kontrahierungspolitischen Instrumente, die außer dem Preis Gegenstände vertraglicher Vereinbarungen über das Leistungsentgelt sein können." Im vorliegenden Abschnitt sollen davon Rabatte, Boni, Skonti und Absatzkredite charakterisiert werden.

Rabatte

Rabatte sind **Preisnachlässe**, die Kunden gewährt werden sofern diese **bestimmte Bedingungen** erfüllen (z.B. Kauf einer großen Menge oder Kauf außerhalb der Hochsaison). Ursprünglich sollte die Gewährung von Rabatten mit Leistungen korrespondieren, die von Abnehmern erbracht werden. So sollen beispielsweise durch einen Einführungsrabatt die Unsicherheit und die besonderen Mühen, die mit dem Einkauf neuartiger Produkte durch Konsumenten oder Absatzmittler verbunden sind, honoriert werden. Heute wird aber, insbesondere bei den Beziehungen zwischen Konsumgüter-Herstellern und Einzelhandel, die Gewährung von Rabatten auch stark von den Machtverhältnissen in diesem Bereich (zugunsten des Handels) bestimmt.

> *Erwin Dichtl (1994, S. 238) umreißt den **Zweck der Rabattgewährung***:
>
> *"Der Rabatt sollte an sich ein Entgelt für eine vom Abnehmer erbrachte Distributionsleistung darstellen, verkörpert aber viel häufiger eine Konzession an die Nachfragemacht der Kunden.*
>
> *Auf beiden Seiten des Marktes war man dabei außerordentlich kreativ und hat buchstäblich Dutzende von Rabattarten erfunden. Im Grunde sind es jedoch immer dieselben Anliegen, die ein Anbieter mit diesem Steuerungsinstrument verfolgt: Er will einen Abnehmer dazu bewegen, größere Mengen zu übernehmen (Mengenrabatt), bei der Stange zu bleiben (Jahresumsatzvergütung, Treuerabatt) oder sich vorübergehend für ein Ereignis besonders intensiv einzusetzen (Einführungsrabatt, Aktionsrabatt). Oftmals honoriert man auch ganz einfach den Umstand, dass dieser Distributionsaufgaben übernimmt, die sonst der Hersteller selbst wahrzunehmen hätte (Wiederverkäuferrabatt)."*

Boni

Eine besondere Form von Rabatten sind Boni. Sie werden am Ende einer Periode gewährt und beziehen sich auf den während dieser Periode mit einem Abnehmer getätigten Umsatz. Damit soll sowohl die Abnahme größerer Mengen honoriert als auch die Bindung des Kunden an den Anbieter gefestigt werden.

Skonti

Als Skonto bezeichnet man eine **prozentuale** (oft 2 % oder 3 %) **Preisermäßigung** unter der Voraussetzung, dass der Abnehmer innerhalb einer relativ kurzen vom Lieferanten gesetzten Frist seine Schuld durch Zahlung an den Lieferanten begleicht. Die Inanspruchnahme des Skontos ist für viele Kunden sehr attraktiv, da sich bei den üblichen Skontosätzen und den meist recht geringen Abständen (wenige Wochen) zwischen Zahlungsziel und Skontofrist ein ungewöhnlich hoher auf ein Jahr bezogener Vergleichszinssatz ergibt. Der Anbieter schafft dadurch einen zusätzlichen Kaufanreiz und erreicht, dass Zahlungen der Kunden schneller und mit weniger Mahnungen abgewickelt werden.

Absatzfinanzierung

Im Zusammenhang der vorstehend erwähnten Skonti ist der Aspekt der Absatzfinanzierung schon indirekt angesprochen worden. Durch die Vergabe eines Zahlungsziels mit einigem zeitlichen Abstand vom Liefertermin wird dem Kunden ein Kredit eingeräumt. Allgemein umfasst die Absatzfinanzierung die Maßnahmen, durch die mit Hilfe von Krediten die potenziellen Kunden zum Kauf bewegt werden sollen (vgl. Meffert 2000, S. 589).

Bestimmte Erscheinungsformen der Absatzfinanzierung, z.B. beim Automobilkauf, sind allgemein bekannt. Im Business-to-Busines-Marketing ist das internationale Anlagengeschäft, insbesondere mit devisenarmen Ländern, ein wichtiger Einsatzbereich von

Instrumenten der Absatzfinanzierung. Zwei gängige **Instrumente der Absatzfinanzierung** seien im Folgenden kurz charakterisiert.

Lieferantenkredit: Der Lieferant räumt seinen Kunden insofern einen Kredit ein, als die Bezahlung der Leistung nicht sofort bei Lieferung fällig wird, sondern erst zu einem späteren Zeitpunkt (Zahlungsziel). Die Finanzierung der Leistung wird also zwischen Lieferzeitpunkt und Zahlungsziel vom Anbieter übernommen. Dadurch wird sein Angebot attraktiver, zumal diese Art des Kredits vom Abnehmer ohne große Formalitäten und zinslos (wenn man von der Nicht-Inanspruchnahme des Skontos absieht) in Anspruch genommen werden kann. Üblicherweise bleiben gelieferte Sachgüter bis zur Bezahlung im Eigentum des Lieferanten.

Beim **Leasing** handelt es sich um eine spezielle Art von Mietverträgen, bei denen der Leasing-Geber Eigentümer des jeweiligen Objekts bleibt und der Leasing-Nehmer verpflichtet ist, für die Unterhaltung, Reparatur, Wartung etc. des von ihm genutzten Gegenstandes zu sorgen. Der Kunde (z.B. für eine Auto, eine Anlage) hat also nicht den Kaufpreis zu entrichten, sondern über die vereinbarte Laufzeit des Vertrages über die Nutzung des Gegenstandes regelmäßige (Miet-)Zahlungen. Beim direkten Leasing ist der Hersteller der Leasing-Geber; beim indirekten Leasing tritt zwischen Hersteller und Leasing-Nehmer eine unabhängige Leasing-Gesellschaft, die das Objekt vom Hersteller gekauft hat.

Literaturempfehlungen zum 7. Kapitel

DILLER, HERMANN (1991): Preispolitik, 2. Aufl., Stuttgart u.a.O.

DOLAN, ROBERT / SIMON, HERMANN (1996): Power Pricing, New York u.a.O.

SIMON, HERMANN (1992): Preismanagement, Wiesbaden.

SIMON, HERMANN (1995): Preismanagement kompakt, Wiesbaden.

8. Kommunikationspolitik

8.1 Inhalt und Bedeutung der Kommunikationspolitik

Das Wesen der Kommunikationspolitik im Marketing lässt sich anhand einer Charakterisierung von Shimp (1993, S. 7 f.) umreißen. Danach ist **Kommunikation** der Prozess, durch den der Austausch von Gedanken und Bedeutungsinhalten zwischen Individuen oder zwischen Organisationen und Individuen ermöglicht wird. Auf unterschiedlichen Wegen (verbal, schriftlich, bildlich) werden also Meinungen, Wissen, Einstellungen etc. anderen Personen übermittelt. Wenn man - wie Shimp - **Marketing** als die Menge von Aktivitäten bezeichnet, durch die Unternehmen und andere Organisationen den Austausch von Werten zwischen ihnen und ihren Kunden ermöglichen und fördern, dann umfasst **Marketing-Kommunikation** die Elemente des Marketing-Mix, durch die die Beziehungen zwischen der Organisation und ihren Kunden durch den Austausch von Informationen, Ideen, Meinungen etc. gefördert werden. Bei einer solchen Sichtweise würde man natürlich auch persönlichen Verkauf, Verpackungspolitik und andere Marketinginstrumente, durch die Bedeutungsinhalte an Kunden übermittelt werden, der Kommunikationspolitik zurechnen. Hier sollen aber die Betrachtungen zunächst auf Werbung, Verkaufsförderung und Öffentlichkeitsarbeit (PR) konzentriert werden, die in Abschnitt 8.2 etwas näher erläutert werden.

Abbildung 8.1:   Kennzeichnung der Kommunikationspolitik im Marketing (nach Shimp 1993, S. 7 f.)

Jeder Kommunikationsprozess geht von einer **Quelle** aus. Typischerweise ist das anbietende Unternehmen die Quelle für Marketing-Kommunikation. Hier ist festgelegt worden, wo das Angebot im Gesamtmarkt - nicht zuletzt mit Hilfe der Kommunikation - angesiedelt (Positionierung, siehe Abschnitt 5.4) und welche Zielgruppe damit angesprochen werden soll. In einem nächsten Schritt muss die Positionierung, die ja noch nicht empfängergerecht dargestellt (**codiert**), sondern in der Regel zunächst recht abstrakt formuliert ist, der Zielgruppe entsprechend übersetzt werden. Diese Aufgabe nimmt im Normalfall eine (Werbe- oder PR-) Agentur wahr, die über das dazu notwendige methodische und kreative Potenzial verfügt.

Da im vorliegenden Buch der persönliche Verkauf (abweichend von der teilweise in der Literatur vertretenen Meinung) nicht der Kommunikationspolitik zugerechnet wird, kann man die Betrachtung des Kommunikationsprozesses also auf die **nicht persönliche Übertragung von Botschaften** begrenzen. Hierzu sind meist **Medien** (z.B. Zeitschriften, Fernsehen, Broschüren) notwendig. Die Auswahl von Medien, die zur Erreichung der Zielgruppe geeignet sind, zählt zu den Bereichen des Marketing, die methodisch schon recht weit entwickelt sind.

Im nächsten Schritt des Prozesses erfolgt dann bei den Angehörigen der Zielgruppe (in der Regel also bei den potenziellen Kunden) die **Decodierung** der Botschaft. Darunter versteht man den Vorgang, dass den übermittelten Bildern und Texten der entsprechende Bedeutungsinhalt entnommen wird. So soll beispielsweise bei einer Werbung für Reinigungsmittel das Bild einer blitzenden Badewanne so interpretiert werden, dass das beworbene Produkt besonders große Reinigungskraft hat. Voraussetzung dafür ist natürlich, dass die Adressaten überhaupt Kontakt zur Botschaft hatten (beispielsweise die als Medium genutzte Zeitschrift gelesen haben) und diese auch wahrgenommen haben.

Beim Übergang zum letzten Schritt des Kommunikationsprozesses, der Umsetzung der empfangenen Botschaft in entsprechendes **Verhalten** des Empfängers, ist zu beachten, dass der Kontakt zu Medien und die verhaltensrelevante Kaufsituation oft zeitlich auseinanderfallen. Für eine Verhaltenswirkung von Kommunikationsprozessen ist deswegen in diesen Fällen eine **Speicherung der Botschaft** beim Empfänger notwendig. In Abbildung 8.2 sind die vorstehend skizzierten Schritte des allgemeinen Kommunikationsprozesses zusammenfassend dargestellt.

Allgemeines Modell des Kommunikationsprozesses
Quelle
Codierung der Botschaft
Übertragung der Botschaft an Empfänger
Decodierung der Botschaft
Verhaltensänderung beim Empfänger
Prozess der Marketing-Kommunikation
Festlegung der zu übermittelnden Aussagen auf Basis der Positionierungsziele
Übersetzung der Aussagen in Texte und Bilder die Aufmerksamkeit erzeugen und leicht verstanden werden
Übermittlung dieser Botschaft an die Zielgruppe mit Hilfe von Medien
Wahrnehmung und Verständnis der Botschaft bei Kunden
Änderung von Einstellungen, Kaufabsichten etc. bei Kunden

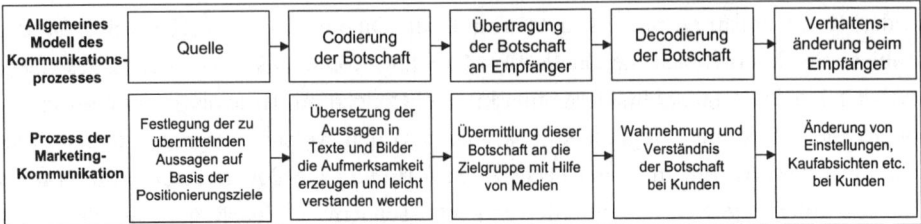

Abbildung 8.2: Allgemeiner Kommunikationsprozess und Prozess der Marketingkommunikation

Der ***Prozess der Kommunikation*** *lässt sich an Hand des Beispiels der Werbung für eine bekannte Zahnpasta-Marke illustrieren:*

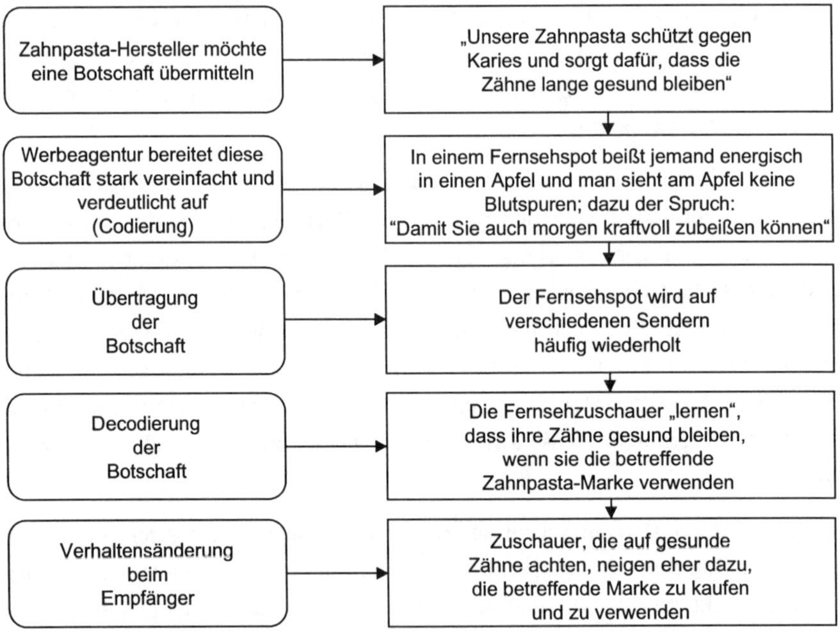

Zahnpasta-Hersteller möchte eine Botschaft übermitteln
„Unsere Zahnpasta schützt gegen Karies und sorgt dafür, dass die Zähne lange gesund bleiben“
Werbeagentur bereitet diese Botschaft stark vereinfacht und verdeutlicht auf (Codierung)
In einem Fernsehspot beißt jemand energisch in einen Apfel und man sieht am Apfel keine Blutspuren; dazu der Spruch: "Damit Sie auch morgen kraftvoll zubeißen können“
Übertragung der Botschaft
Der Fernsehspot wird auf verschiedenen Sendern häufig wiederholt
Decodierung der Botschaft
Die Fernsehzuschauer „lernen“, dass ihre Zähne gesund bleiben, wenn sie die betreffende Zahnpasta-Marke verwenden
Verhaltensänderung beim Empfänger
Zuschauer, die auf gesunde Zähne achten, neigen eher dazu, die betreffende Marke zu kaufen und zu verwenden

Die Angaben beruhen auf Einschätzungen des Autors, nicht auf Informationen von Seiten des Zahnpasta-Herstellers.

Nach der Darstellung des Kommunikationsprozesses lässt sich jetzt auch die **Kommunikationspolitik** kennzeichnen. In Anlehnung an Shimp (1993, S. 7 f.) sollen darunter die Entscheidungen und Handlungen zur Festlegung und Übermittlung von Informationen und Bedeutungsinhalten an ausgewählte Zielgruppen mit dem Zweck der Beeinflussung verstanden werden. Es geht also vor allem darum festzulegen, welche Botschaften übermittelt werden sollen, wie diese gestaltet werden und wie die Übermittlung erfolgen soll. Wichtigste Ziele der Kommunikation im Marketing sind:

- **Bekanntheitsgrad** von Produkten und / oder Unternehmen erreichen

Bekanntheit ist oftmals die Voraussetzung dafür, dass ein Angebot überhaupt in den Auswahlprozess des Kunden einbezogen wird. Weiterhin ist Bekanntheit die Basis für die im Folgenden genannten Ziele.

- **Image-Aufbau / Profilierung** erreichen

Damit ist gemeint, dass mit dem Produkt in der Wahrnehmung des Kunden (positive) Eigenschaften verbunden werden sollen und eine Hervorhebung (→ Profilierung) gegenüber konkurrierenden Produkten erfolgen soll.

- **Verhaltensbeeinflussung** bei Kunden

Kaufverhalten soll mittelbar und unmittelbar zugunsten des eigenen Angebots beeinflusst werden.

- **Bestätigung** des Kaufverhaltens eigener Kunden

Kunden sollen nach dem Kauf in ihrem Kaufverhalten bestätigt werden, um dieses bisherige Verhalten bei Wiederholungskäufen zu verfestigen.

Zwischen der angestrebten Positionierung eines Angebots (vgl. Abschnitt 5.4) und den Kommunikationszielen, insbesondere deren inhaltlicher Ausgestaltung (welches Image soll erreicht werden?), besteht ein deutlicher und enger Zusammenhang. Bei der Kennzeichnung der Positionierung ist hervorgehoben worden, das es dabei entsprechend auf die Wahrnehmung seitens der Kunden ankommt. Nicht irgendwelche "objektiven" Produktmerkmale, sondern deren Wahrnehmung und Bewertung durch die Kunden bestimmen deren Verhalten. Hier kommt der Kommunikation eine wesentliche Vermittlerrolle zu. Sie muß die Gesichtspunkte, die die Positionierung bestimmen sollen (z.B. technische Vorteile eines Produkts), angemessen darstellen (verständlich, auffällig, glaubwürdig etc.) und über geeignete Medien an die Zielgruppen übermitteln. Insofern lassen sich zentrale Inhalte der Kommunikationspolitik eines Unternehmens aus der Positionierung ableiten.

Nun zur Einschätzung der **Bedeutung der Kommunikationspolitik**. Im Vergleich zu den anderen Instrumentalbereichen des Marketing (Produkt-, Preis- und Distributionspolitik) scheint die Kommunikationspolitik eine etwas geringere Bedeutung zu haben. Im Gegensatz zu der in der breiten Öffentlichkeit vertretenen Auffassung, dass man durch Werbung die Konsumenten sehr weitgehend beeinflussen könne, gehen Marketing-Praktiker allgemein davon aus, dass ein minderwertiges oder überteuertes oder im Handel nicht ausreichend verfügbares Produkt nur durch kommunikationspolitische Maßnahmen am Markt nicht dauerhaft erfolgreich sein kann. Nicht zuletzt deshalb ist die in der (außerfachlichen) Öffentlichkeit gelegentlich geäußerte Auffassung, dass Marketing und Werbung eigentlich dasselbe seien, völlig abwegig. Auch empirische Untersuchungen deuten auf eine größere Bedeutung der anderen Marketinginstrumente hin. Weiterhin ist daran zu denken, dass man sich wohl kaum ein Marketing-Mix ohne

Produkt, Preis und Vertrieb vorstellen kann, dass aber sehr wohl zahlreiche (kleinere) Unternehmen ohne nennenswerte Kommunikationsanstrengungen erfolgreich tätig sind.

Andererseits gibt es aber Anhaltspunkte für eine gestiegene und weiter steigende Wichtigkeit der Kommunikationspolitik in bestimmten Bereichen. Einige der dafür ursächlichen Faktoren sollen kurz skizziert werden:

Auf einigen Märkten hat man es mit qualitativ und äußerlich **immer ähnlicher werdenden Produkten** zu tun (z.B. Waschmittel, Stereo-Geräte). Dort besteht in kommunikationspolitischen Maßnahmen eine der wenigen Möglichkeiten zur Differenzierung der Produkte.

Die **schnelle Entwicklung von Technik und Märkten** macht es notwendig, potenzielle Kunden häufig und kurzfristig über Innovationen zu informieren.

Im Konsumgüter-Bereich beobachtet man einen Trend zu Großformen des Einzelhandels, in denen wenig Verkaufspersonal den Kunden entsprechend **wenig Beratung und Information** anbietet. Unter diesen Umständen kommt der nicht persönlichen Kommunikation erhöhte Bedeutung zu.

Im Business-to-Business-Bereich soll die nicht persönliche Kommunikation den Einsatz des dort sehr wichtigen (aber teuren) Instruments des **persönlichen Verkaufs vorbereiten und ergänzen**.

Letztlich können noch einige **quantitative Angaben zur Kommunikationspolitik** deren Bedeutung kennzeichnen. Insbesondere für die Werbung liegen hier entsprechende Daten vor und werden u.a. vom ZAW (Zentralverband der deutschen Werbewirtschaft) publiziert. Einige markante Ergebnisse seien hier genannt:

-   Die Werbeausgaben in Deutschland lagen 1999 bei DM 61,5 Mrd. Und machten damit etwa 1,6 % des Bruttoinlandsprodukts aus. Die Medien haben 1999 Werbeeinnahmen in Höhe von DM 42,7 Mrd. erzielt (ZAW 2000, S. 9 f.).

-   Das Fernsehen hat seine Werbeeinnahmen von 1990 bis 1999 von DM 2,86 Mrd. auf DM 8,44 Mrd. gesteigert und damit einen Zuwachs von 195 % erzielt (ZAW 2000, S. 24).

-   Im Jahre 1995 wurden etwa 1,3 Mio. Fernsehspots und 1,86 Mio. Radiospots gesendet sowie 1,76 Mio. Anzeigen geschaltet (Bruhn 1997, S. 77). Das lässt erahnen, in welchem Maße Konsumenten mit Werbung konfrontiert werden.

> *Die folgenden Branchen hatten in Deutschland im Jahre 1999 die höchsten*
> ***Werbeausgaben:***
>
> | | *Mrd. DM* |
> |---|---|
> | *1. Automobile* | *3,173* |
> | *2. Massenmedien* | *2,674* |
> | *3. Telekommunikations-Netze* | *2,314* |
> | *4. Handel* | *1,893* |
> | *5. Schokolade / Süßwaren* | *1,227* |
> | *6. Pharmazie* | *1,028* |
> | *7. Banken / Sparkassen* | *0,966* |
> | *8. Bier* | *0,744* |
> | *9. Versandhandel* | *0,721* |
> | *10. Versicherungen* | *0,589* |
>
> *Quelle: Nielsen-Werbeforschung S + P (Hamburg) / ZAW*

8.2 Instrumente der Kommunikationspolitik

8.2.1 Kennzeichnung und Abgrenzung von Werbung, Verkaufsförderung und Öffentlichkeitsarbeit

Im vorliegenden Abschnitt werden die am stärksten etablierten und verbreiteten Instrumente der Kommunikationspolitik, Werbung, Verkaufsförderung und Öffentlichkeitsarbeit (Public Relations; PR), charakterisiert und abgegrenzt. Im folgenden Abschnitt 8.2.2 werden dann weitere Instrumente, die sich teilweise erst in den letzten Jahren entwickelt haben, überblicksartig vorgestellt.

Das auffälligste Instrument ist die **Werbung**. Hier ist es nicht ganz einfach, eine Definition zu finden, die einerseits trennscharf ist und andererseits auch abdeckt, was in Wissenschaft und Praxis üblicherweise unter Werbung verstanden wird. Die nach Einschätzung des Verfassers dieses Buches umfassendste und treffendste **Definition der Werbung** stammt von Shimp (1993, S. 8) und soll hier den weiteren Betrachtungen zugrunde gelegt werden:

"Werbung umfasst sowohl Massenkommunikation durch Zeitungen, Zeitschriften, Radio, Fernsehen und andere Medien (z.B. Plakate) als auch direkte Kommunikation mit dem Kunden durch Werbebriefe. Für beide Arten der Werbung wird durch einen identifizierbaren Auftraggeber bezahlt. Beide Formen gelten aber als nicht persönlich, da die auftraggebende Firma gleichzeitig mit vielen Empfängern - möglicherweise Millionen - kommuniziert und nicht nur mit einer bestimmten Person oder einer kleinen Gruppe."

Die Werbung dient in der Praxis hauptsächlich zwei **Zielen**, die oft auch zusammenhängend verfolgt werden:

- Aufbau und Erhaltung eines hohen **Bekanntheitsgrades** eines Produkts bei der relevanten Zielgruppe

- Aufbau und Erhaltung des gewünschten **Produkt-Images** (Vorstellungsbild, das sich Personen von einem Produkt machen) bei der relevanten Zielgruppe.

---

*Hier einige **Beispiele für Werbekampagnen**, die nach Einschätzung des Autors eher dem Aufbau eines Bekanntheitsgrades bzw. eines Images dienen.*
***Bekanntheitsgrad** (Aktualisierung):*
- *Yello-Strom*
- *Benetton*
- *Die Bahn*

***Image**:*
- *Dresdner Bank - Die Beraterbank*
- *Marlboro - Der Geschmack von Freiheit und Abenteuer*
- *Mit dem Zweiten sieht man besser (ZDF)*
- *Volksbanken - Wir machen den Weg frei*

Die Relevanz dieser beiden genannten Ziele lässt sich an Hand einer Überlegung zum Ablauf eines Kaufentscheidungsprozesses nachvollziehen. In den meisten Produktkategorien werden auf dem Markt so viele verschiedene Produkte (Marken) angeboten, dass eine Käuferin kaum in der Lage ist, alle Alternativen in einen Entscheidungsprozess einzubeziehen und Informationen darüber aufzunehmen und zu verarbeiten. In solchen Fällen steht am Anfang eines Kaufentscheidungsprozesses oftmals der sog. "evoked set", d.h. eine Teilmenge der auf dem Markt angebotenen Produkte, aus der dann eine Auswahl getroffen wird. Produkte, die dem Kunden nicht bekannt sind (→ Bekanntheitsgrad), werden normalerweise nicht in den Entscheidungsprozess einbezogen, haben also kaum eine Chance, gekauft zu werden. Ähnliches gilt für Produkte, die zwar bekannt sind, mit denen aber eher negative Vorstellungen (→ Produkt-Image) hinsichtlich ihrer Eignung für einen bestimmten Zweck, ihrer Qualität, ihrer Langlebigkeit etc. verbunden werden.

Bei der **Öffentlichkeitsarbeit (Public Relations)** ist eine bemerkenswerte Entwicklung zu verzeichnen, die sich auch in den entsprechenden Definitionen widerspiegelt. Die Formulierung, die auf die American Marketing Association zurückgeht (zitiert nach Reibstein, 1985, S. 390), steht für die traditionelle Sichtweise, in der Public Relations vor allem als Hilfsmittel zur Unterstützung des Absatzes von Produkten gesehen wurden: "Öffentlichkeitsarbeit (PR) ist die nicht persönliche Steigerung der Nachfrage für ein Produkt, eine Dienstleistung oder ein komplettes Leistungsangebot durch die

Unterbringung entsprechender günstiger Nachrichten in einer Publikation bzw. die positive Darstellung im Radio, Fernsehen oder Live, für die nicht bezahlt wird."

Inzwischen hat sich durch die enger gewordenen Verflechtungen von Unternehmensinteressen und politischen, gesellschaftlichen und ökonomischen Rahmenbedingungen die Situation etwas gewandelt. Deswegen wird der Öffentlichkeitsarbeit heute eine **über die reine Absatzförderung hinausgehende Funktion** zugewiesen, die ganz klar in einer Definition von Meffert (2000, S. 728) formuliert ist. Danach kennzeichnet der Begriff Öffentlichkeitsarbeit bzw. Public Relations (PR) "die planmäßige, systematische und wirtschaftlich sinnvolle Gestaltung der Beziehung zwischen der Betriebswirtschaft und einer nach Gruppen gegliederten Öffentlichkeit (z.B. Kunden, Aktionäre, Lieferanten, Arbeitnehmer, Institutionen, Staat) mit dem Ziel, bei diesen Teilöffentlichkeiten Vertrauen und Verständnis zu gewinnen bzw. auszubauen."

Die Definition der **Verkaufsförderung** ist nicht ganz einfach, da diese hinsichtlich der Zielgruppen, auf die sie ausgerichtet ist, und hinsichtlich der eingesetzten Mittel wesentlich heterogener ist als die vorstehend charakterisierten Instrumente. Auch hier bietet Shimp (1993, S. 9) eine Kennzeichnung, die die entscheidenden Aspekte trifft: "Verkaufsförderung umfasst alle Marketing-Aktivitäten, die dazu dienen, schnelle Reaktionen beim Käufer anzuregen, mit anderen Worten unmittelbar den Verkauf eines Produkts zu unterstützen. Im Vergleich dazu dienen Werbung und Öffentlichkeitsarbeit anderen Zielen, beispielsweise der Erreichung eines Bekanntheitsgrades und der Beeinflussung von Einstellungen. Verkaufsförderung richtet sich sowohl an den Vertrieb (einschl. Handel) als auch an Konsumenten."

Damit ist eine heute gängige Aufteilung in

- Verbraucher-Promotions,

- Außendienst-Promotions und

- Händler-Promotions

schon fast vorweggenommen. Hinsichtlich der Konsumenten versucht man, durch kommunikative Maßnahmen in Geschäften ("point of purchase") wie z.B. Displays, Sonderplatzierungen oder Produktvorführungen und -verkostungen eine Botschaft bis an den Verkaufsort heranzutragen und Spontankäufe bzw. Markenwechsel zugunsten der eigenen Marke anzuregen. Der eigene Außendienst und der Handel soll z.B. durch Wettbewerbe, Verkaufshilfen oder Prämien zum Einsatz für ein Produkt motiviert werden. Abbildung 8.3 illustriert Unterschiede und Zusammenwirken der drei Arten von Promotions.

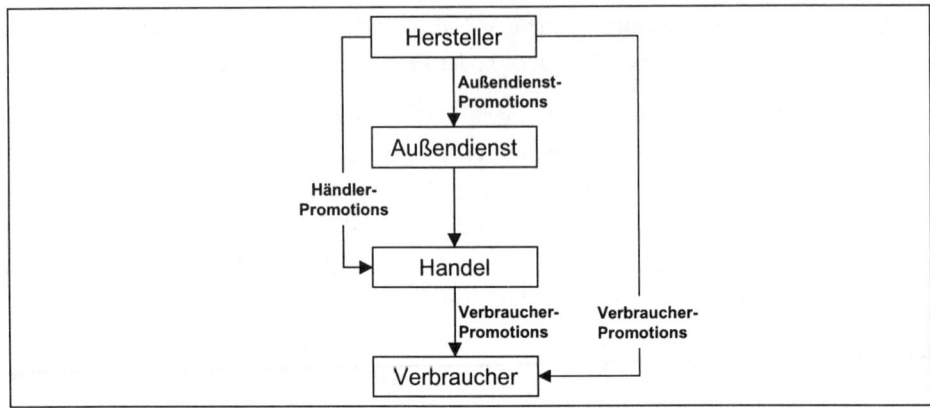

Abbildung 8.3:   Drei Arten der Verkaufsförderung

Die in den vorstehenden Definitionen bereits angelegte **Abgrenzung** der drei kommunikationspolitischen Instrumente soll im Folgenden noch etwas verdeutlicht werden. Dazu
werden zwei Kriterien herangezogen:

-   die Art der hauptsächlich eingesetzten **Mittel** bzw. **Maßnahmen** und

-   die eher **taktische** (kurzfristige) oder **strategische** (längerfristige) Orientierung der
    einzelnen Instrumente.

Beide Kriterien sind allerdings nicht ganz eindeutig und führen nicht zu völlig über-
schneidungsfreien Abgrenzungen. In Abbildung 8.4 sind einige der jeweils hauptsächlich eingesetzten Kommunikationsmittel aufgeführt.

Instrumente der Kommunikationspolitik	Typische Mittel/Maßnahmen
Werbung	Anzeigen in Zeitungen und Zeitschriften, Werbefilme, Werbespots in Rundfunk und Fernsehen, Plakate, Internet-Banner
Verkaufsförderung	Displays, Gutscheine für Preisermäßigungen, Produkt-Vorführungen, Proben, Verkaufswettbewerbe, Ver-käuferschulung, Promotion-Aktionen
Öffentlichkeitsarbeit	Presse-Mitteilungen und -Konferenzen, Sponsoring, Betriebsbesichtigungen, Herausgabe von Druckschrif-ten (Geschäftsberichte, Jubiläumsbroschüren, Websites von Unternehmen etc.)

Abbildung 8.4:   Typische Mittel/Maßnahmen der drei Instrumente der
                   Kommunikationspolitik

Der zweite Ansatz zur Abgrenzung der einzelnen Instrumente ist in Abb. 8.5 wiedergegeben. Darin kommt zum Ausdruck, dass Verkaufsförderung eher auf das Ziel kurzfri-

stiger Stimulierung von Verkäufen ausgerichtet ist. Dagegen steht bei **Werbung** und
Öffentlichkeitsarbeit der längerfristig angelegte Aufbau des Bekanntheitsgrades und
des Images eines Produktes bzw. eines Unternehmens im Vordergrund.

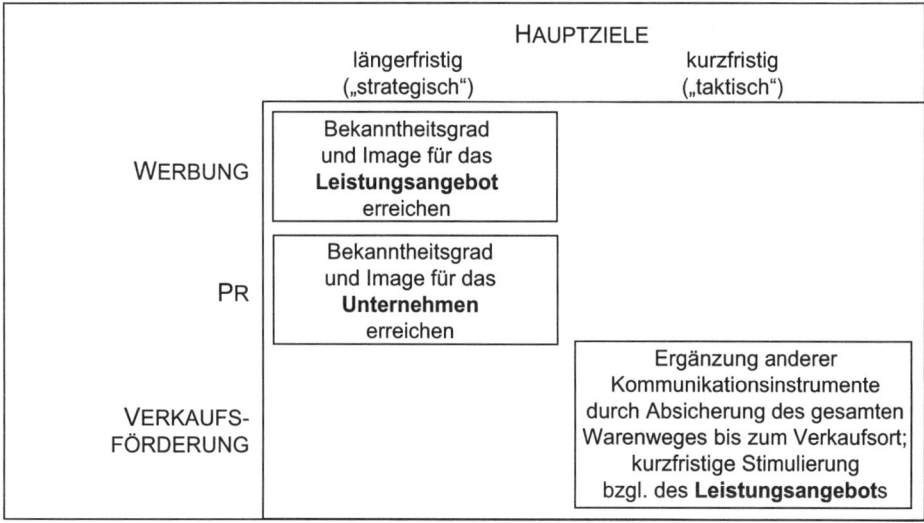

Abbildung 8.5:   Abgrenzung von Werbung, PR und Verkaufsförderung nach
                  Zielen (nach Haedrich 1976, S. 50)

*Die **kurzfristige Wirkung der Verkaufsförderung** lässt sich gut mit dem Ergebnis
einer Untersuchung von Blattberg/Neslin (1989; zitiert von Lilien/Kotler/Moorthy
1992, S. 330) illustrieren. In der folgenden Abbildung sind die Verkaufsmengen einer
Toilettenpapiermarke (unten) und vor allem durch Preis-Aktionen bedingte Preisänderungen dieser Marke (oben) im Zeitablauf dargestellt. Es ist leich erkennbar, dass
Aktionen ohne Verzögerungen zu teilweise sehr großen Änderungen der Verkaufsmengen führen (Die gleichzeitige Preis- und Mengensteigerung am Ende der Zeitperi-
ode bleibt allerdings rätselhaft). Beachtlich ist noch, dass hier Preisänderungen der
Verkaufsförderung und nicht der Preispolitik zugeordnet werden, da sie in umfassen-
dere Aktionen mit Kommunikation (Werbung, Handzettel), Sonderplatzierungen etc.
eingebettet sind.*

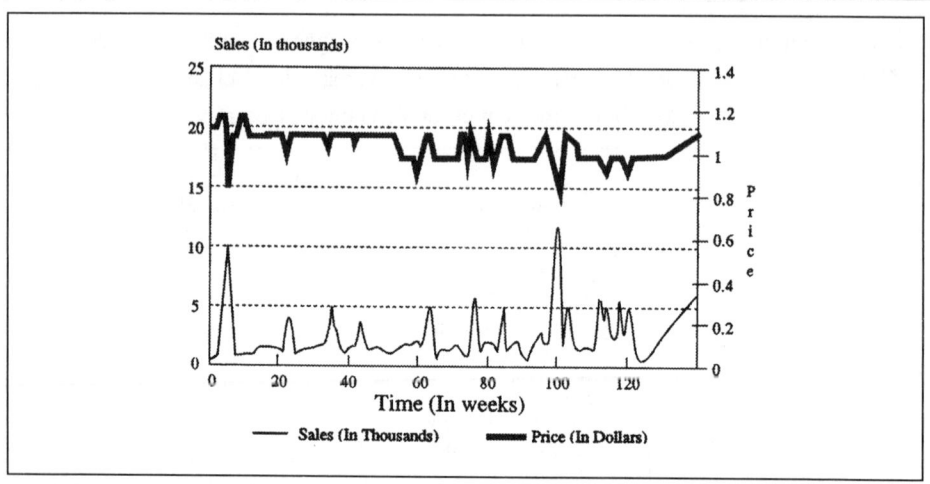

8.2.2   Weitere Instrumente der Kommunikationspolitik im Überblick

Im vorliegenden Kapitel sind mit der Werbung, der Verkaufsförderung und der Öffentlichkeitsarbeit schon die drei Instrumente vorgestellt worden, die seit langem etabliert und sehr breit und vielfältig (verschiedenste Branchen im Konsumgüter- und Business-to-Business-Bereich, große und kleine Unternehmen, verschiedene Phasen im Produktlebenszyklus etc.) einsetzbar sind. In diesem Abschnitt sollen zusätzlich einige Instrumente vorgestellt werden, die spezielleren Charakter haben oder die erst neuerdings Bedeutung gewonnen haben.

Messen und Ausstellungen

Meffert (2000, S. 741) kennzeichnet Messen als "zeitlich und örtlich festgelegte Veranstaltungen mit Marktcharakter, die ein umfassendes Angebot eines oder mehrerer Wirtschaftszweige bieten und normalerweise in regelmäßigem Turnus stattfinden." Bei Nieschlag/Dichtl/Hörschgen (1994, S. 464) findet sich auch eine Unterscheidung von Messen und Ausstellungen, wobei unter letzteren Veranstaltungen verstanden werden, die sich an eine breitere Öffentlichkeit richten (z.B. EXPO), nicht regelmäßig stattfinden und nicht hauptsächlich auf Verkauf ausgerichtet sind.

Messen und Ausstellungen haben vor allem für die Kommunikationspolitik im **Business-to-Business-Bereich** zentrale Bedeutung. Sie bieten potenziellen Kunden die Möglichkeiten, Produkte und deren Leistungsfähigkeit kennen zu lernen, Produktvergleiche vorzunehmen und persönliche Kontakte zu Anbietern aufzunehmen. Im Kaufentscheidungsprozess sind Messen vor allem in frühen Phasen relevant, wenn es gilt, über das Angebot an Produkten (insbesondere Innovationen) zu informieren und

Kontakte anzubahnen, die über verschiedene weitere Phasen (Angebotsabgabe, Vertragsverhandlungen) später zu Kaufabschlüssen führen können. Dagegen spielen Messen und Ausstellungen für **Konsumgüter** nur in einigen Teilbereichen eine Rolle, z.B. im Automobilmarkt (Internationale Automobilausstellung in Frankfurt/M.) und im Markt der Unterhaltungselektronik (Funkausstellung in Berlin). Durch die damit verbundene Berichterstattung in den Medien kommt hier oftmals zur Wirkung direkter Kontakte zu Konsumenten die Wirkung von PR-Maßnahmen hinzu.

> *Klaus Backhaus (1999, S. 421 f.) zur **Relevanz von Messen und Ausstellungen**:*
>
> *"Messen und Ausstellungen bieten gegenüber anderen Medien die Möglichkeit, vielfältige Informationswünsche zu befriedigen. Sowohl solche Nachfrager, die zunächst bestrebt sind, sich einen Überblick über die Marktsituation zu verschaffen und eine vereinfachte Strategie der Informationsnachfrage vornehmen, als auch Nachfrager, die die klärende Strategie der Informationsnachfrage verfolgen, werden angesprochen. Für beide Nachfragerklassen bietet die Messe die Möglichkeit, die mit dem Kaufakt verbundenen Kosten der Informationssuche deutlich zu reduzieren. ... Die Senkung der Transaktionskosten für beide Nachfragergruppen erfolgt dadurch, dass die Messe einerseits über die Möglichkeit der Objektdarstellung verfügt und andererseits in hervorragender Weise den Wünschen der Mitglieder des Buying-Centers nach einem "Konkurrenzvergleich vor Ort" entspricht."*

Sponsoring

Das Sponsoring hat - nicht zuletzt vor dem Hintergrund knapper gewordener finanzieller Mittel in verschiedenen Bereichen der Gesellschaft - in den 90er Jahren erheblich an Bedeutung gewonnen. Die Grundidee besteht darin, dass der Sponsor Geld- oder Sachleistungen (z.B. Autos) einem Empfänger (z.B. Sportverband, Theater) überlässt, der die Leistungen des Sponsors angemessen kommuniziert (z.B. auf Plakaten oder in Programmheften). Mit dem Sponsoring werden hauptsächlich die folgenden Kommunikationsziele verfolgt:

- Steigerung des **Bekanntheitsgrades** (Beispiel: Sponsoren, deren Namen bei Sportveranstaltungen, die im Fernsehen übertragen werden, in Erscheinung treten, steigern auf diese Weise ihren Bekanntheitsgrad bei Millionen von Zuschauern)
- Verbesserung des **Images** des Unternehmens oder des Produkts (Beispiel: Die Unternehmensgruppe Dussmann unterstützt die Berliner Staatoper und kommuniziert damit Verantwortung für die Gesellschaft sowie die Verbindung zum kulturellen Leben)
- **Motivation** eigener MitarbeiterInnen (Beispiel: Zumindest bei den MitarbeiterInnen der Deutschen Telekom, die sich für Sport interessieren, soll sich die Unterstützung der Radsport-Mannschaft "Team Telekom" auf die Identifizierung mit dem Unternehmen positiv auswirken)

Bruhn (1997, S. 617) gibt einige Schätzwerte für den **Umfang des Sponsorings** in Deutschland für das Jahr 1995 an:

Maßnahme im Bereich Sponsoring	Mio. DM
Sportsponsoring (Unterstützung von Einzelsportlern, Mannschaften und Sportveranstaltungen)	1.600 - 2.000
Kulturponsoring (Unterstützung von Theatern, Museen, Ausstellungen, wissenschaftlichen Institutionen etc.)	500 - 750
Umwelt- und Sozialsponsoring (Unterstützung von Umweltschutzorganisationen und sozialen / medizinischen Projekten)	150 - 200
Programmsponsoring (Finanzielle Unterstützung bestimmter Hörfunk- und Fernsehsendungen)	100 - 120

Die Fachzeitschrift "werben & verkaufen" berichtet in ihrer Beilage Compact vom 9.2.2001 (S. 19) über das im Sinne des Sponsors Milka etwas enttäuschende Ergebnis der Vier-Schanzen-Tournee 2001:

"Kleine Sprünge

Das Weltcup-Springen in Garmisch-Partenkirchen verlief nicht für alle Beteiligten optimal. Die Einschaltquote der Vier-Schanzen-Tournee war rückläufig. Auch der Sieger des Auftaktspringens in Oberstdorf und deutsche Vorzeigeadler Martin Schmitt gab die Führung in der Tournee-Wertung an den Tagessieger Noriaki Kasai ab. Immerhin zählte sein Werbepartner Milka im Dezember 2000 zu den aktivsten Sponsoren und steht bei den bekanntesten Sportsponsoren des Jahres 2000 auf Platz sechs." An gleicher Stelle findet man auch eine Aufstellung zur Häufigkeit des Auftretens bestimmter Firmen-Logos im relationellen Umfeld von ARD, ZDF, Sat1 und RTL im Dezember 2000:

Zahl der Logo-Einblendungen von Sportsponsoren

Sponsor	**Zahl der Logo-Einblendungen**
Viessmann	5271
Milka	3915
Ruhrgas	3463
Siemens	3224
Hasseröder Pils	3170
Krombacher	2940
Adidas	2370
Audi	1937
Veltins	1718

Quelle: IFM Institut für Medienanalysen, Karlsruhe

Product Placement

Seit mindestens 15 Jahren hat das Product Placement erhebliche Verbreitung gefunden. Man versteht darunter die von einem Auftraggeber bezahlte Verwendung eines Markenprodukts als Requisit für die Handlung eines Spielfilms oder einer Fernsehsendung (vgl. Berndt 1995, S. 306).

Auswirkungen des Product Placement dürfte fast jeder schon erlebt haben, wenn in einem Spielfilm oder einer Fernsehsendung - eben nicht zufällig - bestimmte Autos gefahren oder Zigarettenmarken geraucht werden. Durch Product Placement kann man den Bekanntheitsgrad des Produkts steigern und bei entsprechender Umgebung (Handlung, Schauspieler) auch das Image des Produkts beeinflussen.

Berndt (1995, S. 308 f.) nennt eine größere Zahl von Beispielen, von denen einige hier wiedergegeben seien:

Marke	*Spielfilm/Fernsehsendung*
Audi	*"Ein Fall für Zwei", Dallas*
BMW	*"James Bond"*
Moët & Chandon	*"Otto - Der Film"*
Becel	*"Lindenstraße"*
Marlboro	*"Tatort"*
Lacoste	*"Traumschiff"*

Corporate Communications

Entscheidendes Merkmal der Corporate Communications ist die auf die Planung eines Unternehmens ausgerichtete Zusammenfassung **aller** - nicht nur der auf den Absatz von Produkten - ausgerichteten Kommunikationsaktivitäten. Zielgruppen dafür sind nicht nur gegenwärtige und potenzielle Kunden, sondern Mitarbeiter, Lieferanten, die breitere Öffentlichkeit etc. Die Instrumente gehen deutlich über die sonst gängigen (Produktwerbung, Verkaufsförderung, PR) hinaus: Man zählt auch die Personalwerbung, die verschiedenen Facetten des äußeren Erscheinungsbilds eines Unternehmens und den Lobbyismus zu den Corporate Communications. Personalanzeigen werden schließlich nicht nur von den potenziellen Bewerbern gelesen; auch Kunden, Entscheidungsträger finanzierender Banken, Angehörige politischer Institutionen usw. werden durch Hinweise auf den Persönlichkeitstyp gesuchter Mitarbeiter, Erfolgskriterien oder den "Geist" einer Firma in ihrer Einschätzung des betreffenden Unternehmens beeinflusst. Ähnliches gilt für die äußere und innere Gestaltung von Geschäftsräumen, Typ und Kennzeichnung von Firmenfahrzeugen, Aufmachung von Druckschriften aller Art etc. als Teilen des äußeren Erscheinungsbildes von Unternehmen.

Man erwartet von Corporate Communications bestimmte Synergieeffekte. Ähnlich wie im Marketing-Mix die einzelnen Instrumente sich gegenseitig ergänzen und verstärken sollen, so soll auch die Wirkung der vielfältigen kommunikativen Aktivitäten eines Unternehmens durch deren Abstimmung und systematische langfristige Planung gesteigert werden.

Internet-Kommunikation

Durch die rasche Ausbreitung der Internet-Nutzung in den Industrieländern hat dieses Kommunikationsmedium auch für das Marketing stark an Bedeutung zugenommen und es wird ein weiterer starker Bedeutungszuwachs erwartet. Innerhalb des Internet ist das WorldWideWeb (WWW) neben E-Mail der am stärksten genutzte Dienst. Dessen Attraktivität auch für Zwecke der Marketing-Kommunikation beruht auf einfacher Nutzbarkeit und großer Vielfalt der Möglichkeiten zur Ausgestaltung von Botschaften (Text, anspruchsvolle Grafik, Sprache und Musik). Eine Besonderheit ist bemerkenswert: während ansonsten Marketing-Kommunikation meist so angelegt ist, dass ein Anbieter ("Quelle/Sender") versucht, Botschaften an potenzielle Kunden ("Empfänger") heranzutragen ("Push-Kommunikation") geschieht hier ein großer Teil der Kommunikation auf Anforderung und unter Kontrolle des Nutzers. Man spricht deshalb hier auch von "Pull-Kommunikation". Nun erreicht man auf diese Weise selten ein Millionenpublikum wie bei der Fernsehwerbung oder beim Sportsponsoring. Bei der geringen Zahl von Nutzern handelt es sich aber eher um Adressaten, die (z.B. wegen einer anstehenden Kaufentscheidungen) an dem entsprechenden Angebots besonders interessiert sind und den man sehr umfassende Informationen anbieten kann.

---

*Die schon Anfang des 21. Jahrhunderts beachtliche Bedeutung der **Kommunikation über das Internet** wird deutlich, wenn man betrachtet, wie stark einzelne www-Angebote monatlich genutzt werden. So ergeben sich im Januar 2001 folgende Zahlen von "visits":*

Infoseek	*22,6 Mio.*
ConSors Discount Broker	*17,8 Mio.*
Deutsche Bahn	*12,0 Mio.*
FOCUS Online	*11,0 Mio.*
SPIEGEL Online	*10,6 Mio.*

Quelle: www.ivw.de [13.2.2001]

Event-Marketing

Der Begriff Event-Marketing bezieht sich nicht ausschließlich aber schwerpunktmäßig auf die Kommunikation. Meffert (2000, S. 685) kennzeichnet Event-Marketing als "die erlebnisorientierte Inszenierung von firmen- oder produktbezogenen Ereignissen sowie deren Planung, Organisation und Kontrolle im Rahmen der Unternehmenskommunikation." Während beim Sponsoring bestimmte Veranstaltungen unterstützt werden, steht hier die Initiierung und Organisation von Veranstaltungen im Mittelpunkt. Beispiele dafür sind Adidas Streetball-Turniere oder BMW - Sicherheitstrainings. Typisch ist die **direkte Teilnahme der Zielpersonen** im Gegensatz zu dem bei der Kommunikation sonst meist gegebenen Kontakt zu diesen über Medien. Dadurch muss man sich auf eine recht begrenzte Zahl von Kontakten beschränken, erreicht aber durch das mit einem "Event" verbundene Erlebnis viel **intensivere Kontakte** als beispielsweise bei einer Anzeige.

*Ein Beispiel für **Event-Marketing**: die Köstritzer Schwarzbierbrauerei veranstaltet in kleinen und mittleren Städten so genannte "Schwarzbiernächte", bei denen in vielen Kneipen Bands spielen und nicht zuletzt reichlich Köstritzer Schwarzbier ausgeschenkt wird. Dazu ein Auszug aus der Thüringer Landeszeitung vom 4.10.1999:*

" 10 000 waren unterwegs - 36 Kneipen und 36 Bands ließen die Stimmung und den Bierumsatz steigen

*Gera. (KW) schon bei Eröffnung in den Gera-Arcaden mit dem Bands "BBE" und "Garcia" war es nicht zu übersehen: Die Geraer wollten feiern auf Teufel komm raus, und so erhielt auch ein noch so albernes "Seid ihr alle da?" ein donnerndes "JA" zur Antwort. Und kaum einen störte es, dass die leichten Sommerhits von "Garcia" kaum eine halbe Stunde Programm ausfüllen konnten. Stimmungsvoll also nahm am Samstag die dritte **Schwarzbiernacht** ihren Lauf. Laut Veranstalter Getränkegroßhändler Ewecker&Sumser pendelten knapp 10 000 Geraer und Gäste durch die diesmal 36 Kneipen. Die Rechnung ging auf, im Vergleich zur vorigen Auflage mit nur 27 Örtlichkeiten kamen die Nachtschwärmer jetzt ungehindert durch die Türen und an die Theken, das ließ die Stimmung und den Bierumsatz steigen... "*

8.3 Werbewirkung und Werbeplanung

8.3.1 Zum Prozess der Werbewirkung

Im vorliegenden Abschnitt geht es hauptsächlich um den Ablauf der Werbeplanung. Diese wird hier gesondert betrachtet, da hierzu - im Vergleich zu den anderen Instrumenten der Kommunikationspolitik - die umfassendsten Erkenntnisse vorliegen. Viele der dabei angesprochenen Aspekte lassen sich auch mehr oder weniger direkt auf andere Kommunikationsinstrumente übertragen. Basis realer Werbeplanung ist ein Grundverständnis der Werbewirkung. Nur wenn man einschätzen kann, wie Werbung tatsächlich wirkt, lassen sich angemessene Entscheidungen zu Werbezielen, zur Gestaltung von Werbebotschaften, zum Medieneinsatz etc. treffen.

Die Untersuchung der **Werbewirkung** gehört zu den ältesten und unvermindert aktuellen Themen der empirischen Markt- und Konsumentenforschung. Das entspricht auch den Interessen der Praxis, deren Standpunkt vielleicht durch die einem amerikanischen Manager zugeschriebene Äußerung gekennzeichnet werden kann, er wisse, dass die Hälfte seines Werbebudgets zum Fenster hinausgeworfen werde, er wisse nur leider nicht, welche Hälfte das ist.

Zentrale Bedeutung für das Verständnis der Werbewirkung hat das in Abschnitt 4.2.1 bereits vorgestellte Involvement-Konzept, das sich auf den Grad wahrgenommener presönlicher Wichtigkeit bzw. persönlichen Interesses an einem Produkt oder einer Werbebotschaft bezieht. Man unterscheidet (vergröbernd) zwei sogenannte **Hierarchien der Werbewirkung**, die High-Involvement- (oder Lern-) und die Low-Involvement-Hierarchie. Unter anderem können die Art der Werbung, die Situation, in der der Kontakt zur Werbebotschaft stattfindet, und die Relevanz des beworbenen Produkts für eine Person Ursache für geringes oder hohes Involvement sein.

Informativ gestaltete Zeitschriftenwerbung, mit der man sich ausführlich beschäftigen kann, und/oder eine Situation, in der eine Person nicht von der Werbung abgelenkt wird, und/oder starkes Interesse an dem beworbenen Produkt können dazu führen, dass die Stufen der Werbewirkung der sogenannten **High-Involvement-Hierarchie** entsprechen. Dabei besteht der erste Schritt in der Wahrnehmung der Werbebotschaft. Wegen der oben genannten Gründe würde dann eine geistige Auseinandersetzung mit der Botschaft stattfinden: Man nimmt Informationen aus der Werbung auf, setzt sie zu bisher schon vorhandenen Informationen, Erfahrungen und Motiven in Beziehung und bildet bzw. verändert Einstellungen und Überzeugungen, die das beworbene Produkt betreffen. Als dritter Schritt folgt dann in der Kaufsituation ein den neuen bzw. veränderten Einstellungen entsprechendes Verhalten. Ein derartiger Verlauf der Wirkung einer Botschaft wurde lange Zeit als typisch für die gesamte Werbung angesehen.

Spätestens mit der Ausbreitung der Fernsehwerbung, die ja oft eher "berieselnden" Charakter hat, zeigte sich die eingeschränkte Gültigkeit des soeben skizzierten Modells der Werbewirkung. Zur High-Involvement-Hierarchie trat also die Vorstellung von der **Low-Involvement-Hierarchie** bei der Verarbeitung von Werbebotschaften. Ausgangspunkt ist wieder der Kontakt zur Werbung. Man geht jetzt aber von geringerem kognitiven Aufwand bei der Verarbeitung der Botschaften aus. Zum Beispiel weil die Werbung informationsarm ist, weil der Kontakt zur Werbung auf sehr kurze Zeit beschränkt ist, weil während des Kontakts zur Werbung Ablenkung stattfindet (Gespräche, Besorgung von Bierflaschen etc.) oder weil das beworbene Produkt für den Betrachter sehr unwichtig ist, findet die Aufnahme und Verarbeitung von Informationen und die daraus

resultierende Bildung oder Änderung von Einstellungen kaum statt. Durch den wiederholten Kontakt zur Werbebotschaft entsteht aber eine gewisse Produktvertrautheit
und/oder die Verbindung des Produkts mit positiven Reizen, die in der Werbung
enthalten sind. **In der Kaufsituation** wirken sich diese Effekte dann so aus, dass das
intensiv beworbene Produkt häufig präferiert wird, ohne dass dieser Präferenz eine
explizite Meinung zu Grunde liegt. Die Einstellungsbildung erfolgt gemäß der Low-
Involvement-Hierarchie häufig erst nach dem Kauf, beispielsweise als Ergebnis positiver Erfahrungen mit dem gekauften Produkt. In Abbildung 8.6 sind beide Hierarchien in
ihrer Grundstruktur dargestellt.

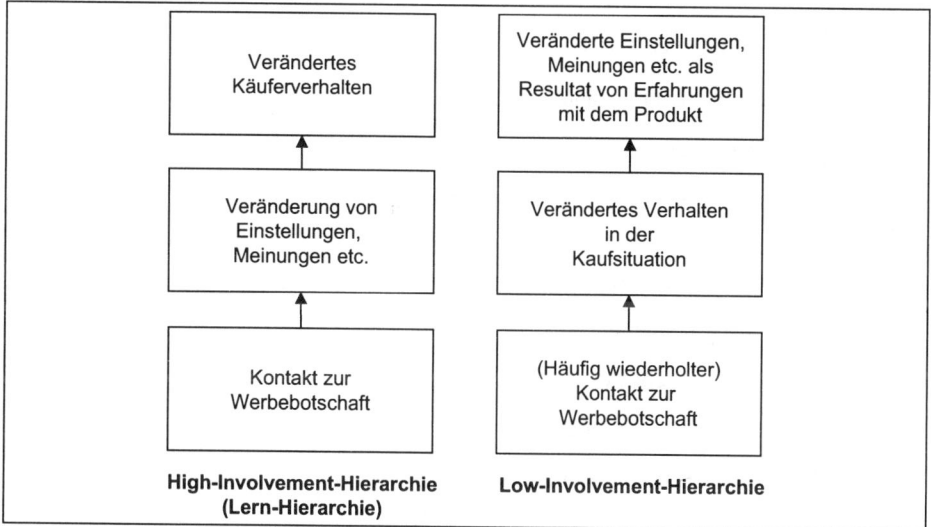

Abbildung 8.6:   Hierarchie-Modelle der Werbewirkung

Meist muß man von einer relativ **schwachen Wirkung eines einzelnen Werbemittels**
(Anzeige, Fernsehspot etc.) ausgehen. In der Regel bedarf es des wiederholten Einsatzes
der Werbemittel in einem längeren Zeitraum, um bei einem größeren Anteil der Zielgruppe die gewünschten Kontakte zur Werbebotschaft und die entsprechenden Wirkungen zu erreichen. Zumindest im geschilderten Low-Involvement-Fall ist ja auch ein
wiederholter Kontakt zur Werbung für die erstrebte Wirkung notwendig. Deswegen und
aufgrund des meist vorhandenen zeitlichen Abstandes zwischen dem Kontakt zur
Werbung und einer Kaufsituation hat man es im Bereich der Werbung oft mit **verzöger-
ten Wirkungen** zu tun. Die hier skizzierten Argumente unterstützen einerseits die in
Abschnitt 8.2.1 erfolgte Einstufung der Werbung als längerfristig bzw. strategisch
angelegtes Instrument und entsprechen andererseits den vielfältigen Erfahrungen der
Praxis, dass für erfolgreiche Werbung in der Regel eine gewisse Kontinuität des Inhalts
und der Intensität erforderlich ist.

8.3.2   Der Ablauf der Werbeplanung

8.3.2.1   Überblick

Die wichtigsten Tätigkeiten bei der Werbeplanung lassen sich den folgenden fünf Schritten zuordnen:

- Festlegung von Werbezielen

- Festlegung und Aufteilung des Werbebudgets

- Entwicklung von Werbestrategien

- Auswahl von Medien (Mediaplanung)

- Überprüfung von Werbewirkung

Kotler/Bliemel (1999, S. 976) verwenden dafür die griffige Bezeichnung "fünf Ms" mit den Elementen

- **M**ission (Werbeziele),

- **M**oney (Werbebudget),

- **M**essage (Werbebotschaft),

- **M**edia (Werbeträger) und

- **M**easurement (Werbewirkungskontrolle),

was auf deutsch den "fünf Ws" entspricht.

Die Zusammenhänge der einzelnen Phasen der Werbeplanung sind in Abbildung 8.7 (vereinfacht) dargestellt. Am Anfang steht die Festlegung der **Werbeziele**, die wiederum die Grundlage sowohl für die **Werbebudgetierung** als auch für die Entwicklung der **Werbestrategien** bildet. Nach den im Zuge der Planung der Werbestrategie erfolgten Entscheidungen über die Gestaltung der Werbemittel muss deren Streuung mit Hilfe der **Medien** geplant werden. Die Festlegungen bei der Werbebudgetierung stellen Restriktionen für die Strategieplanung und die Mediaplanung dar. Am Ende des Prozesses steht die Überprüfung der **Werbewirkung**, die wieder der Ausgangspunkt für eine neue oder revidierte Planung der Werbung sein kann.

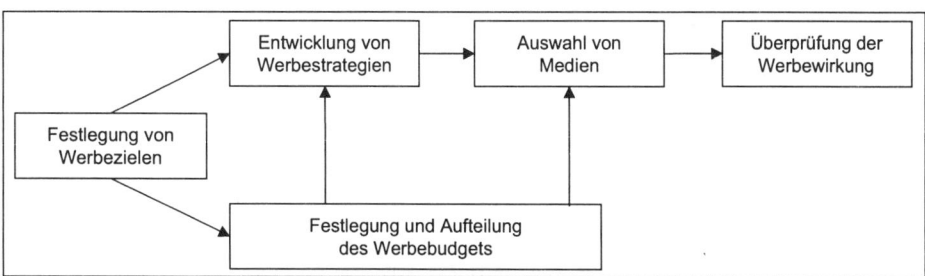

Abbildung 8.7:   Prozess der Werbeplanung im Überblick

Es ist schon erwähnt worden, dass sich zentrale Ideen der Werbeplanung auch auf andere Bereiche der Kommunikationspolitik übertragen lassen. So kann man sich leicht vorstellen, dass Ansätze für Ziel- und Budgetfestlegungen, Entwicklung von Strategien und Wirkungsmessungen auch bei der Verkaufsförderung oder bei der Öffentlichkeitsarbeit zur Anwendung kommen.

8.3.2.2   Werbeziele und Werbebudgets

Die Werbeziele sind in eine übergeordnete Unternehmens- und Marketingplanung (siehe dazu Kapitel 5 des vorliegenden Buchs) eingeordnet. Zwei typische **Werbeziele** sind im Abschnitt 8.2.1 schon genannt worden:

-    Erhöhung des **Bekanntheitsgrades** eines Produkts

-    Aufbau und Veränderung des **Images** eines Produkts

Wie die Abb. 8.7 schon zeigte, bilden Werbeziele den Ausgangspunkt der Budgetplanung. Anspruchsvolle Ziele (z.B. deutliche Steigerung des Bekanntheitsgrades eines Produkts) erfordern eben auch hohe Etats. Weiterhin bilden die Werbeziele die Grundlage der Strategieentwicklung. Wenn ein Unternehmen anstrebt, schnell bei einer breiten Zielgruppe einen hohen Bekanntheitsgrad eines Produkts zu erreichen, so wird wohl eine Werbestrategie zur Anwendung kommen, bei der mit häufigen Wiederholungen auffällige Werbemittel in breit streuenden Medien (z.B. Fernsehen, Programmzeitschriften) eingesetzt werden. Soll dagegen die Wahrnehmung von Produkteigenschaften bei einer speziellen Zielgruppe verändert werden, so wird eher eine informative Werbung in Medien, mit denen man die jeweilige Zielgruppe ohne große Streuverluste erreicht (z.B. Fachzeitschriften), in Frage kommen. Ein weiterer Aspekt zur Einschätzung der Bedeutung von Werbezielen ist die Tatsache, dass vorgegebene Ziele Voraussetzung einer angemessenen Werbeerfolgskontrolle sind. Damit ein Vergleich zwischen Ergebnissen und Zielen möglich wird, müssen letztere **operational** definiert sein. Kinnear/Bernhardt (1986, S. 473) konkretisieren diese allgemeine Anforderung durch die Angabe von drei Gesichtspunkten.

- **Was und wieviel** soll erreicht werden?
  (z.B. Bekanntheitsgrad von 60%)
- In **welcher Zielgruppe** soll etwas erreicht werden?
  (z.B. Hausfrauen zwischen 20 und 40 Jahren)
- In **welchem Zeitraum** soll etwas erreicht werden?
  (z.B. innerhalb eines Jahres)

Hinsichtlich der **Festlegung des Werbebudgets** wurde bereits gesagt, dass sich dieses vor allem an den **Werbezielen orientieren** soll. Wenn die dabei verwendeten Informationsgrundlagen umfassend und fundiert sind, dann lässt sich die Budgetierung unter Umständen auf der Grundlage einer Werbewirkungsfunktion vornehmen. Eine Werbewirkungsfunktion beschreibt den Zusammenhang zwischen Input-Faktoren (z.B. Werbebudget) und Output-Faktoren (z.B. Bekanntheitsgrad). In diesem Fall ließe sich ein zielgerechtes Werbebudget aus der Werbewirkungsfunktion ablesen, nachdem festgelegt wurde, welche Wirkung erzielt werden soll.

Kotler/Bliemel (1999, S. 980 f.) nennen u.a. folgende Gesichtspunkte, die bei einer zielorientierten Werbebudgetierung üblicherweise berücksichtigt werden müssen:

Phase im Produktlebenszyklus
(z.B. hohe Budgets in der Einführungsphase zur Erreichung eines Bekanntheitsgrades; geringere Budgets zur "Erhaltung" etablierter Marken)

Marktanteil
(z.B. benötigt man zur Ausweitung des Marktanteils gegen Wettbewerber vergleichsweise hohe Budgets)

Intensität der Konkurrenzwerbung
(z.B. sind in Märkten mit hoher Werbeintensität große Budgets notwendig, um wahrgenommen zu werden und eine Marke durchzusetzen)

In der Praxis sind offenbar neben der zielorientierten Werbebudgetierung auch andere Verfahren gebräuchlich. Beispielsweise werden gelegentlich Werbeetats nach der Höhe des Umsatzes oder Gewinns in der Vorperiode festgelegt. Eine derartige Vorgehensweise **ist nicht sinnvoll**, da der geplante Einsatz der Werbung ja gerade dazu dienen soll, Umsätze, Gewinne etc. mittelbar (oftmals eher langfristig) zu beeinflussen. Schon etwas sinnvoller ist die Orientierung des eigenen Werbebudgets an denen von Konkurrenten ("Share of Advertising"). Damit strebt man häufig eine Stabilisierung oder Verbesserung der Position der eigenen Marke im Vergleich zu Wettbewerbsprodukten an. Allerdings ist die Planung dabei dadurch erschwert, dass ex ante keine genauen Angaben über die Werbebudgets der Konkurrenz vorliegen.

8.3.2.3   Werbestrategien

Die Entwicklung von Werbestrategien ist lange aus der betriebswirtschaftlichen Betrachtung der Werbung fast ausgeklammert gewesen. Betriebswirtschaftliche Kalküle wurden eher auf die Werbebudgetierung und auf die Mediaplanung angewandt, während die Umsetzung von Werbezielen und Budgets in konkrete Werbemittel eher kreativ ausgerichteten Spezialisten vor allem in Werbeagenturen überlassen wurde. Erst in neuerer Zeit, etwa seit sich die Betriebwirtschaftslehre gegenüber verhaltenswissenschaftlichen Ansätzen geöffnet hat, findet man in der einschlägigen Literatur verstärkt theoretische Konzepte für die Entwicklung von Werbestrategien. Einer dieser Ansätze, der Ansatz von Rossiter/Percy (1997), soll im Folgenden skizziert werden.

Rossiter/Percy (1997, S. 212 ff.) haben im Zusammenhang mit der werblichen Beeinflussung von Einstellungen zu Marken ein zweidimensionales Strategie-Schema entwickelt. Die beiden Dimensionen beziehen sich auf

- die **Art von Kaufmotiven** und

- die **Art von Kaufentscheidungen**

bei verschiedenen Produkten.

Es wird zwischen "negativen" und "postiven" **Kaufmotiven** unterschieden. Kaufmotive **"negativer Herkunft"** sind:

- Vermeidung eines Problems (z.B. Übergewicht verhindern)

- Beseitigung eines Problems (z.B. Kopfschmerzen los werden)

- Unzufriedenheit mit dem bisherigen Produkt

- Ersatzbedarf (z.B. Vorrat aufgebraucht)

Dagegen sind die folgenden Kaufmotive **"positiver Herkunft"**:

- Sinnliche Belohnung (z.B. "Taste it")

    Intellektuelle Stimulierung (z.B. "BILD Dir Dcinc Mcinung")

- Soziale Anerkennung (z.B. "Für die wenigen, die mehr verlangen")

Die Art der Werbung, die oft mit negativen Kaufmotiven verbunden ist, ist eher **informierend**. Sie soll informieren, in welcher Weise das beworbene Produkt geeignet ist, Probleme zu vermeiden, zu beseitigen etc. Bei positiven Kaufmotiven kommt in erster Linie **transformierende Werbung** zum Einsatz. Das ist Werbung, durch die ein Produkt mit psychologischen Merkmalen in Verbindung gebracht wird, die man sonst nicht mit diesem Produkt assoziieren würde.

Die zweite betrachtete Dimension ist die **Art der Kaufentscheidung**, wobei hier nach Low- und High-Involvement-Entscheidungen unterschieden wird. Dabei handelt es sich um eine Generalisierung von Überlegungen, die in den Abschnitten 4.2.1 und 8.3.1 des vorliegenden Buches schon skizziert wurden. High-Involvement-Kaufentscheidungen sind für den Käufer wichtig und deshalb mit Informationssuche und sorgfältigem Abwägen vor der Kaufentscheidung verbunden. Dagegen sind Low-Involvement-Entscheidungen so unwichtig, dass Produkte einfach ausprobiert werden, ohne dass man sich vor dem Kauf viele Gedanken macht. In Abbildung 8.8 sind Beispiele von Produkten eingetragen, die mit den verbundenen Kaufmotiven und Arten von Entscheidungen oftmals verbunden sind.

		Arten von Kaufmotiven	
		negativ (informierende Werbung)	positiv (transformierende Werbung)
Art der Entscheidung	Low-Involvement	Kopfschmerztabletten, Diät-Bier, Haushaltsreiniger	Bier, Bodylotion, Süßigkeiten
	High-Involvement	Versicherungen, Computer, Eigenheime	Urlaubsreisen, Designerkleidung

Abbildung 8.8:   Beispiele von Produkten, die unterschiedlichen Kaufmotiven und Arten von Kaufentscheidungen entsprechen

Rossiter/Percy (1997, S. 224 ff.) geben dann recht detailliert Strategie-Empfehlungen für jeden Quadranten ihres Schemas. Davon sollen einige wichtige und leicht nachvollziehbare hier kurz vorgestellt werden.

Empfehlungen für informierende Werbung bei Low-Involvement
- Einfache Darstellung der Problemlösung ("Erstens: Problem, Zweitens: Lösung")
- Werbung muss nicht als angenehm empfunden werden (eher eine simple Botschaft zur Problemlösung "einhämmern" als "gefällige Werbung")
- Konzentration auf ein oder zwei Produktmerkmale (für mehr reicht bei Low-Involvement das Interesse nicht aus)
- Einfache, verständliche Darstellung des Produktvorteils bzw. der Problemlösung (→ Low Involvement)

Empfehlung für transformierende Werbung bei Low-Involvement
- Emotionaler Gehalt der Werbung soll besonders charakteristisch und stark sein
- Zielgruppe soll die Werbung mögen und dieses Gefühl auf das Produkt übertragen
- Verbindung zwischen Produkt und Emotionen entsteht erst durch viele Wiederholungen der Werbebotschaft

Empfehlungen für informierende Werbung bei High-Involvement

- Glaubwürdige / überzeugende Aussagen über Produktvorteile stehen im Vordergrund

- Mehrere (maximal 7) Produktvorteile darstellen, aber wichtige hervorheben

Empfehlungen für transformierende Werbung bei High-Involvement

- Ausrichtung auf sinnliche, intellektuelle und soziale Konsequenzen des Gebrauchs des Produkts

- Viele Wiederholungen der Werbebotschaft, um Verbindung zwischen Produkt und den sinnlichen, intellektuellen oder sozialen Konsequenzen seines Gebrauchs herzustellen

- Produkt-Informationen einbeziehen (→ High-Involvement)

Zur Illustration des Rossiter/Percy-Ansatzes hat der Autor dieses Buches dem SPIEGEL vom 19.2.2001 einige Beispiele aus Anzeigen entnommen, die - mehr oder weniger exakt - den Empfehlungen von Rossiter/Percy entsprechen. Dabei ist zu beachten, dass hier die oftmals sehr wichtigen bildlichen Gestaltungsmerkmale und der Aspekt der mehr oder weniger häufigen Wiederholungen einer Botschaft nicht wiedergegeben werden kann.

		Kaufmotiv	
		negativ	*positiv*
Art der Entscheidung	*Low-Involvement*	*Auszug aus einer Anzeige für das Arzneimittel Gelomyrtol: "Kopf dicht? Nase zu? Husten? Einfach... Gelomyrtol forte .... löst den Schleim bei Bronchitis, bei Entzündung der Nasennebenhöhlen."*	*Marlboro-Anzeige mit einer sehr schönen Berglandshaft, im Vordergrund ein See, der Marlboro-Cowboy sitzt auf dem Pferd, das aus dem See trinkt. Einziger Text der Anzeige: "Come to Marlboro Country"*
	High-Involvement	*Auszug aus einer Anzeige für Bundesschatzbriefe: "Im Verein träumt er von der Oberliga. Aber beim Geldanlegen ist er längst Meister.... Ausser dynamisch wachsenden Zinsen bieten Bundesschatzbriefe weitere Pluspunkte: Sie können sich die Zinsen jährlich auszahlen lassen (Typ A, 6 Jahre) und erzielen eine Rendite von 4,10%. Am Ende der Laufzeit haben Sie so bei einer Anlage von 1.000 DM stattliche 247,50 DM Zinsen erhalten....."*	*Peugeot-Anzeige, elegant dargestelltes Auto im Vordergrund, Artistengruppe vor historischer Fassade im Hintergrund. Schlagzeile: "Der neue Peugeot 607. Ein Ausdruck Ihrer Persönlickeit." Weiterer Text: "... Lassen Sie sich von einem unvergleichlichen Fahrgefühl aus Kraft und Ruhe begeistern - entweder mit dem dynamischen 3.0 l V6-Triebwerk (152 KW /207 PS) oder mit dem umweltschonenden 2.2 l Hdi FAP-Dieselaggregat (98kw/133PS)...."*

8.3.2.4   Mediaplanung und Werbewirkungskontrolle

Um die entwickelten Werbemittel an die Zielgruppe herantragen zu können, ist **die Auswahl geeigneter Medien** notwendig. Dabei ist zunächst zu entscheiden, welche Arten von Werbeträgern (Zeitungen, Zeitschriften, Fernsehprogramme etc.) eingesetzt werden sollen. Dazu werden die Stärken und Schwächen der verschiedenen Werbeträger im Hinblick auf die mit der Werbung zu erreichenden Ziele gewürdigt. Dieses sind die sog. **"qualitativen Kriterien"** der Mediaplanung. Vor- und Nachteile einiger wichtiger Medien für die Werbung sollen hier kurz umrissen werden.

Fernsehen

Fernsehwerbung bietet viele Möglichkeiten (Farbe, Bild, Ton, Bewegung), um Produkte "in Aktion" zu zeigen und emotionale Wirkungen zu erzielen. Wegen der Verbreitung des Fernsehens können große Bevölkerungsgruppen kurzfristig erreicht werden. Es scheint aber ein wachsender Anteil des anspruchsvollen Publikums dieses Medium immer weniger zu nutzen. Außerdem muss man mit großen Streuverlusten rechnen, wenn man speziellere Zielgruppen erreichen will. Ein weiterer Nachteil besteht darin, dass Fernsehzuschauer oftmals abgelenkt und einer großen Werbeflut ausgesetzt sind. Die Kosten für Produktion und Ausstrahlung von Fernsehspots liegen sehr hoch. So kostet die Ausstrahlung eines 30-Sekunden-Spots bei der Übertragung der "Super Bowl" (Football) etwa 1 Mio. $.

Kotler (1999, S. 106) zu einigen Problemen der ***Fernsehwerbung****:*

"Mit den Werbespots wird eine Botschaft an 'Jedermann' gesendet und nicht auf eine Zielgruppe ausgerichtet, für die die Botschaft wichtig ist. Wie effektiv ist ein Fernsehspot für Katzenfutter, wenn nur 5 % der Zuschauer eine Katze haben? Außerdem sind die Leute anscheinend darauf vorbereitet, ihre Fernbedienung zum Umschalten zu benutzen, wenn Werbung erscheint."

Plakate

Kosten der Plakatwerbung sind relativ niedrig. Ein weiterer Vorteil ist die Möglichkeit, Plakate in der Nähe von Einkaufsorten zu platzieren, so dass der Kontakt zu den Werbebotschaften oft zeitnah zum Einkaufsvorgang stattfindet. Plakate können wegen der meist geringen Kontaktdauer nur wenig Informationen übermitteln. Eine Ausrichtung auf speziellere Zielgruppen ist kaum möglich.

Tageszeitungen

Zeitungsanzeigen können viele Informationen in Form von Texten und Bildern enthalten. Mit Tageszeitungen sind im Hinblick auf Regionen und Zielgruppen recht spezielle Marktsegmente erreichbar. Allerdings sind die Gestaltungsmöglichkeiten der Werbung recht beschränkt (keine Bewegung, wenig Farbe, relativ schlechte Druckqualität).

Zeitschriften

Werbung in Zeitschriften kann ebenfalls viele Informationen enthalten. Hier sind aber weitaus bessere Gestaltungsmöglichkeiten (Farbe, anspruchsvoller Druck) gegeben. Durch die Vielfalt von Zeitschriften mit unterschiedlicher Ausrichtung sind auch sehr spezielle Zielgruppen ohne große Streuverluste erreichbar (z.B. Computer- oder Golf-Zeitschriften).

Internet-Werbung

Internet-Werbung wird zum größten Teil mit Hilfe von Werbebuttons (kleine Werbefläche mit Produktnamen auf fremder Webseite) oder Werbebannern (größere Präsentation auf fremder Webseite) durchgeführt. Beide Varianten bieten i. d. R. die Möglichkeit zur Interaktion, d. h. der Betrachter kann bei Interesse die entsprechende Fläche anklicken unterhält dann weiterreichende Information. Die Internetwerbung ist noch sehr jung. Das erste Werbebanner wurde am 24.10.1994 von der amerikanischen Telekommunikationsfirma AT&T auf der Seite von Hotwired geschaltet und hatte folgende Gestalt:

Quelle: www.bannertips.com

Die Werbung selbst (**Button** und **Banner**) bietet nur sehr begrenzte Gestaltungsmöglichkeiten und kann (wegen der geringen zur Verfügung stehenden Fläche) nur wenig Informationen übermitteln. Die Interessierten unter den Betrachterinnen können aber leicht mehr Informationen anfordern. Internet-Werbung bietet die Möglichkeit zur sehr zielgenauen Ansprache von bestimmten Gruppen mit spezifischem Informationsverhalten oder besonderen Interessen. So bietet beispielsweise das Key-Word-Advertising die Möglichkeit, Werbung entsprechend den Bedürfnissen des Besuchers zu schalten. Gibt ein Nutzer z.B. in einer Suchmaschine den Begriff "Urlaub" ein, kann ihm bei der Antwort unmittelbar Werbung rund um dieses Thema als Banner präsentiert werden. Die Verbreitung der Internet-Nutzung ist noch etwas beschränkt und konzentriert sich auf die jüngeren, besser gebildeten Zielgruppen, die für die Werbung allerdings besonders attraktiv sind.

Nun zu den "quantitativen Kriterien" der **Mediaplanung**. Bei der Auswahl der einzelnen Medien (Welche Tageszeitung? Welche Illustrierte" etc.) werden vor allem die Ergebnisse einer groß angelegten, regelmäßig durchgeführten Untersuchung zur Medianutzung der Konsumenten ("Media-Analyse") herangezogen. Damit kann man feststellen, mit welchen Werbeträgern die definierte Zielgruppe in welchem Ausmaß erreicht wird und entsprechende Auswahlentscheidungen treffen. Hier seien nur zwei der gängigen Maßzahlen für die Mediaplanung charakterisiert:

Reichweite

Die Reichweite kennzeichnet die Zahl von Personen (Angehörigen einer Zielgruppe), die mit einem Medium (z.B. einer Zeitschrift) in einem bestimmten Zeitraum in Kontakt kommen. Sie misst also den Werbeträger-Kontakt, nicht den Werbemittel-Kontakt.

Kontakthäufigkeit

Wegen der beschränkten Wirkung der Werbung ist es typischerweise notwendig, eine Vielzahl von Kontakten zwischen Werbebotschaften und Zielpersonen anzustreben, um Markenbekanntheit zu erreichen, Einstellungen zu verändern oder zumindest die Erinnerung an die Werbebotschaft sicherzustellen. Maßzahlen der Kontakthäufigkeit drücken in diesem Zusammenhang aus, wie häufig in einem Zeitraum Berührungen zwischen einem Werbemittel und den Zielpersonen stattfinden.

Am Ende des Prozesses der Werbeplanung steht die **Messung der Werbewirkung**. Damit soll gemessen werden, ob die Werbeziele erreicht worden sind und welche Schwächen der bisher durchgeführten Werbung Anlass zur Revision der Werbeplanung geben. Mit den gängigen Umfragemethoden lässt sich ermitteln, wie sich Werbung auf den Bekanntheitsgrad und / oder das Image eines Produkts ausgewirkt hat (Vorher-Nachher-Messung). Daneben gibt es etablierte Verfahren zur Messung der Erinnerung von Adressaten der Werbung an die Werbemittel (Recall = ungestützte Erinnerung an Werbemittel, Recognition = Wiedererkennung vorgelegter Werbemittel).

Die Methoden zur Überprüfung der Werbewirkung stimmen zum erheblichen Teil mit denen überein, die in der Praxis nach der Entwicklung von Werbestrategien zum Test von Werbemitteln verwendet werden, bevor diese über die entsprechenden Medien gestreut werden, was in der Regel mit hohen Kosten verbunden ist. **Werbe-Pretests** werden deswegen hier nicht gesondert behandelt.

Literaturempfehlungen zum 8. Kapitel

BATRA, RAJEEV / MYERS, JOHN / AAKER, DAVID (1996): Advertising Management, 5. Aufl., Upper Saddle River (N.J.).

BEHRENS, GEROLD (1996): Werbung, München.

BLATTBERG, ROBERT / NESLIN, SCOTT (1990): Sales Promotion, Englewood Cliffs (N.J.).

BRUHN, MANFRED (1997): Kommunikationspolitik, München.

KROEBER-RIEL, WERNER / ESCH, FRANZ-RUDOLF (2000): Strategie und Technik der Werbung, 5. Aufl., Stuttgart.

ROSSITER, JOHN / PERCY, LARRY (1997): Advertising Communications and Promotion Management, 2. Aufl., New York u.a.O.

SHIMP, TERENCE (1993): Promotion Management and Marketing Communications, Fort Worth u.a.O.

9. Vertriebspolitik

9.1 Einführung

9.1.1 Charakterisierung von Vertriebssystemen und persönlichem Verkauf

Gegenstand der Vertriebspolitik (bzw. Distributionspolitik) sind die Entscheidungen und Tätigkeiten eines Unternehmens, die dazu dienen, das Ergebnis des betrieblichen Leistungsprozesses rechtzeitig an die Orte zu bringen, wo sie von Kunden gekauft bzw. in Besitz genommen werden. Hier geht es zunächst um die Gestaltung von Vertriebssystemen, aber auch um den persönlichen Verkauf. Unter einem **Vertriebssystem** versteht man die auf die jeweilige Marktsituation, das jeweilige Produkt und die Möglichkeiten des anbietenden Unternehmens abgestimmte Konfiguration von Absatzwegen, Absatzmittlern und Hilfsmitteln der Logistik (vgl. Abbildung 9.1). Damit ist der Gegenstand des vorliegenden Kapitels schon kurz umrissen.

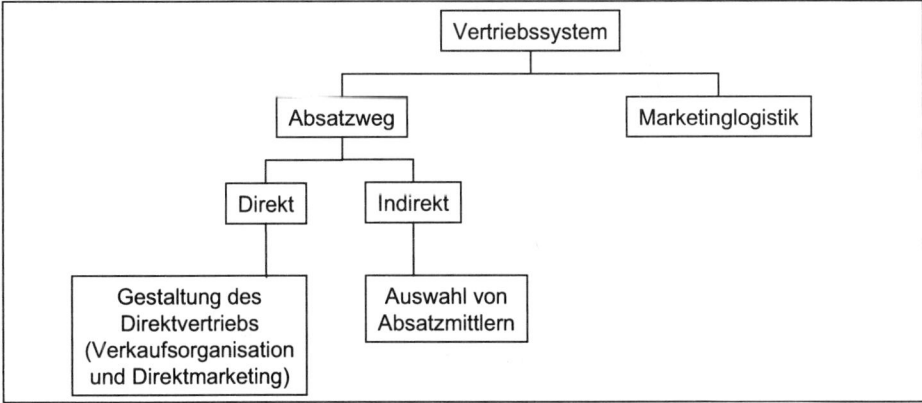

Abbildung 9.1:   Bestandteile eines Vertriebssystems

Auswahl von Absatzwegen

Hier wird grundsätzlich zwischen direktem Absatz (Verkauf an Endabnehmer) und indirektem Absatz (unter Einschaltung von Absatzmittlern) unterschieden. Je nach der Zahl der Handelsstufen (die gewissermaßen „hintereinandergeschaltet" sind) spricht man auch von „kurzen" und „langen" Absatzwegen (siehe dazu Abschnitt 9.2).

Auswahl von Absatzmittlern

Hat man sich für einen indirekten Absatz entschieden, dann ist festzulegen, welche Absatzmittler eingeschaltet werden sollen.

Marketinglogistik

Zentrale Gegenstände der Marketinglogistik sind das außerbetriebliche Transportwesen und die Gestaltung von Absatzlagern. Dieser Aspekt wird hier nicht weiter vertieft.

Die **Einordnung des persönlichen Verkaufs** in das Marketinginstrumentarium lässt sich nicht ganz eindeutig vornehmen. Einerseits spielen Verkäufer (und Verkäuferinnen) in **Distributionssystemen** eine bedeutsame Rolle. Beim direkten Vertrieb schaffen sie die Verbindung zwischen Anbieter und Kunden, beim indirekten Vertrieb gestalten sie maßgeblich die Beziehungen zu den Absatzmittlern. Andererseits haben **kommunikative Aufgaben** wesentliche Bedeutung für den persönlichen Verkauf: Informationen über Produkte werden gegeben, Problemlösungen beim Kunden vorgeschlagen, Kundenwünsche an das eigene Unternehmen übermittelt (→ zweiseitige Kommunikation) etc. Insofern kann man den persönlichen Verkauf an der **Schnittstelle** von Kommunikations- und Distributionspolitik ansiedeln (siehe Abbildung 9.2).

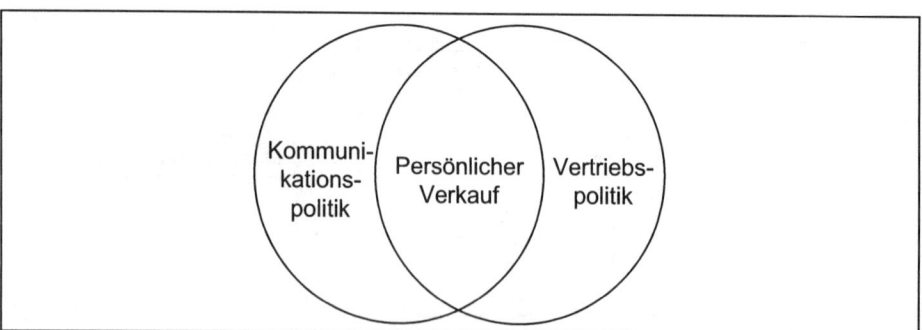

Abbildung 9.2:   Persönlicher Verkauf an der Schnittstelle von Kommunikations- und Vertriebspolitik

In der Marketing-Praxis kann man zwei **Arten des persönlichen Verkaufs** unterscheiden: Im Einzelhandel ist eine große Zahl von Personen im Verkauf tätig. Wesentliches Merkmal der Verkäufer in diesem Bereich ist, dass sie an einem festen Verkaufsort tätig sind und die Kaufinteressenten zu ihnen kommen. Dadurch wird ihnen eine große Zahl von Kundenkontakten und Verkaufsabschlüssen in relativ kurzer Zeit ermöglicht. In dem vorliegenden Buch soll aber eine andere Art des persönlichen Verkaufs im Vordergrund stehen, die dadurch gekennzeichnet ist, dass der Verkäufer von sich aus Kundenkontakte herstellt, Kaufinteressenten besucht etc. Diese Art des Verkaufs ist besonders aufwendig, da nur relativ wenig Kundenkontakte pro Zeiteinheit möglich sind. Sie ist vor allem zu finden, wenn wenigstens einige der folgenden **Bedingungen** erfüllt sind:

- Großer Wert des einzelnen Auftrages

- Relativ geringe Zahl von Markttransaktionen

- Hoher Beratungsbedarf beim Kunden

- Spezielle Ausrichtung von Angeboten auf Wünsche einzelner Kunden

- Verhandlungsprozesse über Preise, Lieferkonditionen, Leistungsumfang etc.

Typische Bereiche, in denen der persönliche Verkauf in dieser Form große Bedeutung hat, sind große Teile des Investitionsgüter-Geschäfts (z.B. Verkauf von Anlagen, Maschinen, Gebäuden), der Verkauf (auch von Konsumgütern) an den Handel und wenige spezielle Konsumgüter-Märkte (z.B. Eigenheime).

Im Kern besteht die Aufgabe des persönlichen Verkaufs darin, im Kontakt (persönlich, schriftlich, telefonisch, per e-mail) mit potenziellen Kunden **Verkaufsabschlüsse** herbeizuführen. Eine Vielzahl von Einzeltätigkeiten von Verkäuferinnen ist letztlich auf dieses Ziel ausgerichtet. Zentrale Aufgaben des persönlichen Verkaufs sind vor allem:

- **Identifizierung von Kaufinteressenten**

Potenzielle Kunden, die dann vom Verkäufer kontaktiert werden, können beispielsweise durch Auswertung von Reaktionen auf Werbemaßnahmen (Coupons) oder von Berichten über Standbesuche auf Messen identifiziert werden.

- **„Umwandlung" von Kaufinteressenten in Kunden**

Entscheidende Bedeutung für die Erzielung eines Kaufabschlusses bei einem Interessenten hat die Ausrichtung des Angebots (Leistungsangebot, Service, Zahlungsbedingungen etc.) auf diesen und die Darstellung der Vorteilhaftigkeit des Angebots.

- **Marktbeobachtung und Sicherstellung der Kundenzufriedenheit**

Auch über den Verkaufsabschluss hinaus soll der Verkäufer Kontakt zu Kunden halten, um durch Unterstützung bei auftretenden Problemen die Anbieter-Abnehmer-Beziehung zu festigen und Informationen über Veränderungen von Abnehmerwünschen und Konkurrenzaktivitäten zu sammeln.

9.1.2   Bedeutung der Vertriebspolitik

Die Bedeutung der **Verteilung von Gütern** für eine auf Arbeitsteiligkeit ausgerichtete Volkswirtschaft ist offensichtlich und bedarf keiner besonderen Erläuterung. Dagegen sollen einige betriebswirtschaftliche Gesichtspunkte hier kurz diskutiert werden. Schon bei oberflächlicher Betrachtung wird die Wichtigkeit der Distribution für zahlreiche Unternehmen deutlich. Man denke nur an die Rolle des Vertriebs bei der Einführung neuer Produkte oder bei der Durchdringung neuer Märkte. Ein weiterer beachtlicher Aspekt ist der, dass die **Kosten des Vertriebs** in vielen Unternehmen einen großen Anteil des Umsatzes ausmachen. Assael (1993, S. 456) spricht davon, dass dieser Anteil durchschnittlich bei 25 % liegt.

Entscheidungen im Rahmen der Vertriebspolitik sind meist **langfristig orientiert**, weil sie nur schwer revidierbar sind. Im Gegensatz beispielsweise zur Preispolitik oder Verkaufsförderung, die recht kurzfristig geändert werden können, muss im Bereich des Vertriebs mit einem langen Planungszeitraum und hohen Umstellungskosten bei wesentlichen Änderungen gerechnet werden. Deswegen werden Entscheidungen über die Vertriebspolitik für ein Unternehmen oder ein Produkt als Grundsatzentscheidungen angesehen.

Die Schwierigkeit und Bedeutung von Vertriebsentscheidungen wird noch dadurch erhöht, dass diese **nicht unternehmensindividuell** getroffen werden können, wenn noch andere Unternehmen (Handel!) am Absatz an die Endabnehmer beteiligt sind. Dieser Aspekt gewinnt besonderes Gewicht, wenn man bedenkt, dass in der Bundesrepublik durch die hohe Konzentration des Einzelhandels eine Nachfragemacht entstanden ist, die den distributionspolitischen Spielraum von Konsumgüterherstellern zunehmend einengt.

Letztlich kann die Bedeutung der Vertriebspolitik auch damit illustriert werden, dass die breite Verfügbarkeit und Erhältlichkeit bei vielen Produkten die **Voraussetzung für die Wirksamkeit der anderen Marketinginstrumente** und den Erfolg des Produkts insgesamt darstellt. Auch ein qualitativ hochwertiges, preiswertes und eindrucksvoll beworbenes Produkt dürfte am Markt nur wenig Akzeptanz finden, wenn die potenziellen Käufer zum Erwerb lange Wege und/oder lange Wartezeiten in Kauf nehmen müssen.

---

*Philip Kotler (1997, S. 562) illustriert die **Bedeutung des Vertriebs** (einschl. Logistik) mit einem kurzen Satz:*

"Wann ist ein Kühlschrank kein Kühlschrank? Wenn er in Pittsburgh steht, während er in Houston gebraucht wird."

Der unterschiedliche - aber meist hohe - **Stellenwert des persönlichen Verkaufs** in verschiedenen Wirtschaftsbereichen wird durch verschiedene Untersuchungen belegt. Schuchert-Güler (2001, S. 12 ff.) stellt eine größere Zahl von einschlägigen Untersuchungsergebnissen und Schätzungen zusammen, die durchgehend die starke - in vielen Bereichen dominierende - Bedeutung des persönlichen Verkaufs belegen. Diese zeigt sich beim Anteil der Verkaufskosten am Umsatz, beim Vergleich der Budgets für persönlichen Verkauf und Werbung sowie bei der Anzahl der Beschäftigten im persönlichen Verkauf. Auch eine Betrachtung der Kosten für einen einzelnen Besuch eines Verkäufers oder der Kosten für die Schulung eines Verkäufers verdeutlicht, dass es sich beim persönlichen Verkauf um ein Marketinginstrument handelt, dessen Einsatz mit Sorgfalt zu planen ist. So schätzen z.B. Kotler/Bliemel (1999, S. 1052), dass die durchschnittlichen Kosten für einen Kundenbesuch in der Bundesrepublik bei etwa DM 150,- liegen. Allerdings hat die wissenschaftliche Forschung zum persönlichen Verkauf bei weitem noch nicht den bei anderen Instrumenten gegebenen Stand erreicht.

9.2 Auswahl von Absatzwegen

Die zentrale **Aufgabe von Vertriebssystemen** besteht darin, Produkte in zeitlicher und räumlicher Hinsicht so anzubieten und zur Verfügung zu stellen, dass dieses Angebot von den Kunden als vorteilhafter wahrgenommen wird als das von Wettbewerbern. Neben der Bereitstellung von Produkten dient ein Vertriebssystem auch noch anderen Zwecken: Informationen fließen vom Anbieter zu den Nachfragern (und umgekehrt), Aufträge und Zahlungen werden weitergegeben. Abbildung 9.3 illustriert die Funktionen eines Vertriebssystems.

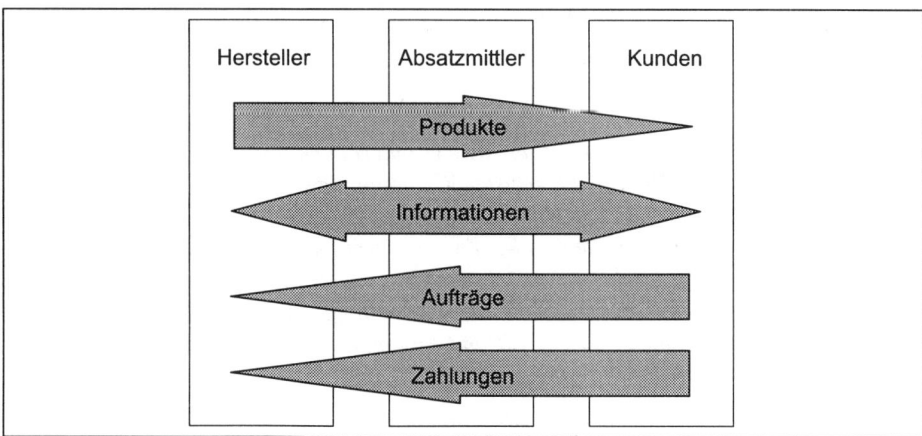

Abbildung 9.3:   Funktionen von Vertriebssystemen

Diese Funktionen können mit Einschaltung des Handels (indirekter Vertrieb) oder ohne Einschaltung des Handels (direkter Vertrieb) wahrgenommen werden, wobei in Abbildung 9.3 nur der erste Fall berücksichtigt worden ist. Die Einschaltung des Handels ist also Kennzeichen des **indirekten Absatzweges**. Man spricht in diesem Zusammenhang auch von **mehrstufigen Absatzwegen**. Den Gegenpol bildet der **direkte** bzw. **einstufige** Absatzweg, der ohne Zwischenhändler erfolgt. Bagozzi (1986, S. 574 f.) hat diese Grundunterscheidung der aktuellen Praxis entsprechend etwas modifiziert bzw. differenziert. Er unterscheidet

- Direktmarketing sowie Vertrieb über eine Verkaufsorganisation (direkter Vertrieb) und

- vertikale Marketing-Systeme (indirekter Vertrieb)

Beim **Direktmarketing** erfolgt der Verkauf ohne die Einschaltung von Außendienstmitarbeitern oder des Handels. Das vollzieht sich typischerweise so, dass der Anbieter durch Werbung, durch Zusendung von Prospekten, Katalogen etc. oder über das Telefon oder das Internet in Kontakt zu potenziellen Kunden tritt, diese können schriftlich oder telefonisch Aufträge geben, und das so bestellte Produkt wird durch die Post oder private Transportunternehmen geliefert. Beim **Vertrieb über eine Verkaufsorganisation** kann man unterscheiden zwischen Außendienstmitarbeitern, die beim Anbieter-Unternehmen angestellt sind (Reisende), und Handelsvertretern, die als rechtlich selbstständige Gewerbetreibende für ein (oder mehrere) Anbieter-Unternehmen Verkaufsabschlüsse vermitteln und tätigen (vgl. Abschnitt 9.3). Die größte Vielfalt der Gestaltungsmöglichkeiten bieten **vertikale Marketing-Systeme**. Damit sind die Organisationen gemeint, die zwischen Hersteller und Konsument stehen und den Strom von Leistungen (gewissermaßen in vertikaler Richtung) ermöglichen und steuern. Typische „Organisationen" in diesem Sinne sind die verschiedenen Formen des Groß- und Einzelhandels. Ein vertikales Marketing-System, das sich aus Herstellern und selbstständigen (unabhängigen) Absatzmittlern zusammensetzt, die in mehr oder minder festen Geschäftsbeziehungen stehen, bezeichnet Bagozzi (1986, S. 576) als „konventionelles System".

---

*"Dell Computer" bietet ein Beispiel für die Besonderheiten und Erfolgschancen eines **direkten Vertriebes**. Während die meisten Computerhersteller (z.B. IBM, Compaq, Apple) ihre Computer über den Handel absetzen und damit schnell und zu relativ geringen Kosten einen flächendeckenden Vertrieb aufgebaut haben, sah Michael Dell das Potenzial für einen direkten Vertrieb von PC's mit Hilfe telefonischer Bestellungen. Jeder Computer wurde erst nach einer Bestellung nach den Ausstattungswünschen des jeweiligen Kunden hergestellt und versandt. Dell hatte dadurch gegenüber Wettbewerbern einige deutliche Vorteile:*

- *Geringe Kosten (vor allem durch Wegfall der Lagerhaltung)*
- *Preisvorteile wegen geringerer Kosten*

> - *Gute Anpassung der verkauften Computer an die jeweiligen Kundenwünsche*
> - *Telefonische Einkaufsmöglichkeiten für die Kunden 24 Stunden am Tag, 7 Tage pro Woche*
>
> *Quelle: Kotler 1999, S. 103 f.*

Seit Ende der 90er Jahre hat der Vertrieb über das **Internet** starke Beachtung gefunden (E-Commerce). Diese Form des Direktmarketing erlaubt es - bei begrenzten Kosten - Angebote weltweit zu präsentieren, einfach und schnell Bestellungen entgegenzunehmen und mit Kunden zu kommunizieren. Allerdings müssen die Anbieter jeweils das Problem der Logistik lösen, um eine zügige und zuverlässige Betreuung der Kunden zu gewährleisten. Hier haben Anbieter "digitaler Produkte" (z. B. Software) natürlich besondere Vorteile, da sie das Internet auch für die "Lieferung" nutzen können.

Bei **vertraglichen Systemen** wird die in der Regel längerfristig angelegte Geschäftsbeziehung zwischen Herstellern und Absatzmittlern bei Aufrechterhaltung der rechtlichen Selbstständigkeit der Partner durch entsprechende Verträge geregelt. Gegenstand solcher Verträge sind oftmals bestimmte Exklusivrechte eines Absatzmittlers für besimmte Produkte in seinem Einzugsgebiet, die Bindung des Absatzmittlers an die Produkte eines bestimmten Herstellers und der Ausschluss konkurrierender Produkte sowie die Verpflichtung von Herstellern und/oder Absatzmittlern zur Erbringung bestimmter Leistungen (z.B. im Hinblick auf Warenpräsentation, Service, Kommunikation). Gängige Beispiele dafür sind die Vertragshändler in der Automobilbranche. Eine besonders erfolgreiche und sich weiter ausbreitende Form vertraglicher Vertriebssysteme ist das **Franchising**, dessen Grundidee darin besteht, dass ein Anbieter (Franchise-Geber) Händlern (Franchise-Nehmer) gestattet, im Rahmen eines vorgegebenen Marketingkonzepts (Marke, Produktmerkmale, Kommunikation etc.) in einem Gebiet exklusiv tätig zu werden. Der Franchise-Nehmer verpflichtet sich, sich durch Ladenausstattung, Produktpräsentation etc. an das vorgegebene Marketingkonzept anzupassen und zahlt ein Entgelt an den Franchise-Geber. Letzterer erbringt Dienstleistungen, entwickelt das entsprechende Marketingkonzept, betreibt Werbung etc. Ein prominentes Beispiel für ein Franchise-System bietet der italienische Textilhersteller Benetton mit mehreren tausend lizenzierten Einzelhändlern in zahlreichen Ländern. Ein Vorteil derartiger Systeme besteht für den Franchise-Geber darin, dass er mit begrenztem Kapitaleinsatz ein umfassendes Distributionssystem aufbauen kann, innerhalb dessen die Franchise-Nehmer als selbstständige Unternehmer sich mit Initiative und Engagement für das Produkt einsetzen. Der Franchise-Nehmer kann auch als kleiner oder mittlerer Unternehmer an den Vorzügen einer „großen" Marke partizipieren, erhält Dienstleistungen, Know-how etc. und vermindert das Risiko des geschäftlichen Scheiterns.

Hier zwei Hinweise zur praktischen Bedeutung des **Franchising***:*

Nach Angaben des Deutschen Franchise Verbandes hat sich dieser Bereich in Deutschland Ende des 20ten Jahrhunderts stark entwickelt:

	1998	*1999*
Zahl der Franchise-Geber	*630*	*720*
Zahl der Franchise-Nehmer	*31.000*	*34.000*
Beschäftigte in Franchise-Systemen	*320.000*	*330.000*
Umsatz von Franchise-Systemen	*DM 35 Mrd.*	*DM 38 Mrd.*

Beispiele allseits bekannter Franchise-Systeme sind:

- *CocaCola*
- *McDonald's*
- *"Eismann" - Tiefkühl-Heimservice*
- *OBI Heimwerkermärkte*

Für die **Gestaltung von Vertriebssystemen** zentrale Überlegungen laufen darauf hinaus, dass bei der Auswahl von Absatzwegen zwei Fragen im Mittelpunkt stehen:

Wie stark ist der Einfluss des Anbieters auf das Geschehen in den nachgelagerten Stufen des Absatzweges? Kann der Hersteller Warenpräsentation, Preise etc. bis zum Verkauf an die Endverbraucher steuern oder endet sein Einfluss beim Verkauf der Ware an einen Großhändler oder Exporteur?

Wie „lang" ist der Vertriebsweg, d.h. über wie viele Stufen geht der Weg des Produkts vom Hersteller zum Endverbraucher?

Die Merkmale Länge und Beeinflussbarkeit eines Absatzweges sind nicht völlig unabhängig voreinander. Bei langen Absatzwegen ist der Einfluss der Hersteller bis zur letzten Stufe nur schwierig zu realisieren, bei extrem kurzen Absatzwegen ist dieser Einfluss fast automatisch gegeben.

Welches sind nun Gesichtspunkte, die bei der Auswahl von Absatzwegen eine Rolle spielen? Zunächst zur Entscheidung über die **Länge eines Absatzweges**. Murphy/Enis (1985, S. 363) stellen Faktoren gegenüber, die eher einen „kurzen" Absatzweg (direkt oder sehr wenige Handelsstufen) bzw. einen „langen" Absatzweg (mehrere Handelsstufen) begünstigen (siehe Abbildung 9.4).

Einflussfaktor	Eher kurzer Absatzweg bei:	Eher langer Absatzweg bei:
Abnehmer	- wenigen Großkunden	- vielen kleinen Kunden
	- Kunden mit speziellen Wünschen	- Kunden mit standardisierten Wünschen
Anbieterunternehmen	- guter Marktkenntnis	- begrenzter Marktkenntnis
Produkt	- sehr speziellen Produkten	- Alltagsprodukten
	- Dienstleistungen	- standardisierten Sachgütern
	- selten gekauften Produkten	- häufig gekauften Produkten
Preis	- hohem Produktpreis	- niedrigem Produktpreis

Abbildung 9.4:   Einflussfaktoren hinsichtlich der Länge des Absatzweges
Quelle: nach Murphy/Enis 1985, S. 363

Hinsichtlich der **Beeinflussungsmöglichkeit des Absatzweges** seitens der Hersteller ist es schwieriger, allgemeingültige Aussagen zu machen. Immerhin kann man wohl davon ausgehen, dass Unternehmen, die ihre Produkte mit einer Differenzierungsstrategie vermarkten, also über die Abhebung von Konkurrenzprodukten durch überlegene Produktqualität, guten Service, anspruchsvolles Design etc., am ehesten auf eine Kontrolle der Absatzwege Wert legen, um eine angemessene Warenpräsentation in einem Sortiment vergleichbar anspruchsvoller Produkte und die Erzielung von Preisen, die der Produktpositionierung entsprechen, sicherstellen zu können. Dagegen können sich Anbieter, deren Wettbewerbsvorteil in geringen Kosten und damit verbundenen niedrigen Preisen besteht (Kostenführerschaft), mit geringerem Einfluss auf Absatzmittler begnügen. Im Interesse dieser Anbieter liegt die Einschaltung vieler Absatzmittler, die im (Preis-) Wettbewerb untereinander stehen und so den relevanten Wettbewerbsvorteil „Kosten bzw. Preis" zur Geltung bringen.

Zur Abrundung der vorstehend skizzierten Überlegungen bei der Auswahl von Absatzwegen, bei denen es ja nicht zuletzt um die Anzahl einzuschaltender Absatzmittler ging, sollen hier noch einige Gesichtspunkte zusammengestellt werden, die sich auf Funktionen des Handels beziehen. Ganz elementar ist der durch Abbildung 9.5 illustrierte Aspekt, dass durch die Einschaltung des Handels die Zahl der Markttransaktionen zwischen Herstellern und Endverbrauchern reduziert (im stark vereinfachten Beispiel von 24 auf 10) werden kann. Offenbar kann gerade bei räumlich breit gestreuter Nachfrage die Verteilung von Gütern durch die Einschaltung des Handels effizienter gestaltet werden als beim Direktvertrieb vom Hersteller zum Endabnehmer.

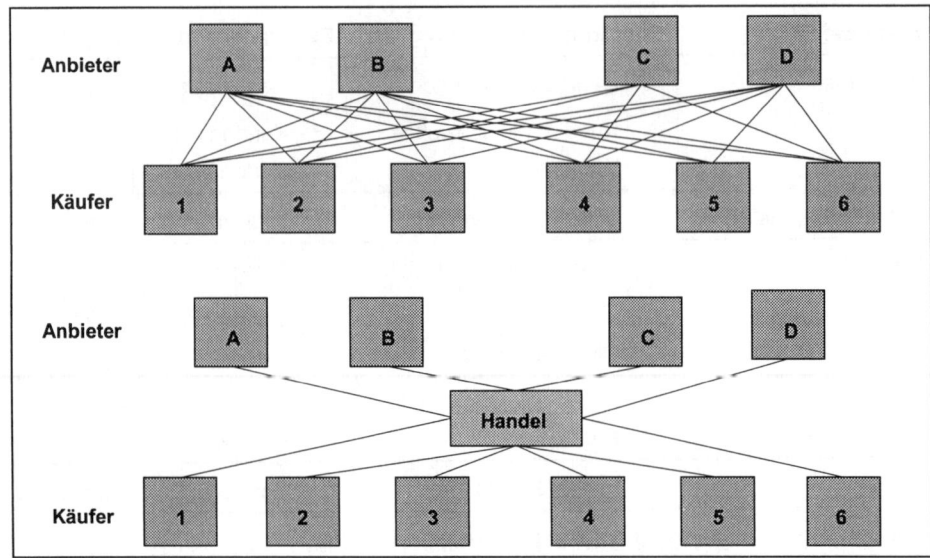

Abbildung 9.5:   Markttransaktionen mit und ohne Einschaltung des Handels

Die Diskussion von Funktionen des Handels ist im betriebswirtschaftlichen Schrifttum ein schon altes Thema. Es findet sich dazu eine Vielzahl von Darstellungen, deren Grundideen aber nicht sehr verschieden sind. Im vorliegenden Buch wird eine Kennzeichnung der Handelsfunktionen in Anlehnung an Karl-Christian Behrens (1966) gewählt. Behrens war ein Wissenschaftler, der die Entwicklung von absatzwirtschaftlicher Forschung und Lehre in den 50er und 60er Jahren in Deutschland maßgeblich geprägt hat. Er unterschied folgende Funktionen des Handels:

Funktion des zeitlichen Ausgleichs
Üblicherweise verlaufen Produktion und Nachfrage nicht synchron. Die entsprechenden Zeitspannen werden zum Teil vom Handel durch Lagerhaltung ausgeglichen.

Funktion des räumlichen Ausgleichs
Zur Funktion des räumlichen Ausgleichs gehören die früher viel stärker als heute vom Handel wahrgenommenen Transportaufgaben. Weiterhin ist die Rolle des Handels bei der Heranführung von Angeboten an die räumlich weit verstreuten potenziellen Abnehmer erwähnenswert.

Funktion des preislichen Ausgleichs
Der preisliche Ausgleich bezieht sich auf die traditionell beim Handel vorhandene besondere Marktkenntnis und die damit verbundene Fähigkeit, auch im Interesse der Kunden günstige Angebote wahrzunehmen und die sich daraus ergebenden Preisvorteile weiterzugeben.

Funktion des quantitativen und qualitativen Ausgleichs

Mit dem quantitativen und qualitativen Ausgleich wird eine der zentralen Aufgaben des Handels angesprochen, die Bildung von attraktiven **Sortimenten** für die in Frage kommenden Abnehmergruppen. „Quantitativ wird die Anzahl der Warengruppen (Sortimentsbreite) bestimmt, qualitativ die Vielfalt innerhalb einer Warengruppe (Sortimentstiefe) festgelegt. Sortimentsbreite und -tiefe ergeben die Sortimentsdimensionen." (Behrens, 1966, S. 13). Daneben gehört zum quantitativen und qualitativen Ausgleich die bedarfsgerechte Disposition von Warenmengen und die (nicht mehr klar von der Produktion abgrenzbare) Manipulation (z.B. Reifung) der weiterzuverkaufenden Waren.

Funktion des informatorischen Ausgleichs

Die informatorische Aufgabe des Handels ist eine zweiseitige. Einerseits informiert und berät er die Kunden über zur Auswahl stehende Angebote. Andererseits können Anbieter über Veränderungen auf der Nachfrageseite informiert werden.

9.3 Entscheidungen über Verkaufspersonal und Absatzmittler

Im Zusammenhang der Gestaltung der eigenen Verkaufsorganisation und mit der Auswahl von Absatzmittlern sollen im vorliegenden Abschnitt zwei zentrale Fragen angesprochen werden:

- Sind im Falle des Vertriebs über eine Verkaufsorganisation (angestellte) **Reisende** oder (selbstständige) **Handelsvertreter** zu bevorzugen?

- **Wieviele Verkaufsstellen** soll ein vertikales Marketing-System umfassen (intensive, selektive oder exklusive Distribution)?

Zunächst zum Problem „**Reisender**" oder „**Handelsvertreter**". Reisende sind Angestellte eines Unternehmens, die - wie die Bezeichnung schon andeutet - dessen Kunden vor allem zum Zweck des Verkaufs mehr oder weniger regelmäßig aufsuchen. Als Angestellte sind sie weisungsgebunden; bei ihrer Bezahlung liegt der Schwerpunkt auf einem Fixum, das oftmals durch eine leistungsabhängige Provision ergänzt wird. Dagegen sind Handelsvertreter rechtlich selbstständige Gewerbetreibende, deren Aufgabe darin besteht, Verkäufe für das (oder die) von ihnen vertretene(n) Unternehmen herbeizuführen. Die Tätigkeit eines Vertreters kann also nur einem oder auch mehreren Anbieterunternehmen gelten. Bei der Bezahlung von Handelsvertretern steht typischerweise der umsatzorientierte Provisionsanteil im Vordergrund, der häufig mit einem gewissen Fixum gekoppelt ist.

Hinsichtlich der Entscheidung über den Einsatz von Vertretern oder Reisenden sollen hier einige elementare quantitative und qualitative Überlegungen angestellt werden. Die quantitativ zu behandelnden Aspekte beziehen sich vor allem auf die anfallenden **Kosten.** Von Gutenberg (1968, S. 146 ff.) stammt ein Ansatz zum kostenmäßigen Vergleich beider Arten des Verkaufs, der hier kurz skizziert sei. Es wird dabei unterstellt, dass der erzielbare Umsatz unabhängig von der Art der eingesetzten Außendienstmitarbeiter ist, dass also die entstehenden Kosten für eine Entscheidung ausschlaggebend sind. Die Kosten für Reisende und Handelsvertreter entstehen durch das jeweilige Fixum sowie die sich aus Umsätzen und Provisionssätzen ergebenden Provisionen. In der Regel liegt bei Vertretern das Fixum niedriger und der Provisionssatz höher als bei Reisenden. In Abbildung 9.6 sind die Kostenentwicklungen bei Reisenden und Handelsvertretern dargestellt. Es ist zu erkennen, dass der Einsatz von Reisenden bei Umsätzen, die oberhalb eines bestimmten Wertes U_K ("kritischer Umsatzwert") liegen, kostengünstiger ist. In Abbildung 9.6 gelten folgende Symbole: K_R = Kosten für einen Reisenden, K_V = Kosten für einen Vertreter, F_R = Fixum für Reisende, F_V = Fixum für Vertreter, q_R = Provisionssatz für Reisende, q_V = Provisionssatz für Vertreter, U = Umsatz

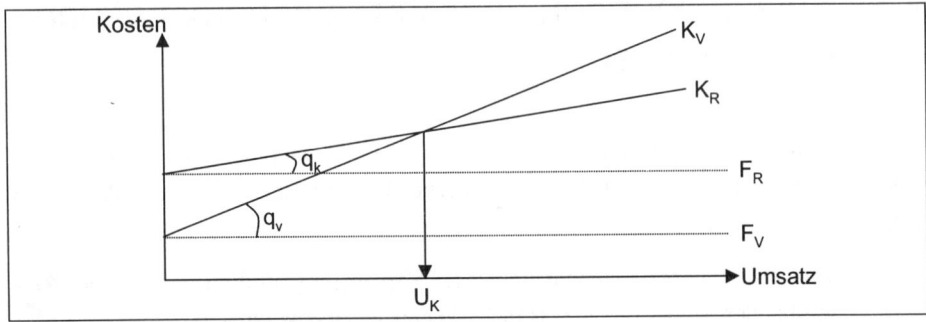

Abbildung 9.6:   Kostenvergleich bei Reisenden und Handelsvertretern

Nun zu einigen eher **qualitativen Erwägungen** bei der Entscheidung „Handelsvertreter oder Reisende". Diese haben vor allem zu tun mit den spezifischen Fähigkeiten der im Außendienst Tätigen, mit ihrer Motivation und mit den Möglichkeiten des Unternehmens zu ihrer Steuerung.

Im Hinblick auf den letztgenannten Gesichtspunkt, die **Steuerung und Kontrolle der Verkaufsorganisation** durch das Anbieterunternehmen, liegen in der Sicht des Unternehmens klare Vorteile beim Reisenden, bei dem sich Tourenpläne, Besuchshäufigkeit, Forcierung bestimmter Produkte etc. relativ leicht durch Vorgaben beeinflussen lassen. Im Hinblick auf **Fähigkeiten der Verkäufer** (z.B. Marktkenntnisse, Produktwissen) ergibt sich ein differenzierteres Bild: Während beim Handelsvertreter, der oftmals ein ganzes Sortiment „passender" Produkte verschiedener Hersteller vertritt, in der Regel die besseren Marktkenntnisse und Kundenkontakte gegeben sind, verfügt der Reisende durch seine Ausrichtung auf die Produkte eines Herstellers sowie entsprechende Schulung und unternehmensinterne Kontakte typischerweise über bessere Kenntnisse der Produkte und ihrer Einsatzmöglichkeiten. **Initiative und Engagement** beim Verkauf dürften nicht zuletzt durch den hohen Provisionsanteil bei der Bezahlung bei Vertretern größer sein als bei Reisenden. Dagegen kann man bei Reisenden mit einer konsequenteren Ausrichtung der Verkaufsaktivitäten auf das jeweilige Anbieterunternehmen rechnen.

Die zweite der eingangs dieses Abschnitts gestellten Fragen bezieht sich auf die Auswahl von Absatzmittlern: **Wievele Verkaufsstellen** soll ein vertikales Marketing-System umfassen? In diesem Zusammenhang wird hauptsächlich zwischen

- intensiver,

- selektiver und

- exklusiver

Distribution unterschieden.

Von **intensiver Distribution** spricht man, wenn ein Produkt in einem Gebiet an sehr vielen (oftmals: möglichst allen) einschlägigen Verkaufsstellen erhältlich ist. Diese Art der Distribution ist typisch für die zahlreichen niedrigpreisigen Güter des täglichen Bedarfs, wie z.B. Lebensmittel, Körperpflege-Produkte, Süßigkeiten, Erfrischungsgetränke oder Zigaretten. Da derartige Produkte meist ohne lange Überlegung gewohnheitsmäßig oder spontan gekauft werden, müssen sie an den gängigen Einkaufsstätten möglichst überall erhältlich sein. Anderenfalls sind große Marktanteile oder gar eine Marktführerschaft kaum erreichbar, weil Kunden nur im Ausnahmefall besondere Geschäfte aufsuchen, um bestimmte Markenprodukte zu kaufen, sondern eher die Marke wechseln. Ein Musterbeispiel für intensive Distribution bietet CocaCola, die fast überall erhältlich ist.

Ein **Vorteil** intensiver Distribution besteht in der umfassenden Präsenz im Handel, die zu erhöhtem Bekanntheitsgrad der Marke sowie zur Anregung von Spontan- und Probierkäufen führt. Ferner ist sie bei den oben genannten Arten von Produkten Voraussetzung für die Entstehung von Markenbindungen und für Wiederholungskäufe. Andererseits entsteht für Herstellerunternehmen, die eine intensive Distribution anstreben, häufig das Problem, sich im Wettbewerb mit anderen Anbietern dabei durchzusetzen, dass der knappe Regalplatz im Handel mit dem eigenen Produkt besetzt wird. Dabei müssen vielfach Preiszugeständnisse an den Handel gemacht werden und zusätzliche Service-Leistungen erbracht werden. Weitere **Nachteile**, die mit intensiver Distribution verbunden sind, sind die relativ geringe Kontrolle der Vermarktung des Produkts und Probleme bei der Logistik (zahlreiche kleinere Bestellungen, aufwendiges Belieferungssystem).

Den Gegenpol zur intensiven bildet die **exklusive Distribution**. Charakteristisch dafür ist die Beschränkung auf eine Verkaufsstelle pro Gebiet. Diese Art der Distribution findet man am ehesten bei hochpreisigen Gütern, bei denen erhebliche Anforderungen an den Service gestellt und/oder einem anspruchsvollen Produkt-Image entsprochen werden muss. Leistungsfähige Händler erhalten also das Recht, in ihrem Einzugsgebiet das betreffende Produkt als einzige anzubieten, müssen aber oftmals auf den Vertrieb konkurrierender Produkte verzichten. Ein **Vorteil** exklusiver Distribution für das Hersteller-Unternehmen besteht in einer weitgehenden Kontrolle der Vermarktung des Produkts im Hinblick auf Warenpräsentation, Konkurrenzumfeld, Anstrengungen des Händlers etc. Ein **Nachteil** ist natürlich die begrenzte Marktabdeckung. **Beispiele** für exklusive Distribution bei Konsumgütern bieten die Automarke Mercedes-Benz, Porsche sowie der Schmuckanbieter Cartier.

Zwischen intensiver und exklusiver Distribution steht die **selektive Distribution**. Ihr Kennzeichen ist die Beschränkung auf eine begrenzte Zahl von Absatzmittlern in einem Verkaufsgebiet. Es handelt sich typischerweise um einen Kompromiss zwischen weitgehender Marktabdeckung und der Sicherstellung der Leistungsfähigkeit der Händler, die das betreffende Produkt führen. Man findet diese Art der Distribution häufig bei Produkten, vor deren Kauf sich die Kunden in mehreren Geschäften informieren (z.B. Möbel oder Elektrogeräte). Somit erreicht man mit einem Produkt einen Großteil der potenziellen Kunden, auch wenn dieses nur in einer begrenzten Zahl von Geschäften angeboten wird. Hinsichtlich der **Vor- und Nachteile** selektiver Distribution kann hier auf die entsprechenden Argumente bei der Erörterung von intensiver und exklusiver Distribution verwiesen werden. Beispiele für selektive Distribution im Konsumgüterbereich sind die Marken Seiko (Uhren) und Lacoste (Bekleidung). In Abbildung 9.7 sind die zentralen Kennzeichen der vorstehend erörterten Arten der Distribution zusammengestellt.

Kotler/Armstrong/Saunders/Wong (1996, S. 826) skizzieren ein Beispiel für die **Gründe für selektive Distribution**:

"Beispielsweise verkaufen Philips-Whirlpool, Braun, Elektrolux und Hoover ihre Haushaltsgeräte über Handels-Netzwerke und ausgewählte große Einzelhändler. Durch die Entscheidung für selektive Distribution müssen sie ihre Anstrengungen nicht auf viele Verkaufsstellen - einschließlich vieler unbedeutender - verteilen. Sie können gut funktionierende Beziehungen zu ausgewählten Absatzmittlern aufbauen und erreichen überdurchschnittliche Verkaufsanstrengungen. Selektive Distribution gibt Herstellern eine gute Marktabdeckung mit mehr Einfluss und geringeren Kosten als bei intensiver Distribution."

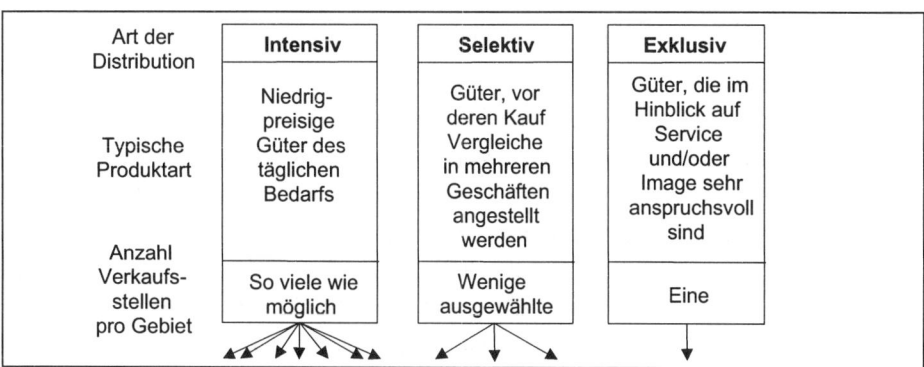

Abbildung 9.7:   Merkmale von intensiver, selektiver und exklusiver Distribution

9.4 Persönlicher Verkauf

Im Abschnitt 9.1.2 ist schon darauf hingewiesen worden, dass beim persönlichen Verkauf die Intensität der diesbezüglichen Forschungsanstrengungen keineswegs der Bedeutung dieses Marketinginstruments entspricht. Zu den wenigen Wissenschaftlern, die über längere Zeit systematische Forschung zum persönlichen Verkauf betrieben haben, gehören Gilbert Churchill, Neil Ford und Orville Walker. Diese haben neben einer Vielzahl von Einzeluntersuchungen ein maßgebliches Lehrbuch (1997) dazu publiziert und in diesem Rahmen ein Modell zur Erklärung der Verkaufsleistung konzipiert. Dieses Modell dient hier als theoretischer Rahmen für eine kurze Darstellung wesentlicher Aspekte der Tätigkeit von Verkäufern. Eine Übersicht über das Modell gibt die Abbildung 9.8.

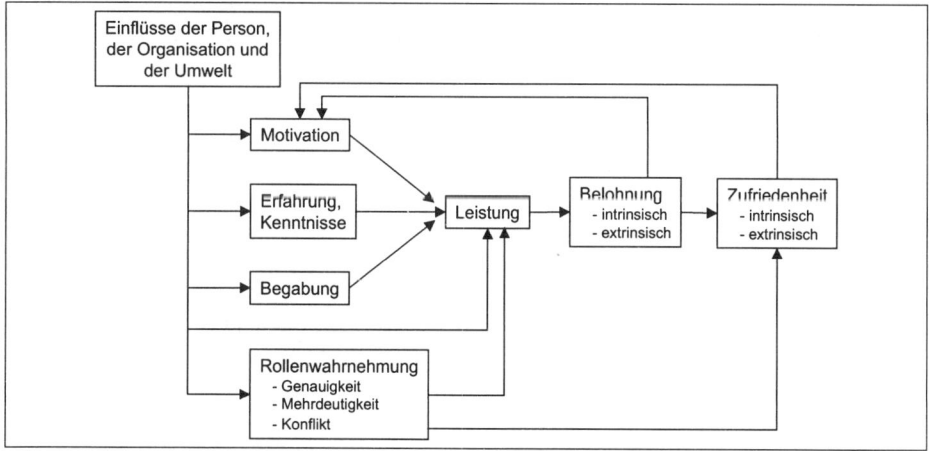

Abbildung 9.8:   Modell zur Erklärung der Verkaufsleistung
                  Quelle: Churchill/Ford/Walker 1997, S. 328

Nun zu den einzelnen Einflussfaktoren und ihrem Wirkungszusammenhang.

Rollenwahrnehmung

Jedem Verkäufer wird im Unternehmen eine **Rolle** zugewiesen, die sich in den Tätigkeiten und Verhaltensweisen, die vom Verkäufer erwartet werden, konkretisiert. Die Festlegung dieser Rolle erfolgt über Stellenbeschreibungen, Schulungen, Aufgaben etc. vor allem durch das Management des eigenen Unternehmens und die Kunden. Die Wahrnehmung dieser Anforderungen durch die Verkäuferin bestimmt wesentlich deren Verhalten. Der Aspekt der **Genauigkeit** bezieht sich dabei auf die Übereinstimmung der Wahrnehmung mit den tatsächlichen Erwartungen von Vorgesetzten und Kunden. Im Hinblick auf die Leistungen des Verkäufers können Beeinträchtigungen durch Ungenauigkeit und Mehrdeutigkeit der Rollenwahrnehmung und Rollenkonflikte entstehen. **Mehrdeutigkeit der Rollenwahrnehmung** ergibt sich, wenn der Verkäufer den Eindruck hat, dass ihm nicht genügend Informationen für eine klare Einschätzung der ihm gestellten Aufgaben zur Verfügung stehen. Dagegen bezieht sich die **Ungenauigkeit der Rollenwahrnehmung** eher auf Missverständnisse der an ihn gerichteten Erwartungen. Das kann dazu führen, dass er sich - im Gegensatz zum Problem der Mehrdeutigkeit - mit großer innerer Überzeugung an Zielen und Vorgaben orientiert, die nicht denen seiner Bezugspersonen entsprechen. **Rollenkonflikte** entstehen, wenn der Verkäufer den Eindruck hat, dass verschiedene Bezugsgruppen nicht miteinander vereinbare Forderungen an ihn stellen.

Motivation

Motivation ist eine der Kräfte, die das Verhalten von Menschen antreiben. Motivationen für bestimmte Verhaltensweisen entstehen typischerweise dadurch, dass Wünsche (bzw. Ziele) in Verbindung gebracht werden mit Wegen (bzw. Mitteln), die zur Realisierung dieser Wünsche führen sollen. So kann die Motivation zu anspruchsvollem Bekleidungsverhalten darin bestehen, soziale Anerkennung zu erlangen, oder die Motivation für zusätzliche Kundenbesuche darin, Prämien zu erzielen. Im hier zu erörternden Zusammenhang kennzeichnet die Motivation das Engagement, mit dem eine Verkäuferin ihre verschiedenen Aufgaben und Tätigkeiten wahrnimmt. Im einzelnen geht es darum, dass sie

- **Initiativen** bezüglich anstehender Aufgaben ergreift (z.B. Herstellung von Kundenkontakten, Formulierung von Angeboten)

- **Anstrengungen** zur Erfüllung ihrer Aufgaben übernimmt (z.B. durch zahlreiche Kontaktversuche) und

- **Ausdauer** bei ihren Anstrengungen über einen längeren Zeitraum zeigt.

Welches sind nun die Einflussfaktoren der Motivation von Verkäufern? Wenn ein Verkäufer erwartet, dass eine bestimmte Aktivität zur Steigerung eines Aspekts der

Verkaufsleistung beiträgt, dass diese Leistungssteigerung zu einer (z.B. monetären) Belohnung führt und wenn diese Belohnung für ihn attraktiv ist, dann resultiert das normalerweise in der Motivation, sich entsprechend zu verhalten.

Erfahrungen, Kenntnisse

Unter Erfahrungen und Kenntnissen versteht man erlernte Fähigkeiten des Verkäufers, die dazu dienen, seine Aufgaben zu erfüllen. Über einen Teil der zum Verkauf notwendigen Erfahrungen und Kenntnisse lassen sich wenig allgemeine Ausführungen machen, da diese auf die jeweilige Produktkategorie bzw. Branche bezogen sind. Andere, insbesondere Verkaufs- und Kommunikationstechniken, haben allgemeinere Bedeutung und sind weitgehend unabhängig von den Spezifika eines Unternehmens oder einer Branche. Das wichtigste Hilfsmittel in diesem Zusammenhang sind Verkäuferschulungen. Die Schwerpunkte solcher Schulungen liegen bei:

- Verkaufstechniken (z.B. Gestaltung einer Präsentation)

- Kommunikationstechniken (z.B. Konfliktlösung)

- Technischem Know-how (z.B. Produktkenntnisse)

Begabung

Viele Menschen haben eine Vorstellung von dem, was man unter "Verkaufsbegabung" versteht. Dennoch ist eine Definition des Einflussfaktors Begabung nicht einfach. Man versteht darunter die Vielfalt persönlicher Eigenschaften einschließlich geistiger Fähigkeiten, die eben nicht erlernt sind und neben der Motivation und der Rollenwahrnehmung die Leistungsfähigkeit von Verkäufern bestimmen. Am einfachsten operationalisierbar sind "äußere" Eigenschaften von Verkäufern (z.B. Alter, Geschlecht, Erscheinungsbild), obwohl gerade dabei eine Begründung des Einflusses dieser Merkmale auf die Verkaufsleistung nicht leicht fällt. Immerhin ist gut denkbar, dass sich Alter und formaler Ausbildungsstand (z.B. abgeschlossenes Studium) auf die durch den Kunden wahrgenommene Kompetenz auswirken.

Arthur Miller (1986 [erstmals erschienen 1949], S. 29/30) beschreibt in seinem Theaterstück "Tod eines Handlungsreisenden" am Beispiel der Figur des Willy Loman, wie stark äußere Merkmale der Person und des Auftretens den Erfolg von Verkäufern beeinflussen können:
WILLY Einhundertzwanzig Dollar! Mein Gott, wenn's nicht aufwärts geht mit'm Geschäft, weiß ich auch nicht-
LINDA Also, nächste Woche schaffst Du sicher mehr.
WILLY Ja, nächste Woche leg' ich sie aufs Kreuz. Ich fahr' nach Hartford. In Hartford bin ich sehr beliebt. Das Problem ist, Linda, ich glaub', die Leute nehmen mich nicht ernst. Sie kommen in den Vordergrund.
LINDA Ach red' keinen Unsinn.
WILLY Ich weiß es, sowie ich reinkomme. Sie scheinen mich auszulachen.

LINDA Wieso? Wieso sollten sie über dich lachen? Sag so was nicht, Willy.
Willy kommt an den Bühnenrand. Linda geht in die Küche und beginnt, Strümpfe zu stopfen.
WILLY Ich kann's mir auch nicht erklären, aber sie gehen an mir vorbei. Ich bin Luft für sie.
LINDA Du schaffst es doch prima, Lieber. Du machst siebzig bis hundert Dollar in der Woche.
WILLY Aber ich brauch' zehn, zwölf Stunden am Tag dafür. Die anderen - ich weiß nicht - die haben's leichter. Ich weiß nicht warum - ich kann den Mund nicht halten - ich rede zuviel. Man sollte mit wenigen Worten auftreten. Eins muss man Charley lassen. Er macht nicht viel Worte und wird geachtet.
LINDA Du redest nicht zuviel, du bist nur lebhaft.
WILLY lächelnd Na ja, was solls, zum Teufel, das Leben ist kurz, ein paar Witze können nicht schaden. Für sich. Ich mach' zuviel Witze. Das Lächeln verschwindet.
LINDA Wieso? Du bist -
WILLY Ich bin klein. Ich sehe richtig - lächerlich aus, Linda. Ich hab' dir nichts gesagt, aber um Weihnachten rum sprach ich bei F.H. Stewarts vor, und ein Vertreter, den ich kenne, gerade als ich rein zu dem Einkäufer gehe, höre ich ihn sagen: Knirps. Und ich - ich gab ihm eine in die Fresse. So was lass ich mir nicht gefallen. So was nicht! Aber sie lachen mich aus. Das weiß ich.
LINDA Liebling...
WILLY Ich muss das überwinden. Ich muss das schaffen. Vielleicht bin ich unvorteilhaft gekleidet.

Bezüglich der **geistigen Fähigkeiten** und **Merkmale der Persönlichkeit** sind die Wirkungen auf den Verkaufserfolg leicht nachvollziehbar. Die Relevanz z.B. von Artikulationsfähigkeit, Intelligenz oder Kontaktfreudigkeit ist unmittelbar einsichtig.

Einflüsse der Person, der Organisation und der Umwelt

Die hier zu erläuternden "Hintergrund-Variablen" sollen durch einige Beispiele illustriert werden. Hinsichtlich des Einflusses der Merkmale der **Person** eines Käufers ist es recht plausibel, dass in verschiedenen Altersgruppen und bei verschiedenem Familienstand die motivierende Wirkung materieller Anreize unterschiedlich stark ist. Die **Organisation** (das Unternehmen) wirkt natürlich z.B. durch Verkäuferschulungen (→ Kenntnisse der Verkäufer) und durch Kommunikationsmaßnahmen, die den Verkauf unterstützen, direkt und indirekt auf den Erfolg einer Verkäuferin ein. Als Beispiele für **Umweltfaktoren** seien nur das Absatzpotenzial in den einzelnen Verkaufsgebieten und das Ausmaß von Konkurrenzaktivitäten genannt.

Leistung

Bei der Messung und Beurteilung der Leistungen von Verkäufern sind mehrere Aspekte zu unterscheiden. Zunächst geht es um **Tätigkeiten** des Verkäufers, also darum, ob er Kundenbesuche vorbereitet, Kaufinteressenten kontaktiert, Besuchsberichte anfertigt etc. Weiterhin ist natürlich bedeutsam, inwieweit diese Tätigkeiten **qualifiziert und zielorientiert** ausgeführt werden. Im Zusammenwirken mit Einflüssen der Organisation (z.B. Werbeintensität des Unternehmens, relative Produktqualität) und der Umwelt (z.B. Marktwachstum, Wettbewerbsintensität) ergibt sich dann der **Erfolg** des Verkäufers **im engeren Sinne**, der sich z.B. in Umsätzen oder in den erzielten Verkaufspreisen niederschlägt. Festzuhalten ist, dass die Leistung(sfähigkeit) eines Verkäufers keineswegs allein an Hand der erzielten Verkaufsabschlüsse zu beurteilen ist, da dabei eben auch die vorstehend genannten anderen Faktoren eine Rolle spielen.

Belohnung

Unterschieden werden **intrinsische** und **extrinsische Belohnungen**. Letztere werden von anderen Personen als der Verkäuferin selbst vergeben. Klassische Beispiele sind finanzielle Anreize und Beförderungen. Im anderen Fall (intrinsisch) belohnt die Verkäuferin sich selbst, z.B. durch berufliche Erfüllung und Selbstbewusstsein. Die direkte Rückwirkung von Belohnungen auf die Motivation von Verkäuferinnen ist leicht nachvollziehbar.

Zufriedenheit

Bei der Zufriedenheit des Verkäufers mit seiner beruflichen Tätigkeit werden ebenfalls **intrinsische und extrinsische Aspekte** unterschieden. Intrinsische Zufriedenheit resultiert z.B. aus Freude an der Arbeit. Extrinsische Zufriedenheit ergibt sich dagegen aus sozialer Anerkennung, Zufriedenheit mit der Entlohnung und Aufstiegschancen. Einflussfaktoren der Zufriedenheit sind vor allem Belohnungen und die Rollenwahrnehmung, da Rollenkonflikte und Unsicherheit hinsichtlich der Erwartungen von Vorgesetzten und Kunden sich negativ auswirken (und umgekehrt). Auch hier ist die Wirkung der Zufriedenheit auf die Motivation von Verkäufern unmittelbar plausibel.

Literaturempfehlungen zum 9. Kapitel

AHLERT, DIETER (1996): Distributionspolitik, 3. Aufl., Stuttgart/Jena.

BELZ, CHRISTIAN (1996): Verkaufskompetenz, St. Gallen.

BELZ, CHRISTIAN / TOMCZAK, TORSTEN (HRSG.) (1997): Marktbearbeitung und Distribution, St. Gallen.

CHURCHILL, GILBERT / FORD, NEIL / WALKER, ORVILLE (1997): Sales Force Management, 5. Aufl., Homewood (Ill.).

DEHR, GUNTHER / DONATH, PETER (1999): Vertriebs-Management, München/Wien.

MÜLLER-HAGEDORN, LOTHAR (1993): Handelsmarketing, 2. Aufl., Stuttgart u.a.O.

SCHUCHERT-GÜLER, PAKIZE (2001): Kundenwünsche im persönlichen Verkauf, Wiesbaden.

SPECHT, GÜNTHER (1992): Distributionsmanagement, 2. Aufl., Stuttgart u.a.O.

10. Marketingplanung (Teil 2)

10.1 Planung des Marketing-Mix

10.1.1 Bedeutung und Probleme der Planung des Marketing-Mix

Nach der Diskussion der marktorientierten Geschäftsfeldplanung im Abschnitt 5.4 ist die Behandlung der Marketingplanung unterbrochen worden, da sich an dieser Stelle die Planung des Marketing-Mix anschließt und es deswegen als sinnvoll erschien, zunächst die verschiedenen Instrumentalbereiche des Marketing vorzustellen. Dieses ist in den Kapiteln 6 bis 9 geschehen. Darauf aufbauend kann jetzt erörtert werden, wie einzelne Maßnahmen zu einem Marketing-Mix zusammengefügt werden.

Im Abschnitt 1.2.2 ist schon darauf hingewiesen worden, dass es im Marketing ganz wesentlich auf das **abgestimmte Zusammenwirken einer Vielzahl von Instrumenten** ankommt. Das jeweilige **Marketing-Mix** ist die für einen bestimmten Planungszeitraum ausgewählte Kombination von Marketing-Aktivitäten. Bei seiner Planung steht das Auffinden einer günstigen **Mittelkombination** im Vordergrund, nicht die Optimierung einzelner Instrumente. Die Bedeutung dieses Aspekts soll durch ein kleines Beispiel illustriert werden: Man denke an das Marketing für ein hochwertiges Parfum. Hier müssen für einen dauerhaften Markterfolg offenbar bestimmte Ausprägungen der Marketinginstrumente zusammenkommen: gute Produktqualität, hoher Preis ($\rightarrow$ Qualitätsindikator), anspruchsvolle Werbung, luxuriöse Verpackung, Vertrieb über exklusive Fachgeschäfte. Eine einzige „nicht passende" Komponente im Marketing-Mix, z.B. eine billig wirkende Verpackung oder Vertrieb über Discountgeschäfte, würden dazu führen, dass die Akzeptanz des Produkts bei Konsumenten deutlich geringer wäre.

Die zweckentsprechende Abstimmung der einzelnen Marketing-Aktivitäten aufeinander stellt ein für Theorie und Praxis besonders schwieriges Problem dar. Die wichtigsten Ursachen für diese Schwierigkeit sind nach Nieschlag/Dichtl/Hörschgen (1994, S. 891 ff.) und Kuß/Tomczak (2001, S. 208 ff.):

Große Zahl von Kombinationsmöglichkeiten der Marketing-Instrumtente

Bei den verschiedenen Marketinginstrumenten, die jeweils vielfältige Ausprägungen haben können, ergeben sich sehr viele mögliche Kombinationen von Maßnahmen. Es ist deshalb ausgeschlossen, alle Kombinationen zu prüfen, um eine besonders günstige auszuwählen.

Interdependenzen von Marketinginstrumenten

Hier ist u.a. das Zusammenwirken von Instrumenten angesprochen. Beispielsweise macht man häufig die Erfahrung, dass die gemeinsame Wirkung einer Preissenkung und einer kommunikativen Maßnahme (z.B. Verkaufsförderung) auf den Marktanteil größer ist als die Summe der Einzelwirkungen, da die Kommunikation die Wirkung der Preissenkung bei den Abnehmern verstärkt (Synergie-Effekt).

Ausstrahlungseffekte von Maßnahmen

Maßnahmen, die auf ein bestimmtes Produkt bezogen sind, können sich auch auf **andere Produkte** auswirken. Beispiele dafür sind die Effekte von Werbung für ein Produkt auf andere Produkte des gleichen Herstellers oder auf Produkte, die unter dem gleichen „Markendach" vertrieben werden, und der sogenannte „Kannibalisierungseffekt", der darin besteht, dass die Steigerung des Absatzes eines Produkts dazu führt, dass die Nachfrage nach anderen Produkten des gleichen Herstellers im gleichen oder einem „benachbarten" Markt sinkt. Es kann auch Ausstrahlungseffekte **zeitlicher Art** geben, wie beispielsweise die häufig verzögerte und über mehrere Perioden anhaltende Wirkung der Werbung.

Unsicherheit hinsichtlich der Wirkung von Maßnahmen

Typischerweise ist der Erfolg einzelner Maßnahmen im Marketing nur ungenau und unsicher prognostizierbar, was wiederum die Planung des Zusammenwirkens mehrerer Maßnahmen zusätzlich erschwert. So ist beispielsweise die Wirkung von Kommunikationsmaßnahmen häufig schlecht messbar und noch schlechter prognostizierbar. Entsprechend schwierig ist die Abstimmung einer solchen Maßnahme auf andere Instrumente des Marketing.

Dynamik bei Zusammensetzung und Einsatzbedingungen des Marketing-Instrumentariums

Die Menge einsetzbarer Marketinginstrumente unterliegt einem ständigen Wandel. So ist durch neue Kommunikationstechniken Mitte der 90er Jahre die Werbung über das Internet ermöglicht worden. Durch die Einführung des Privat-Fernsehens in Deutschland ist in den 80er Jahren der Spielraum für den Einsatz von Fernsehwerbung deutlich erweitert worden. Die Abschaffung des deutschen Rabattgesetzes erweitert die preispolitischen Gestaltungsspielräume. Die Beispiele zeigen, dass man immer wieder neue Instrumente in die Planung einbeziehen muss. Daneben ändern sich die Einsatzbedingungen einzelner Instrumente. Hier ist u.a. an Kostenänderungen (z.B. beim Einsatz von

Anzeigen, Fernsehspots etc.), rechtliche Vorschriften (weitgehende Abschaffung der Preisbindung, Werbeverbote) oder an die durch die starke Machtposition des stark konzentrierten Einzelhandels erschwerten Möglichkeiten der Distribution neuer Produkte zu denken.

10.1.2   Ansätze zur Planung des Marketing-Mix

Angesichts der im vorigen Abschnitt skizzierten Komplexität der Planung eines Marketing-Mix sind natürlich Ansätze gefragt, die das **Problem vereinfachen und strukturieren**. Von einer Optimierung des Marketing-Mix z.B. auf der Basis marginalanalytischer Verfahren ist man in der Praxis vor allem wegen nicht ausreichender Daten noch weit entfernt (vgl. Kuß/Tomczak 2001, S. 210 f.). Hier soll kurz skizziert werden, wie man aus der Produktpositionierung Leitlinien für das Marketing-Mix entnehmen kann. Anschließend wird auf das sog. Dominanz-Standard-Modell von Richard Kühn (1985) eingegangen.

Im Abschnitt 5.4 sind Wesen und Bedeutung der **Positionierung** erläutert worden. Darunter werden die Analysen und Entscheidungen verstanden, die sich auf die Art von Angebotsvorteilen in der Sicht von Abnehmern und auf die Abgrenzung zu konkurrierenden Anbietern beziehen. Beide Aspekte - Art der Angebotsvorteile und Abgrenzung - stehen in enger, direkter Verbindung zu Marketinginstrumenten. Das lässt sich mit einer Vielzahl von Beispielen illustrieren: Das Bestreben, technisch überlegene Produkte anzubieten, hat eben Implikationen für die Produktqualität. Der Anbieter, der den besten Service der Branche bieten will, muss ein dichtes Netz von Kundendienst-Stationen aufbauen und die Mitarbeiter entsprechend schulen. In Abbildung 10.1 ist das (hypothetische) Beispiel eines Anbieters von Haushaltsgeräten dargestellt, bei dem aus einer angestrebten Positionierung bestimmte Richtlinien für die verschiedenen Instrumentalbereiche abgeleitet sind.

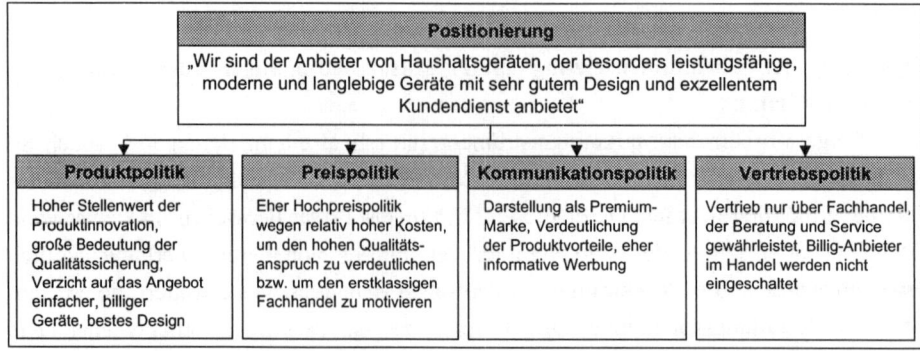

Abbildung 10.1: Von der Positionierung zum Marketing-Mix

Hinsichtlich der Intensität des Einsatzes der Marketinginstrumente (→ Budgets) lassen sich aus den bei der marktorientierten Geschäftsfeldplanung getroffenen Festlegungen vor allem zum **Strategie-Stil** Anhaltspunkte entnehmen: Bei offensivem Wettbewerbs-verhalten (z.B. mit dem Ziel starken Wachstums) sind in der Regel deutlich mehr Ressourcen bzw. höhere Budgets notwendig als in den Vorperioden. Defensives Verhalten (z.B. Halten des bisherigen Marktanteils) führt in den meisten Fällen zu gleichbleibenden oder auch verringertem Einsatz von Marketinginstrumenten. Grob gesagt gibt also vor allem die Positionierung Hinweise für Art und Ausgestaltung der verschiedenen Instrumente und der gewählte Strategie-Stil beeinflusst maßgeblich die Intensität des Einsatzes der Instrumente bzw. des gesamten Marketing-Mix. Abbildung 10.2 illustriert diese Zusammenhänge.

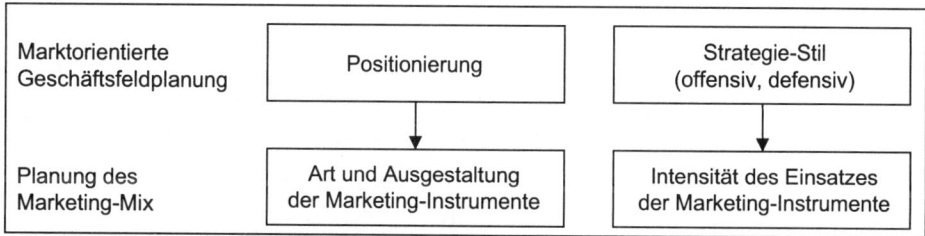

Abbildung 10.2: Bestimmung des Einsatzes von Marketinginstrumenten durch die marktorientierte Geschäftsfeldplanung

Als ein allgemeiner Ansatz, die Komplexität der Planung des Marketing-Mix zu reduzieren, sei hier das **Dominanz-Standard-Modell** von Richard Kühn (1985) skizziert. Dessen Grundidee besteht darin, für ein bestimmtes Produkt bzw. einen bestimmten Markt, die einzelnen Instrumente des Marketing verschiedenen Kategorien zuzuordnen, die deren Wichtigkeit (**Absatzbedeutung**) und das Ausmaß der entspre-chenden Gestaltungsspielräume (**Freiheitsgrade**) kennzeichnen:

Dominante Instrumente sind Instrumente, deren Ausgestaltung bzw. Einsatz

- Freiheitsgrade enthält,

- für den Markterfolg gegenüber der Konkurrenz ausschlaggebend ist

- und hoher finanzieller, personeller oder intellektuell-kreativer „Investitionen" bedarf.

Komplementäre Instrumente sind Instrumente, deren Ausgestaltung bzw. Einsatz

- Freiheitsgrade enthält,

- für den Markterfolg von Bedeutung ist und sich zur Stützung der Wirkung der dominierenden Instrumente als notwendig oder zweckmäßig erweist.

Standardinstrumente sind Instrumente, deren Ausgestaltung bzw. Einsatz

- keine bzw. geringe Freiheitsgrade enthält und einem durch die Marktsituation bestimmten Standard anzupassen ist,

- wobei die Nichterreichung des Standards mit an Sicherheit grenzender Wahrscheinlichkeit zu Mißerfolgen führt,

- während ein Übertreffen des Standards entweder nicht möglich ist oder von den Kunden nicht honoriert wird.

Marginale Instrumente sind Instrumente, deren Ausgestaltung bzw. Einsatz für den Markterfolg in einer bestimmten Situation bedeutungslos ist.

In Abbildung 10.3 sind die vier Kategorien im Hinblick auf die beiden Dimensionen eingetragen.

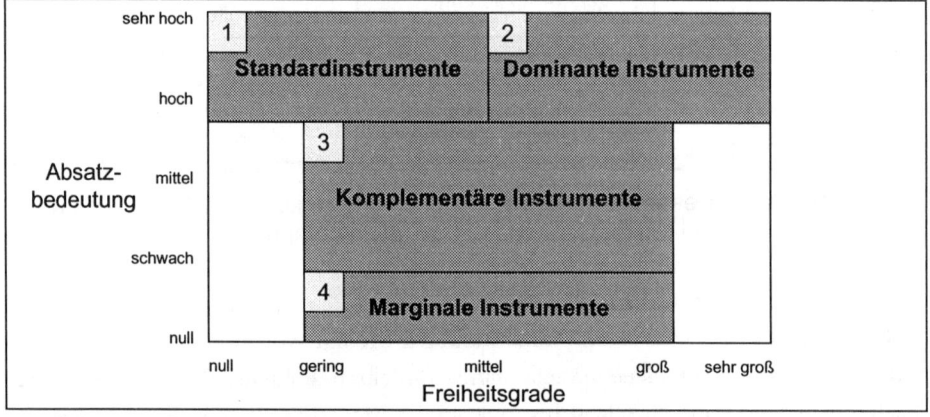

Abbildung 10.3:   Allgemeine Darstellung des Dominanz-Standard-Modells von Kühn (1985)

Die verschiedenen Marketinginstrumente lassen sich natürlich **nicht generell** den vier genannten Kategorien zuordnen. Vielmehr wechselt ihre Bedeutung in Abhängigkeit von der jeweiligen Situation (Markt, Zeitpunkt, Technik etc.). Aufgabe bei der Planung ist es deshalb, in einem **ersten Schritt** aufbauend auf einer Analyse und orientiert an der Marketingstrategie die zur Verfügung stehenden Marketinginstrumente zu kategorisieren.

In einem **zweiten Schritt** geht es darum, mit Hilfe der entwickelten Kategorisierung, die Ausgestaltung des Marketing-Mix weiter zu konkretisieren. Zunächst werden die dominierenden Instrumente und an zweiter Stelle die komplementären Instrumente behandelt, während die Standardinstrumente keiner eigentlichen Entscheidungen bedürfen, da die Markt- bzw. technischen Standards keine Freiheitsgrade aufweisen. Die

Bestimmung und Ausgestaltung der dominierenden Instrumente stellt dabei die zentrale konzeptionelle Entscheidung und damit die Basis für die Planung des Marketing-Mix dar. Zur Illustration des Ansatzes von Kühn sind in den Abbildungen 10.4 und 10.5 entsprechende Kategorisierungen für zwei sehr unterschiedliche Branchen - Schoko-Riegel und Gastronomie - eingetragen. Diese (hypothetischen) Beispiele bedürfen wohl keiner besonderen Erläuterung.

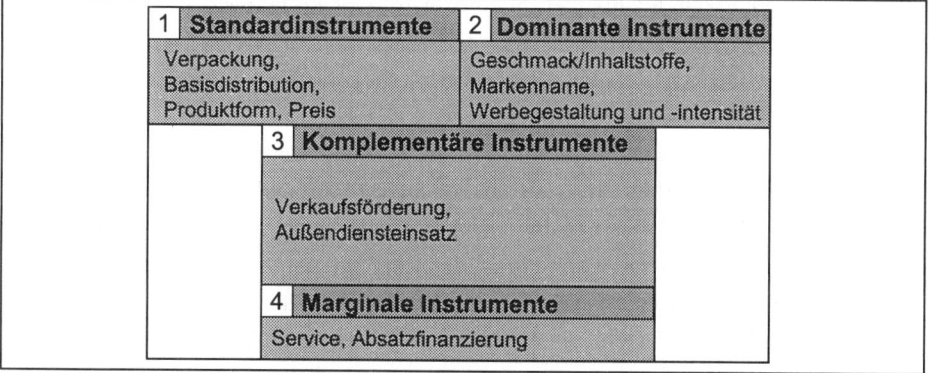

Abbildung 10.4:   Beispiel einer Anwendung des Dominanz-Standard-Modells
                  auf den Markt für Schoko-Riegel

Abbildung 10.5:   Beispiel einer Anwendung des Dominanz-Standard-Modells
                  auf Speisegaststätten

10.2 Implementierung und Kontrolle

In den 90er Jahren ist von mehreren Autoren das Problem der **Implementierung** von Marketingstrategien hervorgehoben worden (vgl. z.B. Backhaus 1999, S. 755 ff.), also das Problem der Umsetzung von Strategien in Maßnahmen. Probleme der zögernden

Ausbreitung der Marktorientierung von Unternehmen oder von Misserfolgen im Marketing werden nicht zuletzt darauf zurückgeführt, dass es oftmals nicht gelingt, Marketingpläne kontinuierlich und unter Einbeziehung aller relevanten Bereiche des Unternehmens zu realisieren. Eine prägnante Kennzeichnung des Problems stammt von Hilker (1993, S. 4), der das Implementierungsproblem umfassend untersucht hat: „Implementierung meint die Verwirklichung von Lösungen, die in konzeptioneller Form vorhanden sind und durch Umsetzen zu konkretem Handeln führen". Von den Problembereichen, die im Zusammenhang mit der Marketing-Implementierung eine Rolle spielen, soll hier nur der Komplex der **Marketing-Organisation** behandelt werden, also Fragen der Organisation des Marketingbereichs, durch die u.a. Aufgaben und Verantwortlichkeiten für die Tätigkeiten im Marketing bestimmt werden. Die **Kontrolle** wird generell - nicht nur im Marketing - als unverzichtbarer Bestandteil der Planung angesehen. Böcker (1988, S. 22) fasst das in einem Satz zusammen: „Kontrolle ohne Planung ist unmöglich, Planung ohne Kontrolle ist sinnlos!" Im Kern geht es darum, die **Ausrichtung aller Aktivitäten an den festgelegten Zielen** sicherzustellen und aus Erfahrungen **systematisch zu lernen**, um Maßnahmen verbessern zu können. Zunächst wird - im Hinblick auf das Implementierungsproblem - auf die Marketing-Organisation eingegangen. Es folgen einige knappe Ausführungen zur Marketingkontrolle.

Implementierung / Marketing-Organisation

Im ersten Kapitel dieses Buches ist die Grundidee des Marketing umrissen worden. Danach ist der Absatzmarkt (bzw. der Kunde) unmittelbar oder mittelbar Ausgangspunkt und gleichzeitig Ziel aller Tätigkeiten im Unternehmen. Es geht also nicht nur darum, Mitarbeiterinnen aus Marketing- und Verkauf in ihrem Handeln auf Kundenwünsche auszurichten, sondern auch die anderen betrieblichen Funktionsbereiche, nicht zuletzt Forschung und Entwicklung, Produktion und Logistik. Wenn man an die Marketing-Organisation denkt, also an die Organisation des Marketingsbereichs innerhalb von Unternehmen, dann gilt es also auch, das Erfordernis der marktorientierten Koordinierung der Aktivitäten anderer Funktionsbereiche im Auge zu behalten.

Aus den besonderen Anforderungen an das Marketing im Spannungsfeld von Kundenwünschen, Aktivitäten der Wettbewerber, gesellschaftlichen und ökonomischen Rahmenbedingungen und Leistungsvermögen des eigenen Unternehmens ergeben sich bestimmte **Anforderungen an die Marketing-Organisation**, die Meffert (2000, S. 1065) zusammengefasst hat:

-   Ermöglichung eines **integrierten Marketing**, also der Koordination aller für das Marketing relevanten Aktivitäten in den verschiedenen Funktionsbereichen eines Unternehmens

-   Hohe **Flexibilität**, um auf Änderungen der Marktverhältnisse schnell und angemessen reagieren zu können

- **Kreativität und Innovationsbereitschaft** der Mitarbeiter fördern, da innovative Problemlösungen eine der wichtigsten Quellen für Wettbewerbsvorteile sind

- Ermöglichung einer sinnvollen **Spezialisierung** der Mitarbeiterinnen, da die Tätigkeiten im Marketing ungewöhnlich heterogen sind

Hinsichtlich der Charakterisierung von Grundformen der Marketing-Organisation wird von der Unterteilung in funktionsorientierte und objektorientierte Organisation ausgegangen. Bei Köhler (1993, S. 158) findet sich die Definition für erstere: „Bei einer **funktionsorientierten Organisation** sind die Stellen bzw. Abteilungen jeweils für eine bestimmte Tätigkeitsart zuständig, so dass eine Verrichtungsspezialisierung vorliegt. Im absatzwirtschaftlichen Zusammenhang handelt es sich dabei vor allem um Organisationseinheiten für Marktforschung, Marketingplanung, Werbung, Verkaufsförderung, Verkauf (Innen- und Außendienst), Distributionslogistik, Kundendienst." In Abbildung 10.6 findet sich ein Beispiel für eine funktionsorientierte Organisation.

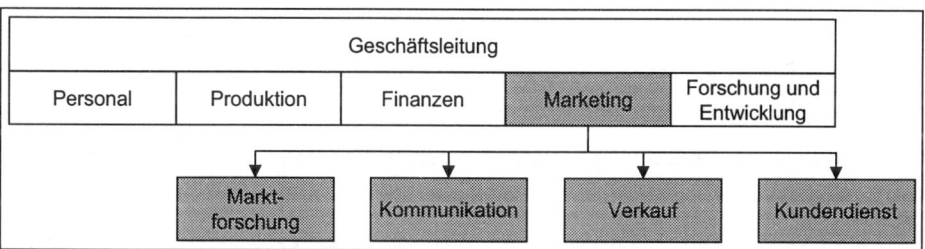

Abbildung 10.6:   Beispiel einer funktionsorientierten Marketing-Organisation

Wenn man von funktionaler Organisation spricht, dann ist damit schon angedeutet, dass Mitarbeiter, die ähnliche Tätigkeiten verrichten (also ähnliche Funktionen erfüllen) zu organisatorischen Einheiten (z.B. Abteilungen) zusammengefasst werden. Die **Beurteilung** dieser Organisationsform hinsichtlich der oben genannten Anforderungen zeigt, dass eine wichtige Schwachstelle bei der Integration der Marketingaktivitäten liegen kann. Die auf ein Produkt (oder eine Kundengruppe oder einen Teilmarkt) bezogenen Maßnahmen (z.B. Werbung oder Verkauf) liegen ja in verschiedenen Händen. Deswegen bedarf es zur Abstimmung der einzelnen Maßnahmen (→ Marketing-Mix !) der Kooperation mehrerer Funktions-Manager mit allen damit verbundenen Problemen (z.B. Rivalität bezüglich Ressourcen) oder der Einschaltung übergeordneter Management-Ebenen. Der Zeitaufwand für diese Art von Koordinierung und mehr oder weniger umständliche Instanzenwege beeinträchtigen auch die Flexibilität einer solchen Organisationsform. Die entscheidenden Vorteile funktionsorientierter Marketing-Organisation liegen in ihrer Einfachheit und Überschaubarkeit sowie in der Spezialisierung und dem damit verbundenen fachlichen Kompetenzzuwachs der Mitarbeiter.

Ebenfalls von Köhler (1993, S. 162) stammt die Kennzeichnung objektorientierter Organisation: „**Objektorientierte Organisationsformen** sind dadurch gekennzeichnet, dass sie Zuständigkeiten nicht vorrangig nach einer Tätigkeitsart definieren, sondern im Hinblick auf bestimmte Planungs- und Steuerungsgegenstände. Das bedeutet, dass verschiedene Verrichtungen (wie Marktforschung, Werbung, Verkauf, physische Distribution) gewissermaßen quer über diese Funktionsbereiche nach den spezifischen Erfordernissen z.B. einer Produktgruppe oder Kundengruppe abzustimmen sind."

Als objektorientierte Organisationsformen werden zwei für das Marketing typische und dort auch stark verbreitete Ansätze vorgestellt, das Produkt-Management und das Key-Account-Management. Zunächst zum **Produkt-Management**. Die **Tätigkeit des Produkt-Managers** lässt sich als vor allem planend und koordinierend kennzeichnen. Seine Aufgaben können durch folgende Stichpunkte umrissen werden:

- Sammlung der für das betreute Produkt relevanten Informationen

- Entwicklung von kurz- und mittelfristigen Strategien für das Produkt

- Erstellung von Plänen für das Marketing-Mix

- Entwicklung von Prognosen hinsichtlich der Umsätze, Marktanteile etc. des Produkts

- Zusammenarbeit mit beauftragten Werbeagenturen

- Koordination der Aktivitäten anderer Bereiche des Unternehmens (z.B. Produktion, Qualitätskontrolle, Vertrieb, Kundendienst), die für das Produkt relevant sind

- Entwicklung von Vorschlägen zur Verbesserung des Marketing-Mix (einschl. Verbesserungen des Produkts und Produktvariation)

---

*Kotler/Bliemel (1999, S. 1156) berichten darüber, dass bei Procter & Gamble bereits im Jahre 1927 erstmalig das **Produkt-Management** eingeführt wurde. Man hatte damals Probleme mit der Umsatzentwicklung einer neu eingeführten Seife und beauftragte einen jungen Manager damit, sich ausschließlich um dieses Produkt zu kümmern. Dieses Vorgehen war in zweierlei Hinsicht sehr erfolgreich: Die Seife wurde am Markt durchgesetzt und der Manager wurde später Präsident von Procter & Gamble. Seitdem hat sich das Produkt-Management-System nicht nur bei Procter & Gamble, sondern auch bei vielen anderen Unternehmen, insbesondere Großunternehmen des Markenartikel-Bereichs durchgesetzt.*

Die eingangs skizzierten Anforderungen an die Marketing-Organisation erfüllt das Produkt-Management weitgehend. Die **Koordination**, d.h. die Abstimmung aller für das Produkt relevanten Aktivitäten der verschiedenen Abteilungen eines Unternehmens, gehört zu den zentralen Aufgaben des Produkt-Managers. **Flexibilität** soll durch die Zusammenführung von Informationen und Planungsaufgaben erreicht werden. Dadurch kann auf Veränderungen der Marktverhältnisse schnell reagiert werden, ohne dass lange Instanzenwege in Kauf genommen werden müssen. **Kreativität und Innovationsbereitschaft** des Produkt-Managers sollen durch vielfältige Kontakte zu anderen und

Auseinandersetzungen mit anderen Funktionsbereichen sowie vielfältige Außenkontakte gefördert werden. Abbildung 10.7 zeigt ein Beispiel für eine Organisation mit Produkt-Managern.

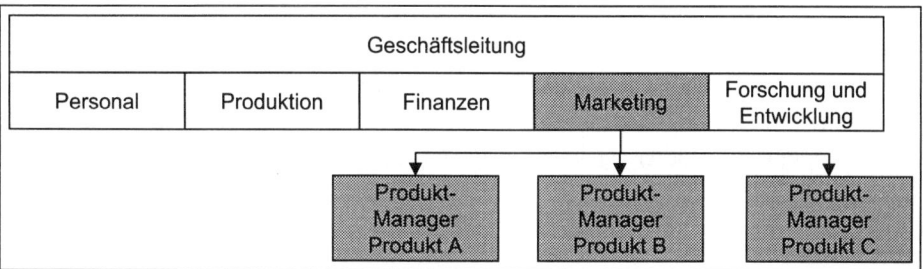

Abbildung 10.7: Beispiel einer objektorientierten Marketing-Organisation (Produkt-Management)

Kotler/Bliemel (1999, S. 1158) weisen mit leichter Ironie auf das mit dem **Produkt-Management** *(ebenso wie mit dem Key-Account-Management) verbundene Problem der Aufblähung der Organisation hin:*

"Anfangs wird zur Betreuung jedes wichtigen Produkts nur eine Person berufen. Bals darauf werden auch für die weniger wichtigen Produkte Produktmanager bestellt. Jedem der - meist überarbeiteten - Produktmanager gelingt es, einen Assistenten zu bekommen, den stellvertretenden Produktmanager. Später überreden beide - da nach wie vor überarbeitet - das Management, ihnen einen Produktassistenten zuzuteilen. Mit dem Personal steigen auch die Personalkosten."

Mit der Ausbreitung des Marketing-Ansatzes in den 60er und 70er Jahren ging die Einführung des Produkt-Manager-Systems in die Unternehmensorganisation einher. Inzwischen ist in vielen Unternehmen - zunächst im Business-to-Business-Bereich und später auch im Konsumgüterbereich - neben das Produkt-Management das **Key-Account-Management** getreten. Ursache dafür ist die Konzentration eines Großteils der Nachfrage auf wenige Abnehmer in zahlreichen Märkten. Unternehmen, die es vor allem mit industriellen Abnehmern zu tun haben (z.B. Zulieferbetriebe), sind mit dem daraus entstehenden Problem der Nachfragemacht seit langem konfrontiert. Im Konsumgüterbereich ist durch die starke Konzentrationsbewegung im Einzelhandel (insbesondere im Lebensmittelsektor) eine vergleichbare Situation entstanden. Die Einführung des Key-Account- (Großkunden-, Schlüsselkunden-) Managements ist eine der Reaktionen auf diese Entwicklung. Die Objektorientierung bezieht sich hier nicht auf ein Produkt, sondern auf eine Kundengruppe.

So wie der Produkt-Manager unter schwieriger werdenden Marktbedingungen den Erfolg eines Produkts durch Koordination aller relevanten Aktivitäten sicherstellen soll, so sollen beim Account-Manager bei wachsender Abhängigkeit vom Großkunden **alle Beziehungen** zu diesem organisatorisch **zusammengefasst** sein. Das Tätigkeitsfeld des Key-Account-Managers (KAM) erstreckt sich dabei in zwei Richtungen: Einerseits hat er Analyse-, Beratungs- und Abstimmungsaufgaben für den Kunden wahrzunehmen (**Kundenaktivitäten**). Andererseits ist der KAM für die Koordination aller den Kunden betreffenden Unternehmensaktivitäten zuständig (**innerbetriebliche Aktivitäten**). Die Überlegungen, die im Zusammenhang mit dem Produkt-Management bezüglich der Realisierung der Anforderungen an die Marketing-Organisation angestellt worden sind, gelten hier analog.

Marketingkontrolle

Böcker (1988, S. 35 ff.) konkretisiert den eingangs dieses Abschnitts genannten Grundgedanken der Kontrolle durch die Angabe von drei Funktionen, die diese erfüllen soll:

- **Sicherheitsfunktion**
  Auf höheren Ebenen der Unternehmenshierarchie will man sicherstellen, dass die an untergeordnete Stellen delegierten Aufgaben auch tatsächlich ausgeführt werden und zu dem jeweils angestrebten Ergebnis führen. Auf den niedrigeren Ebenen besteht ein Interesse, dass die vorgesetzten Stellen Tätigkeiten und Erfolge würdigen.

- **Initiierungsfunktion**
  Durch Kontrollaktivitäten werden Informationen bereitgestellt, die dazu führen können/sollen, dass Entscheidungen getroffen und Maßnahmen ergriffen werden. Diese können sich auf eine Korrektur bisher unbefriedigend laufender Prozesse oder auf ganz neue Aktivitäten beziehen.

- **Lernfunktion**
  Durch systematische Analyse der Wirkung bisheriger Maßnahmen soll deren Planung für andere Situationen (z.B. andere Produkte, künftige Perioden) verbessert werden.

Der hohe **Stellenwert der Marketingkontrolle** wird dadurch begründet, dass einerseits die Planungsunsicherheit relativ hoch und andererseits die Notwendigkeit der Koordinierung von Einzelaktivitäten groß ist. Hinsichtlich der Unsicherheit braucht nur auf Wirkungen, die kurzfristige Änderungen des Verhaltens von Kunden oder Wettbewerbern haben können, verwiesen zu werden. Daneben ist schon mehrfach hervorgehoben worden, dass die Abstimmung der einzelnen Marketing-Maßnahmen aufeinander (→ Marketing-Mix) typischerweise zentrale Bedeutung hat. Die Kontrolle soll in diesem Zusammenhang sicherstellen (→ Sicherheitsfunktion), dass Maßnahmen auch tatsächlich in der vorgesehenen Weise durchgeführt werden. Die für die Kontrolle zentrale Idee der Gegenüberstellung von Zielen und Ergebnissen sowie die Entscheidung über daraus zu ziehende Konsequenzen wird in Abbildung 10.8 dargestellt.

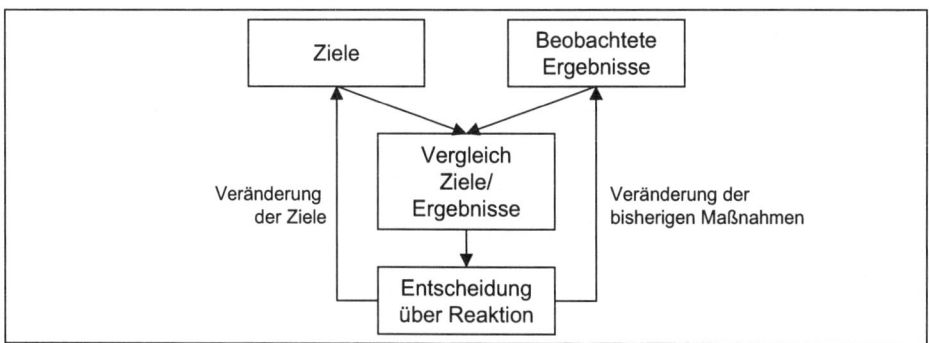

Abbildung 10.8:   Grundschema der Marketingkontrolle

Den verschiedenen Schritten der Marketingplanung von der marktorientierten Unternehmensplanung über die marktorientierte Geschäftsfeldplanung zur Marketing-
Mixplanung lassen sich jeweils entsprechende Bereiche der Marketingkontrolle zuordnen. Hinsichtlich des erstgenannten Schrittes wird in der Literatur oftmals von strategischer Marketingkontrolle gesprochen (z.B. Assael 1993, S. 742). Die **strategische
Marketingkontrolle** ist vor allem auf die Zusammensetzung der von einem Unternehmen bearbeiteten strategischen Geschäftsfelder und deren Entwicklung ausgerichtet.
Daneben spielt die Überprüfung des Marketing-Systems (Personen und Prozesse im
Marketing-Bereich) eine Rolle.

Als zentrales Element der strategischen Marketingkontrolle gilt das **Marketing-Audit**.
Der Begriff „Audit" (engl. für Buchprüfung, Revision) weist schon darauf hin, dass es
hier um eine breit angelegte kritische Überprüfung der für das Marketing eines Unter-
nehmens wichtigen Sachverhalte geht. Kotler/Gregor/Rodgers (1977, S. 27) definieren:
„Ein Marketing-Audit ist eine umfassende, systematische, unabhängige und periodische
Überprüfung der Marketing-Umwelt, -Ziele, -Strategien und -Maßnahmen eines
Unternehmens oder einer Geschäftseinheit mit der Ausrichtung auf die Feststellung von
Problembereichen und Chancen und die Empfehlung von Maßnahmen zur Verbesserung
der Marketing-Leistung des Unternehmens." Das Stichwort **„umfassend"** bezieht sich
darauf, dass alle wichtigen Aspekte des Marketing und nicht nur gerade aktuelle
Problembereiche Gegenstand der Kontrolle sind. Diese Kontrolle erfolgt **systematisch**
insofern, als eine Reihenfolge des Vorgehens von der Analyse der Rahmenbedingungen
bis zu einzelnen Maßnahmen vorgesehen ist. **Unabhängigkeit** und damit Objektivität
der Ergebnisse wird am besten erreicht, wenn eine zentrale Revisionsabteilung oder
entsprechend qualifizierte externe Berater das Audit durchführen. Durch **periodische**
(regelmäßige) Audits soll verhindert werden, dass man mit einer Überprüfung erst
beginnt, wenn ein Geschäftsbereich in Schwierigkeiten ist. Weiterhin soll eine laufende
Anpassung an (veränderte) Marktverhältnisse erreicht werden.

Im Mittelpunkt der marktorientierten Geschäftsfeldplanung steht die Erreichung von ökonomischen Zielen und Positionierungszielen. Entsprechend ausgerichtet ist die **Geschäftsfeld-Kontrolle**. Hinsichtlich der Positionierung ist vor allem an Methoden der Marktforschung zu denken, mit deren Hilfe Images gemessen und Marktpositionen graphisch dargestellt werden können (vgl. z.B. Tomczak/Rudolph/Roosdorp 1996). Für die Kontrolle der Erreichung ökonomischer Ziele der verschiedenen Geschäftsfelder eignen sich natürlich vor allem die gängigen Verfahren der Kosten- und Leistungsrechnung (vgl. z.B. Horváth 1996).

Die **Marketing-Mix-Kontrolle** dient - wie der Name ja schon erkennen lässt - der Überprüfung des Marketing-Mix und seiner Komponenten im Hinblick auf den Markterfolg eines Produkts. Im Mittelpunkt stehen Fragen wie die folgenden:

-   Sind hinsichtlich der einzelnen Marketinginstrumente die gesetzten Ziele erreicht worden (z.B. Steigerung des Bekanntheitsgrades eines Produktes, Imageveränderung, Ausweitung des Distributionsgrades)?

-   Wie haben sich Umsatz und Marktanteil des Produkts im Vergleich zu den angestrebten Zielen entwickelt?

Derartige Fragen lassen sich mit Hilfe von Methoden der **Marktforschung** weitgehend beantworten. Ein großer Teil der für Kontrollzwecke notwendigen Angaben lässt sich durch Sekundäranalyse unternehmensinterner Daten (z.B. eigene Verkaufszahlen in Relation zum Absatzvolumen der Branche → Marktanteil) oder - vor allem im Konsumgüterbereich - aus regelmäßigen Standard-Untersuchungen, insbesondere Panels (siehe Abschnitt 3.2.2) mit Angaben über Marktanteile, Distributionsgrade, Verkaufspreise etc. entnehmen.

Literaturempfehlungen zum 10. Kapitel

BACKHAUS, KLAUS (1999): Industriegütermarketing, 6. Aufl., München.

BECKER, JOCHEN (1998): Marketing-Konzeption, 6. Aufl., München.

HILKER, JÖRG (1993): Marketingimplementierung, Wiesbaden.

KÖHLER, RICHARD (1993): Beiträge zum Marketing-Management, 3. Aufl., Stuttgart.

KUß, ALFRED / TOMCZAK, TORSTEN (2001): Marketingplanung, 2. Aufl., Wiesbaden.

LINK, JÖRG / GERTH, NORBERT / VOßBECK, ECKART (2000): Marketing-Controlling, München.

FRITZ, WOLFGANG (2000): Internet-Marketing und Electronic Commerce, Wiesbaden.

REINECKE, SVEN / TOMCZAK, TORSTEN / DITTRICH, SABINE (HRSG.) (1998): Marketing-controlling, St. Gallen.

OELSNITZ, DIETRICH V.D. (2000): Marktorientierte Organisationsgestaltung, Stuttgart u.a.O.

Literaturverzeichnis

AAKER, D. (1992): Strategic Market Management, 3. Aufl., New York u.a.O.

AAKER, D. (1996): Building Strong Brands, New York.

AAKER, D. / JOACHIMSTHALER, E. (2000): Brand Leadership, New York u.a.O.

ABELL, D. (1980): Defining the Business - The Starting Point of Strategic Planning, Englewood Cliffs (N.J.).

ADLER, J. (1998): Eine informationsökonomische Perspektive des Kaufverhaltens, in: Wirtschaftswissenschaftliches Studium, Juli 1998, S. 341-347.

AHLERT, D. (1996): Distributionspolitik, 3. Aufl., Stuttgart/Jena.

ALBERS, S. / HERRMANN, A. (HRSG.) (2000): Handbuch Produktmanagement, Wiesbaden.

ALDERSON, W. (1965): Dynamic Marketing Behavior - A Functionalist Theory of Marketing, Homewood (Ill.).

ANSOFF, H. (1965): Corporate Strategy, New York.

ANTIL, J. (1984): Conceptualization and Operationalization of Involvement, in: KINNEAR, T. (HRSG.) (1984): Advances in Consumer Research, Vol. XI, Provo (Utah), S. 203-209.

ASSAEL, H. (1985): Marketing Management - Strategy and Action, Boston.

ASSAEL, H. (1993): Marketing - Principles and Strategy, 2. Aufl., Fort Worth u.a.O.

ASSAEL, H. (1995): Consumer Behavior and Marketing Action, 5. Aufl., Cincinnati.

AYAL, F. / ZIF, Y. (1989): Market Expansion Strategies in Multinational Marketing, in: SHETH, J. / ESHGI, A. (HRSG.) (1989): Global Marketing Perspectives, Cincinnati, S. 108-124.

BACKHAUS, K. (1992): Investitionsgüter-Marketing - Theorieloses Konzept mit Allgemeinheitsanspruch?, in: Zeitschrift für betriebswirtschaftliche Forschung, S. 771-791.

BACKHAUS, K. / ERICHSON, B. / PLINKE, W. / WEIBER, R. (2000): Multivariate Analysemethoden, 9. Aufl., Berlin u.a.O.

BACKHAUS, K. / WEIBER, R. (1989): Entwicklung einer Marketing-Konzeption mit SPSS/PC+, Berlin u.a.O.

BACKHAUS, K. (1999): Industriegütermarketing, 6. Aufl., München.

BACKHAUS, K. / BÜSCHKEN, J. / VOETH, M. (1998): Internationales Marketing, 2. Aufl., Stuttgart.

BAGOZZI, R. (1975): Marketing as Exchange, in: Journal of Marketing 39 (Oct.), 32-39.

BAGOZZI, R. (1979): Toward a Formal Theory of Marketing Exchanges, in: FERRELL, O. / BROWN, S. / LAMB, C. (HRSG.): Conceptual and Theoretical Developments in Marketing, Chicago, S. 431-447.

BAGOZZI, R. (1986): Principles of Marketing Management, Chicago u.a.O.

BALDERJAHN, I. (1995): Bedürfnisse, Bedarf, Nutzen, in: TIETZ, B. / KÖHLER, R. / ZENTES, J. (HRSG.) (1995): Handwörterbuch des Marketing, 2. Aufl., Stuttgart, Sp. 179-190.

BATRA, R. / MYERS, J. / AAKER, D. (1996): Advertising Management, 5. Aufl., Upper Saddle River (N.J.).

BECKER, J. (1998): Marketing-Konzeption, 6. Aufl., München.

BEHRENS, G. (1996): Werbung, München.

BEHRENS, K.C. (1966): Kurze Einführung in die Handelsbetriebslehre, Stuttgart.

BELZ, C. (1996): Verkaufskompetenz, St. Gallen.

BELZ, C. (1998): Akzente im innovativen Marketing, St. Gallen/Wien.

BELZ, C. / TOMCZAK, T. (HRSG.) (1997): Marktbearbeitung und Distribution, St. Gallen.

BENKENSTEIN, M. (1997): Strategisches Marketing, Stuttgart.

BEREKOVEN, L. / ECKERT, W. / ELLENRIEDER, P. (1996): Marktforschung, 7. Aufl., Wiesbaden.

BERNDT, R. (1995): Marketing-Politik, 3. Aufl., Berlin u.a.O.

BERNDT, R. / FANTAPIÉ ALTOBELLI, C. / SANDER, M. (1997): Internationale Marketing-Politik, Berlin u.a.O.

BITZ, M. (1989): Betriebswirtschaftstheorie, Kurseinheit 1: Einführung, Fernuniversität Hagen.

BLATTBERG, R. / NESLIN, S. (1990): Sales Promotion, Englewood Cliffs (N.J.).

BÖCKER, F. (1988): Marketingkontrolle, Berlin u.a.O.

BÖHLER, H. (1994) Marktforschung, 3. Aufl., Stuttgart.

BRUHN, M. (1997): Kommunikationspolitik, München.

BRUHN, M. (1999): Marketing, 4. Aufl., Wiesbaden.

CARPENTER, G. / NAKAMOTO, K. (1989): Consumer Preference Formation and Pioneering Advantage, in: Journal of Marketing Research, Vol. 26, S. 285-298.

CHURCHILL, G. (1979): A Paradigm for Developing Better Measures of Marketing Constructs, in: Journal of Marketing Research, Vol. 16, S. 64-73.

CHURCHILL, G. (1995): Marketing Research - Methodological Foundations, 6. Aufl., Fort Worth u.a.O.

CHURCHILL, G. / FORD, N. / WALKER, O. (1997): Sales Force Management, 5. Aufl., Homewood (Ill.).

CZEPIEL, J. (1992): Competitive Marketing Strategy, Englewood Cliffs (N.J.).

DARBY, M. /KARNI, E. (1973): Free Competition and the Optimal Amount of Fraud, in: Journal of Law and Economics, Vol. 16, S. 67-86.

DAY, G. (1977): Diagnosing the Product Portfolio, in: Journal of Marketing 41, Apr. 1977, S. 29-38.

DAY, G. (1984): Strategic Market Planning - The Pursuit of Competitive Advantage, St. Paul u.a.O.

DAY, G. (1990): Market Driven Strategy, New York u.a.O.

DEHR, G. / DONATH, P. (1999): Vertriebs-Management, München/Wien.

DHALLA, N. / YUSPEH, S. (1976): Forget the Product Life Cycle Concept, in: Harvard Business Review, Jan. / Feb. 1976, S. 102-112.

DICHTL, E. (1994): Strategische Optionen im Marketing, 3. Aufl., München.

DICHTL, E. / EGGERS, W. (HRSG.) (1992): Marke und Markenartikel als Instrumente des Wettbewerbs, München.

DILLER, H. / KUSTERER, M. (1988): Beziehungsmanagement - Theoretische Grundlagen und explorative Befunde, in: Marketing ZFP, S. 211-220.

DILLER, H. (HRSG.) (1998): Marketingplanung, 2. Aufl., München.

DILLER, H. (1991): Preispolitik, 2. Aufl., Stuttgart u.a.O.

DOLAN, R. / SIMON, H. (1996): Power Pricing, New York u.a.O.

DRUCKER, P. (1954): The Practice of Management.

DWYER, F. / SCHURR, P. / OH, S. (1987): Developing Buyer-Seller Relationships, in: Journal of Marketing, Vol. 51, No. 2, S. 11-27.

ENGEL, J. / BLACKWELL, R. / MINIARD, P. (1995): Consumer Behavior, 8. Aufl., Fort Worth u.a.O.

ENGELHARDT, W. (1995): Investitionsgütermarketing, in: TIETZ, B. / KÖHLER, R. / ZENTES, J. (HRSG.) (1995): Handwörterbuch des Marketing, 2. Aufl., Stuttgart, Sp. 1056-1067.

ENGELHARDT, W. H. / KLEINALTENKAMP, M. / RECKENFELDERBÄUMER, M. (1993): Leistungsbündel als Absatzobjekte, in: Zeitschrift für betriebswirtschaftliche Forschung, S. 395-426.

ESCH, F. / WICKE, A. (1999): Herausforderungen und Aufgaben des Markenmanagements, in: ESCH, F. (HRSG.) (1999): Moderne Markenführung, Wiesbaden, S. 3-55.

ESCH, F. (HRSG.) (1999): Moderne Markenführung, Wiesbaden.

FISHBEIN, M. / AJZEN, I. (1975): Belief, Attitude, Intention and Behavior, Reading (Mass.) u.a.O.

FLIEß, S. (2000): Industrielles Kaufverhalten, in: KLEINALTENKAMP, M. / PLINKE, W. (HRSG.) (2000): Technischer Vertrieb, 2. Aufl., S. 251-369

FRITZ, W. (2000): Internet-Marketing und Electronic Commerce, Wiesbaden.

FRITZ, W. / OELSNITZ, D. V.D. (1998): Marketing, 2. Aufl., Stuttgart.

GUTENBERG, E. (1968): Grundlagen der Betriebswirtschaftslehre, 2. Band: Der Absatz, 11. Aufl., Berlin u.a.O.

HAEDRICH, G. (1976): Werbung als Marketinginstrument, Berlin / New York.

HAEDRICH, G. / TOMCZAK, T. (1996): Produktpolitik, Stuttgart u.a.O.

HAMMANN, P. / ERICHSON, B. (2000): Marktforschung, 4. Aufl., Stuttgart.

HAX, A. / MAJLUF, N. (1996): The Strategy Concept and Process, 2. Aufl., Upper Saddle River (N.J.).

HEDLEY, B. (1976): A Fundamental Approach to Strategy Development, in: Long Range Planning, Dez. 1976, S. 2-11.

HENDERSON, B. (1974): Die Erfahrungskurve in der Unternehmensstrategie, Frankfurt/New York.

HERRMANN, A. (1998): Produktmanagement, München.

HERRMANN, A. / HOMBURG, C. (HRSG.) (1999): Marktforschung, Wiesbaden.

HILKER, J. (1993): Marketingimplementierung, Wiesbaden.

HIPPEL, E. V. (1986): Lead Users - A Source of Novel Product Concepts, in: Management Science, Vol. 32, S. 791-805.

HORVÁTH, P. (1996): Controlling, 6. Aufl., München.

HOWARD, J. (1994): Buyer Behavior in Marketing Strategy, 2. Aufl., Englewood Cliffs (N.J.).

HOWARD, J. /SHETH, J. (1969): The Theory of Buyer Behavior, New York u.a.O.

HOYER, W. (1984): An Examination of Consumer Decision Making for a Common Repeat Purchase Product, in: Journal of Consumer Research, Vol. 11, S. 822-829.

HOYER, W. / MACINNIS, D. (1997): Consumer Behavior, Boston/New York.

HUNT, S. (1983): General Theories and the Fundamental Explananda of Marketing, in: Journal of Marketing, Fall 1983, S. 9-17.

KAAS, K. (1990): Marketing als Bewältigung von Informations- und Unsicherheitsproblemen, in: Die Betriebswirtschaft, 50. Jg., S. 539-548.

KATONA, G. (1960): Das Verhalten der Verbraucher und Unternehmer, Tübingen.

KEITH, R. (1960): The Marketing Revolution, in: Journal of Marketing, Jan. 1960, S. 35-38.

KERIN, R. / MAHAJAN, V. / VARADARAJAN, R. (1990): Contemporary Perspectives on Strategic Market Planning, Boston u.a.O.

KINNEAR, T. / BERNHARDT; K. (1986): Principles of Marketing, 2. Ed., Glenview (Ill.)/London.

KLEINALTENKAMP, M. (2000): Wettbewerbsstrategie, in: KLEINALTENKAMP, M. / PLINKE, W. (HRSG.) (2000): Strategisches Business-to-Business-Marketing, Berlin u.a.O., S. 57-189.

KLEINALTENKAMP, M. (1998): Begriffsabgrenzungen und Erscheinungsformen von Dienstleistungen, in: MEFFERT, H. / BRUHN, M. (HRSG.) (1998): Handbuch Dienstleistungsmanagement, Wiesbaden.

KLEINALTENKAMP, M. (2000): Einführung in das Business-to-Business-Marketing, in: KLEINALTENKAMP; M. / PLINKE, W. (HRSG.) (2000): Technischer Vertrieb, 2. Aufl., Berlin u.a.O., S. 171-247.

KLEINALTENKAMP, M. / PLINKE, W. (HRSG.) (1997): Geschäftsbeziehungsmanagement, Berlin u.a.O.

KLEINALTENKAMP, M. / PLINKE, W. (HRSG.) (1999): Markt- und Produktmanagement, Berlin u.a.O.

KLEINALTENKAMP, M. / PLINKE, W. (2000): Strategisches Business-to-Business-Marketing, Berlin u.a.O.

KLEINALTENKAMP, M. / PLINKE, W. (2000): Technischer Vertrieb, 2. Aufl., Berlin u.a.O.

KÖHLER, R. (1993): Beiträge zum Marketing-Management, 3. Aufl., Stuttgart.

KOPPELMANN, U. (2001): Produktmarketing, 6. Aufl., Berlin u.a.O.

KOTLER, P. (1972): A Generic Concept of Marketing, in: Journal of Marketing 36, April 1972, S. 46-54.

KOTLER, P. / GREGOR, W. / ROGERS, W. (1977): The Marketing Audit Comes of Age, in: Sloan Management Review, S. 25-43.

KOTLER, P. (1999): Kotler on Marketing, New York.

KOTLER, P. / BLIEMEL, F. (1999), Marketing-Management, 9. Aufl., Stuttgart.

KREILKAMP, E. (1987): Strategisches Management und Marketing, Berlin/New York.

KROEBER-RIEL, W. / ESCH, F. (2000): Strategie und Technik der Werbung, 5. Aufl., Stuttgart.

KROEBER-RIEL, W. / WEINBERG, P. (1999): Konsumentenverhalten, 7. Aufl., München.

KRUGMAN, H. (1965): The Impact of Television Advertising - Learning without Involvement, in: Public Opinion Quarterly, Vol. 29, S. 349-356.

KÜHN, R. (1985): Marketing-Instrumente zwischen Selbstverständlichkeit und Wettbewerbsvorteil - Das Dominanz-Standard-Modell, in: Thexis, 4/1985, S. 16 21.

KUß, A. / TOMCZAK, T. (2000): Käuferverhalten, 2. Aufl., Stuttgart.

KUß, A. / TOMCZAK, T. (2001): Marketingplanung, 2. Aufl., Wiesbaden.

LAMBIN, J. (1997): Strategic Marketing Management, London u.a.O.

LEHMANN, D. / GUPTA, S. / STECKEL, J. (1998): Marketing Research, Reading (Mass.) u.a.O.

LEHMANN, D. / WINER, R. (1997): Product Management, 2. Aufl., Chicago u.a.O.

LEVITT, T. (1983): Relationship Management, in: Harvard Business Review, Sept./Okt. 1983.

LEVITT, T. (1986): The Marketing Imagination, 2. Aufl., New York, London.

LILIEN, G. / KOTLER, P. / MOORTHY, K. (1992) Marketing Models, Englewood Cliffs (N.J.).

LINK, J. / GERTH, N. / VOßBECK, E. (2000): Marketing-Controlling, München.

LITZENROTH, H. (2000): Testmarktsimulation am Beispiel Körperpflegemittel, in: ALBERS, S. / HERMANN, A. (HRSG.) (2000): Handbuch Produktmanagement, Wiesbaden, S. 963-994.

MEFFERT, H. (1992): Marketingforschung und Käuferverhalten, 2. Aufl., Wiesbaden.

MEFFERT, H. (1994): Marketing-Management, Wiesbaden.

MEFFERT, H. (2000): Marketing, 9. Aufl., Wiesbaden.

MEFFERT, H. / ALTHANS, J. (1982): Internationales Marketing, Stuttgart.

MEFFERT, H. / BOLZ, J. (1994): Internationales Marketing-Management, 2. Aufl., Stuttgart u.a.O.

MEFFERT, H. / BRUHN, M. (2000): Dienstleistungsmarkering, 3. Aufl., Wiesbaden.

MOORE, W. / PESSEMIER, E. (1993): Product Planning and Management, New York u.a.O.

MÜLLER-HAGEDORN, L. (1993): Handelsmarketing, 2. Aufl., Stuttgart u.a.O.

MURPHY, P. / ENIS, B. (1985): Marketing, Glenview (Ill.)/London.

NELSON, P. (1970): Information and Consumer Behavior, in: Journal of Political Economy, Vol. 78, S. 311-329.

NIESCHLAG, R. / DICHTL, E. / HÖRSCHGEN, H. (1994): Marketing, 17. Aufl., Berlin.

OELSNITZ, D. V.D. (2000): Marktorientierte Organisationsgestaltung, Stuttgart u.a.O.

OLBRICH, R. (2001): Marketing, Berlin u.a.O.

PETER, J. / OLSON, J. (1987): Consumer Behavior - Marketing Strategy Perspectives, Homewood (Ill.).

PETER, J. /OLSON, J. (1996): Consumer Behavior and Marketing Strategy, 4. Aufl., Chicago u.a.O.

PLINKE, W. (1997): Grundlagen des Geschäftsbeziehungsmanagements, in: KLEIN-ALTENKAMP, M. / PLINKE, W. (HRSG.) (1997): Geschäftsbeziehungsmanagement, Berlin u.a.O., S. 1-62.

PLINKE, W. (2000): Gundlagen des Marktprozesses, in: Kleinaltenkamp, M. / Plinke, W. (Hrsg.) (2000): Technischer Vertrieb, 2. Aufl., Berlin u.a.O., S. 3-99.

PLINKE, W.(1989): Die Geschäftsbeziehung als Investition, in: SPECHT, G. / SILBE-RER, G. / ENGELHARDT, W. (HRSG.) (1989): Marketing-Schnittstellen, Stuttgart, S. 305-326.

PORTER, M. (1992a): Wettbewerbsvorteile, 3. Aufl., Frankfurt.

PORTER, M. (1992b): Wettbewerbsstrategie, 7. Aufl., Frankfurt.

REIBSTEIN, D. (1985): Marketing - Concepts, Strategies and Decisions, Englewood Cliffs (N.J.).

REINECKE, S. / TOMCZAK, T. / DITTRICH, S. (HRSG.) (1998): Marketingcontrolling, St. Gallen.

ROBINSON, P. / FARIS, C. / WIND, Y. (1969): Industrial Buying and Creative Marketing, Boston.

ROGERS, E. (1962): Diffusion of Innovations, New York.

ROKEACH, M. (1973): The Nature of Human Values, New York.

ROOK, D. (1987): The Buying Impulse, in: Journal of Consumer Research, Vol. 14, S. 189-199.

ROSSITER, J. / PERCY, L. (1997): Advertising Communications and Promotion Management, 2. Aufl., New York u.a.O.

RUDOLPH, T. (1997): Profilierung mit Methode, Frankfurt / New York.

SALCHER, E. (1978): Psychologische Marktforschung, Berlin/New York.

SCHUCHERT-GÜLER, P. (2001): Kundenwünsche im persönlichen Verkauf, Wiesbaden.

SHAPIRO, B. / BONOMA; T. (1984): How to Segment Industrial Markets, in: Harvard Business Review 62, No. 3, Mai/Juni 1984, S. 104-110.

SHETH, J. /ESHGI, A. (HRSG.) (1989): Global Marketing Perspectives, Cincinnati.

SHIMP, T. (1993): Promotion Managment and Marketing Communications, 3. Aufl., Fort Worth u.a.O.

SILBERER, G. (1995): Wertedynamik und Wertemarketing, in: TIETZ, B. / KÖHLER, R. / ZENTES, J. (HRSG.) (1995): Handwörterbuch des Marketing, 2. Aufl., Stuttgart, Sp. 2703-2708.

SIMON, H. (1992): Preismanagement, Wiesbaden.

SIMON, H. (1995): Preismanagement kompakt, Wiesbaden.

SIMON, J. (1969): Basic Research Methods in Social Science - The Art of Empirical Investigation, New York.

SOLOMON, M. (1999): Consumer Behavior, 4. Aufl., Upper Saddle River (N.J.).

SOMMER, R. (1990): Sony's Innovationsmanagment. Vortrag gehalten beim Marketing-Forum der Hannover Messe CeBIT am 22. März 1990.

SPECHT, G. / SILBERER, G. / ENGELHARDT, W. (HRSG.) (1989): Marketing-Schnittstellen, Stuttgart.

SPECHT, G. (1992): Distributionsmanagement, 2. Aufl., Stuttgart u.a.O.

SUDMAN, S. / BLAIR, E. (1998): Marketing Research, Boston u.a.O.

TIETZ, B. / KÖHLER, R. / ZENTES, J. (HRSG.) (1995): Handwörterbuch des Marketing, 2. Aufl., Stuttgart.

TOMCZAK, T. / RUDOLPH, T. / ROOSDORP, A. (HRSG.) (1996): Positionierung - Kernentscheidung des Marketing, St. Gallen.

TROMMSDORFF, V. (1998): Konsumentenverhalten, 3. Aufl., Stuttgart.

URBAN, G. / HAUSER, J. / DHOLAKIA, N. (1987): Essentials of New Product Management, Englewood Cliffs (N.J.).

URBAN, G. / HAUSER, J. (1993): Design and Marketing of New Products, 2. Aufl., Englewood Cliffs (N.J.).

WALKER, O. / BOYD, H. / LARRECHÉ, J. (1999): Marketing-Strategy, 3. Aufl., Boston u.a.O.

WEBSTER, F. / WIND, Y. (1972): Organizational Buying Behavior, Englewood Cliffs (N.J.).

WEIBER, R. / ADLER, J. (1995): Positionierung von Kaufprozessen im informationsökonomischen Dreieck: Operationalisierung und verhaltenswissenschaftliche Prüfung, in: Zeitschrift für betriebswirtschaftliche Forschung, S. 99-123.

WEIBER, R. / KOLLMANN, T. / POHL, A. (1999): Das Management technologischer Innovationen, in: KLEINALTENKAMP, M. / PLINKE, W. (HRSG.) (1999): Markt- und Produktmanagement, Berlin u.a.O., S. 75-179.

WILKIE, W. (1994): Consumer Behavior, 3. Aufl., New York u.a.O.

WIND, Y. (1982): Product Policy - Concepts, Methods and Strategy, Reading (Mass.).

WIND, Y. / MAHAJAN, V. (1981): Market Share - Concepts, Findings and Directions for Future Research, in: ENIS, B. / ROERING, K. (HRSG.) (1981): Review of Marketing, Chicago, S. 31-42.

WÖHE, G. / DÖRING, U. (2000): Einführung in die Allgemeine Betriebswirtschaftslehre, 20. Aufl., München.

YIP, G. (1992): Total Global Strategy, Englewood Cliffs (N.J.).

ZAICHKOWSKY, J. (1985): Measuring the Involvement Construct, in: Journal of Consumer Research, Vol. 12, S. 341-352.

ZAW ZENTRALVERBAND DER DEUTSCHEN WERBEWIRTSCHAFT (HRSG.) (2000): Werbung in Deutschland 2000.

ZIKMUND, W. (1997): Exploring Marketing Research, 6. Aufl., Fort Worth u.a.O.

ZÖRGIEBEL, W. (1983): Technologie in der Wettbewerbsstrategie, Berlin.

Stichwortverzeichnis